LA CHRONIQUE

D'ENGUERRAN

DE MONSTRELET

[Double de la Salle
0.410]

f° La 14
7
A

PARIS. — IMPRIMERIE DE CH. LAHURE ET Cie
Rues de Fleurus, 9, et de l'Ouest, 21

LA CHRONIQUE

D'ENGUERRAN

DE MONSTRELET

EN DEUX LIVRES

AVEC PIÈCES JUSTIFICATIVES

1400 — 1444

PUBLIÉE

POUR LA SOCIÉTÉ DE L'HISTOIRE DE FRANCE

PAR L. DOUËT-D'ARCQ

TOME CINQUIÈME

A PARIS

CHEZ Mme Ve JULES RENOUARD

LIBRAIRE DE LA SOCIÉTÉ DE L'HISTOIRE DE FRANCE

RUE DE TOURNON, N° 6

M DCCC LXI

EXTRAIT DU RÈGLEMENT.

Art. 14. Le Conseil désigne les ouvrages à publier, et choisit les personnes les plus capables d'en préparer et d'en suivre la publication.

Il nomme, pour chaque ouvrage à publier, un Commissaire responsable, chargé d'en surveiller l'exécution.

Le nom de l'Éditeur sera placé à la tête de chaque volume.

Aucun volume ne pourra paraître sous le nom de la Société sans l'autorisation du Conseil, et s'il n'est accompagné d'une déclaration du Commissaire responsable, portant que le travail lui a paru mériter d'être publié.

Le Commissaire responsable soussigné déclare que l'Édition de la Chronique d'Enguerran de Monstrelet, *préparée par M.* Douët-d'Arcq, *lui a paru digne d'être publiée par la* Société de l'Histoire de France.

Fait à Paris, le 1ᵉʳ mai 1861.

Signé L. BELLAGUET.

Certifié,

Le Secrétaire de la Société de l'Histoire de France,

J. DESNOYERS.

TABLEAU CHRONOLOGIQUE

DES

FAITS COMPRIS DANS CE VOLUME.

SUITE DE L'ANNÉE 1431.

(Du mois de novembre 1431 au 20 avril 1432.)

Entrée d'Henri VI, à Paris.	1
Joutes à l'hôtel Saint-Paul.	6
Évacuation de Vaudémont.	7
Bataille de Willeman.	7
Expédition de Jean de Luxembourg en Champagne.	8
Étrange aventure arrivée à un soldat qu'on avait pendu.	9
L'Ile-Adam fait maréchal de France par Henri VI. — Sa tentative sur Lagny.	11
Arrestation du chancelier de Bretagne.	11
Tentative des Français sur Rouen (3 février).	12
Négociations avec le duc de Bourgogne.	15
Prise de Dommart, en Ponthieu, par les Français (février).	16
Thomas Kiriel fait capitaine de Clermont, en Beauvoisis, à l'instigation de Jean de Luxembourg.	18
Les habitants de Chauny sur Oise abattent leur château.	19
Prise de Chartres par les Français (20 avril).	21
Légation du cardinal de Sainte-Croix.	26
Prise du boulevard de Lagny par les Anglais.	27
Le gouverneur de Tonnerre et le seigneur d'Omont entrent dans le parti anglais.	30
Mort du roi de Chypre.	30

ANNÉE 1432.

(Du 20 avril 1432 au 12 avril 1433.)

Levée du siége de Lagny...	31
Prise du château de Moncheaux, en Normandie.............	35
Révolte des Gantois...	36
Le bâtard de Saint-Pol et le seigneur de Humières faits prisonniers par la garnison de Creil...........................	38
L'Amiénois, le Santerre et le Vimeu ravagés..................	38
Prise de Ligny, en Barrois, par le damoiseau de Commercy.	40
Prise de la forteresse de La Boue, en Laonnois, par les Bourguignons...	41
Mouvements du comte de Vaudémont............................	42
Accord entre la duchesse Jaqueline de Bavière et le duc de Bourgogne...	42
Le carme Thomas Comette arrêté et brûlé à Rome.........	43
Mort de la duchesse de Bethford.................................	44
Conférences à Auxerre et à Melun, sans résultats.........	45
Entrée des Français en Artois (décembre).....................	45
Surprise du château Saint-Ange, à Rome......................	47
Prise du château de Passavant....................................	48
Traité de paix entre le duc de Bar et le comte de Vaudémont.	49
La duchesse de Bourgogne accouche d'un fils à Gand (14 avril)..	49
Fabrication d'une nouvelle monnaie en Bourgogne........	50
Hostilités entre les villes de Bruxelles et de Malines......	50
Troubles à Gand...	50
Traité de paix entre le duc de Bar et les comtes de Saint-Pol et de Ligny..	50
Guerre de Jean et Antoine de Vergi, contre le seigneur de Châteauvillain...	52
Paix entre le duc de Bourgogne et les Liégeois..............	54

ANNÉE 1433.

(Du 12 avril 1433 au 28 mars 1434.)

Mariage du duc de Bethford.......................................	55
Prise de Saint-Valery-sur-Somme par les Français.........	56
Surprise de Montargis par les Anglais.........................	57

Entrevue de Saint-Omer entre les ducs de Bethford et de
   Bourgogne... 57
Troubles à Tournay, à la mort de l'évêque............... 58
Succès des Français en Bourgogne......................... 62
Le duc de Bourgogne reprend le dessus................... 66
Trahison et supplice de Gilles de Postelles, gentilhomme du
   Hainaut... 67
Prise de Crépy, en Valois, par les Français............... 68
Troubles à Gand... 68
Prise de Bruyères, en Laonnais, sur les Français......... 68
Journée de Passy tenue par le duc de Bourgogne......... 69
Siége d'Avalon.. 69
Siége de Saint-Valery....................................... 70
Mort du comte de Saint-Pol................................ 72
Arrestation de La Trémouille dans le château de Chinon.... 73
Rencontre entre Philippe de Saveuses et le seigneur de Rai-
   neval.. 74
Mort du comte de Penthièvre............................... 74
Mortalité et désordres en France........................... 75
Rencontre près d'Ivry entre un parti d'Anglais et des Français. 75
Reprise du château de Hupplaincourt par Jean de Luxem-
   bourg.. 75
Tenue de la journée de Villers-le-Carbonnel en Santerre
   (15 octobre)... 76
Défaite de la garnison française de Laon.................. 78
Courses de La Hire en Artois et Cambrésis (septembre).... 79
Naissance de Charles, comte de Charolais................. 81
Fêtes de la Toison d'or à Dijon............................. 81
Arrivée de l'empereur Sigismond au concile de Bâle....... 83
Prise de Provins par les Anglais et Bourguignons......... 84
Reprise de Saint-Valery-sur-Somme par les Français....... 85

ANNÉE 1434.

(Du 28 mars 1434 au 17 avril 1435.)

Voyage du duc de Bourgogne en Flandre.................. 86
Prise de l'abbaye de Saint-Vincent de Laon par Jean de
   Luxembourg... 86
Le comté d'Étampes donné à Jean de Nevers............... 87

Prise du château de Mortemer, près Ressons-sur-le-Mas..... 88
Le pape Eugène IV s'enfuit de Rome et se réfugie à Florence. 88
Démolition du fort de l'abbaye de Saint-Vincent de Laon... 89
Prise de Chaumont, en Charrolais............................ 90
Descente de Talbot en France. — Prise du château de Beaumont-sur-Oise.. 91
Reprise de la ville de Saint-Valery sur Somme, par le comte d'Étampes.. 93
Succès du comte d'Arondel en pays Chartrain. — Séjour du duc de Bethford, à Paris....................................... 94
Prise de Ham par les Français (août)........................ 95
Siége de Coulange-la-Vineuse................................ 96
Siége de Grancey par le duc de Bourgogne................... 96
Tailles mises par le duc de Bourgogne sur l'Artois, l'Amiénois, le Ponthieu et le Vermandois......................... 97
Démolition de la forteresse de Breteuil, en Beauvoisis...... 97
Investissement de Villefranche. — Le duc de Bourbon refuse la bataille... 98
Siége de Belleville... 99
Rencontre de Saint-Sellerin au Maine, où les Anglais ont le dessous.. 100
Le seigneur d'Offemont prisonnier de La Hire par surprise.. 103
Soulèvement des communes de Normandie contre les garnisons anglaises... 104
Breteuil, en Beauvoisis, pris d'assaut par La Hire......... 105
Traité de Nevers entre les ducs de Bourgogne et de Nevers. 106
Expédition du damoisel d'Orchimont en Ardenne, contre Évrard de La Marche... 110
Siége de Commercy par le duc de Bar........................ 110
Succès du connétable en Champagne.......................... 110
Amé, duc de Savoie, se fait ermite au château de Ripaille. 111
Tentative des communes de Normandie sur Caen et sur Avranches... 113
Défaite de Jean de Beauvais en Barrois..................... 114
Prise du vieux château d'Amiens par La Hire................ 114

ANNÉE 1435.
(Du 17 avril 1435 au 8 avril 1436.)

Voyage du duc de Bourgogne à Paris......................... 116

DES FAITS COMPRIS DANS CE VOLUME.

Prise d'Aix par les Français...........................	117
La Hire bat le comte d'Arondel devant le château de Gerberoy.	118
Mécontentement du duc de Bourgogne contre la ville d'Anvers...	123
Prise de la ville de Saint-Denis par les Français...........	125
Trèves avec les Bourguignons. — Courses des Français en Boulonnais..	127
Arrivée des cardinaux de Sainte-Croix et de Chypre, à Arras.	129
Mariage du comte de Saint-Pol (16 juillet)..............	130
Défaite des Français devant Rethel.....................	131
Arrivée à Arras des ambassadeurs d'Angleterre...........	132
Arrivée du duc de Bourgogne à Arras (28 juillet).........	133
Arrivée des ambassadeurs de France (31 juillet)..........	134
Joutes à Arras (11 août)..............................	138
Bonne entente des Français et des Bourguignons..........	143
Arrivée du cardinal de Wincester à Arras................	144
L'abbaye de Saint-Wast siége des conférences............	145
La Hire passe la Somme et fait des courses en Picardie (25 août)..	146
Défaite des rois d'Aragon et de Navarre devant Gaëte (6 août)...	148
Les ambassadeurs d'Angleterre rompent les conférences et quittent Arras (6 septembre)........................	150
Teneur du traité d'Arras (21 septembre)................	151
Mot du seigneur de Lannoy touchant la paix d'Arras......	183
Reprise de la ville de Saint-Denis par les Anglais.........	184
Prise du port de Meulan par les Français................	187
Mort de la reine Isabeau de Bavière....................	188
Exécution des articles du traité d'Arras.................	189
Ambassade envoyée par le duc de Bourgogne en Angleterre..	190
Émeute à Amiens au sujet des impôts...................	194
Courses des Français sur les pays du duc de Bourgogne nonobstant la paix d'Arras.............................	199
Prise de Dieppe par le maréchal du Rieu................	200
Rupture entre l'Angleterre et le duc de Bourgogne........	203
La Hire battu par Thomas Kiriel.......................	204
Arrestation des ambassadeurs d'Angleterre à leur passage en Brabant..	205
Prise de Nogent-le-Roi et de Montigny. — Reddition de Pon-	

toise.. 205
Lettres du roi d'Angleterre aux Hollandais (14 décembre)... 206
Préparatifs du duc de Bourgogne contre l'Angleterre....... 209
Le siége de Calais projeté par le duc de Bourgogne....... 212
Paris resserré par les troupes françaises................. 216
La reine accouche d'un fils qui est nommé Philippe....... 216

ANNÉE 1436.

(Du 8 avril 1436 au 31 mars 1437.)

Réduction de Paris..................................... 217
Guerre du connétable de Richemont contre le damoiseau de Commercy... 222
Guerre au pays de Liége................................ 225
Reddition de Gamaches.................................. 228
Reddition d'Aumale et de Creil......................... 229
Prise d'Orchimont par le damoisel Évrard de La Marche.... 229
Défaite d'un parti de Flamands par la garnison anglaise de Calais... 230
Prise et reprise de Gisors.............................. 231
Préparatifs des Flamands pour aller au siége de Calais..... 232
Défaite de Jean de Croy, bailli de Hainaut.............. 235
Défection des Flamands au siége de Calais.............. 238
Blessure de La Hire..................................... 245
Défi envoyé au duc de Bourgogne par le duc de Glocester.. 249
Apparition de la flotte (25 juillet)..................... 250
Levée du siége de Calais (31 juillet)................... 259
Prise du Crotoy par le sénéchal de Ponthieu............. 260
Arrivée du duc de Glocester à Calais.................... 263
Bannis de Gand.. 267
Misérable état des populations.......................... 268
Siége de l'Écluse par ceux de Bruges.................... 269
Prise de Soissons par La Hire........................... 270
Les Français reprennent Fécamp.......................... 271
Prise de Saint-Germain sous Cailly par le duc d'York..... 271
La duchesse de Bethford se remarie à Richard Doudeville.. 272
Mort de la duchesse Jaqueline de Bavière................ 272
Traité pour la rançon du roi de Sicile.................. 273
Guillaume de Flavy s'empare de Compiègne................ 274

Prise de Pontoise par les Anglais. 274
Assassinat de Jacques Ier, roi d'Écosse. 275
Supplice des conjurés. 276
Avénement de Jacques II. 277
Révolte à Lyon contre les officiers du roi de France. 279
Conspiration dans Paris pour remettre la ville aux Anglais. . 279
Nouveaux troubles à Gand. 280
Défaite de La Hire et de Saintrailles sous les murs de Rouen. 281

ANNÉE 1437.
(Du 31 mars 1437 au 13 avril 1438.)

Sédition à Bruges. 282
Courses du Bourc de La Hire en Picardie. 290
Prise de Montereau par le Roi en personne. 293
Les Brugeois portent la guerre dans le plat pays. 295
Reprise de Fécamp par les Anglais. 297
Revanche que le seigneur d'Offémont prend de La Hire. ... 298
Première entrée de Charles VII dans Paris (12 novembre) . . 301
Service fait au comte d'Armagnac à Saint-Martin des Champs. 307
Ambassade des Brugeois au duc de Bourgogne. 307
Siége de Crotoy. 308
Courses des Écorcheurs en Hainaut. 316
Peste et famine. 319
Nouvelle révolte des Gantois. 320
Traité entre le duc de Bourgogne et la ville de Bruges. 332
Renouvellement de la guerre entre le duc de Bar et le comte
   de Vaudémont. 336

ANNÉE 1438.
(Du 13 mars 1438 au 5 avril 1439.)

La peste et la famine sévissent. 339
Prise de Longueville par les Anglais. 340
Traité de mariage du fils du roi de Navarre avec une nièce
   du duc de Bourgogne. 341
Prise de Montargis et de Chevreuse par les Français. 342
Désaccord entre le pape Eugène IV et le concile de Bâle. .. 343
Demande de la main de Catherine de France pour le comte
   de Charrolais. 344

Arrestation d'un gentilhomme de l'hôtel du duc de Bourgogne. 345
Délivrance du comte d'Eu et son retour d'Angleterre...... 346
Expédition de La Hire et d'autres capitaines français en Allemagne. 349
Désordres causés par les Écorcheurs................... 350
Prise de la forteresse de Raoullet par le comte d'Étampes... 350
Les Anglais prennent Saint-Germain-en-Laye et Gerberoy... 351
Crime atroce d'une femme des environs d'Abbeville....... 351
Entrevue de la duchesse de Bourgogne et du cardinal de Wincester pour traiter de la paix...................... 352
Tentative du duc de Bourgogne pour élever une digue contre Calais... 353
Rodrigo de Villandrado envoyé par le roi de France guerroyer les Anglais..................................... 354

ANNÉE 1439.

(Du 5 avril 1439 au 27 mars 1440.)

Bulle fulminée par le pape Eugène IV contre le concile de Bâle (10 avril).. 357
Lettre de Jean de Luxembourg aux chevaliers de la Toison d'or, pour justifier sa conduite vis-à-vis du duc de Bourgogne (2 février)... 376
Justice faite par Jean de Luxembourg................... 387
Prise de Meaux par le connétable de Richemont......... 387
Lettre de Jean de Luxembourg au conseil du duc de Bourgogne (13 avril).. 391
Mariage de Catherine de France avec le comte de Charrolais (29 juin)... 400
Prise de la ville de Lamotte, en Lorraine, par le bâtard de Bourbon... 402
Négociations pour la paix entre la France et l'Angleterre... 403
Prise du château de Folleville, en Santerre, par les Anglais. 408

ANNÉE 1440.

(Du 27 mars 1440 au 16 avril 1441.)

Fuite du Dauphin de la cour............................ 410

Excursions des Français sur les terres de Jean de Luxembourg. 416
Siége d'Harfleur par le comte de Sommerset (fin d'avril).... 418
Procès et exécution du maréchal de Raiz. 425
Les environs d'Abbeville attaqués par le frère bâtard de La Hire. 426
Conférences de Calais pour la paix avec l'Angleterre...... 430
Guerre des Barrois et des Lorrains contre le comte de Vaudémont. 431
Délivrance de Charles, duc d'Orléans.................... 433
Son mariage avec Marie de Clèves...................... 435
Fête de la Toison d'or à Saint-Omer.................... 441
Le duc de Bourgogne à Bruges.......................... 445
Réception faite au duc d'Orléans par les villes de France.... 449
Mort de Jean de Luxembourg, comte de Ligny........... 454
Voyage du Roi à Troyes................................. 457
Courses de la garnison anglaise de Folleville. 459
Convoi français attaqué par les gens du comte de Saint-Pol.. 461
Entrevue de la duchesse de Bourgogne avec Charles VII à Laon. 468
Supplice d'un écuyer d'écurie du duc d'Orléans........... 470
Courses d'un parti de Français en Hainaut. 470

CHRONIQUE
D'ENGUERRAN
DE MONSTRELET.

LIVRE SECOND.
1422-1444.

SUITE DE L'AN MCCCCXXXI.

[Du mois de novembre 1431, au 20 avril 1432.]

CHAPITRE CIX.

Comment le jeune roy Henri d'Angleterre vint à Paris à grand compaignie, pour estre consacré à roy de France.

Environ l'issue du mois de novembre, vint le josne roy Henry, de Pontoise à Saint-Denis en France, sur l'intencion d'aler à Paris pour lui faire enoindre, sacrer et couronner du royaume de France. Si estoient avec lui, de la nacion d'Angleterre, son oncle le cardinal de Wincestre et l'évesque de Nyorc[1], son oncle, le duc de Bethfort, et le riche duc d'Yorch, les contes de Warwich, de Salsebery et de Staffort, et aulcuns aultres notables chevaliers et escuyers. De la nacion de France y estoient, les évesque de Terwane, nommé Loys de Luxembourg, de Beauvais, maistre Pierre Cochon, de Noyon, maistre Jehan de Mailly, de Paris et d'Evreux, messire Jehan, bastard de Saint-Pol, messire Gui le Boutillier, le seigneur de Courcelles, messire Gille de Clamesy, messire Jaque Paniel, messire Jehan de Pressy, le seigneur de Passy, le bastard de Thian et aulcuns aultres. Si povoit avoir, ledit roy Henri, tant en sa compaignie comme ou pays, assez près à l'environ de deux à trois mille combatans, pour la seureté de sa personne. Et se partit dudit lieu de Saint-Denis pour aler à Paris, environ ix heures au matin. Si vindrent au devant de lui jusques à la Chapelle d'entre Paris et Saint-Denis, messire Simon Morhier, prévost de Paris, pour lui faire révérence et honneur, tous vestus de samit vermeil et chaperons de bleu. Avec lesquelx estoient grand nombre des plus notables bourgois de Paris, vestus et affublés de vermeil. Et après que ilz eurent faite la révérence, vindrent au devant dudit roy les ix preux et les ix preuses, à cheval, chascun et chascune armés et armées des armes à lui appertenans. En après vindrent le Chevalier du Guet, le Prévost des Marchans, avec eulx les officiers de la court, tous vestus de pers et chapperons vermaulx. Et ung petit après ensuivant, vint maistre Phelippes de Morvillers,

1. *Lis.* l'évêque d'York.

premier président, en habit royal, et tous les seigneurs de parlement vestus de longs abis vermaulx jusques aux piés. Et après suivoient les seigneurs de la chambre des comptes, les gens des finances, les maistres des requestes et les secrétaires ; et avoient robes vermeilles. Et ainsi comme ilz venoient l'un après l'aultre chascun selon son estat, ilz faisoient au roy la révérence et aux seigneurs estant avec lui. Et quant est du commun, il y en avoit sans nombre. Et quant le roy vint à l'entrée de la porte Saint-Denis, les armes de la ville y estoient si grandes qu'en la nef d'ycelles avoit six hommes, l'un en guise d'évesque, le second l'Université, et le tiers les bourgois, et les trois autres estoient comme sergans. Lesquelz, à l'entrée de ladite porte, présentèrent au roy trois cuers vermaulx, dont ou premier avoit deux coulons blancs, et ou second des petis oyseletz, qu'ilz laissièrent voler par desus le chief du roy, et le tiers cuer estoit plain de violettes et autres fleurs, qu'ilz jettèrent sur les seigneurs. Et là tantost, le Prévost des Marchans et lesdiz eschevins apportèrent ung ciel d'azur semé de fleurs de lis d'or, et le mirent et portèrent tout parmi la ville par desus le roy. Si avoit au poncelet Saint-Denis ung eschaffault, sur lequel estoit comme une manière de bois, où estoient trois hommes sauvages et une femme, qui ne cessèrent de combatre l'un contre l'aultre, tant que le roy et les seigneurs furent. Et avoit desoubz ledit eschaffault une fontaine jettant ypocras, et trois seraines dedens ; et estoit ledit ypocras habandonné à chascun. Et depuis ledit poncelet, en tirant vers la seconde porte de la rue Saint-Denis, avoit personnage, sans parler¹, de la Nativité Nostre-Dame, de son mariage, et l'Annunciacion, des Trois Rois, des Innocens, et du bon homme qui semoit son bled. Et furent ces personnages très bien joués. Et sur la porte fut jouée la légende de Saint Denis; et fut voulentiers veue des Anglois. En oultre, devant les Innocens avoit une manière de forest en la rue, dedens laquelle estoit ung cerf vif, et quand le roy passa devant, on fist coure ledit cerf et des chiens et veneurs après fut grand pièce chacié à force, et se vint rendre emprès les piés du cheval du roy. Lequel roy lui fist sauver la vie. Et à l'entrée de la porte de Chastelet avoit encore ung eschafault sur lequel avoit en personnage ung petit enfant en samblance du roy, vestu de fleurs de lis, deux couronnes sur son chief. Et à son costé dextre estoit, en personnage, le duc de Bourgongne et le conte de Nevers, qui lui présentoient l'escu de France. Et au costé senestre, le duc de Bethfort, son oncle, et les contes de Warwich et de Salsebéry, qui lui présentoient l'escu d'Angleterre. Et estoient tous vestus, par personnages, des cotes d'armes des desusdiz seigneurs. Et de là, s'en ala au Palais, où lui furent moustrées les sainctes reliques, et à ceulx qui estoient avec lui. Et puis fut mené à l'ostel aux Tournelles, pour prendre son repos. Et quand il eust disné, il ala veoir la Royne, sa grand mère², à l'ostel de Saint-Pol. Et lendemain fut mené au Bois de Vicennes, où il fut jusques au xve jour dudit mois de décembre, qu'il retourna au Palais. Et le xvII^e jour,

---

1. C'est-à-dire une pantomime.
2. Isabeau de Bavière.

se partit de là, à tout grand seigneurie, tant de gens d'église comme de séculiers, et s'en vint en l'église de Nostre-Dame de Paris pour estre sacré. Auquel lieu de Nostre-Dame de Paris, avoit ou milieu ung grand eschafault de bois de quatre vins piés de long, et hault jusques au crucifis. Si montoit dedens ycelui par la nef, et descendoit-on par autre lieu dedens le cuer. Et fut ledit roy sacré par le cardinal de Wincestre, qui chanta la messe. Dont l'évesque de Paris ne fut point bien content, et dist qu'à lui appertenoit à faire ycelui office. Et quand ce vint à l'offertoire, ledit roy offri pain et vin, ainsi qu'il est acoustumé de faire en tel cas. Lequel vin estoit en ung grand pot d'argent doré, lequel pot fut reprins et osté de ladite église par les officiers du roy, dont grandement despleut aux chanoines d'ycelle église, pour tant qu'ilz disoient ce appartenir à eulx de droit. Si en firent grand poursuite envers ycelui roy en son conseil, et en conclusion, après ce qu'il leur eust beaucoup cousté à faire ladicte poursuite, leur fut rendu. Si furent faites en ycelui jour toutes les besongnes appartenans audit sacre, le plus en suivant les coustumes d'Angleterre que de France. Et tousjours les seigneurs desusnommés estoient au plus près du roy en ladicte église, chascun servant de son office. Et après que la messe fut finée, le roy retourna ou Palais, et disna et sist à la table de marbre, environ le milieu d'ycelle. Et au costé de la chambre de parlement, à celle table, séoit ledit cardinal de Wincestre, et maistre Pierre Cauchon, évesque de Beauvais, et maistre Jehan de Mailly, évesque de Noyon, comme pers de France, estoient ensuivans; et à l'aultre costé, les contes de Staffort, de Mortaing et de Salsebéri. Si estoit grand maistre d'ostel, messire Jehan, bastard de Saint-Pol, et avec lui estoit, devant la viande, messire Gui le Boutillier, messire Gille de Clamecy, et messire Jehan de Persy. Le seigneur de Courcelles fut pour ce jour grand eschanson, et messire Jaques Paniel fut pour ce jour grand panetier, et ung chevalier anglois, nommé messire Watier de Hongrefort, trancha devant le roy. Auquel disner furent présentés par devant la table quatre entremès. Est assavoir, le premier d'une ymage de Nostre-Dame et ung petit roy couronné emprès; le second fut une fleur de lis d'or couronnée, tenue de deux angles; le tiers, une dame et ung paon, et le quart, une dame et ung cisne[1]. Et quand est à parler des divers mès, de vins et de viandes, dont on y fut servi, ilz seroient trop longz à racompter. Car il y en eut sans nombre. Et pareillement y fut joué de pluiseurs instrumens de musique. Et lendemain furent faites belles joustes en l'ostel de Saint-Pol, desquelles emportèrent le cry et eurent la voix des dames, le conte d'Arondel et messire Jehan, bastard de Saint-Pol, comme les mieulx joustans. En après, le dessusdit roy séjourna en ladicte ville de Paris aucun peu de jours, et puis s'en retourna à Rouen.

1. Cigne.

CHAPITRE CX.

Comment ceulx que le duc de Bar avoit laissiés devant Vaudémont se départirent après la bataille desusdite.

Item, après ce que la bataille du duc de Bar fut du tout tournée à desconfiture, ainsi et par la manière que plus à plain a esté déclairé, les François qui estoient demourés devant la ville de Vaudémont, furent assés brief advertis par les fuians qui estoient eschappés d'ycelle journée, de la perte et male adventure que leurs gens avoient eue. Et pour ce, tout soubdainement eurent si grand doubte et paour de leurs ennemis, que briefment se départirent sans ordonnance, en fuiant la plus grand partie vers leur pays, ou là [où] ilz peurent le mieulx, pour sauver leurs vies. Et laissèrent audit siège tous leurs vivres et habillemens de guerre, dont il y avoit en grand nombre. Pour laquelle esmuette et département, lesdiz asségiés ce véans, furent assez advertis que la journée avoit esté contre yceulx Barrois. Et pour tant, très hastivement saillirent de pied et de cheval après eulx. Si en prinrent et occirent très grand nombre, et avec ce gagnièrent infinis biens, dont ilz furent grandement enrichis. Si fut, tost après, publié parmi le pays de Barrois et de Lohorainne, la perte que avoit faite leur seigneur, le duc de Bar, dont ilz furent en grand doubte, et eurent au cuer très grand tristesce. Et fut de ce jour en avant ycelle bataille nommée la bataille de Willeman. Si estoit le lieu où elle fut faite, ainsi que entre Barrois et Lohorainne. Et le conte de Vaudémont remercia le mareschal de Bourgongne et les seigneurs et gentilz hommes qui estoient avec lui, du service qu'ilz lui avoient fait, et puis retourna en sadicte contée. Et ledit mareschal, à tout les Bourguignons et Picars desusdiz, s'en ala en Bourgongne, et mena le desusdit duc de Bar à Digon, où il fut mis en bonne seure garde.

CHAPITRE CXI.

Comment messire Jehan de Luxembourg assambla, et s'en ala en Champaigne contre les François, où il conquist pluiseurs forteresces; Et aultres matières.

Ou mois de jullet en l'an desusdit, messire Jehan de Luxembourg, conte de Ligney, assambla jusques à mil combatans ou environ, par l'ordonnance du roy Henry et du duc de Bourgongne, lesquelz il conduisit et mena ou pays de Champaigne et vers Rethelois, pour combattre et subjuguer aucunes forteresces que tenoient les gens du roy Charles en yceulx pays et à l'environ, et qui moult oppressoient ledit pays. Avec lequel de Luxembourg, se mist le seigneur de Tornant, qui lors estoit capitaine de Rethers[1]. Et de première venue fist logier ses gens autour d'une forteresce nommée Guieron, en laquelle estoient de soixante à quatrevins combatans tenans le parti du roy Charles. Desquelx estoit le capitaine ung nommé....[2]. Lesquelz, en assez brief terme, quant ilz perceurent

---

1. Rethel.
2. Un blanc dans le Ms. 8346. Vérard passe la phrase.

la force de leurs ennemis, furent moult esbahis et effraés, et sans grand deffence laissèrent prendre leur basse court. Et assés brief ensuivant commencèrent à parlementer, offrans de rendre ladicte forteresce et eulx en aler, sauf leurs corps et leurs biens. A laquelle offre ilz ne peurent estre reçeus, et leur fut dit qu'ilz se rendissent à voulenté. Et, en conclusion, le capitaine fist traictié avec les commis de messire Jehan de Luxembourg, par telle condicion que lui quatriesme ou sixiesme demouroient prisonniers, sauf leurs vies, et tous les autres demourroient à voulenté. Après lequel traictié conclud et que les promesses d'ycelui entretenir furent faictes, le capitaine retourna dedens son fort. Mais il ne dist pas à ses compaignons la vérité dudit traictié, ains leur donna à entendre que ilz s'en yroient tous sauf leurs vies. Et quand ce vint au livrer ladicte forteresce, tous ceulx là estans furent mis prisonniers. Et lendemain, par la sentence et commandement de messire Jehan de Luxembourg, furent tous pendus et estranglés à plusieurs arbres, excepté les quatre ou six desusdiz. Et fut le bourel, pour eulx exécuter, l'un de leurs compaignons. Si advint à l'un d'yceulx une adventure qui fait bien à ramentevoir. Car depuis qu'il fust bouté jus de l'eschelle, la corde qui estoit atachée à l'arbre se féri contre le menton d'ycelui, par quoy il ne se povoit en haste estrangler, et entretant le bourel en pendit aulcuns autres. Durant lequel temps, ycelui desusdit fut advisé d'aulcuns gentilz hommes là estans, auxquelz il en print grant pitié. Si en eut ung qui copa la corde, d'une ghisarme; et chey à terre. Si fut assez brief respassé et revint à sa bonne mémoire. Et depuis, par yceulx gentilz hommes, fut faite requeste audit de Luxembourg que, pour Dieu et pour pitié, il peust avoir la vie sauvée. Lequel en fin l'accorda, et par ainsi il s'en ala franchement.

En oultre, après ce que ledit messire Jehan de Luxembourg eust fait l'exécucion desusdicte, il se partit de là, à tout son armée. Mais premiers fist démolir ladicte forteresce de Guieron, et s'en ala devers le fort de Tours en Porcien, où il fut par aulcuns jours. Durans lesquelz, ceulx de dedens traictèrent, par condicion qu'ilz renderoient ledit fort et s'en yroient sauf leurs vies, sans emporter nulz de leurs biens, réservés les cannoniers, et ceulx qui aultrefois avoient fait sairement pour le partie du roy Henry. Et en y eust d'aulcuns pendus. Et ladicte forteresce fut démolie de fons en comble.

Et delà ledit messire Jehan de Luxembourg s'en ala devant Baleheus, où estoit ung capitaine nommé Baratte, lequel, en assés brief terme, traicta avec ledit Luxembourg par sy qu'en lui rendant ladicte ville, lui et les siens s'en yroient sauf leurs vies, corps et biens. Et par ainsi se partirent.

Si vint en ce temps devant messire Jehan de Luxembourg pour lui faire ayde s'il en avoit besoing, l'enfant de Warewich, anglois, et messire Jehan de Clamessi, à tout quatre cens combatans. Mais pour tant que les François n'estoient point ou pays de Champaigne ne là environ, à puissance pour résister contre ledit de Luxembourg et les deux desusdiz, s'en retournèrent en assés brief terme à Meaulx en Brie, et ès garnisons dont ilz estoient venus.

Et adonc, de ce mesme voiage furent mis en l'obéyssance du desusdit messire Jehan de Luxembourg, pluiseurs villes et forteresces qui tenoient le parti du roy Charles avec celles desus nommées, les unes par traictié, et les aultres par force.

En ce temps, le seigneur de l'Isle-Adam, qui portoit l'ordre du duc de Bourgongne, [fut] reconstitué mareschal de France de par le roy Henry d'Angleterre et ceulx de son conseil. Si assambla jusques au nombre de . . . .[1] combatans, dont il y avoit une partie anglois. Et avec lui estoit messire Jehan, bastard de Saint-Pol, et ung sien frère, lesquelz il conduisit et mena jusques emprès de Laigny-sur-Marne, que tenoient les gens du roy Charles. Laquelle ville il cuida prendre par soubdain assault, mais elle lui fut bien deffendue par ceulx qui estoient dedens.

CHAPITRE CXII.

Comment le duc d'Alençon prinst prisonnier le chancelier de Bretagne.

En cest an, le duc d'Alençon prinst le chancelier du duc de Bretaigne, son oncle, pour ce que sondit oncle ne lui avoit point voulu aidier de finance à son plaisir, pour sa prinse de la bataille de Verneuil ou Perche, laquelle finance il vouloit avoir et recouvrer dudit chancelier. Si le mena en sa ville de Poussay. Mais assez brief ensuivant, ledit duc de Bretaigne, de ce non content, assambla aulcuns de ses barons et grand puissance de gens d'armes, et avec lui aulcuns capi-

---

1. Le chiffre est resté en blanc dans le Ms. 8346. Vérard met six cens.

taines anglois. Si ala asséger ladicte ville de Poussay tout à l'environ. De laquelle ville le duc d'Alençon s'estoit parti pour la doubte de ses ennemis, et y avoit laissié la duchesse sa femme, fille au duc d'Orléans prisonnier en Angleterre. Lequel temps durant, ladicte duchesse gisoit d'enfant, moult ennuyée en cuer de veoir telles tribulacions. Si y fut ledit siège par l'espace de . . . . . .[1]. Au bout duquel terme ycelui duc d'Alençon, tant pour sadicte femme, comme sa ville et subjectz oster des dangiers desusdiz, s'appaisa avec sondit oncle, et lui rendit son chancelier et aultres prisonniers qu'il avoit. Et par ainsi se départit ledit siège.

Ledit chancelier de Bretaigne fut prins en une maison de plaisance qu'il avoit emprès Nantes. Et la cause de sa prinse fut, pour ce que le duc d'Alençon entendoit par ce moyen estre payé de certaine somme d'argent que lui debvoit le desusdit duc de Bretaigne, son oncle.

CHAPITRE CXIII.

Comment les François cuidèrent prendre le chastel de Rouen.

Le IIIe jour de février en cest an, par l'entreprise du mareschal de Bousach, s'assemblèrent le seigneur de Fontaines et le seigneur de Moy et aultres, jusques au nombre de six cens combatans ou environ, en la cité de Beauvais. Et s'en alèrent jusques à une lieue

---

1. Un blanc est resté dans le Ms. 8346. Vérard met : Si y fut ledit siège par certaine espace de temps, au bout, etc.

près de Rouen, et là se mirent en embusche dedens le bois. Et envoia secrètement, ledit mareschal, ung homme nommé Ricarville, avec lui de cent à six vins combatans, tous de pied, excepté quatre ou cinq qui estoient sur petis chevaulx, jusque au chastel de Rouen. Dedens lequel, ycelui mareschal par avant avoit fait moyens certains d'un saquemant nommé Pierre Andebeuf, biernois, qui tenoit le parti des Anglois, mais par moyens avoit fait traictié avec lui de livrer ledit chastel. Laquelle chose il fist, et entretint sa promesse quand ad ce. Car le desusdit Ricarville et ceulx qui estoient avec lui le trouvèrent tout prest. Et de fait entrèrent tous dedens, excepté deux ou trois qui gardèrent les chevaulx. Si conquirent tantost la plus grand partie dudit chastel, et par espécial la grosse tour, qui estoit moult bien garnie. Dedens lequel chastel estoit couché le conte d'Arondel et pluiseurs anglois, lesquelz, pour la plus grand partie, se sauvèrent au mieulx qu'ilz porent par desus la muraille, si non aulcuns qui se retraisent vers la ville, et là se tindrent. Et si en eut aucuns mors par lesdiz François. Et après que les besongnes furent ainsi advancées, le desusdit Ricarville remonta assez tost à cheval, et retourna où il avoit laissié ledit mareschal et ses gens. Auquel il racompta toute l'entreprise desusdite, disant qu'ilz chevaulchassent songneusement et en haste pour secourir leurs gens, et que sans doubte le chastel seroit tantost parconquis. Mais par brief dire, pour choses qu'il leur sceust remoustrer, oncques ne polt tant faire qu'ilz se volsissent conclure, ne mettre en voie pour y aler, jà soit chose que le mareschal et grand partie des plus notables de ceulx qui estoient avec lui leur eussent promis de leur foy à leur département, qu'ilz les secourroient sans point de doubte, s'il advenoit que la desusdite entreprinse venist à bien. Nientmains ilz n'en volrent riens faire. Car, quand ilz furent ainsi qu'à une lieue près de Beauvais, à tout leur gens, ilz se commencèrent à débattre l'un contre l'aultre pour avoir la plus grand partie du butin, qui point n'estoit encore gaignié, et à cause de ce, retournèrent sans aler plus avant, et laissèrent leurs gens en ce dangier. Pour quoy, quand ledit Ricarville, qui vaillamment avoit achevé son entreprinse, fut retourné, leur dist pluiseurs injures et reprouches, lesquelles ils souffrirent assez paciamment; et se départirent de là assés hastivement. Si s'en retournèrent à Beauvais et ès autres lieux dont ilz estoient venus. Lequel retour despleut grandement à ycelui Ricarville, pour tant qu'il avoit esté meneur des desusdiz entreprenans. Et aussi fist-il à aulcuns aultres, qui y avoient de leurs prochains parens. Pour tant, ne demoura il mie qu'ilz ne s'en retournassent audit lieu de Beauvais, comme les autres. Et entretant, les desusdiz, qui estoient en ycelui chastel, contendoient de tout leur povoir à pardébouter les Anglois leurs ennemis, hors de la porte dudit chastel, qu'ilz tenoient vers les champs. Et quand ce vint vers le jour qu'ilz n'oyoient point nouvelles de leurs gens, ilz apperceurent bien qu'ilz n'auroient point de souscours et qu'ilz estoient fraudés de la promesse qui leur avoit esté faite. Si en furent moult esmerveilliés et esbahis. Et d'aultre part, les Anglois s'assamblèrent de tous lez en grand diligence; qui les assaillirent moult asprement. Si vinrent avec eulx grand nombre de combatans de Rouen, pour doubte qu'ilz ne feussent souspeconnés d'yceulx Anglois qu'ilz ne feussent favourables à yceulx François. Lesquelz François, voians que bonnement n'estoient point assez puissans pour garder tout ce qu'ilz avoient conquis, tout d'un commun accord [marchèrent] vers ladicte tour, à tout ce qu'ilz povoient avoir de vivres, eulx veuillant mettre là dedens, et le tenir jusques à la mort. Laquelle chose ilz firent. Mais assez brief ensuivant ilz furent de toutes pars avironnés, et très fort combatus de plusieurs gros engiens que lesdiz Anglois firent asseoir contre ladicte tour, et tant en ce continuèrent qu'elle fut moult endommagié en plusieurs lieux. Et avec ce, ceulx de dedens avoient assez petitement vivres et autres choses à eulx nécessaires. Pour lesquelles affaires, et aussi qu'ilz n'avoient nulle espérance d'avoir souscours, furent contrains de eulx rendre en la voulenté du roy Henry et de son conseil, en la fin de douze jours après la prinse dessusdicte. Toutefois, avant qu'ilz fussent conquis, ilz firent de grans dommages aux Anglois par les engiens et artilleries qu'ilz avoient attrait en ladicte tour. Si furent tous prins prisonniers et mis en bonne garde. Et depuis, brief ensuivant, en y eut cent et cinquante qui eurent les testes coppées dedens la ville de Rouen. Et le dessusdit Pierre Andebeuf, biernois, fut esquartelé et mis ès lieux acoustumés.

En ces jours, le duc de Bourgongne se partit de son pays d'Artois, à tout mil combatans ou environ, qu'il mena en son pays de Bourgongne, et là séjourna l'espace de trois mois ou environ, pour visiter le pays, qui estoit moult oppressé de ses ennemis. Si vindrent là devers lui l'arcevesque de Rains et autres notables ambassadeurs, envoyés de par le roy Charles pour traictier de paix entre ycelles parties. Mais en fin ne porent rien concorder, et s'en retournèrent devers ledit roy Charles. Et après que ledit duc eust ordonné gouverneurs en la marche de Bourgongne, il s'en retourna en Artois, Flandres et Braibant.

CHAPITRE CXIV.

Comment les François prinrent le chastel de Dommart en Ponthieu et emmenèrent le seigneur prisonnier.

Ou mois de février, les gens du roy Charles, en nombre de quatre vins combatans ou environ, lesquelz conduisoit ung chevalier nommé messire Rigault de Verseilles, et les avoit prins à Beauvais, à Breteuil et aultres lieux à l'environ, alèrent passer l'eaue de Somme en ung petit batel, assez près de Piqueny[1], et delà furent conduis et menés jusques au chastel de Dommart en Ponthieu. Lequel, sans ce qu'ilz fussent du guet apperceus, ils prinrent, eschellèrent et montèrent dedens. Si commencèrent tantost à crier forteresce gaignié ! et à abatre huis et fenestres en pluiseurs lieux. Auquel cry et noise s'esveillèrent ceulx de layens. Et par espécial, Jaques de Craon, seigneur dudit lieu, qui estoit couchié en sa chambre emprès sa femme, se leva soubdainement, cuidant trouver aucun remède à son fait. Mais ce riens ne lui

---

1. Picquigny (Somme).

valu. Car ses ennemis estoient trop fors, et ses gens, dont il n'avoit mie gramment, ne se povoient mettre ensamble. Si fut tantost prins prisonnier et aulcuns de ses gens avec lui, et les aultres, au mieulx qu'ilz porent, se saulvèrent par dessus la muraille. Après laquelle prinse, lesdiz François assamblèrent tous les biens portatifz qu'ilz porent trouver dedens ycelui chastel, comme vaisselle, or et argent, pennes, draps, linges et autres besongnes, lesquelz, quant ilz furent en haste un peu repeus, troussèrent et chargèrent tout, et se mirent en voie, à tout leurs prisonniers, pour retourner au passaige par où ilz estoient venus, délaissant ledit chastel tout entier, ainsi qu'ilz l'avoient trouvé. Et entretant, ceulx de la ville de Dommart[1], oyans cest effroy, se assamblèrent et envoyèrent hastivement à Piquegny et en aulcuns aultres lieux, signifier ceste besongne. Si ne demoura point gramment que les desusdiz ne se trouvassent en nombre de deux cens ou environ, de toutes tires de gens. Lesquelz suivirent bien et radement yceulx François et les raconsuivirent au passage de l'yaue, où desjà estoit repassé ledit messire Rigault et aulcuns de ses gens avec lui, et le desusdit Jaques de Craon prisonnier. Si les assaillirent et desconfirent prestement, et en y eut une partie prins prisonniers et les aultres mors, et aulcuns qui se noyèrent, à saillir en la rivière de Somme. Et ycelui messire Rigault, à tout son prisonnier, s'en ala franchement à Biauvais, sans trouver quelque destourbier ou empeschement. Et depuis ledit prisonnier retourna en payant très grand somme de pécune.

1. Dommartin (Somme).

CHAPITRE CXV.

Comment messire Thomas Kyriel anglois fut nommé capitaine du chastel de Clermont en Beauvoisis.

En cest an, par la subtilité et pourchas de messire Jehan de Luxembourg, le fort chastel de Clermont en Beauvoisis fut mis et transporté en la main et gouvernement de messire Thomas Kyriel, anglois. Lequel chastel avoit longuement tenu et encore tenoit, de par le duc de Bourgongne, le seigneur de Crièvecuer. Et consentit ledit duc, ycelui transport, par si, que ledit Thomas lui promist, et audit de Luxembourg, et de ce lui bailla son seel, à rendre à certain temps quand il en seroit requis. Si assambla ledit messire Thomas, brief ensuivant, grand compaignie d'Anglois, lesquelz il bouta dedens ycelui chastel. Et commença à faire très forte guerre aux François qui estoient sur les frontières auprès de lui, comme Creil, Beauvais, Compiengne, Ressons, Breteul et autres lieux. Et pareillement firent grands dommages ès chastellenies de Montdidier et aultres marches de l'obéyssance d'ycelui duc de Bourgongne. Et pour vérité, durant les tribulacions desusdictes, prinrent prisonniers et emmenèrent pluiseurs femmes, tant de noble lignié comme d'aultres, lesquelles ilz tenoient estroittement enfermées, en prenant d'elles grand finance, comme on a acoustumé de faire aux hommes. Desquelles les pluiseurs, qui estoient ençaintes d'enfant, très piteusement et très inhumainement s'en acouchoient. Dont le desusdit duc de Bourgongne, de tant que toucher lui povoit pour ceulx de sadicte obéyssance, en fut très mal content. Mais il n'en povoit avoir autre chose. Car quand ce vint qu'il fist requerre ledit messire Thomas qu'il remesist ledit chastel en sa main, ainsi que promis lui avoit, il fut de ce délaiant et refusant par très long temps, en aléguant aulcunes raisons de sa partie, telles que bien le scèvent faire gens de guerre, qui souvent en aucuns lieux usent de voulenté plus que de raison. Finablement, après plusieurs délais, le duc de Bethfort, pour et en faveur de son beau frère le duc de Bourgongne, fist rendre par ledit messire Thomas, ycelui chastel de Clermont en la main du seigneur d'Aufemont[1].

CHAPITRE CXVI.

Comment les habitans de Chauny sur Oise destruirent et désolèrent le chastel de leur ville.

En ce mesme temps, messire Colard de Mailly, qui lors estoit bailli de Vermendois de par le roy d'Angleterre, et avec lui messire Ferry de Mailly, tous deux demourans ou chastel de Chauny sur Oise, appertenant héritablement à Charles, duc d'Orléans, qui alors estoit prisonnier en Angleterre, pour aulcunes paroles non amiables qui avoient esté dictes par ledit messire Ferry à l'encontre des habitans de la ville, yceulx habitans, doubtans que par la porte derrière dudit chastel les deux dessusdiz ne meissent garnison d'Anglois ou d'autres gens de guerre dedens leur ville,

---

[1]. Le seigneur d'Offemont, près Compiègne.

plus forte qu'il ne leur plairoit, par quoy ilz peussent estre constrains et mis en subjection, se conclurent tout secrètement ensamble aulcuns desdiz habitans, desquelz furent les principaulx Jehan de Longueval, Mahieu, son frère, Pierre Piat, lesquelz firent serement l'un à l'autre, quand les dessusdiz messire Colard et messire Ferry de Mailly seroient en la ville, de prendre ycelle forteresce et le démolir. Après lesquelles conclusions et seremens par eux fais, ung certain jour mirent secrètement aulcuns compaignons adventuriers en petit nombre emprès la porte du chastel, tous instruis et advisés de ce qu'ilz avoient à faire. Lesquelz, quand ilz veirent les deux chevaliers et aulcuns de leurs gens yssus de ycelui chastel, ainsi que ilz avoient acoustumé, pour venir jouer en la ville, saillirent hors du lieu où ilz estoient et entrèrent dedens le chastel, parce qu'on ne se gardoit point d'eux. Si levèrent tantost le pont contre la ville, et se tinrent dedens. Laquelle prinse venue à la congnoissance desdiz frères, leur fut très desplaisant. Mais ilz n'en porent avoir aultre chose. Car tout incontinent, ceulx qui estoient du serement dessusdit firent sonner la cloche du commun. Et se assamblèrent en très grand nombre, armés et embastonnés, et s'en alèrent devers ycelui fort, qui tantost leur fut ouvert. Et adonc aulcuns des plus notables de la ville alèrent devant les dessusdiz chevaliers, ausquelz ilz dirent qu'ilz ne fussent en aucune doubte de leurs personnes, ne aussi de leur chevance, et qu'on ne leur mesferoit riens, disant que ce qui se faisoit estoit pour le bien et prouffit de la ville. Lesquelz, non puissans de ad ce remédier, respondirent que puis que aultrement ne povoient estre, qu'ilz feissent ce que bon leur sambleroit. Et adonc, tous troublés de veoir les manières dessusdictes, se retrayrent en ung hostel en la ville, et avec eulx tous leurs familiers. Si leur furent délivrés tous leurs biens. Et brief ensuivant, tous lesdiz habitans, d'un commun accord, commencèrent à désoler et abatre ladicte forteresce, et tant en ce continuèrent et par pluiseurs jours, qu'elle fut du tout arasée, et démolie de fons en comble. Et aulcuns briefz jours ensuivans, le dessusdit bailli de Vermendois et son frère, à tout leurs gens, se départirent de ladicte ville de Chauny. Ou lieu desquelz leur fut envoié pour gouverner, de par ledit messire Jehan de Luxembourg, messire Hector de Flavy, et depuis, Waleran de Moreul. Lesquelz, pour l'entreprinse desusdicte, les trouvèrent plus rigoreux et desobéyssans qu'ilz n'avoient acoustumé d'estre devant la désolacion d'ycelui chastel.

CHAPITRE CXVII.

Comment la cité de Chartres fu prinse par les gens du roy Charles.

Le xxᵉ jour d'avril de cest an, par la force des gens du roy Charles fut prinse la noble cité de Chartres, qui avoit tenu le parti des ducs Jehan et Phelippe de Bourgongne depuis l'an mil quatre cens dix sept, qu'elle avoit faite obéyssance au dessusdit duc Jehan. Et pareillement avoit tenu le parti des Anglois. Et furent cause d'ycelle prinse deux habitans d'ycelle ville, dont l'un estoit nommé Jehan Ansel, et l'autre le Petit Guillemin. Lesquelz autrefois avoient esté prisonniers aux François, lesquelz les avoient eus en gouvernement par longue espace, et par saufconduit avoient alé à Blois, à Orléans et aultres lieux de l'obéyssance d'yceulx François, mener pluiseurs marchandises et ramener aultres audit lieu de Chartres. Si les avoient, lesdiz François, tellement instruits, qu'ilz s'estoient tournés à leur voulenté. Et avoient avec eulx dedens ladicte ville de Chartres, de leur accord et aliance, ung jacopin, docteur en théologie, nommé frère Jehan Sarrasin, lequel estoit principal conducteur de toute la machinacion dessusdicte, et avoient les autres du tout leur retour à lui. Et quant ce vint au jour qu'ilz avoient conclud de achever leur emprise, les François s'estoient assamblés de pluiseurs parties jusques au nombre de quatre mil combatans, desquelz estoient les principaulx, le bastard d'Orléans, le seigneur de Gaucourt, Blanchet d'Estouteville, messire Florent de Lers, Lahire, Girault de la Puillerie, et aulcuns aultres de moyen estat. Si se mirent à chemin pour venir devers la ville de Chartres. Si se embuschèrent la plus grand partie à ung quart de lieue près, et aucuns autres, jusques à quarante ou cinquante, furent mis plus près. Et les deux dessus nommés, qui conduisoient la besongne, amenoient chars et charretes de vins et d'autres vivres, et avec ce y avoit une quantité d'alozes. Si estoient pour conduire les chars et charretes et chevaulx, à guise de charetons, aulcuns expers saquemans, armés à la couverte[1]. Lesquelz, assez tost après que la porte vers Blois fut ouverte, vinrent, à tout

---

1. Portant des armes sous leur habit.

leur charroy, pour entrer dedens. Et aloient devant, Jehan Ansel et le Petit Guillemin dessusdiz. Ausquelz les portiers, qui bien les congnoissoient, demanderent des nouvelles, et ilz respondirent qu'ilz ne sçavoient que bien. Et lors, les portiers leur dirent qu'ilz fussent les bien venus. Et adonc, pour les mieulx abuser, l'un des deux dessusdiz prinst une paire desdictes aloses et les bailla à yceulx portiers, en leur disant : « Véla pour vostre disner, prenés en gré; nous vous faisons souvent des paines beaucop, aulcunes fois de atargier à la porte pour nous attendre, et aultre pour ouvrir les barrières. » Entre lesquelles paroles et abusemens que yceulx faisoient, les dessusdiz charetons contrefais, se assamblèrent à cop et commencèrent à férir sur lesdiz portiers. Si en occirent une partie, et gaignièrent prestement la porte et l'entrée d'ycelle. Auquel lieu vindrent soubdainement, à certain signe que les dessusdiz leur firent, la première embusche, et de rechief la seconde. Si se mirent à entrer en ycelle ville par bonne ordonnance, tout à pied, armés de plaines armes, leurs bannières et estandars desployés avec eulx. Et adonc, par aucuns des dessusdiz portiers qui estoient eschappés et entrés en la ville, et aussi par aulcuns aultres habitans qui apperçurent ceste besongne, fut tantost en plusieurs et divers lieux crié alarme. Prestement auquel cry, toute la bourgoisie et communaulté fut esmeute. Mais, qui pis estoit pour eulx, le jacopin dessusdit, à aulcuns praichemens qu'il avoit fais par avant en publique, les avoit très amiablement instruis et admonestés qu'il leur pleust à estre ce propre jour, au matin, à ung sien praichement qu'il devoit faire moult solempnel et autentique et qui moult prouffiteroit, comme il disoit, pour le salut de leurs ames, se ilz le vouloient oyr et retenir. Mais le dessusdit jacopin avoit à certain propos esleu lieu pour assambler ledit commun à son praichement, tout à l'autre bout de ladicte cité, le plus loing que il avoit peu de ladicte porte par où elle fut prinse. Et à celle mesme heure que le dolereus cry fust oy parmi la ville, estoient à l'environ d'ycelui jacopin la plus grand partie de la communaulté et bourgoisie dessusdictes, lesquelz, sans délay, tous effraés, se mirent à fuir devers leurs habitacions. Si en y eut très grand nombre qui se armèrent et embastonnèrent et se traisent devers leur évesque et les gouverneurs de ladicte ville, qui les menèrent le plus tost que ilz porent devers où ilz scavoient lesdiz François, tendans yceulx rebouter hors de leurdicte ville. Mais à brief comprendre, ilz ne porent ce faire, pour ce que lesdiz François estoient en trop grand nombre, bien armés et existés en fait de guerre. Et desjà estoient bien avant en ladicte ville, quand ceulx de dedens vinrent vers eulx. Et de rechief, pour les mieulx abuser, commencèrent yceulx François à crier la paix! la paix! et marchèrent en bonne ordonnance en alant vers eulx. Si y eut trait, tant d'un costé comme d'autre, mais ce dura assez petit. Car, avec toutes ces males adventures, ung nommé Guillaume de Villenoefve, qui estoit capitaine de la garnison, lequel les debvoit conduire et mener, quand il perçut la besongne estre si avancée, il monta à cheval, et avec lui environ cent combatans de ses gens; si se parti sans délay par une autre porte, et avec lui grand multitude de peuple. Et par ainsi tout le seurplus fut tantost mis en desroy, sans ce qu'ilz feissent quelque résistence. Pour quoy les François, ce véans, se advancèrent de plus en plus et alèrent jusques au marchié. Et quand ilz veirent que nul n'arrestoient devant eulx pour eulx grever, une partie des chiefs se tinrent ensamble et envoyèrent partie de leurs gens par les rues veoir s'ilz trouveroient qui riens leur contredesist. Mais tout fuioit devant eulx, et se saulvoient où ilz povoient le mieulx. Durant laquelle tribulacion furent mors, de ceulx de la ville, environ soixante ou quatre vins. Desquelz fut le principal, maistre Jehan de Festigni, natif de Bourgongne, leur évesque. Et si furent prins prisonniers, de cinq à siz cens, dont maistre Gille de l'Aubespine, qui gouvernoit pour les Anglois, fut le principal. Et à brief comprendre, tant gens d'église comme bourgois et aultres habitans qui peurent estre prins et atains, furent mis à finance, et avec ce généralment tous les biens qu'ilz porent trouver, à cui qu'ilz fussent, puis qu'on ne povoit faire argent, tout fut prins et ravi. Quand est à parler de ravissemens, de violacions et aultres besongnes extraordinaires, il en fut fait selon les coustumes de la guerre, comme en ville conquise. Et lendemain furent copées les testes à aucuns de ceulx qui avoient gouverné pour les Anglois. Et furent de par le roy de France, dedens ycelle cité, reconstitués tous nouveaulx capitaines de gens d'armes et gouverneurs. Et y demoura très puissant garnison, pour les frontière des Anglois. Desquelz fut le principal chief par dessus tous les autres le dessusdit bastard d'Orléans.

CHAPITRE CXVIII.

Comment le cardinal de Sainte-Croix vint en France de par le Saint Père, pour appaiser la guerre des parties dessusdictes.

En ce temps, fut envoyé de par nostre saint père le pape ès partie de France le cardinal de Sainte-Croix, pour appaisier le descord qui estoit entre le roy de France d'une part, et le roy Henry d'Angleterre et le duc de Bourgongne ensamble, d'aultre part. Pour lequel traictié ledit cardinal fist de grans diligences entre les parties. Mais, en fin, ne povoit rien concorder à paix. Par son travail et moyen, furent accordées unes trêves, à durer l'espace de six ans, entre le dessusdit roy Charles et le duc de Bourgongne, et baillèrent chascun d'eulx pour la seureté et entretenement desdictes trêves, lettres seellées de leurs seaulx, devisées par le meilleur forme et manière que faire se povoit. Par le moyen desquelles, en aulcuns lieux, sur les frontières, le peuple eut grande consolacion, espérans que ce se deust entretenir. Et, à l'occasion d'ycelles, se commencèrent aulcuns des pays sur lesdictes frontières à remplir de laboureurs, bestail et aultres choses. Mais ceste léesce ne leur dura point gramment. Car en dedens le premier demi an, les parties furent si restives et entretoulliées ensamble, qu'ilz commencèrent comme devant à demener très forte guerre l'un contre l'autre. Si fut la principale cause de ceste resmuette, pour ce que les François prenoient aulcuns du parti de Bourgongne comme Anglois. Et pareillement lesdiz Bourguignons, est assavoir les povres sacquemans, vueillans vivre de la guerre, se boutoient avec les Anglois, et, en portant la croix rouge, prenoient les François et leur faisoient guerre. Par lequel moyen ycelles tréves devant dictes furent du tout mises à nient. Si n'estoit lors en nulles des trois parties justice, ne raison entretenue. Ains régnoit contre le peuple et gens d'église très innumérable et tirannicque pillerie. Et combien que pour vivre en paiz au déssoubz de ceulx qui faisoient la guerre, ilz donnassent et promeissent du leur très largement, en prenant d'yceulx ou de leurs capitaines saufconduits, lettres de garde ou seelleez d'apatifz, nientmains peu ou nient leur en estoit entretenu. Et par ainsi n'avoient ilz autre recours, sinon de crier misérablement à Dieu vengance.

CHAPITRE CXIX.

Comment le boulevert de Laigny sur Marne fut prins des Anglois.

Environ le mois de mars de cest an, furent ordonnés par le duc de Bethfort et le conseil du roy Henry estant à Paris, certain nombre de gens d'armes pour aler mettre en l'obéyssance dudit roy aulcunes forteresces que tenoient les François, ses ennemis, sur les marches de l'Isle de France, comme Montgay, Gournay et aultres, et avec ce, rompre et démolir le pont de Laigny, qui vient de la ville par desus l'eaue vers l'Isle de France. De laquelle armée furent chiefs et conducteurs, le conte d'Arondel, l'enfant de Warwich, le seigneur de l'Isle-Adam, mareschal de France, pour le roy Henry, messire Jehan, bastard de Saint

Pol, le Galois d'Aunay, chevalier, seigneur d'Orville, et aulcuns aultres. Lesquelz tous ensamble partans de Paris, à tout douze cens combatans ou environ, et foison de chars et de charrettes, canons, artilleries et aultres instrumens de guerre, vindrent par aulcuns jours devers lesdictes forteresces. Lesquelles en assés briefs jours, par contrainte d'iceulx Anglois, furent mises en l'obéyssance d'eulx. Et se départirent aulcuns desdiz François, saulves leurs vies et partie de leurs biens, et les aultres demourèrent à voulenté. Si en eut aussi aulcuns exécutés par justice, et les aultres mis à finance.

Après lesquelles reddicions, les dessusdiz Anglois prinrent leur chemin vers Laigni sur Marne et se logèrent devant. Si fist le conte d'Arondel asseoir une grosse bonbarde contre l'arche du pont-levis de la ville, laquelle, du premier cop qu'elle jetta, rompit ladicte arche par telle manière, que ceux de dedens ne povoient bonnement venir à leur bolevert, qui estoit à l'autre costé du pont qui passe par dessus l'eaue. Et adonc, ledit conte d'Arondel et les autres capitaines avec leurs gens, assaillirent hastivement ycelui bolevert et le prinrent sans délay, non obstant que ceulx du dedens qui y estoient, en bien petit nombre, le deffendoient puissamment et vaillamment. Auquel assault fut mort Jehan de Luxembourg, l'un des bastars de Saint-Pol, et aulcuns aultres, avec pluiseurs navrés. Et, en fin, les dessusdiz Anglois rompirent le pont en pluiseurs lieux, et après ardirent ledit bolevert, puis se retraisent en leurs logis. Si conclurent dedens briefz jours ensuivans de assaillir la ville en pluiseurs lieux. Laquelle chose ilz firent. Si demoura ledit conte d'Arondel, à tout certain nombre de gens, sans aler audit assault. Et quant ce vint que le mareschal et les aultres capitaines se départirent pour aler audit assault, ledit messire Jehan de Luxembourg, bastard de Saint-Pol, qui portoit en sa devise en son estendart le soleil, dist tout hault, qu'il faisoit veu à Dieu que se le soleil entroit en la ville, il y entreroit aussi. Laquelle parole fut de pluiseurs entendue par divers propos. Nientmains, ilz alèrent à l'assault et se y portèrent assez vaillamment. Mais par la diligence de Huchon Queue, escossois, messire Jehan Foucault et aultres capitaines de la ville, ilz furent bien et vaillamment receus. Et en y eut pluiseurs, desdiz assaillans, mors et griefment navrés, et avec ce perdirent quatre ou cinq de leurs estandars et pignons[1], qui furent tirés à force de bras dedens la ville par les debous. Desquelles furent la bannière de l'Isle-Adam, mareschal, et l'estandart et enseigne du souleil, appartenant audit messire Jehan, bastard de Saint-Pol, qui avoit voué d'entrer en ycelle ville. Si convint qu'ilz se retrayssent à grand honte et confusion en leurs logis. Et au bout de trois jours ensuivans, s'emblèrent et s'en alèrent secrètement grand partie d'yceulx compaignons de guerre, sans le congié de leurs capitaines, véans qu'ilz perdoient leur temps de là plus sousjourner. Car ilz y povoient plus perdre que gagner. Si retournèrent à Paris devers le duc de Bethfort. Avant que yceulx Anglois et Bourguignons feissent ycelui assault, avoit bien esté huit jours logiés devant la ville, et y assis grosses bom-

---

1. Pennons.

bardes, dont ilz avoient fait battre et travillier la muraille d'ycelle.

CHAPITRE CXX.

Comment Philebert de Vandre, gouverneur de Tonnoire, et le seigneur d'Omont alèrent servir le duc de Bethfort.

Vérité est qu'en ces jours, Philebert de Vandre et le seigneur d'Omont se partirent du pays de Bourgougne, à tout cinq cens combatans ou environ, par l'ordonnance de leur seigneur le duc de Bourgongne, servir son beau frère le duc de Bethfort. Si prinrent leur chemin parmi le pays de Champaigne pour aler en Picardie. Ouquel pays, se assamblèrent les François, de sept à huit cens combatans, pour combatre et ruer jus les dessusdiz. Desquelz estoient les principaulx, Yvon du Puis, le bastard de Dampierre, le Borgne de Remon et aulcuns aultres, qui se mirent en bataille contre leurs ennemis, qui s'estoient tous mis à pied pour eulx deffendre. Mais à brief dire, quand ce vint qu'ilz deubrent commencier à férir l'un dedens l'autre, les dessusdiz François, qui estoient la plus grand partie à cheval, se départirent hastivement à grand confusion. Si en y eut aulcuns mors et prins, en petit nombre. Et après, yceulx Bourguignons, par pluiseurs journées chevaulchèrent, à tout leurs gens, en Picardie, où ilz séjournèrent certaine espace de temps, en mengant le pays. Et de là, s'en alèrent à Paris devers le duc de Bethfort.

En ce temps le, roy de Cyppre, par longue maladie qu'il avoit eue depuis son retour de la prison des

Sarrasins, après qu'il eust dévotement receus tous les sacremens de sainte église, il trespassa de ce siècle [1]. Ou lieu duquel fut couronné et sacré en la maistre église de Nicossie, Jehan de Lusignen, seul filz du dessusdit roy et de la royne Charlotte de Bourbon [2], par le consentement de tous les trois estas d'ycelui royaume.

DE L'AN MCCCCXXXII.

[Du 20 avril 1432 au 12 avril 1433.]

CHAPITRE CXXI.

Comment le duc de Bethfort vint à grand puissance devant la ville de Laigni sur Marne, pour aidier et conforter les Anglois et Bourguignons qui l'avoient ségié; lesquelz enfin s'en partirent sans nul conquest.

Au commencement de cest an, le duc de Bethfort qui se disoit régent de France, convoqua de pluiseurs parties de son obéyssance jusques au nombre de six mille combatans ou environ, lesquelz il conduist et mena devant la ville de Laigni sur Marne, que tenoient les gens du roy Charles. Et povoient estre dedens ladicte ville, de huit à mil combatans, droi-

---

1. Jean II ou Janus, mourut le 19 juin 1432.
2. Ceci ne s'accorde pas avec *l'Art de vér. les dates*, qui donne à Jean II, deux fils, Jean III, son successeur, et Jacques, connétable de Chypre.

tes gens d'armes d'eslite, acoustumés de guerre. Desquelz estoient les principaulx capitaines, le capitaine escoçois, messire Anthoine de Loreil, et messire Jehan Foucault, qui bien et vaillamment se maintinrent et gouvernèrent ceulx qui estoient soubz leurs bannières. Avec le duc de Bethfort estoient, de la langue de France, le seigneur de l'Isle-Adam, mareschal, messire Jehan, bastard de Saint-Pol, le bastard d'Aunay, chevalier, seigneur d'Orville, Philebert de Vaudre, le seigneur d'Omont et pluiseurs aultres de bon et notable estat, qui très longue espace de temps continuèrent le siège devant ladicte ville de Laigni, pour ycelle réduire en l'obéyssance du roy Henry. Si furent assis pluiseurs engiens, grans et petis, contre les portes et murailles; qui en divers lieux les cravantèrent et abatirent. Dont les dessusdiz asségiés, tant par lesdiz engiens, comme pour ce qu'ilz avoient vivres à grand dangier, furent moult constrains et eurent de grandes tribulacions et meschiefz. Nientmains, jà soit que par le dessusdit duc de Bethfort fussent par pluiseurs fois sommés d'eulx rendre, ne se volrent-il à ce consentir, pour ce que tous jours avoient espérance d'estre souscourus et aidiés par ceulx de leur parti, comme ilz furent depuis. Et avoient, lesdiz asségans, fait un pont sur la rivière de Marne, de bateaux, pour passer à leur aise de l'un des costés à l'autre. Et à chascun des debous dudit pont avoient fait bolevers pour la garde d'ycelui, dedens lesquelz estoient commis gens d'armes en certain nombre, pour les garder.

Durant lequel temps, Charles, le roy de France, fist assambler de six à huit cens combatans, lesquelz, soubz la conduicte du mareschal de Boussach, du bastard d'Orléans, du seigneur de Gaucourt, de Rodighe de Villandras, du seigneur de Sainte-Treille et pluiseurs aultres capitaines, gens de grand façon et vaillans hommes de guerre, il envoia devers Orléans pour bailler souscours aux asségiés de la ville de Laigny. Et tous ensamble par pluiseurs journées se tirèrent à Melun, où ilz passèrent la rivière de Saine, et de là, parmy le pays de Brie, approuchèrent ladicte ville de Laigni. Et leur venoient de jour des garnisons, gens de leur party.

Et entretant, ledit duc de Bethfort et ses gens avoient si fort destraint les asségiés, que yceulx, sur la venue des François, commencèrent à traictier. Nientmains, ledit duc se prépara diligamment pour combatre les François qui venoient sur lui, et pour ce faire manda encore gens de pluiseurs lieux de son obéyssance, puis envoia aulcuns de ses officiers d'armes devers yceulx François, pour eulx signifier qu'il estoit prest d'eulx combatre avec tous leurs aidans, se ilz vouloient prendre jour et lieu de ce faire. A quoy ilz ne firent nulle responce, si non : à leur bel advantaige et quand bon leur sembleroit, au plaisir de Dieu, ilz menroient à fin leur emprise. Et sur ce approuchèrent et vinrent en très bonne ordonnance, en trois compaignies, jusques à une petite rivière qui est à ung quart de lieue de la ville. Et d'aultre part, le duc de Bethfort avoit ordonné faire trois batailles pour garder le passage d'ycelle petite rivière. Et quand ce vint qu'ilz furent approuchés assés près l'un de l'autre, en pluiseurs lieux se commencèrent de grands et dures escarmuches. Et par espécial, au costé où estoit l'enfant de Warwich et le seigneur de l'Isle-Adam vinrent à grand puissance, Rodighe de Vilandras, le seigneur de Sainte-Treille et aulcuns aultres chefz de guerre, qui conduisoient les vivres pour ravitailler ycelle ville. Et de fait, par force et malgré tous leurs adversaires, se boutèrent avant. Et en y passa certain nombre, qui alèrent jusques à la porte, et boutèrent dedens de vint à trente buefz, et aulcune quantité de sacs de farine. Et si entrèrent dedens, environ quatre vins combatans. Mais ceste besongne ne fut pas faite sans grand effusion de sang, car de tous costés en y eut plusieurs mors et navrés. Entre lesquelz, de la partie des François, ledit seigneur de Sainte-Treille, frère ainsné à Pothon. Et pareillement, à l'autre côté, où estoit messire Jehan, bastård de Saint-Pol, messire Thomas Kiriel, le seigneur d'Omont et Philibert de Vandre, furent fort approuchés, et y eut fait maint haulx fais d'armes et vaillandises. Si furent mors et navrés pluiseurs des deux costés. Desquelz, de la partie des Anglois, y fut mort un gentil homme, nommé Oudart de Renty. Et durèrent ces escarmuches jusques assés près de vespres. Et fut par un jour de saint Lorens en aoust[1], qu'il faisoit moult grande chaleur de souleil, dont les deux parties furent moult traveillées et oppressées. Et lors, les François, véans que bonnement ne povoient aultre chose faire, par ce principalment que les Anglois et Bourguignons estoient en très fort lieu, se retraisent tous ensamble, et s'en alèrent logier à Cressy en Brie, et delà se tirèrent vers Chasteau-Thierri, et puis à Vitry en France,

1. Le 10 août.

où ilz furent l'espace de quatre jours. Et adonc, ledit duc de Bethfort, sachant que les François se traioient vers l'Isle de France, doubtant qu'ilz ne prenissent aulcunes bonnes villes, se desloga de devant ladicte ville de Laigni, en assez meschant ordonnance, car ses gens y laissèrent pluiseurs biens. Si se tira vers Paris. Et depuis rassambla gens, et ala envers où estoient lesdiz François, pour de rechief eulx offrir la bataille. Mais, comme avant, ilz firent responce qu'ilz avoient fait ce pour quoy ilz estoient venus. Et estoit avec eulx le seigneur de Gaucourt, qui bien servoit à la besongne, car moult estoit sage et prudent.

Et tost après se deslogèrent dudit lieu de Vitri yceulx François, et s'en retournèrent devers ladicte ville de Laigni, où demoura ledit seigneur de Gaucourt. Et les aultres capitaines, à tout leurs gens, s'en retournèrent ès pays dont ilz estoient venus. Et quant aux asségiez, ilz furent tous resjoys, et non point sans cause, quand ainsi se veirent délivrés de leurs ennemis. Car moult avoient esté oppressés, tant de famine, comme d'autres mésaises. Car le siège y avoit bien esté par l'espace de quatre mois ou environ, qu'ilz n'avoient peu avoir aucuns vivres pour eulx rafreschir.

En ce mesme temps fut prins chastel de Montchas en Normandie[1], appartenant au conte d'Eu, prisonnier en Angleterre. Lequel, long temps par avant, tenoient les Anglois. Et en estoit capitaine ung nommé Brunelay, lequel, pour ce temps, se tenoit avec le duc de Bethfort au siège de Laigni sur Marne. Et le prinrent, leurs prisonniers, qui estoient layens de la partie

---

1. Moncheaux (Seine-Inférieure).

du roy Charles. Si mandèrent tantost, pour estre leur capitaine, messire Rigault de Fontaine, qui se tenoit à Beauvais. Lequel incontinent y ala, à tout quatre vins combatans ou environ. Et par le moyen d'ycelle forteresce, fut faicte forte guerre ès marches de Vimeu et environ, à ceulx qui tenoient le parti du roy Henri et du duc de Bourgongne.

CHAPITRE CXXII.

Comment les Gantois s'esmeurent contre aulcuns des gouverneurs de leur ville.

En ce temps, se resmeurent en armes les communes gens de la ville de Gand, jusques à cinquante mille ou environ, contre les gouverneurs d'ycelle. Et tous ensamble, environ dix heures devant miedi[1], s'en alèrent sur le grand marchié devant l'ostel de remoustrances[2], où ceulx de là estoient assamblés. Si convint qu'ilz venissent parler à eulx incontinent, ou ilz eussent en brief abatu huis et fenestres pour y entrer. Et quand ilz furent venus à eulx, de prime face ilz occirent cruelment le Grand doyen des menus mestiers, nommé Jehan Boelle, et ung eschevin, nommé Daniel van Zeuere, avec un homme de conseil, qui se nommoit Jazon Abit. Pour la mort desquelz, tous les autres gouverneurs là estans furent en grand doubte de leurs vies, pour la cruaulté

1. *Dix heures devant miedi*, c'est-à-dire dix heures du matin. Monstrelet compte le jour, non pas à partir de minuit, mais à partir de midi, comme les astronomes.
2. L'Hôtel de ville.

qu'ilz veoient desdictes communes. Mais pour lors ilz se tinrent à tant. Et tous ensamble se partirent de là, et alèrent à l'abbeye de Saint-Pierre abatre ung petit bois qui estoit emprès, et puis se mirent en chemin, et s'en alèrent à Saint-Bavon, pour les aulcuns estre récompensés de pluiseurs rentes héritables qu'ilz debvoient à ladicte église, lesquelles ilz avoient par avant payées. Mais, par le sens et les doulces parolles de l'abbé dudit lieu, ilz furent contentés et rafrenés. Et leur délivra prestement tout ce qu'ilz demandoient, et avec ce leur fist donner des vivres de l'église très habondamment Si se partirent de là assez contens d'icelui abbé, et alèrent rompre trois ou quatre maisons de la ville très notables, et dedens ycelles prendre des biens largement, et les aultres despecer et ruer emmi les rues. En après, alèrent aux prisons du prince. Si les rompirent et laissièrent aler tous les prisonniers. Et entre les aultres en délivrèrent ung nommé Jorge Gotscalt, qui moult estoit en leur grace, pour ce qu'il estoit de leur parti contre les dessusdiz gouverneurs. Après lesquelles besongnes, ycelles communes devant dictes, au bout de deux jours ensuivans, par le moyen d'aulcuns notables hommes, se retrayrent en leurs lieux et furent rapaisiés. Nientmains, durant icelle cruaulté, tous les officiers du prince se départirent de ladicte ville de Gand, doubtans que par yceulx communes ne fussent mis à mort comme les aultres. Toutefois, le duc de Bourgongne, pour les grans affaires que pour lors avoit, ne fut point conseillé de les corriger, ne constraindre de faire amendises par sa puissance. Mais traictié fut faict avec eulx par ceulx de son conseil, qu'en lui requérant merci et paiant aucune finance, il leur pardonna. Et par ainsi ilz demourèrent paisibles.

CHAPITRE CXXIII.

Comment messire Jehan, bastard de Saint-Pol, et le seigneur de Humières, furent prins des François.

Durant le temps dessusdit, se partirent du pays d'Artois, messire Jehan, bastard de Saint-Pol, et le seigneur de Humières, avecques eulx sexante combatans ou environ, pour aler à Paris avec le duc de Bethfort. Si alèrent par Montdidier à l'Isle Adam, et de là, cuidans aler seurement audit lieu de Paris, furent rencontrés de ceulx de la garnison de Creil, qui de leur alée estoient tous advertis. Et de fait, non obstant leur deffence, furent tous deux prins prisonniers et menés audit lieu de Creil avecques grand partie de leurs gens, et les aulcuns se saulvèrent par force de bien fuyr. Et depuis, les deux chevaliers dessusdiz, parmi paiant grand finance à ceulx qui les avoient prins, furent délivrés de la prison desdiz François.

CHAPITRE CXXIV.

Comment pluiseurs maléfices furent fais et perpétrés ès pays d'Amiennois, Santers et Vimeu.

Item, durant les tribulations dessusdictes, Blanchefort, qui se tenoit ou chastel de Breteul tenant le parti du roy Charles de France, fist moult de dommage aux pays de Santers, Amiennois, Vimeu et aultres lieux, par feu, pillages et par espée. Par quoy yceulx pays furent, pour la plus grande partie, tous perdus et inhabités, si non auprès des bonnes villes et forteresces. Et n'en povoient plus souffrir et payer les grans tribus qu'ilz avoient acoustumés de livrer pour leurs appatis. Et d'aultre part, furent réparées par ceulx de ce mesme parti, aulcunes forteresces ou pays de Vimeu, est assavoir Araines, Hornoy et . . . .[1], esquelles se boutèrent pluiseurs gens de guerre, dont le pays fut moult oppressé, et pareillement de ceulx qui tenoient le parti du roy Henry et du duc de Bourgongne. Si ne se sçavoient, les povres laboureurs, où bouter, ne aler à sauveté, et n'estoient aidiés ne souscourus de nul seigneur, de quelque parti qu'il fust. Et, que pis fut pour eulx, en la marche dessusdicte, Philebert de Vandre et le seigneur d'Omont, qui estoient retournés des marches de France de servir le duc de Bethfort, se boutèrent, à tout leurs gens, dedens l'isle de Pont Saint-Remy, et en déboutèrent les gens du seigneur de Saveuses qui l'avoient eu en garde. Pour laquelle prinse, ycelui seigneur de Saveuses fut très mal content, et pour yceulx débouter hors de la dessusdicte isle, assembla grand partie de ses parens et féables amis. Mais, en fin, pour ce que les dessusdiz estoient trop fors dedens l'isle dessusdicte, il n'eut point conseil de les aler envayr. Et pour tant, demourèrent là certaine espace de temps, au grand dommage et préjudice de tout le pays.

---

1. Il y a ici dans le Ms. 8346 un mot en blanc. Vérard met : Et autres.

CHAPITRE CXXV.

Comment le damoiseau de Commarci ...nst la ville de Ligney en Barrois, appertenant à messire Jehan de Luxembourg.

Item, ou mois de septembre oudit an, le damoiseau de Commarci[1], qui long temps par avant avoit grant hayne envers messire Jehan de Luxembourg, tant pour sa forteresce de Montagu qu'il lui détenoit, que pour pluiseurs autres discencions qu'ilz avoient eu l'un envers l'autre, assambla en pluiseurs lieux, de quatre à cinq cens combatans ou environ, lesquelz il mena secrètement auprès de Ligney en Barrois. Et ycelle, par faulte de guet, prinst, et entra dedens, et tous ceulx qu'il avoit amenez, par eschelles. A laquelle prinse ceulx de la ville furent tous esmeus soubdainement, et en y eut une partie qui se retrayrent hastivement dedens le chastel, qui point ne fut conquis, mais se deffendirent bien et hardiement contre leurs ennemis, qui par pluiseurs foiz les sommèrent et admonestèrent d'eulx rendre. A quoy ilz ne volrent nullement entendre, ains sans délay envoyèrent devers messire Jehan de Luxembourg lui racompter la besongne dessusdicte, en lui requérant humblement qu'à ce besoing les volsist souscourir. Lequel de Luxembourg, sachant ces nouvelles, mist incontinent clercz en œuvre, et en grand diligence fist escripre à tous ses amis, alyés et bien voellans, eulx requérant très amoureusement qu'il le venissent aidier à déli-

---

1. Commercy (Meuse).

vrer sa ville et ses gens du dangier où ilz estoient, sur tous les plaisirs que jamais lui désiroient à faire. Au mandement duquel, pour lui acompaigner, se commencèrent à préparer diligamment pluiseurs nobles hommes et aultres gens de guerre en grand nombre. Mais entretant, le dessusdict damoiseau, véant que bonnement ne povoit conquerre ycelle forteresce de Ligney, doubtant aussi le souscours qui leur povoit venir de par messire Jehan de Luxembourg, duquel il congnoissoit assés la puissance et la voulenté, se conclud, avec aulcuns de ses plus féables, qu'ilz se retrairoient ès lieux dont ilz estoient venus. Après laquelle conclusion, fist prendre, ravir et trousser tous les biens d'ycelle ville, c'est assavoir ceulx qui se povoient porter, puis fist bouter les feux et embraser toutes les maisons d'ycelle ville, dont les habitans eurent au ceur tres grand tristresce. Et ledit damoiseau de Sallebrusse s'en retourna à Commarcis, en emmenant avec lui pluiseurs prisonniers. Si furent de rechief mandées ces nouvelles audit messire Jehan de Luxembourg, lequel, de ce très dolent, fist contremander ceulx qu'il avoit mandés, et délaissa son entreprinse.

CHAPITRE CXXVI.

Comment la forteresce de la Boue vers Laon fu prinse des Bourguignons, lesquels se contrefirent anglois. Et aultres matières.

Item en ce mesme temps les gens du seigneur de Ternant, qui se tenoient à Rethers[1], prinrent la rouge

---

1. Rethel.

croix des Anglois, faignans du tout tenir leur parti. Et en ung certain jour, en larecin, prinrent la forteresce de la Boue à deux lieues près de Laon. Et estoit chief et conducteur desdiz preneurs, ung homme d'armes nommé Nicolas, chevalier. Par le moyen de laquelle prinse, ceulx de la ville de Laon et aultres lieux, tenans le parti du roy Charles, eurent moult à souffrir. Si fu la cause de prendre la rouge croix dessusdicte, pour ce que les trèves, dont par avant est faicte mencion n'estoient point encore du tout rompues entre le dessusdit roy Charles et le duc de Bourgongne. Car yceulx avoient toujours tenu le parti du duc de Bourgongne. Si se faisoient lors entre les trois parties pluiseurs telles besongnes, qui point n'estoient sans mal engien.

En ces propres jours, le conte de Vaudémont fist assambler de trois à quatre cens combatans ou environ, ès pays de Picardie. Lesquelx il fist mener en sa ville de Vezelise[1]. Et estoit l'un des chiefz qui le conduisoit le bastard de Humières. Si commencèrent à mener forte guerre au pays de Barrois et de Loherainne, et y firent très grand dommage par feu, pillage et par espée. Dont le povre peuple d'yceulx pays fu moult fort travillié.

Ou mois d'octobre, ala le duc de Bourgongne ou pays de Holande, et avecques lui la duchesse, sa femme. Si avoit avec lui six cens combatans Picars ou environ. Et demoura pour visiter ycelui pays environ ung mois. Ouquel voiage fu traictié par les consilliers du duc et de la duchesse Jaqueline de Bavière,

---

1. Vezelay (Yonne).

que ycelui duc de Bourgongne auroit de présent le nom, joyssance et proffit des pays de Haynau, Holande et Zeelande, et Frise, avec les appertenances, pour en uzer comme de son propre héritaige à tousjours héritablement. Moyenant lequel accord fut devisé, que, se ledit duc aloit de vie par trespas devant ladicte duchesse, les pays dessusdiz retourneroient à elle comme vraie héritière. Et avec ce, ly furent ordonnés pluiseurs nobles signouries et prouffitables, dont elle debvoit joyr avec la contée d'Ostrevant. De laquelle contée tant seulement elle se debvoit escripre contesse, en délaissant les tiltres d'yceulx pays dessus nommés. Après lesquelz traictiés passés et promis de l'une partie à l'autre, ledit duc consenti à parconclure le mariage d'ycelle duchesse, sa cousine, et de messire Franque de Versèle, lequel paravant avoit esté pourparlé secrètement entre ycelles parties. Et de ce jour en avant, s'escripvi ledit duc de Bourgongne, avec ses aultres tiltres qu'il avoit par avant, conte de Haynau, de Holande et Zeelande, seigneur de Frise. Après lequel traictié il retourna en son pays de Flandre.

CHAPITRE CXXVII.

Comment frère Thomas Comette ala à Romme, où il fut ars.

En ce temps, ycelui praicheur dessusdit de l'ordre des Carmes, nommé frère Thomas Comette, dont pieçà par avant ay parlé en cest livre[1], comme plus à

---

1. Tome IV, page 302.

plain est déclaré, avoit fait pluiseurs prédicacions ou province de Rains, par lesquelles prédicacions pluiseurs nobles femmes et de haulte lignié avoient osté leurs atours. Après vint-il en la ville de Romme, où lors se tenoit notre saint père le pape Eugène, et y arriva avec les ambassadeurs des Vénissiens. Si se loga à Saint Pol. Auquel lieu, le dessusdit pape le manda à venir devers luy, non mie pour mal qu'il luy volsist, mais pour le veyr et oyr parler, pour ce que aultre fois les nouvelles de ses prédicacions avoient esté rapportées jusques à luy. Si refusa par deux foix à y aler, faingnant qu'il fust mal disposé. Et à la tierce foix le pape y envoia son trésorier pour le amener. Et quand ycelui trésorier vint jusques à l'uis de sa chambre, ledit frère Thomas, ce véant, sailli hors par une fenestre pour lui sauver. Mais il fut ysnellement poursievy et prins. Et de là fu mené devant nostre dict saint père le pape, en son palais. Lequel le charga, pour le examiner, aux cardinaulx de Rouen et de Navarre. Lesquelx, en fin, le trouvèrent hérèze et coulpable de mort. Et après que son procès fu fait, fu condempné à mort. Et fut ars devant le peuple en la ville de Romme.

CHAPITRE CXXVIII.

Comment la duchesse de Bethfort morut.

Item, en ce temps, Anne, femme au duc de Bethfort et seur au duc de Bourgongne, acoucha malade en l'ostel des Tournelles à Paris. Si fu par très longue espace travillié d'ycelle maladie et tant qu'en fin, non obstant qu'elle eust esté très diligamment visitée de pluiseurs médecins, rendi son esprit. Et fu enterrée aux Célestins en la chapelle où jadis fu mis Loys, duc d'Orléans, derrain trespassé. Pour la mort de laquelle, le duc de Bethfort, son mari, eut au ceur très grand tristresce, et pareillement pluiseurs aultres de son parti, doubtans que, pour la mort dessusdicte, l'amour et l'aliance, qui s'estoit entretenue grande espace par le moyen de celle duchesse entre son dict mari et son frère le duc de Bourgongne, ne se refroidast aulcunement.

Et pour lors les ambassadeurs des trois parties, est assavoir du roy Charles, du roy Henry et du duc de Bourgongne, furent ensamble en la cité d'Aussoire et à Melun, pour traictier de paix. Mais, en fin, ne porent riens conclure. Et par ainsy se départirent retournans chascun devers leurs seigneurs.

CHAPITRE CXXIX.

Comment aulcuns capitaines François passèrent la rivière de Somme pour courir en Artois.

Item, environ l'entrée du mois de décembre, Blanchefort le capitaine, messire Anthoine de Chabannes, le seigneur de Longueval, messire Karados des Quesnes et aulcuns aultres de la partie du roy Charles, se assamblèrent et avecques eulx de huit cens à mil combatans de entour Breteul. Et de là alèrent passer la rivière de Somme à Cappi, et puis chevaulchèrent toute nuit jusques emprès la ville de Dourlens, qu'ilz avoient pourgettée par leurs espies pour le prendre et escheller. Mais le seigneur de Humières qui ceste nuit estoit à . . . . .[1], fut advertis de ceste chevaulchié. Si envoia hastivement certains mesages au maire et aux jurés de Dourlens, eulx signifier que les François estoient sur les champs et avoient intencion d'eulx porter dommage, et qu'ilz fussent sur leur garde. Lesquelx, oyans ces nouvelles, se préparèrent diligamment pour eulx deffendre, et avec ce mirent dehors leur ville ung mésage pour aler au chastel de Beauval dire à ceulx qui le gardoient les nouvelles dessusdictes. Lequel mésage encontra à ung quart de lieue d'ycelle ville, environ le point du jour, les coureurs d'yceulx François, desquelx il fut prins et tantost examiné. Sy leur congneut ce pour quoy il aloit. Et adonc, se retrayrent vers leurs gens, qui les sievyrent de assés près. Lesquelz, sachans par les moyens dessusdiz leur entreprinse rompue, retournèrent tout ensamble en la ville de Beauquesne. Et après qu'ilz se feurent repeus et rafraischis longuement, courans une partie de leurs gens parmi le pays, s'en ralèrent audit passage de la rivière de Somme, et de là, à tout foison de biens, prisonniers, chevaulx et aultres bagages, retournèrent en leurs garnisons.

1. Il y a ici un blanc dans le Ms. 8346. Vérard met simplement : « Mais le seigneur de Humières fut adverty de ceste chevauchée. »

CHAPITRE CXXX.

Comment ung moisne de l'ordre Saint Benoit volt prendre le chastel de Saint-Angle à Romme.

En ce temps ung nommé le Petit Moisne, qui avoit esté moult amé du pape Martin et eut grant gouvernement durant sa seignorie, après le trespas d'ycelui se traist devers le pape Eugène[1] et trouva manière d'estre très bien de luy, tant qu'il fut en sa grace comme, pour en partie avoir gouvernement, comme il avoit eu ou temps de son devancier. Durant lequel temps, par tentation dyabolique comme on puet supposer, il eut voulenté de faire trayson contre ycelui pape Eugène, et pour ycelle mener à effect et de tous poins acomplir, avoit parlé au prince de Salerne ou à ses commis, pour le mettre à puissance de gens dedans le chastel de Saint-Angle[2], et de là dedens Romme. Si estoit venu ung certain jour devers ledict pape pour prendre congié de luy, disant qu'il s'en vouloit aler demourer en Avignon aulcune espace de temps, et entretant requist au chastelain de Saint-Angle qu'il lui volsist garder ses coffres où estoient ses biens, jusques à son retour. Lequel lui accorda, non doubtant que ce fust pour quelque malvaistié faire. Si fist ledit Petit Moisne faire douze coffres, dedens lesquelx debvoit avoir douze hommes, et à chascun coffre encore deux hommes pour le porter. Et quant

---

1. Eugène IV, qui succéda à Martin V, en 1431.
2. Le château Saint-Ange.

ce vint que toutes ces besongnes furent prestes, pour mieulx fournir son entreprinse, il envoia par ung petit paige qui estoit son nepveu, porter unes lettres à ung prisonnier dedens ledit chastel, lesquelles furent d'aventure trouvées du dessusdit chastelain, lequel par le moyen d'ycelles sceut et perçut ladicte trayson. Si les porta sans délay devers le pape, lequel fist incontinent par la justice séculière prendre ledit moisne. Lequel fu jehiné, et congneut tout son fait. Après laquelle congnoissance, il fut pendu à ung gibet, et fu mis à mort dedens la cité de Romme, lequel gibet y fut pour ce fait tout propice, et puis fut esquartelé ou marchié. Et par ainsy ledit prince de Salerne failly à son intencion. Mais pour ce ne demoura mie qu'il ne feist depuis forte guerre au dessusdit pape.

En ces jours, ung saquement nommé Thomelaire, qui estoit prévost de Laon de par le roy Charles, prinst le chastel de Passavant, par certains moyens qu'il avoit dedens la forteresce. Laquelle prinse despleut moult au duc de Bar, doubtant que par ce moyen son pays ne fust en guerre. Sy le fist tantost asségier par ses gens, et en fin furent les dessusdiz preneurs constrains par telle manière qu'il leur convint rendre ladicte fortesesce. Et avecques ce, fut ledit Thomelaire exécuté et mis à mort, et aulcuns aultres avecques luy. Et si fut ycelle forteresce démolie.

CHAPITRE CXXXI.

Comment la paix fu traitié entre le duc de Bar et le conte de Waudémont.

Item, en cest an, par le moyen du duc de Bourgongne fu faicte la paix et traictié entre le duc de Bar d'une part, et le conte de Waudémont d'aultre, par tel sy que les deux parties promisrent de bonne foy rendre et restituer toutes les villes et forteresces qu'ilz tenoient l'un de l'autre. Et avecques ce fut accordé que l'aisné filz dudit conte prenderoit en mariage l'aisnée fille du duc de Bar, et lui feroit avecques elle, chascun an, vi^M frans de rente, et certainne somme pour une fois. Lesquelx traictiés conclus et scellés d'eulx et d'aulcuns de leurs plus féables consilliers, pardonnèrent l'un à l'autre tout ce qu'ilz se povoient estre entremesfais. Et depuis fut ladicte fille délivrée à ycelui conte, entretenant les promesses dessusdictes. Dont les subjetz de chascune partie eurent au cuer très grant joie, espérans par le traictié dessusdit demourer paisibles et estre hors de la grande tribulacion où ilz avoient long temps esté par la guerre et descord des deux princes dessusdiz.

CHAPITRE CXXXII.

Comment la duchesse de Bourgongne s'accoucha d'un filz en la ville de Gand.

En ce temps, le xiiiie jour d'avril, la duchesse de Bourgongne s'acoucha d'un filz en la ville de Gand, le quel fu levé par le cardinal de Wincestre, anglois, et les contes de Saint Pol et de Ligney, frères. Et la contesse de Meaulx fu marine[1]. Et fut ycelui filz sur les fons nommé Josse, jà soit ce que nulz desdiz parins et marines n'eussent ainsy en nom. Mais ainsy l'avoient ordonné ledit duc et duchesse. Si donnèrent, chascun en droit soy, moult riches dons à ycelui enfant.

En celle mesme année, fut la monnoie renouvelée par ledit duc de Bourgongne, en ses pays, par le consentement d'yceulx. Si fut faite nouvelle monnoie d'or nommée ridres, lesquelz valoient xxiiii solz en blanche monnoye nommée virelans. Et fut, toute aultre monnoie ayant cours en yceulx pays, condempnée et ramenuisié, le iiiie ou v^e partie mains qu'elles ne valoient

Durant lequel temps, fu grande discencion entre la ville de Bruxelles d'une part, et la ville de Malines d'aultre. Et menèrent très grand guerre les ungs aux aultres.

Et pareillement furent ceulx de Gand en grand discencion l'un contre l'aultre, et en furent pluiseurs officiers bannis de ladicte ville.

CHAPITRE CXXXIII.

Comment l paix fu traictié entre le duc de Bar, d'une part, et les contes de Saint-Pol et de Ligney, d'aultre part.

Item, durant le temps dessusdit, fu fait le traictié de paix entre le duc de Bar d'une part, et les contes

---

1. Fut la marraine.

de Saint-Pol et de Ligney d'aultre part, à cause de la guerre et hayne qui par ung temps avoit esté entre eulx. Par la fin de laquelle, toute la contée de Guise jà pieça conquise par messire Jehan de Luxembourg conte de Ligney dessusdit, et laquelle appartenoit héritablement au dessusdit duc de Bar, demoura par ledit traictié à ycelui messire Jehan de Luxembourg, pour en joyr, lui et ses hoirs, à perpétuité. Et pour en avoir plus grande seureté, s'en dessaisi le dessusdit duc de Bar dedens le chastel de Bohaing, sans constrainte, présens pluiseurs de ses hommes qui avoient esté mandés avec aulcuns officiers d'ycelle contée et aultres notaires impériaulx et apostoliques, qui pour ce y estoient appelés. Et avecques ce, fut projecté ung aultre appointement touchant à Jehenne de Bar, fille à mesire Robert de Bar, conte de Marle. C'estassavoir pour sa part et porcion qu'elle tendoit à avoir, à cause de sondit feu père, sur le duché de Bar. Et pareillement fut pourparlé entre ycelles parties du mariage d'une des filles mainsnée dudit duc, et du second filz dudit conte de Saint-Pol. Si demorent les deux articles dessusdiz à parconclure du tout jusques à une aultre fois, qu'ilz devoient rassambler l'un avecques l'aultre. Après lesquelx traictiés, qui durèrent pluiseurs jours, et que ledit duc eut par les deux frères dessusdiz esté grandement et honnourablement receu et festoyé dedens ycelui chastel de Bohaing, il se départi de là très bien content d'eulx, comme il moustroit par samblant, et s'en retourna en sa duchée de Bar.

CHAPITRE CXXXIV.

Comment la guerre s'esmeut entre mesire Jehan et mesire Antoine de Vergi, d'une part, et le seigneur de Chasteau-Vilain, d'autre part.

Item, en cest an, s'esmut grand descord entre mesire Jehan et mesire Antoine de Vergi, chevaliers de Bourgongne, d'une part, et le seigneur de Chasteau-Vilain d'aultre part. Par le moyen duquel, ilz commencèrent à faire guerre ouverte l'un contre l'autre. Et le seigneur de Chasteau-Vilain, adfin qu'il peuist estre plus fort pour grever les dessusdiz, il se tourna du parti du roy Charles, avecques lui mesire Légier de Tinteville, Jehan de Werpelleirs, et aulcuns aultres gentilzhommes, qui long temps par avant estoient ses alyés et bien veuillans, et en enfraignant le serement qu'ilz avoient au duc de Bourgongne, leur naturel seigneur. Duquel auparavant ycelui seigneur de Chasteau-Vilain avoit esté moult familier. Et avecques ce, renvoya au duc de Bethfort son ordre, qu'il avoit porté longue espace. Pour lequel renvoy ycellui duc fu moult indigné vers luy, et le blasma grandement en présence de celui qui ledit ordre rapporta, pour ce que ainsy avoit faulsé son serement vers luy. Et pareillement en fut ledit duc de Bourgongne très mal content, quand ce vint à sa congnoissance. Si escripvi aux gouverneurs de ses pays de Bourgongne, que par tous les moyens que faire se povoit ilz meissent paine de les grever et subjuguer. Lesquelx, en obéyssant audit duc, mirent son mandement à exécucion. Toutefois, à l'occasion d'ycelle guerre, les pays de Bourgongne eurent de grans affaires, parce que le seigneur de Chasteau-Vilain avoit pluiseurs forteresces, lesquelles il garny de ses aliés, qui moult fort les grevèrent. Nientmains, par la puissance dudit duc de Bourgongne et l'aide des dessusdiz seigneurs de Vergi et aultres nobles du pays, fut constraint par telle manière que la plus grand partie de ses forteresces furent conquises et démolies. C'est assavoir Granssi, Slongi, Challansi, Vilers le Magnet, Milly le Chastel Saint-Urbain, Blaise, Saint-Vorge, Esclaren, Verville, Cussoy, Romay, Waudumont et Basoncourt. Devant lequel chastel de Granssi le siège y fut trois mois ou environ. Lequel tenoit mesire Jehan de Vergi, chief principal de ceste querelle, et avecques lui mesire Guillaume de Bauffremont, Guillaume de Vienne, et mesire Charles de Vergy, avecques eulx douze cens combatans. Auquel siège vint pour le lever, ledit seigneur de Chasteau-Vilain, le damoiseau de Commarcis et Robert de Waudricourt, à tout seize cens combatans. Et y eut très grande escarmuche, en laquelle fut mort ung seul homme tant seulement. Nientmains, le dessusdit seigneur de Chasteau-Vilain, véant que bonnement ne povoit lever ledit siège sans grand péril, pour la bonne ordonnance et assistence que y mettoient ses ennemis, s'en retourna avec les siens là dont il estoit venu. Et brief ensuivant, mesire Denis de Saint-Fleur, qui tenoit ycelui fort, fist traictié avec les commis dudit seigneur de Vergi, par condicion qu'en lui rendant ycelui chastel, lui et ses gens s'en yroient sauvement à tout leurs bagaiges. Et ce conclud, retourna vers le Roy, qui lui fist copper le haterel pour aulcunes raisons dont il fut accusé vers luy, et aussi pour ce qu'il avoit fait morir sa femme.

Item, ce meisme temps, aulcuns capitaines tenans le parti du duc de Bourgongne prinrent d'emblée par eschielles la ville d'Esprenay[1], appertenant héritablement à Charles duc d'Orléans, prisonnier en Angleterre. Dedens laquelle furent faites tous grandes desrisions comme en ville conquise.

CHAPITRE CXXXV.

Comment la paix fut traictié entre le duc de Bourgongne et les Liégois.

Item, à l'issue de cest an, fut faite et confermée la paix entre le duc de Bourgongne et les Liégois; pour laquelle pluiseurs journées avoient esté tenues entre les parties sans eulx povoir concorder. Nientmains, pour les dommages et intérestz que le duc avoit eu en sa contée de Namur par yceulx Liégois, si accordèrent de payer audit duc, de ses forteresces qu'ilz avoient abatues et son pays désolé, c et L^M nobles, avec amendes. Et avec ce, parmy le traictié, promirent, lesdiz Liégois, de abatre et démolir de fons en comble la tour de Montorgueil emprès Bouvines, laquelle ilz tenoient, par laquelle en partie le discord estoit meu entre ycelle parties. Laquelle promesse ilz entretinrent brief ensievant, et la démolirent du tout. Et furent respondans pour yceulx Liégois, adfin que mieulx entretenissent ledit traictié, Jehan de Hainsberghe, leur évesque, Jaques de Fosseux et aulcuns

---

1. Épernay.

aultres nobles du pays de Liège. Après lequel traictié fini, pour plus grand seurté, furent faictes lettres et baillées de chascune partie. Et par ainsy, les dessus-diz Liégois, qui par avant estoient en très grant doubte et crémeur, eurent grand joie et furent rapaisiés, et en grand seurté demourèrent en leur pays.

DE L'AN MCCCCXXXIII.

[Du 12 avril 1433 au 28 mars 1434.]

CHAPITRE CXXXVI.

Comment le duc de Bethfort, qui se disoit régent de France, espousa la fille du conte de Saint-Pol.

Au commencement de cest an, Jehan de Lancastre, duc de Bethfort, espousa en la ville de Terrewane Jaqueline fille ainsnée de Pierre de Luxembourg, conte de Saint-Pol, et niepce de Loys de Luxembourg, évesque de Terrewane, chancelier de France pour le roy Henri, et aussi de mesire Jehan de Luxembourg. Si avoit cestui mariage esté traictié certaine espace de temps par avant, en partie par le moyen et solicitude du dessusdit évesque, qui pour ce temps estoit ung des principaulx gouverneur et conseiller dudit duc de Bethfort. Duquel mariage le duc de Bourgongne, quand il fut retourné de ses pays de Bourgongne où il estoit pour lors, n'en fut point bien content dudit conte de Saint-Pol, pour ce que sans son sceu et conseil il avoit ainsy alié sadicte fille. Et toutefois la feste et les neupces furent faites sollempnelment en l'ostel épiscopal de ladicte ville de Terrewane. Et pour la joie et plaisir que ycelui duc de Bethfort eut et print d'ycelui mariage, car sadicte femme estoit frisque, belle et gracieuse, éagié de xvii ans ou environ, et adfin que de lui il fust perpetuelment mémoire, il donna à l'église de Terrewane deux cloches moult riches, notables et de grand valeur, lesquelles il fist amener à ses propres coustz et despens du pays d'Angleterre. Et aulcuns jours après, ladicte feste finée, il s'en parti.

CHAPITRE CXXXVII.

Comment la ville de Saint-Waleri en Ponthieu fu prinse des François.

En ce temps, mesire Loys de Waucourt et mesire Rigault de Verseilles, tenans le parti du roy Charles, acompaignié de trois cens combatans ou environ, prinrent à ung point du jour la ville de Saint-Waleri en Ponthieu, par eschielles. Laquelle ville, de par le duc de Bourgongne, estoit ou gouvernement de Jehan de Brimeu. Si y furent fait de grans maulx par yceulx François, seloncq la coustume de la guerre, comme en ville conquise. Par le moyen de laquelle prinse furent les pays à l'environ en très grand doubte, et non point sans cause. Car briefz jours ensievans, yceulx François se fortifièrent de gens puissamment, et commencèrent à courir et faire forte guerre aux pays qui se tenoient du parti des Anglois et des

Bourguignons. Lesquelx pays, pour la grigneur partie, se apatirent à eulx. Dont ilz receurent grandes finances.

En ce mesme temps, par la diligence de Perrinet Crasset, capitaine de La Charité sur la rivière de Loire, lequel tenoit le parti du roi Henri, fut prinse la ville et forteresce de Montargis, non point d'assault, ne par force, mais par emblée. Laquelle ville et forteresce dessusdicte estoit assise en fort lieu, et n'avoit esté prinse ne conquise en toute la guerre.

CHAPITRE CXXXVIII.

Comment les ducz de Bethfort et de Bourgogne vinrent à Saint-Omer.

A l'issue du mois de may, vinrent à Saint-Omer les ducz de Bethfort et de Bourgongne, par certains moyens qui avoient esté pourparlés entre eulx parties, adfin de eulx réconcilier l'un avecques l'aultre d'aulcunes parolles hayneuses qui avoient esté rapportées, tant d'un costé que d'aultre. Avec lequel duc de Bethfort estoit son oncle le cardinal d'Angleterre, qui estoit moult désirant de yceulx deux ducz remettre en bonne concorde. Nientmains, jà soit-il que pour ce faire fussent les dessusdiz deux ducz venus audit Saint-Omer, et qu'il eust esté ordonné qu'ilz assambleroient l'un avecques l'aultre en ung certain lieu, sans ce que l'un d'eulx fust tenu d'aler devers l'autre, toutefois quand ilz furent à leurs logis, ledit duc de Bethfort entendoit que le duc de Bourgongne alast devers luy. Ce que point faire ne volt. Si furent sur ce pluiseurs seigneurs envoyés d'un costé et d'aultre, tendant y mettre moyen. Mais riens n'y valu. Et, en fin, le dessus dit cardinal vint vers le duc de Bourgongne et parla à lui à part en sa chambre, en lui remonstrant amiablement, en lui disant : « Comment biau nepveu, lairrez-vous ainsy retourner ung tel prince qui est filz et frère de roy, qui pour vous veoir s'est traveillié de venir en vostre ville, sans parler à lui, ne le aler veoir? » Auquel cardinal le dessusdit duc de Bourgongne respondi, qu'il estoit prest d'aler au lieu qui estoit ordonné pour eulx convenir ensamble. Et finablement, après ces parolles et pluiseurs aultres, le cardinal dessusdit se départi, et retourna pardevers sondit nepveu de Bethfort. Et brief ensievant se départirent dudit lieu de Saint-Omer, sans aultre chose sur ce besongnier, yceulx deux ducz, mains contens l'un de l'aultre qu'ilz n'estoient par avant.

CHAPITRE CXXXIX.

Comment en la cité de Tournay eut grant trouble et discencion pour l'évesque d'ycelle, à cause de la mort de l'évesque dudict lieu, mestre Jehan de Toysi.

Item, en cest an, morut en la ville de Lille maistre Jehan de Thoisi, moult ancien, évesque de Tournay et chief du conseil du duc de Bourgongne. Ou lieu duquel fut constitué évesque de ladicte cité par nostre saint père le pape, Jehan de Harcourt, qui estoit évesque d'Amiens. Pour laquelle constitucion, ledit duc de Bourgongne ne fut point bien content, pour ce que de celle éveschié vouloit pourveoir ung sien conseiller, nommé maistre Jehan Chevrot, archidiacre de

Vulguessin en l'église de Rouen. Et mesmement avoit aultre fois parlé audit de Harcourt, adfin que se cely éveschié estoit vacant, qu'il ne le volsist impétrer. Lequel, comme disoit ledit duc, lui avoit accordé de le non prendre. Toutefois, après ce que le dessusdit de Harcourt en fut en possession, le dessusdit duc fist deffendre par tous ses pays, tant en Flandres comme ailleurs, qu'on ne feist aulcune obéyssance audit de Harcourt. Et avecques ce, lui furent arrestées toutes les rentes et revenus d'yceli éveschié, qui en la plus grand partie estoient ès pays dessusdiz, et furent données à aulcuns des serviteurs du dessusdit duc. Dont ycelui de Harcourt eut grand deul en son cuer. Nientmains, espérant trouver ses moyens, demoura longue espace dedens la ville de Tournay, où il vesqui à simple estat, et y estoit obéy et très bien amé des bourgois et habitans d'ycelle cité. Durant lequel temps vacqua l'archevesché de Narbonne, lequel, pour l'amour et faveur d'icelui duc de Bourgongne, fut donné par notre saint père le pape, à Jehan de Harcourt, et ledict éveschié de Tournay fut octroyé audit maistre Jehan Chevrot. Si fist le pape ceste translacion pour contenter les deux parties, et par espécial ledit duc. Dont ledit de Harcourt ne fut point bien content, et y mist plusieurs opposicions, disant que le pape luy faisoit tort de le destituer dudit éveschié de Tournay. Et par ainsy, ycelui duc de Bourgongne, véant qu'il ne vouloit obéyr au mandement du pape, fut de luy et de ceulx de Tournay plus mal content que devant. Si fist de rechief deffendre par tous ses pays, que nul ne portast vivres en ycelle ville de Tournay, sur confiscacion de corps et de biens, et avecques ce, que tout homme qui pourroit sçavoir les biens d'aulcuns des habitans, les nonciassent aux officiers du duc et ilz seroient prins comme confisqués. Si furent à la faveur de ceste tribulacion, fais pluiseurs maulx, bien par l'espace de quatre ou cinq ans. Durant lequel, fut de par le duc envoyé le conte d'Estampes, acompaignié de pluiseurs chevaliers et escuyers, en ladite ville de Tournay, où estoit le dessusdit de Harcourt, pour prendre possession pour ledict maistre Jehan Chevrot. Si advint que quand le desusdit conte d'Estampes fut en la ville de Tournay, et qu'il eust ordonné à prendre possession à ung nommé maistre Estievene Vivien, une grand partie de ceulx de la ville ne furent point de ce contens et se assamblèrent en grand nombre par manière de commocion. Si alèrent en l'église où estoit ledit Vivien, assis en la chayère de l'évesque, faisant les cérémonies et appréhencions[1] qui lui avoient esté commises à faire ou nom d'ycelui Chevrot, en prenant la possession de l'éveschié. Si le tirèrent jus de ladicte chayère très rudement, en lui desrompant son sourplis et aultres habillemens. Et en y eut pluiseurs qui en celle fureur le vouloient mettre à mort. Mais, pour les apaisier, la justice de la ville le fist prendre et mettre prisonnier, en donnant à entendre à ces communes qu'il seroit puny par ladicte justice, et qu'ilz fussent contens. Et aussy, ledit Jehan de Harcourt, pour qui ladicte commocion se faisoit, les refrena par doulces parolles et amodérées, en eulx remoustrant amiablement qu'ilz se retrayssent en leurs maisons,

---

1. *Appréhencions*, c'est-à-dire prise de possession.

disant que tout se feroit bien, et qu'il garderoit son droit par justice. Après lesquelles besongnes et pluiseurs autres, lesdictes communes se retrayrent. Et s'excusèrent les officiers, c'estassavoir ceulx de la loy et aultres des plus notables, envers le conte d'Estampes, de ladicte commocion. Car ilz en doubtoient grandement pis valoir en temps advenir. Et après toutes ces besongnes, ledit conte d'Estampes et ceulx de son conseil, voyans que aultre chose n'en pourroient faire, se départirent de là et s'en retournèrent à Arras devers le duc de Bourgongne. Auquel il racompta l'estat et la manière de ce qui avoit esté fait en ladicte ville de Tournay. Dont ledit duc, en poursievant de mal en pis, fut très mal content de ceulx d'ycelle cité. Et finablement, pour et à la cause de la division d'yceulx deux évesques, advinrent à pluiseurs gens de grandes tribulacions et misères. Et mesmement, après la paix faicte à Arras entre le roy Charles et le duc de Bourgongne, fut le dessusdit roy très mal content des manières que tenoit ycelui duc contre ceulx de Tournay, voullant soustenir ycelui de Harcourt. Lequel de Harcourt, sachant que ledit duc de Bourgongne s'estoit du tout conclut et obstiné de soustenir maistre Jehan Chevrot, et aussi véant que par nul moyen il ne povoit joyr paisiblement des biens et fruis d'ycelui éveschié, et avec ce que ses terres de Haynau estoient arrestées et mises en la main du dessusdit duc, il se départi de la dessusdicte ville de Tournay, et s'en ala, à privée maisnie, devers le Roy, qui lui fit grande récepcion. Et de là se retraist en son éveschié de Nerbonne. Et par ainsy, ycelui maistre Jehan Chevrot demoura paisible en son éveschié de Tournay. Et fist prendre la possession par ung chanoine de Cambray, nommé maistre Robert au Clau, qui, pour le dessusdit, y fut assés courtoisement receu et obéy comme son procureur.

CHAPITRE CXL.

Comment les François firent pluiseurs conquestes sur les marches de Bourgogne.

En cest an, vinrent devers le duc de Bourgongne certains ambassadeurs, envoyés par les trois Estats de la duchée et contée de Bourgongne. Lesquelx luy déposèrent les grans desrois et excercions que les gens du roy Charles faisoient par feu et par espée en sesdiz pays, et par espécial ceulx de son beaufrère, le duc de Bourbon. Disans que desjà avoient prins par force pluiseurs bonnes villes et forteresces, et chascun jour s'esforçoient de conquerre plus avant. Par quoy le pays estoit en voie d'estre destruit, se briève provision n'y estoit mise. Lui requérant très humblement, que de sa grace il y volsist remédier de sa puissance magnifique, et y aler personnellement, à tout ses gens d'armes. Lequel duc, ceste requeste oye, fist assambler son conseil, et avec ycelui conclud que brief ensievant il feroit assambler toutes les gens de guerre de ses pays de Brabant, de Flandres, d'Artois, de Haynau et aultres marches à lui obéissans. Et lors furent mis clercz en œuvre à escripre lettres, adréçans à tous capitainnes et aussy aux chevaliers et escuyers et aultres gens de guerre qui avoient acoustume d'eulx armer, contenans que sans délay se meyssent sus pour estre pretz à l'entrée du mois de may, à tout ce que chascun pourroit finer de gens d'armes, tant hommes d'armes comme archiers, à aler en sa compaignie là où il les vouldroit conduire et mener. Lesquelx capitaines, oy le mandement de leur prince et seigneur, firent leur assamblée diligamment, et en y eut grand partie qui mirent leurs gens sur les champs, dont les pays de Picardie, Artois, Ponthieu, Tournesis, Ostrevant, Cambrésis, Vermandois et les marches à l'environ, furent fort traveilliés, pour tant que ledit duc de Bourgongne n'eust point si en haste aprestées ses besongnes pour partir et faire son voiage. Et demourèrent yceulx gens d'armes par l'espace d'un mois ou plus, en mengant les pays dessusdiz. En la fin duquel mois, ledit duc de Bourgongne, qui de pluiseurs parties de ses pays avoit fait grans préparacions de charroix, artilleries et aultres habillemens de guerre, se parti de sa ville d'Arras, le xix° jour de juing, avec lui pluiseurs capitaines. Et sy y fust sa femme la duchesse, qui avoit avec ly tant de dames et de damoiselles et aultres femmes servans, tant qu'elles estoient bien jusques à quarante et au desus. Et vint au giste à Cambray, en laquelle se traist vers ly messire Jehan de Luxembourg, qui ly requist d'aler en son chasteau de Bohaing. Laquelle lui accorda. Et après, lendemain qu'il eut oy messe à Nostre-Dame de Cambray, et sa femme la duchesse, et qu'ilz eurent prins leur refection, ilz s'en alèrent audit lieu de Bohaing, où ilz furent joieusement receus d'ycelui messire Jehan de Luxembourg, conte de Ligney, et de la contesse sa femme. Si furent, eulx et leurs gens, servis très habondamment de pluiseurs vivres à eulx nécessaires et convenables, selonc le temps. Et demourèrent là par deux jours, en prenant leurs esbatemens, en chaces et aultres déduis. Et entretant, les capitaines, à tout leurs gens d'armes, se traisent vers le pays de Réthelois. En après, le duc de Bourgongne et la duchesse sa femme, partans dudit lieu de Bohaing, s'en alèrent à Prouvins, et de là, parmi la Champaigne, passèrent assés près de la ville de Rains. Si avoit en sa compaignie jusques à six mille combatans, tant d'hommes d'armes comme d'archiers. Desquelx estoient les principaulx conducteurs, le seigneur de Croy, messire Jehan de Croy son frère, messire Jehan de Hornes, séneschal de Brabant, le seigneur de Créqui, Raoul de Créqui son frère, messire Jehan, bastard de Saint-Pol, et Loys son frère, le seigneur de Humières, messire Baude de Noyelle, le seigneur de Crevecueur, Robert de Neufville, Lamelot de Dours, Harpin de Richaumes et pluiseurs aultres chevaliers et escuyers. Et lors, ledit duc de Bourgongne, chevaulchant parmi le pays de Champaigne, avoit avant garde, bataille et arrière garde. Laquelle avant garde conduisoit messire Jehan de Croy au dessoubz de son frère, et avec lui estoit le dessusdit Harpin de Richaumes. Si estoit chascun jour mis le charroy entre l'avant garde et la bataille. Et la duchesse, qui lors estoit bien ençainte d'enfant, aloit avec ses femmes près de ladicte bataille où estoit le duc. Et cheminèrent tenant telle ordonnance, jusques devant Troyes. Devant laquelle ville, qui tenoit le parti du roy Charles, passa ledit duc, et de là prist son chemin vers Cappes, tirant vers Bourgongne, à tout grant nombre de combatans. Et adonc vinrent devers lui les seigneurs de Bourgongne, à tout grant nombre de combatans. Auxquelx il fist joieuse récepcion. Et brief ensievant, prist conclusion avec ceulx de son conseil, de ce qu'ilz avoient à faire. Si fut ordonné que la duchesse et sa compaignie s'en yroient à Chastillon-sur-Sainne sousjourner. Et ledit duc mena ses gens devant Mussi-l'Evesque, que tenoient les François ses adversaires, et mist le siège tout à l'environ. Si furent des assiégans faites grans préparacions pour grever leurs ennemis. Est assavoir, firent asseoir devant les portes et murailles pluiseurs engiens pour yceulx confondre et abatre. Et d'aultre part, les assiégés firent très grande diligence d'eulx deffendre. Nientmains, eulx véans la puissance du duc de Bourgongne estre si grande, et aussi qu'ilz n'avoient mie espérance d'avoir aulcun souscours, firent traictié avec les commis d'ycelui duc dedens les huit jours après ledit siège mis, par tel si qu'ilz s'en yroient sauf leurs vies corps et biens, en rendant ladicte forteresce. Lequel traictié conclud, se partirent soubz bon sauf conduit et s'en alèrent à Saint-Flourentin. Et après que ycelui duc eut, de par lui, commis capitaine en ycelle ville, il s'en ala à Chastillon, où estoit la duchesse sa femme; et ses gens d'armes se départirent, et tirèrent vers la contée de Tonnoire.

CHAPITRE CXLI.

Comment le duc de Bourgongne reconquist pluiseurs forteresces que les François avoient conquises en ses pays de Bourgongne.

En ce mesme temps, après que le dessusdit duc de Bourgongne eut sousjourné aulcuns peu de jours à Chastillon, il ordonna sa femme, la duchesse, à aler à Digon, où elle fu joieusement receue de ceulx de la ville et du pays. Et il s'en ala après ses gens. Si fist asségier Lussignies et Passi, que tenoient ses adversaires. Laquelle forteresce de Lussignies fut si rigoureusement constrainte, que ceulx qui le tenoient le rendirent audit duc, par telle condicion qu'ilz s'en yroient saves leurs vies en délaissant leurs biens. Et les dessusdiz de Passi baillèrent hostaiges de rendre leur fort le premier jour de septembre ensievant, en cas que ycelui duc ou ses commis ne seroient combatus par ceulx de leur parti au jour dessusdit. Et adonc, pluiseurs aultres forteresces que tenoient lesdiz François, doubtans la grand puissance que avoit le dessusdit duc de Bourgongne ou pays, se rendirent à luy, avec celles dessusdictes, est assavoir, d'Anlermonne, Hervi, Coursain, Sequalo, Flong, Malegni, Saint-Phale, Sitri, Sabelli et aultres forteresces, jusques à vingt quatre et au dessus. Après lesquelles reddicions, ledit duc s'en ala à Digon, et ses capitaines, à tout leurs gens d'armes, se retrayrent vers leurs marches. Desquelx, durant ce voiage, fut le chief messire Jehan de Croy, à tous ces sièges qui se mirent en l'obéyssance du dessusdit duc de Bourgongne.

CHAPITRE CXLII.

Comment Gilles de Postelles fut accusé de trayson, dont il fut décapité.

En cest an, fut accusé de trayson envers le duc de Bourgongne ung gentilhomme de Haynau, nommé Gille de Postelles, lequel avoit long temps esté nouri et serviteur en l'ostel de la contesse de Haynau doagière, ante dudit duc de Bourgongne. Et fut la cause de ladicte accusacion, pour ce qu'il avoit pourparlé avec aulcuns aultres nobles du pays de mettre à mort le dessusdit duc, par trait ou aulcune aultre manière, en alant avec lui au bois, à la chace. Si fut pour ceste cause prins en l'ostel de celle dame, au Quesnoy, par messire Guillaume, bailli dudit pays de Haynau. Et puis, après qu'il eut esté diligamment questionné et examiné, il fut décapité et esquartelé ou marchié de Mons en Haynau, et les quartiers mis au dehors de quatre bonnes villes du pays. Avec lequel aussy fut décapité ung sien serviteur. Et Jehan de Vendegies, à cui ycelui Gilles de Postelles s'en estoit descouvert, se rendi fugitif du pays. Et depuis, par divers moyens quist pluiseurs fois ses excusacions devers ledit duc. Si fut pour ceste cause mise aulcune souspeçon contre ladicte contesse de Haynau doagière. Mais en conclusion riens n'en vint à clarté.

CHAPITRE CXLIII.

Comment les François eschiellèrent la ville de Crespi en Valois. — Et aultres matières.

Durant ces tribulacions, les gens du roy Charles prinrent par eschiellement, à ung point du jour, la ville de Crespi en Valois, tenant le parti des Anglois. Et en estoit capitaine le bastard de Thian. Lequel, avec grand partie de la garnison et des habitans, fut prins et tous les biens pilliés et ravis, avec pluiseurs aultres maulx grans et innumérables qui y furent fais, ainsy et par la manière qu'il est acoustumé de faire en ville conquise.

La nuit de l'Acencion de cest an, se resmeurent les Gantois contre les officiers du prince et les gouverneurs de la ville. Mais le souverain eschevin de la ville se mit sur le grand marchié, à tout la bannière du conte de Flandres, grandement acompaignié, avant que les esmouvans fussent assamblés. Lesquelx, véans qu'ilz ne povoient mener leur intencion à fin, se retrayrent. Desquelz il y en eut une partie qui se rendirent fugitifz. Et les aulcuns furent depuis prins et punis par les souverains gouverneurs de la ville de Gand.

En ces jours, fut prinse la ville de Bruyères en Laonnais sur les gens du roy Charles, par aulcuns des gens de messire Jehan de Luxembourg, conte de Ligney. Desquelx estoit l'un des meneurs, Willemet de Haynau, capitaine de Montagu. Pour laquelle prinse, ceulx de la ville de Laon furent en grand effroy, doubtans qu'en ycelle ne fust en brief mise puissante garnison contre eulx. Et pour tant, se gardèrent de gens de guerre au mieulx que bonnement faire le peurent, pour y résister.

CHAPITRE CXLIV.

Comment le duc de Bourgongne tint la journée de Passy. Et comment il fist asségier la forteresce d'Avalon.

Item, le premier jour de septembre venu, le duc de Bourgongne, qui par avant avoit mandé ès parties de Bourgongne tous ceulx qui l'avoient acoustumé de servir, tint la journée pour la reddicion de Passi dont desus est faicte mencion. A laquelle journée vindrent en son ayde le seigneur de l'Isle-Adam, mareschal de France de par le roy Henri, et mesire Jehan de Thalebot, anglois, à tout seize cens combatans ou environ. Lequelz furent dudit duc receus moult joieusement, et fist de très beaulx dons à yceulx seigneurs et à leurs [gens]. Toutefois, lesdiz François ne comparurent pas à ladicte journée. Pour quoy ceulx de ladicte forteresce de Passy, si comme promis l'avoient, le rendirent en la main du dessusdit duc de Bourgongne, et se départirent sur bon sauf conduict.

Et après, ledit duc envoia aulcuns de ses capitaines mettre le siège entour Avalon. Dedens laquelle forteresce estoit capitaine ung nommé Forte-Espice, à tout deux cens combatans, fleurs de gens d'armes, rades et bien instruis en la guerre, qui moult vaillamment se deffendirent. Et estoit les principaulx asségans, est assavoir de Bourgongne, le seigneurs de Charni,

Philebert de Vandre et aulcuns aultres. Et de Picardie y estoient messire Jehan, bastard de Saint-Pol, le seigneur de Humières et pluiseurs aultres nobles hommes. Lesquelz, en grand hardiesce approchèrent leurs ennemis, et se logèrent grand partie au plus près des fossés. Si firent drécier pluiseurs engiens, dont la muraille d'icelle ville fut fort traveillié et en moult de lieux abatue. Et tant, que yceulx asségans, espérans ycelle prendre de force, y livrèrent ung grand assault. Duquel ilz furent par force reboutés des asségiés. Mais finablement, lesdiz asségiés, doubtans qu'enfin ne fussent pris de force, et non ayans espérance de soucours, s'effraèrent si fort, que, par nuit, se départirent d'ileuc, en desroy, par une posterne, qui point n'estoit gardée. Mais, ains qu'ilz fussent tous hors, furent aperceus de leurs ennemis, lesquelx se armèrent viguereusement et se férirent en eulx. Si en prinrent et occirent pluiseurs. Et le dessusdit Forte-Espice, et aulcuns des principaulx, se sauvèrent par fuite. Et adonc fu ladicte ville soubdainement assaillie et prinse, sans trouver quelque deffence. Dedens laquelle fu prinse la femme d'ycelui Forte-Espice et pluiseurs de ses gens, avec aulcuns paysans, et tous les biens d'ycelle prins et ravis.

CHAPITRE CXLV.

Comment Pierre de Luxembourg, conte de Saint-Pol, asséga la ville de Saint-Walery ; ouquel voiage il moru.

Ou mois de juillet, Pierre de Luxembourg, conte de Saint-Pol, acompaignié du seigneur de Willebi, anglois, et douze cens combatans des deux nacions, mist siège tout à l'environ de la ville de Saint-Waleri. Dedens laquelle estoit, de par le roy Charles, messire Loys de Waucourt, Philippe de La Tour et messire Rigault de Verseilles, à tout trois cens combatans. Si firent de rechief drécier contre les portes et les murailles aulcuns engiens pour les grever. Et après que ledit siège eut duré par l'espace de trois sepmaines, les dessusdiz chevaliers asségiés firent traictié avec Robert de Saveuses, à ce commis de par ledit conte de Saint-Pol, par si, qu'ilz debvoient avoir certaine somme de monnoie et emporter tous leurs biens, et aussy emmener tous leurs prisonniers. Et avec ce, eurent jour de partir de ladicte ville en cas que lesdiz asségans ne seroient combatus de ceulx de leur parti. Auquel jour ne comparu homme tenant leur parti. Et par ainsy, se départirent de là et s'en alèrent à Beauvais sous bon sauf conduict. Et de là brief ensievant, les dessusdit messire Loys et messire Rigauld furent rencontrés de ung nommé Le petit Roland, tenant leur parti, lequel, pour aulcune hayne particulière, sur le chemin de Senlis, leur couru sus avec ses gens qu'il avoit amené de Chantili, et en conclusion les conquist et destroussa. Et mesmement y fut mort ledit messire Rigauld de Verseilles. En après, le dessusdit conte de Saint-Pol refurni de ses gens ladicte ville de Saint-Walleri, et les bailla en garde à messire Robert de Saveuses. Et de là, partant de sondit siège, s'en ala logier à ung grand vilaige nommé Blangi, en la conté d'Eu, en entencion d'aller asségier le chastel de Montchas, que tenoit pour le parti du roy Charles messire Rigauld de Fontaines. Lequel messire Rigault, non veulant attendre ledit siège, fist traictié avec les commis dudit conte, par tel si qu'il lui renderoit ladicte forteresce le xv° jour d'octobre ensievant, en cas que à ce jour les gens du roy Charles ne seroient puissans pour combatre ledit conte audit jour, devant le chastel de Monchas, ou ès pays de Santhers emprès Villers-le-Carbonnel, à une lieue de Haplaincourt. Et pour la seureté de ce, traictié fait et confirmé par les parties, le xxvi° jour d'aoust.

Et le darrain jour d'ycelui mesme mois, ycelui conte estant en ses tentes emprès ladicte ville de Blangi, faisant ses ordonnances pour aler asségier le chastel de Rambures, luy prist la maladie de l'impédimie, de laquelle il moru assés soubdainement. Pour la mort duquel toutes ses gens, et aussi les capitaines anglois là estans, furent fort troublés et ennoyeux au cueur, et se retournèrent assés brief, chascun en leurs places et propres lieux dont ilz estoient venus. Et ceulx de sa famille emportèrent son corps en sa ville de Saint-Pol. Et depuis fut enterré devant le grand autel du monastère de Clerchamp l'abéie, de laquelle ses prédécesseurs estoient fondateurs. Et assés brief ensievant, Loys de Luxembourg, filz aisné dudit conte, éagié de xxv ans ou environ, prinst et appréhenda toutes les seigneuries que avoit tenu sondit feu père. Et de là en avant se fist nommer conte de Saint-Pol.

CHAPITRE CXLVI.

Comment le seigneur de La Trimoulle fu prins en l'ostel du roy Charles, et rendi le visconté de Towars.

Item, durant le temps dessusdit, le roy Charles de France se tenoit moult souvent ou chastel de Chinon. Avec lequel estoit le seigneur de La Trimoulle, par qui toutes besongnes se conduisoient quant à l'estat du roy. Dont n'estoit pas bien contens Charles d'Angou et aulcuns autres grans seigneurs, qui l'avoient en hayne pour l'amour du seigneur d'Amboise, visconte de Towars[1], lequel il faisoit tenir prisonnier dès le temps que le seigneur de Lessay et Antoine de Vivonne avoient esté décapités en la cité de Poitiers, par son pourchas, et aussi, parce que par lui, le connestable ne povoit retourner en la grace du Roy, comme yceulx entendoient estre vrai. Si advint un certain jour que, ou content des choses dessusdictes, entrèrent dedens ycelui chastel de Chinon le seigneur de Bueil, messire Pierre de Breseil, Prigent de Cottivi et aulcuns aultres grans barons, jusques au nombre de vingt six. Lesquelx alèrent jusques à la chambre d'ycelui seigneur de La Trimoulle, qui encore estoit en son lit. Si le prinrent prisonnier et l'emmenèrent. Et lui fu lors osté tout le gouvernement du dessusdit roy. Et depuis, par traictié qu'il fist avec les dessusdiz et aultres leurs alyés, rendi le seigneur d'Amboise, et avec ce promist de non plus retourner devers le Roy; et si

---

1. Thouars.

rendi pluiseurs forteresces qu'il tenoit. Et assés brief ensievant, retourna ledit connestable devers le Roy. Lequel Roy fut assés content de luy, jà soit ce qu'il lui despleut grandement du désapointement dudit seigneur de la Trimoulle. Nientmains lui furent baillés nouveaulx gouverneurs.

Ou temps dessusdit, Phelippe, le seigneur de Saveuse, se tenoit en la ville de Mondidier, à tout certain nombre de combatans, pour deffendre le pays et résister contre les François de Compiengne, Ressons sur le Mas, Mortemer, Breteuil, Rainneval et aultres places. Si rencontra la garnison dudit lieu de Rainneval, lesquelx estoient alés courre vers le pays de Santhers, environ eulx cinquante combatans. Lesquelx furent tantost envays, et la plus grand partie prins prisonniers, et les aultres se sauvèrent par fuite.

En cest an moru le conte de Pointièvre en sa ville d'Avesnes en Haynau. Lequel long temps par avant avoit esté déchacié de Bretaigne, comme en aultres lieux est assés déclaré.

Et alors, regnoit sur la plus grand partie des marches de France grande mortalité, tant ès bonnes villes, comme ès plains pays. Et d'aultre part estoient les seigneurs fort divisés les ungs contre les aultres. Et n'estoient Dieu, l'Eglise ne Justice, obéys, ne crémus. Et par ainsi le povre peuple estoit en plusieurs manières offencé.

CHAPITRE CXLVII.

Comment Guillaume de Coroam rua jus Jehan de Biaurain. Et comment la forteresce de Haplaincourt fu reconquise par messire Jehan de Luxembourg.

Item, en cest an, Guillaume de Coroam, anglois, et avec lui Willemet de Haynau et aulcuns aultres des gens de messire Jehan de Luxembourg, acompaigniés de trois à quatre cens combatans ou environ, ruèrent jus et destroussèrent entre Ardenne et Champaigne, assés près de Yvois, de cinq à six cens combatans que avoit assemblé Jehan de Biaurain et aultres capitaines, pour combatre les dessusdiz qui là estoient alés courir. Toutefois, ledit Jehan de Biaurain se sauva, et grand partie de ses gens.

En après, ou mois de septembre, fut prins le chastel de Happlaincourt, séant sur la rivière de Somme à deux lieues de Péronne, par ung, tenant le parti du roy Charles, nommé Martin le Lombart, et ses complices. Dedens lequel estoit messire Pierre de Beausault, chevalier moult ancien, et sa femme, mère de messire Corrados des Quesnes. Pour laquelle prinse, le pays de Vermendois et aultres à l'environ furent en très grand effroy, doubtans que par le moyen d'ycelle prinse leurs ennemis n'eussent grand entrée en yceulx pays. Et pour tant, sans délay, furent mandées ces nouvelles à messire Jehan de Luxembourg. Lequel, dedens briefz jours, assembla bien huit cens combatans Picars. Et, avec lui le josne conte de Saint-Pol, son nepveu, le seigneur de Saveuses, messire Simon de Lalaing et aulcuns aultres capitaines, s'en ala devant le chasteau de Happlaincourt. Devant lequel il fist drécier aulcuns engiens, lesquelx avec les assaulx que y firent ses gens, constraindirent tellement ceulx de dedens, que ilz se rendirent en la voulenté dudit messire Jehan de Luxembourg. Dont les aulcuns furent pendus. Et ledit Martin, Jacotin Clamas et aulcuns aultres, furent depuis délivrés par finance. Et ycelui chastel fut remis en la main de Jehan de Haplaincourt (*sic*). Et en furent du tout déboutés les dessusdiz chevalier et dame. Après lequel exploit, s'en retournèrent les dessusdiz conte de Ligney et de Saint-Pol avec leurs gens, ès lieux dont ilz estoient venus.

CHAPITRE CXLVIII.

Comment les contes de Saint-Pol et de Ligney tinrent la journée de Villers-le-Carbonnel, et depuis ruèrent jus les François de la garnison de Laon.

Le xv° jour du mois d'octobre, le josne conte de Saint Pol et messire Jehan de Luxembourg, conte de Ligney, son oncle, avec de quatre à cinq mille combatans, que paravant ils avoient évocquié des pays de Picardie et de Haynau, entre lesquelx estoient messire Guillaume de Lalaing, messire Simon, son frère, le seigneur de Mailly, messire Alard de Mailly, le seigneur de Saveuses, Walerand de Moreul, Gui de Roie et plusieurs aultres hommes de guerre expers et renommés en armes, avec ce aussy douze cens Anglois ou environ, que conduisoient le seigneur de Willebi et messire Thomas Quiriel, tindrent la journée ou pays de Santhères emprès Villers-le-Carbonnel, pour la composition du chastel de Monchas en Normandie, faicte par messire Rigauld de Fontaines avec le feu conte Pierre de Luxembourg, comme en aultre lieu est plus à plain déclairié. A laquelle journée, messire Rigauld, ne aultres de la partie du roy Charles ne vindrent, ne comparurent, ains délaissièrent leurs hostaiges en ce dangier. Nientmains, les deux contes dessusdiz se tinrent en bataille au lieu qui avoit esté devisé par lesdictes parties, grand partie du jour. Et après, véans qu'ilz ne véoient nulle apparence de leurs adversaires, se logèrent, à tout leurs gens, ceste nuit, en aulcuns villages près de ladicte place. Et lendemain s'en retournèrent ès lieux dont ilz estoient venus, par pluiseurs journées. En oultre, dedens briefz jours ensievans, les dessusdiz contes estans à Guise, leur furent apportées nouvelles que le seigneur de Pennesacq, alors capitaine de Laon, avec lui quatre cens combatans ou environ, des garnisons de la marche de Laonnois, estoient venus coure vers Marle, et venoient de cuidier prendre Vrevins[1], appartenant héritablement à Jehanne de Bar, sa belle fille. Et desjà avoient bouté les feus ès faulxbourgz d'ycelle ville de Marle. Pour lesquelles nouvelles, messire Jehan de Luxembourg, tout troublé, monta à cheval, ledit conte de Saint-Pol en sa compaignie, messire Simon de Lalaing, et les gens de son hostel. Si manda hastivement à toutes ses gens qui estoient en ses forteresces près d'illec, qu'ilz le sievissent sans délay. Et avec ce, ledit messire Simon manda ses gens, qui es-

---

1. Vervins.

toient logés en ung village assés près de là. Finablement, ledit conte de Ligney mist ensamble trois cens combatans de pluiseurs tires, et chevaulcha vaguereusement vers ses ennemis. Si les trouva qu'ilz se retraioient vers Laon assés près de d'Aissy[1], et jà soit qu'ilz fussent en plus grand nombre de lui, toutefois, tantost qu'il les apperceut, se féri des premiers dedens eulx, sans plus attendre après ses gens. Et pour vray il y fist de grans merveilles et fais d'armes de sa personne. Et finablement les François se mirent en fuite, en la veue de leur capitaine dessusdiz, et les aultres furent prestement desconfis et mis à mort, jusques au nombre de viii^{xx} ou environ. Dont estoient les principaulx, Gaillart de Lille, Anthoine de Bellegarde, Gadifer de Moy, Le Borgne de Vi, Henri Quenof, du pays de Brabant, et aulcuns aultres jusques au nombre dessusdit. Et si en y eut de pris de soixante à quatre vins. Desquelx la plus grand partie furent à lendemain tous pendus. Desquelx en fut, ung nommé Rousselet, prévost de Laon. Et si fut mort en la bataille ung gentil homme d'armes nommé l'Arc-en-Ciel, qui s'estoit rendu à messire Simon de Lalaing dessus nommé. Lequel Arc-en-Ciel lui avoit aultre fois sauvé la vie à Saint-Vincent, comme dit est ailleurs. Et pareillement lui vouloit, ledit messire Simon, sauver la vie. Ce que faire ne peut, car messire Jehan de Luxembourg le fist occire. Dont ledit messire Simon fut moult courroucié; mais aultre chose n'en peut avoir.

En après, les François furent chaciés jusques assés près de la ville de Laon. Si en y eut en ladicte chace,

---

1. Acy (Aisne).

pluiseurs mors et prins. Si fut ce jour le josne conte de Saint-Pol mis en voie de guerre. Car le conte de Ligney, son oncle, lui en fist occire aulcuns; lequel y prenoit grand plaisir. Après laquelle destrousse, s'en retournèrent très joieux en ladicte ville de Guise pour la victoire qu'ils avoient obtenue.

CHAPITRE CXLIX.

Comment La Hire et pluiseurs aultres François coururent en Artois et en Cambrésis. Mais ce fu devant l'aventure dessusdicte.

Ou mois de septembre, Lahire, acompaignié de pluiseurs capitaines du roy Charles, est assavoir Anthoine de Chabannes, Blanchefort, Charles de Flavi, Regnauld de Longueval et aulcuns aultres, avec bien quinze cens combatans ou environ, qu'ilz avoient assamblés ès marches de Beauvoisis, passèrent l'eaue de Somme à Cappi ou pays d'Artois. Si prinrent ycelui à fourer, et de première venue prinrent grand nombre de paysans qui de ce ne se donnoient garde. Lesquelx ilz emmenèrent en la ville de Beauvaix en Cambrésis (*sic*); où ils se logèrent tous ensamble. Et de rechief, comme ils avoient fait ailleurs, prinrent la plus grand partie des hommes d'ycelle, lesquelx ils composèrent à grand finance. Et lendemain se mirent aux champs, tous à une compaignie, et après qu'ilz eurent ung petit chevaulchié ensamble, ilz se partirent pour aler en deux lieux : est assavoir, Anthoine de Chabannes et Blanchefort, à tout leurs gens, s'en alèrent passer devant Cambray et prinrent leur chemin droit à Haspre, où la franche feste avoit esté le jour, devant la tour d'Ywis. Et pour ce que ceulx de dedens ne se volrent composer à leur plaisir, ardirent la plus grand partie de la ville et du molin, et après s'en alèrent devant ladicte ville de Haspre, où il avoit très grand nombre de peuple et des biens habondamment. Si se férirent ens, sans ce que ceulx de Haspre en fussent de riens advertis. Si en prinrent pluiseurs. Mais les aultres se retrayrent en une forte tour avec les moines, où ilz furent par yceulx François longuement assaillis. Et pour ce qu'ilz ne les porent avoir, après qu'ilz eurent prins et ravi des biens d'ycelle ville tout à leur plaisir, boutèrent le feu en pluiseurs maisons, et aussy en l'église Saint-Akaire et en l'abbéye. Si y firent dommage inréparable. Et après ce, se remirent aux champs, à tout leurs bagues, et traversèrent le pays de Cambrésis. Si prinrent pluiseurs hommes prisonniers et ardirent pluiseurs maisons, et puis s'en alèrent logier au Mont Saint-Martin avec Lahire, qui là les attendoit.

Et en ce mesme jour, ledit Lahire avoit fait ardoir et embraser la ville de Beaurevoir, le molin, et aussy une très belle maison de plaisance nommée la Motte, séant assés près d'ycelle ville. Laquelle estoit à la contesse de Ligney. Si coururent lors en pluiseurs parties, par petites compaignies, en faisant grans maulx et innumérables dommages sur le pays, sans estre occupés de leurs ennemis. Car messire Jehan de Luxembourg estoit encore avec le josne conte de Saint-Pol son nepveu, à Lucheu, pour les affaires qui lui estoient survenus à cause de la mort du conte Pierre, son frère. Et pour ceste cause, les dessusdiz François ne trouvèrent quelque destourbier ne résistence par tout où ilz alèrent durant ceste emprise. Et en après, du Mont Saint-Martin prinrent leur chemin vers Laon, et en acueillant grans proies de bétail et menant grand multitude de prisonniers, s'en alèrent logier à Cressi sur Serre. Et de là, sans perte de leurs gens faire, retournèrent à Laon, où ilz départirent leur butin. Et puis s'en alèrent en leurs garnisons, chascuns dont ils estoient venus.

Environ le temps dessusdit, retournèrent des pays de Bourgongne les seigneurs de Croy et de Humières, à tout deux mille chevaulx. Lesquelx, par longue espace, avoient esté avec Phelippe de Bourgongne pour faire plusieurs conquestes, oudit pays, sur les François.

Ouquel temps, la duchesse de Bourgongne se délivra d'un filz, en la ville de Digon, lequel fu fait chevalier sur les fons, et furent ses parins, Charles, conte de Nevers, qui lui donna son nom, et le dessusdit seigneur de Croy avec lui. Et avant son département, fut dès lors constitué de l'ordre et confraternité de la Toison d'or, et avec ce, par le dessusdit duc de Bourgongne, son père, lui fut donnée la contée de Charolais.

CHAPITRE CL.

Comment le duc de Bourgongne tint la feste de la Toison d'Or en la ville de Digon. Et comment il ala aux nopces du filz au duc de Savoie.

En ce temps, le duc de Bourgongne tint sa feste de la Toison d'or en sa ville de Digon en Bourgongne. Et brief ensuivant vinrent devers lui les gens du duc de Savoie, lui requerre qu'il volsist aler aux nopces de son nepveu le conte de Genève, lequel prenoit à femme la fille au roy de Cyppre. Et se debvoit tenir la feste d'ycelles nopces à Cambray (sic)[1] en Savoie. Lequel duc de Bourgongne acorda de y aler. Et après qu'il eut ordonné ses besongnes, environ la Chandeler, laissa sa femme la duchesse à Chaalons en Bourgongne, et son armée là environ. Sy se parti, à tout deux cens chevaliers et escuyers, et chevaulcha par pluiseurs journées tant qu'il vint en ladicte ville de Cambray en Savoie. Et là vinrent au devant de lui le duc de Savoie, et son cousin germain le conte de Genève. Lesquelx les receurent moult liement. Et lendemain furent faites les nopces, moult solempnelles et plentiveuses. Et seyrent à la grand table, le cardinal de Cyppre, oncle de l'espousée, la royne de Sezille, femme du roy Loys, fille dudit duc de Savoie, et puis ledit duc de Bourgongne, tous trois au droit lez. Et ou milieu fut assise l'espousée, et après, le duc de Bar, le conte de Nevers et le damoiseau de Clèves. Et à la seconde table séoient le duc de Savoie, le conte de Fribourg, le marquis de Saluse, le marquis de Fribourg, le prince d'Orange, le chancelier de Savoie, et autres seigneurs et dames. Aux aultres tables furent assis pluiseurs chevaliers et escuyers, dames et damoiselles, de diverses contrées, moult richement habituées (sic). Lesquelx, chascun selonc son estat, furent moult haultement et richement servis. Et dura ladicte feste par trois jours, moult plentiveuse. Durant laquelle furent faites moult de joieusetés en dansses et aultres esbatemens. Et après, ledit duc de Bour-

---

1. *Lis.* Chambéri.

gongne donna à l'espousée ung moult riche fremail de la valeur de trois mille francs. Et puis, les trois jours dessusdiz passés, prinst congié à toute la seigneurie qui là estoit, et s'en retourna en Bourgongne. Si fut, à son département, grandement remercié du duc de Savoie et de son filz.

CHAPITRE CLI.

Comment le concile de Basle fust cest an en grand estat.

En ce temps dessusdit, estoit le concile de Basle en grand estat. Et y estoit venu l'empereur Sigismont, roy des Rommains, et pluiseurs autres seigneurs de divers nacions, tant ecclésiastiques comme séculiers. Lesquelx entendoient diligemment à mettre ambaxades sus pour apaisier les discors d'entre le roy de France d'une part, et le roy d'Engleterre et le duc de Bourgongne, d'aultre part. Et entretant vindrent nouvelles audit concile qui leur furent moult plaisans. Est assavoir que les Pragois avoient esté desconfis, et mors de huit à dix mille personnes, par les nobles du pays de Bohaigne, et par avec eulx six mille hommes de guerre, que ceulx dudit concile avoient envoyé en leur ayde. Et brief ensuivant furent occis deux prestres qui estoient capitaines des errans [1], dont l'ung estoit nommé Protextus du Tabouret, et l'autre Lupus, et avec eulx six mille de leur secte. Si fut lors conquise la grand cité de Prague et nettoiée de mescréans, et grand partie du pays. Si envoyèrent, ceulx

---

1. *Des errans*, des hérétiques.

de Behaigne, leur ambaxade au concile, pour avoir absolucion et confirmacion de la foy catholique. Et adonc fut pour le concile levé ung demi dixième sur le clergié. Et de rechief, vindrent les ambaxadeurs du roy de Castille et des Espaignols, en très grand estat, audit lieu de Basle. Et estoient bien quatre cens personnes et deux cens mules, sans les chevaulx. Et furent envoyés de par ycelui concile les cardinaulx de Sainte Croix et de Saint Pierre, devers Phelippe Maria, duc de Milan, pour ravoir la terre de l'Eglise, qu'il tenoit. Mais ce fut paine perdue.

CHAPITRE CLII.

Comment la ville et le chastel de Prouvins en Brie que tenoient les François, furent prins des Anglois et Bourguignons. Et aussi comment la ville et forteresce de Saint-Waleri fu reprinse des François.

En ce temps, furent prins d'eschelle la ville et le chastel de Prouvins en Brie, que tenoient les François, par les Anglois et Bourguignons, desquelx estoient les chiefz, messire Jehan Raillart, Mando de Lanssach, Thomas Gérard, capitaine de Monstreau-Fault-Yonne, Richard Huçon et aulcuns aultres. Lesquelx povoient avoir environ quatre cens combatans. Et furent les eschelleurs ung nommé Grosse Teste (*sic*). Si fut prise par le chastel, environ cinq heures après mienuit. Et estoient dedens environ cinq cens hommes de guerre, dont le principal estoit le commandant de Gérames, qui, avec ses gens, très vaillamment se deffendit bien l'espace de huit heures ou environ, et tant que lesdiz entrepreneurs en morurent largement sept vingts ou mieulx. Entre lesquelx en fut l'un, ung nommé Henri de Hongrefort, anglois, très vaillant homme d'armes. Nientmains ladicte ville et forteresce furent conquises et du tout mises à saqueman. Et furent mors et prins grand partie desdiz François deffendeurs. Mais ledit cammandeur, voiant que nul remède ne s'y povoit mettre, se sauva avec aulcuns aultres. Et depuis en demoura capitaine le seigneur de La Grange.

Item, à l'entrée du mois de janvier, reprinrent les gens du roy Charles, est assavoir Charlot de Mares, capitaine de Rambures, la ville et forteresce de Saint-Waleri, par faulte de guet. Laquelle Robert de Saveuses avoit en sa garde, mais pour lors n'y estoit pas; et y avoit eu si grand mortalité que peu de gens se y osoient tenir. Nientmains le bastard de Fiennes, son lieutenant, fu prins, et aulcuns autres avec lui. Pour laquelle prinse, ceulx de Ponthieu et aultres furent en moult grand doubte. Phelippe de Latour fut le principal chief à prendre ceste ville de Saint-Waleri, avec le dessusdit Charlot de Mares.

DE L'AN MCCCCXXXIV.

[Du 28 mars 1434 au 17 avril 1435.]

CHAPITRE CLIII.

Comment le duc de Bourgongne retourna de ses pays de Bourgongne en Flandres et en Artois, et amena avec luy Jehan filz du conte de Nevers. — Et aultres matières.

Au commencement de cest an, Phelippe, duc de Bourgongne, retourna de ses pays de Bourgongne en Artois, en Flandres et en ses aultres pays, six cens combatans avec lui, ou environ. Et laissa oudit pays de Bourgongne la duchesse sa femme, et son petit filz; et avec ce, ses forteresces garnies de gens d'armes. Auquel retour amena avec lui Jehan, filz au conte de Nevers, son cousin germain et filz de sa femme précédente. Si visita ses pays et bonnes villes, et prépara pour avoir gens et argent pour retourner ou dict pays de Bourgongne.

Et entre tant, les gens de messire Jehan de Luxembourg, tenans les frontières de Laonnois, prinrent le fort de l'abbaye de Saint-Vincent lez Laon, que tenoient les gens du roy Charles. Dedens lequel fort fut prins ung notable gentil homme, nommé Pierre de Cramailles. Auquel le dessusdit de Luxembourg fist coper le chief et son corps esquarteler, à Ripelmonde. Et demourèrent mors à la prinse dudit fort de Saint-Vincent, Jamet de Pennesach et Eustace Wande. Et après, ledit messire Jehan de Luxembourg garni ycelui fort de ses gens d'armes. Pour quoy ceulx de la ville furent en très grand doubte, et pour y mieulx résister garnirent leur ville de droites gens d'armes. Et par ainsy, les parties chascun jour livroient l'un contre l'autre de grandes escarmouches, aux quelles souvent advenoit qu'il y en avoit de chascune partie des mors et des navrés. Et entre les aultres, de la partie du dessusdit messire Jehan de Luxembourg y fut mort ung vaillant chevalier, nommé Colard de Forges, par ung traict dont il fut féru au travers de la gambe, aux dessusdictes escarmouches.

CHAPITRE CLIV.

Comment ledit Jehan de Nevers fut ordonné à mettre le siège devant Moreul. Et lui fut donnée la contée d'Estampes.

Item, après ce que le duc de Bourgongne eust ramené ès pays de Picardie Jehan, filz du conte de Nevers, comme dit est dessus, lui fut par ledit duc de Bourgongne donnée la contée d'Estampes, et en porta le nom de ce jour en avant, grand espace de temps. Et avec ce fut ordonné capitaine de Picardie, pour avoir la charge des frontières. Sy assembla gens d'armes pour aler asségier le chastel de Moreul, que tenoient les François. Avec lequel se mit le seigneur d'Antoing, messire Jehan de Croy, le visdame d'Amiens, Walerant de Moreul, le seigneur de Humières, le seigneur de Saveuses, le seigneur de Neufville, messire Baudo de Noyelle, gouverneur de Péronne, Mondidier et Roie, et pluiseurs aultres nobles hommes et gens de guerre, jusques au nombre de mil combatans, qui, par ledit conte d'Estampes et capitaines dessusdiz, furent conduis et menés jusques audit lieu de Moreul. Et là se logèrent devant la forteresce, où estoient environ cent combatans, qui dedens le terme de huit jours furent par les asségans constrains d'eulx rendre, sauves leurs vies tant seulement, en délaissant tous leurs biens en la voulenté dudit conte d'Estampes et de ses commis. Après lequel traictié fini et que yceulx François se furent de là partis soubz bon sauf conduict, ladicte forteresce fut remise en la main du dessusdit Walerant de Moreul.

Et le dessusdit conte d'Estampes mena ses gens devant le chastel de Mortemer emprès Ressons sur le Mas. Lequel chastel dedens briefz jours ensuivans lui fut rendu, et fut du tout démoli. Et briefz jours après s'en retourna le dessusdit conte, à tout ses gens, ès pays dessusdiz.

CHAPITRE CLV.

Comment le pape Eugène fu en discord contre les Rommains qui le volrent tenir à Rome oultre son gré.

En ce temps, nostre saint père le pape Eugène, qui se tenoit à Rome, eut voulenté d'aler demourer à Flourence. Et quand ce vint à la cognoissance des Rommains, ilz en furent moult troublés, et alèrent en grande multitude devers ledit pape, et lui firent dirent que point ne se partiroit de là, et que mieulx ne povoit estre qu'en ycelle ville de Romme qui estoit la fontaine de chrestienté. Et lors ledit pape et ses cardinaulx, véans la rudesce et folie d'yceulx Rommains,

monstrèrent samblant de non vouloir partir. Nientmains, yceulx Rommains firent diligamment garder
leurs portes adfin qu'ilz ne se peussent partir sans leur
sceu. Toutefois, par le moyen de la vielle royne de
Sezille[1], qui envoya au saint père aulcunes navires
garnies de gens d'armes, se départi, ledit pape, de
Rome, secrètement, et s'en ala demourer à Flourence.
Pour lequel partement les Rommains furent fort troublés. Et incontinent tout ce que ledit pape avoit laissié
en leur ville (*sic*)[2], avec aulcuns de leurs gens qu'ilz
arrestèrent. Desquelz en estoit l'un, le cardinal de Ve-
nise, son nepveu, et fist son département en guise de
moisne et ainsi habitué.

CHAPITRE CLVI.

Comment le fort de Saint-Vincent emprès Laon fut démoli, et comment pluiseurs forteresces furent reconquises par les Bourguignons.

En ce mesme temps, le duc de Bourgongne se parti
de ses pays de Picardie, à tout deux mille combatans,
pour retourner en ses pays de Bourgongne. Avec lequel assamblèrent messire Simon de Lalaing et Robert
de Saveuses. Si prinst son chemin parmi Cambrésis,
et de là à Cressi sur Serre, et à Prouvins. Et lors, les
François estoient en grand nombre à Laon, venus en
intencion de asségier le fort de Saint-Vincent, où estoient les gens de messire Jehan de Luxembourg,
comme dit est dessus. Lequel conte, de ce adverti, en-

---

1. Jeanne II.
2. Il manque un mot tel que : pillèrent, ou autre semblable.

voia ses messagers à Vrevins, devers ledit duc, lui requérant qu'il voulsist retourner, à tout ses gens d'armes, jusques audit lieu de Cressi, et illec sousjourner deux ou trois jours, adfin que les dessusdiz François estans à Laon se départissent. Laquelle requeste ledit duc accorda, et revint logier audit lieu de Cressi. Et entretant, traictiés se commencèrent à faire entre ledit conte de Ligney et ceulx de la ville de Laon. Les quelx en fin furent conclus, par condicion que ceulx qui estoient dedens ledit fort de Saint-Vincent se départiroient sauves leurs vies et leurs biens, et le dessusdit fort seroit démoly.

Lesquelles besongnes faites et accordées, ledit duc s'en ala parmi la Champaigne en son pays de Bourgongne. Et rassambla de rechief avec ceulx qu'il avoit amenés, grand nombre de ses Bourguignons et Picars, là estans. Si les envoia asségier la ville et forteresce de Chaumont en Charolois, que tenoient les gens du duc de Bourbon. Lesquelx, en assés brief temps ensuivant, furent par lesdiz asségans si fort traveilliés et constrains, qu'ils se rendirent en la voulenté d'ycelui duc de Bourgongne. Lequel en fist pendre cent ou au dessus. Estoit lors le chief pour les Picars, en l'absence dudit duc, messire Jehan, bastard de Saint-Pol. Et est assavoir de ceulx qui furent pendus estoit l'un, le nepveu de Rodighe de Villandras. Et après se rendirent aux capitaines d'ycelui duc ceulx du fort de....[1] et furent pendus comme les aultres. Après asségèrent Benain. Si se rendirent ceulx de dedens, sauves leurs

1. Il y a un blanc dans le Ms. 8346. Vérard met : Ceulx dudit fort.

vies, eulx départans le baston ou poing. Et de là, tant par sièges comme par assaulx, mirent en leur obéyssance pluiseurs villes et forteresces que tenoient les François.

CHAPITRE CLVII.

Comment le seigneur de Talebot vint en France, où il conquist pluiseurs villes et forteresces.

En cest an, messire Jehan de Talebot retourna du pays d'Angleterre en France, et amena avec lui huit cens combatans anglois, lequel (*sic*) il mena à Rouen. Et de là, prenant son chemin vers Paris, prinst et mist en son obéyssance le fort de Joingny, séant entre Beauvais et Gisors, et furent pendus les François qui estoient dedens. En après, ycelui messire Jehan de Talabot s'en ala, à tout ses gens, audit lieu de Paris, où il fu conclud par le conseil du roy Henri, là estant, que lui, le seigneur de l'Isle-Adam, mareschal de France, et le Galois d'Aunay, chevalier, seigneur d'Orville, avec eulx l'évesque de Trowane, chancelier de France pour le roy Henri, à tout leurs gens, yroient asségier le chastel de Beaumont-sur-Oise, lequel avoit réparé Amado de Vignolles, frère de Lahire. Si se mirent sus, à tout bien seize cens combatans, gens de bonne estoffe, les trois chevaliers dessusdiz, et alèrent devers le chastel dessusdit, lequel ilz trouvèrent tout vuide. Car, desjà par avant leur venue, ledit Amado de Vignolles et ses gens l'avoient habandonné, et s'estoient retrais à Creil, à tout leurs biens. Auquel lieu les suivirent les dessusdiz, après que du tout ilz eurent désolé ycelui chastel de Beaumont. Si se logèrent autour de la ville, tant d'un costé comme d'aultre, et y livrèrent pluiseurs grandes escarmuches, aux quelles les asségiés se deffendirent viguereusement. Mais à l'une d'ycelles ledit Amado fut féru de trait, dont il moru. Dont ceulx de dedens furent moult anoyeux. Car ilz le tenoient de grand conduite et vaillant homme de guerre. Durant lequel siège, vint, avec lesdiz asségans, le dessusdit évesque de Trowane, chancelier de France. Après laquelle venue, au bout de six sepmaines que ledict siège avoit esté mis, se rendirent lesdiz asségiés, par condicion qu'ilz s'en yroient sauf leurs corps et leurs biens. Et après que lesdiz Anglois eurent regarni ladicte ville et chastel de Creil de leurs gens, ilz s'en alèrent asségier le Pont-Sainte-Maxence, que tenoit Guillon de Ferrières, nepveu de Pothon de Sainte-Treille. Lequel, en assés briefz jours, leur rendi, et s'en ala, lui et les siens, sauf leurs corps et leurs bagues. En après, se rendirent à yceulx Anglois, le Noefville en Esmoy et la Rouge Maison. Et puis s'en alèrent à Crespi en Valois, qui fu prinse d'assault et y.... [1] bien trente François, desquelx Pothon le Bourguignon en estoit le chief. Et de là retournèrent à Clermont en Beauvoisis, qui se rendi à eulx. Et le tenoit, Le Borgne de Vignolles. Puis s'en alèrent devant Beauvais, mais ilz ne voyrent point qu'ilz y peussent proffiter aulcune chose, et pour ce, s'en retournèrent à Paris; et les aultres en leurs garnisons, dont ilz estoient venus.

---

1. Il y a ici un blanc dans le Ms. 8346. Vérard met : Et y avoit bien trente François.

CHAPITRE CLVIII.

Comment le conte d'Estampes reconquist la ville de Saint-Waleri.

En ce mesme temps, le conte d'Estampes, acompaigné du seigneur d'Antoing, du visdame d'Amiens, de messire Jehan de Croy et de pluiseurs aultres seigneurs qui par avant avoient esté avec lui devant Moreul, ala asségier la ville et forteresce de Saint-Waleri, devant lesquelles ilz furent environ ung mois. Au bout duquel, Jehan des Mares et Philippe de La Tour, capitaine et qui avoit esté principal chief à prendre ycelle ville de Saint-Waleri, et avoit ycelui Phelippe dessoubz lui la plus grand partie des gens d'armes estans en ladicte ville, tenant le parti du roy Charles, si firent traictié avec les commis dudit conte par tel si, que eulx et les leurs s'en yroient sauvement avec leurs biens, et avec ce auroient une certaine somme d'argent au jour qu'ilz se partiroient de ladicte ville. Et prinrent terme de eulx partir au bout de huit jours, en cas que les François ne seroient la puissans assés pour combatre ledit conte d'Estanpes. Auquel jour ne vindrent, ne comparurent lesdiz François. Ains, au jour qui leur estoit ordonné pour partir, vint pour souscourir ycelui conte d'Estampes, se besoing lui en eust esté, le dessusdit Loys de Luxembourg, évesque de Trowane, chancelier de France pour le roy d'Engleterre, à tout cinq cens Anglois que conduisoient le sire de Willebi, messire Gui le Boutillier, et Brunelay, capitaine d'Eu. Lequel chancelier et les dessusdiz furent joieusement receus dudit conte d'Estampes et des seigneurs estans avec lui. Si se partirent le mesme jour, les François, avec Charles des Mares leur capitaine, qui les mena à Rambures. Durant lequel partement, arriva au havène dudit lieu de Saint-Walery, une barge chargié de vins qui venoit de Saint-Mâlo pour la prouvision desdiz François. Laquelle fut prestement prinse par les maronniers desdiz asségans. Et après, ledit chancelier et ses Anglois retournèrent au giste à Eu. Et le conte d'Estampes se logea ceste nuit en ladicte ville de Saint-Walery. Et lendemain, après qu'il eut commis Jehan de Brimeu capitaine d'yceulx ville et chastel, il se départi et retourna en Artois à tout ses gens, lesquelx il congia. En oultre, de la ville d'Eu le chancelier dessusdit, à tout yceulx Anglois, ala mettre le siège devant le chastel de Monchas. Lequel dedens briefz jours lui fut rendu moyennant certaine somme d'argent que en receut messire Rigault de Fontaines qui en estoit capitaine. Et fut ycelui chastel du tout désolé et abatu, jà soit-il que ce fust la plus belle forteresce de toute la contée d'Eu.

Durant lequel temps, le conte d'Arondel se tenoit souvent à Mante et en pays devers Chartres. Si prinst et gaigna pour cest an plusieurs forteresces sur les François, tant oudit pays de Chartain, comme ou pays de Perche. Et lors, le duc de Bethfort retourna d'Engleterre à Rouen, et de là à Paris, où il se tint longue espace de temps.

CHAPITRE CLIX.

Comment les François prinrent la ville de Hem sur Somme en Vermendois.

Environ le mois d'aoust, prinrent, les gens du roy Charles, la ville de Han sur Somme, que tenoient les gens messire Jehan de Luxembourg, conte de Ligney. Et le rendirent leurs habitans, pour ce que leur garnison, sachans la venue d'yceulx François, s'estèrent partis d'eulx et les laissièrent en dangier. En laquelle ville vinrent le conte de Richemont, connestable de France, le bastard d'Orléans, Lahire, et pluiseurs aultres capitaines, et avec eulx grand nombre de combatans.

Pour laquelle prinse le pays de Vermandois, Artois, Cambrésis et pluiseurs aultres marches d'environ furent en très grand doubte, véans leurs ennemis ainsi estre logiés en fort lieu sur le passage de l'eaue, et aussi sachant leur prince estre hors du pays. Nientmains, les contes de Saint-Pol, d'Estampes et de Ligney, firent grande diligence d'assambler gens pour résister aux entreprinses desdiz François. Mais entretant que ycelles assamblées se faisoient, se commencèrent aulcuns traictiés entre les parties, lesquelx en conclusion vinrent à bonne fin. Car, moyennant certaine somme d'argent, montant à quarante mille escus, que eurent les François, rendirent ycelle ville de Hen en la main de messire Jehan de Luxembourg, à cui elle estoit. Et la cause pour quoy lesdiz traictiés furent conduis en doulceur, si fut sur l'espérance de venir à paix finable entre le roy Charles de France et le duc de Bourgongne. Car desjà y en avoit pluiseurs moyens commenciés entre les parties. Avec laquelle ville de Hem, promirent lesdiz François de rendre la ville de Bretuel en la main dudit conte d'Estampes, que Blanchefort avoit tenu long temps.

En ce mesme temps, le duc de Bourgongne fist mettre le siège devant Coulongne lez Vigneuses, par messire Guillaume de Rochefort et Philebert de Vandre, à tout huit cens combatans ou environ, lesquelx se logèrent en une bastille. Et au bout de trois mois se rendirent ceulx de dedens, par condicion qu'ils s'en yroient, sauf leurs corps et leurs biens.

CHAPITRE CLX.

Comment la ville et chastel de Chasteau-Vilain furent mises en l'obéissance du duc de Bourgongne.

Item, après ce que le duc de Bourgongne fu retourné en son pays de Bourgongne, comme dit est, il ala devant Gratsi[1], lequel long temps par avant avoit esté asségié par Jehan de Vergy et ses alyés. Et lors, ceulx de dedens, non ayans espérance de avoir aulcun souscours, firent traitié de rendre ycelui fort en l'obéyssance d'ycelui duc. Lequel fort, sans estre désolé, fut mis en la main du seigneur de Thy, frère au seigneur de Chasteauvilain.

Après laquelle reddicion, furent par ledit duc envoyés messire Jehan de Vergi et pluiseurs aultres ca-

---

1. Grancey (Côte-d'Or).

pitaines, tant du pays de Bourgongne comme de Picardie, coure devant la cité de Lengres, et yceulx sommer qu'ilz se rendissent en son obéissance. Laquelle chose point ne volrent faire. Ains retinrent le héraut qui de par yceulx capitaines leur avoit fait ce message. Lequel estoit nommé Germole. Et pour tant, les dessusdiz capitaines, véans que riens ne povoient exploitier, s'en retournèrent devers ledit duc, en degastant le pays.

CHAPITRE CLXI.

Comment, à l'occasion de la guerre, grandes tailles furent faites et cueillies sur les pays d'Artois et aultres à l'environ.

En ces propres jours, par tous les pays d'Artois, Vermendois, Ponthieu, Amiennois et aultres à l'environ, furent levées grans tailles pour payer la composicion derrenièrement faite pour la ville de Hem, au connestable de France. Dont le povre peuple fut grandement esmervillié. Si commencèrent à murmurer et estre mal contens des gouverneurs et conseilliers que le duc de Bourgongne avoit laissiés en yceulx pays. Mais ce riens ne leur valu. Car, ceulx qui furent refusans de ce payer, on les constraint par voie de fait, sans tenir nulz termes de justice, en prenant leurs corps et leurs biens jusques à l'accomplissement du payement dessusdit.

Durant lequel temps, le Bon de Saveuses, qui ad ce avoit esté commis par le conte d'Estampes, fist démolir et abatre la ville et forteresce de Bretueil en Beauvoisis, laquelle lui avoit esté délivrée par Blanchefort qui en estoit capitaine, ainsi que promis l'avoit audit traictié de Hem. Et avoit pour ce faire grand nombre de manouvriers d'Amiens, de Corbie et d'aultres lieux. Lesquelx en ycelle oeuvre tant continuèrent, que tout fut mis au bas, réservé une forte place qui estoit audit chastel, laquelle estoit fortifiée. Et après que ledit Bon de Saveuses l'eust garnie de vivres et d'artillerie, il y laissa de vingt à trente de ses gens pour la garder. Et pareillement fist démolir la tour de Vendeuil et aulcunes aultres meschans places ès pays à l'environ.

CHAPITRE CLXII.

Comment les capitaines du duc de Bourgongne vinrent devant Villefranche où estoit le duc de Bourbon. Et comment après ilz asségièrent Belleville, laquelle se rendi.

Environ le temps dessusdit, le duc de Bourgongne envoia grand partie de ses capitaines bourguignons coure devant Villefranche, où lors se tenoit Charles, duc de Bourbon. Entre lesquelx coureurs estoit le seigneur de Charny, messire Simon de Lalain, messire Baudo de Noyelle, le seigneur d'Auxi, Robert de Saveuses, Lanselot de Dours, Harpin de Richaumes et aulcuns aultres, accompaigniés de seize cens combatans gens d'eslite, qui tous ensamble, en bonne ordonnance, chevaulchèrent en train de tire vers les parties où ils tendoient aler. Et sur la brune rencontrèrent sur leur chemin de cinq à six cens combatans de leurs ennemis, qui tantost se mirent à fuite, en retournant vers leur seigneur le duc de Bourbon. Et en y eut prins aulcuns des pis montés, par lesdiz Bourguignons et Picars. Lesquelx, comme dessus, chevaulchèrent tant, qu'ilz vindrent devers Villefranche, et là se mirent en bataille. Et puis, par un poursuivant, envoyèrent signifier leur venue au dessusdit duc de Bourbon, et qu'il les venist combatre. Lequel, non sachant quel puissance ilz povoient avoir, n'eut point conseil de ce faire. Mais il fist dire à ycelui qui lui avoit apporté le message et les nouvelles, que puisque le duc de Bourgongne n'y estoit en sa personne, il ne les combateroit point. Si fist saillir hors de sa ville pluiseurs de ses gens, à pied et à cheval. Et mesmement, le duc de Bourbon sailli hors, monté sur ung bon coursier, sans armeures, vestu d'une longue robe, ung baston en son puing, pour faire traire ses gens et tenir ordonnance auprès des barrières. Durant lequel temps y eut grande escarmuche, non mie à grand perte de nulles des parties. Et après que les Bourguignons et Picars eurent là esté en bataille par l'espace de quatre heures ou environ, voiant que riens ne pouvoient proufiter, se mirent en chemin par bonne ordonnance, laissant de leurs meilleurs gens derrière eulx par manière d'arrière garde, et s'en retournèrent par où ilz estoient venus devers leur seigneur, le duc de Bourgongne.

Lequel duc, brief ensuivant, fist par yceulx et aultres de ses gens asségier Belleville. Dedens laquelle estoit, de par ycelui duc de Bourbon, messire Jacques de Chabennes et le bailly de Beaujelois, à tout trois cens combatans. Lesquelz, en grande diligence, se mirent à deffence. Nientmains, par les engiens que avoient lesdiz asségans, et aussi par les approches qui faites y furent, furent tellement constrains, que au bout d'un mois ou environ, ilz se rendirent, saulves leurs vies tant seulement, en délaissant tous leurs biens. Et se départirent tous de pied, le baston ou puing, et retournèrent devers le dessusdit duc, leur seigneur. Lequel en eut au cueur grand desplaisance. Mais pour lors il n'en povoit avoir aultre chose. Après lequel département, le duc de Bourgongne fist demourer en garnison pluiseurs de ses capitaines Picards en ladicte ville. Lesquelx, en continuant la guerre, firent maulx inextimables ou pays de Bourbonnois et aultres à l'environ.

Et d'autre costé, ledit duc de Bourgongne envoia une aultre armée de ses pays, gens de doine, en tirant vers Lion sur le Rosne. Lesquelx prinrent ou pays moult de forteresces et degastèrent ycelui par feu et par espée, et après en emmenèrent très grand proie. Et furent conduicteurs d'ycelle armée, le conte de Fribourg, le bastard de Saint-Pol, le seigneur de Waurin et aulcuns autres.

CHAPITRE CLXIII.

Comment le seigneur de Willebi et Mathago, anglois, mirent siège devant Saint Sellerin. Et comment premiers les François, et depuis yceulx Anglois, furent rués jus et desconfis.

En cest an, mil IIIe et XXXIIII, le seigneur de Willeby, acompaignié de Mathago et aulcuns aultres capitaines, qui tous ensamble povoient avoir de huit cens à mil combatans, mirent siège devant une forte place nommée Saint-Sellerin, ou pays du Maine, à deux lieues près d'Alençon. Dedens laquelle place estoient les François. Et avoient à capitaine ung gentil chevalier nommé messire Anthoine de Lorel. Lequel, de prime venue, à l'ayde de ses gens se deffendit vigueureusement contre ses ennemis. Mais non obstant ce, les Anglois dessusdiz les avironnèrent puissamment tout entour. Et furent là environ six sepmaines. Durant lequel temps, le seigneur de Bueil, messire Guillaume Blesset et le seigneur de La Varaine et aulcuns autres capitaines François, se assamblèrent environ quatorze cens combatans, sur espérance de baillier souscours à leurs gens, se tinrent par pluiseurs jours à Beaumont la Visconte; et là se logèrent une partie, et l'autre partie se loga en une autre ville nommée Vinan, à quatre lieues de leurs ennemis. Et quand ilz furent logiés audit Beaumont, si se assamblèrent tous les capitaines et aultres des plus experts de leur compaignie, pour avoir advis sur ce qu'ilz avoient à faire. Si fut conclud, après pluiseurs débas, qu'ilz n'estoient point fors ne puissans assés pour combatre yceulx Anglois, entendu le lieu où ilz estoient, mais conclurent d'aler par derrière tirer hors leurs gens qui estoient asségiés. Après laquelle conclusion, lesdiz capitaines se retrayrent à leur logis et ordonnèrent leur guet pour la nuit, tant de cheval comme de pied. Et estoit, le seigneur de Bueil, en ceste besongne lieutenant de messire Charle d'Anjou et avoit en charge son estandart. Et en ceste mesme nuit, les Anglois, qui bien sçavoient la venue de leurs adversaires, se mirent aux champs grand partie, et se tirèrent tout quoiement de nuit jusques assés près dudit logis de Vinam, et pour espier lesdiz François envoyèrent aulcuns de leurs gens par deux fois jusques dedens leurs logis pour veoir la manière. Lesquelx ilz trouvèrent assés bien en point. Et ce fait, se retrayrent arrière vers leurs gens. Lesquelx, de rechief tous ensamble les alèrent assaillir au point du jour, et à petite perte les ruèrent jus et desconfirent et en prinrent pluiseurs, et si en y eut aulcuns mors. Entre lesquelx le fut ung très vaillant homme d'armes, nommé Jehan de Belloy, qui estoit d'Auvergne. Après laquelle destrousse, se remirent aux champs yceulx Anglois, à tout leurs prisonniers. Et lors, lesdiz seigneurs de Bueil et de la Varaine, qui estoient audict lieu de Biaumont, comme dict est, sachans les nouvelles dessusdictes par aulcuns de leurs gens qui estoient eschapés et fuis aux logis, se mirent aux champs et incontinent tous ensamble tirèrent vers où estoient leurs adversaires. Lesquelx, quand ilz les veyrent venir, furent bien joieux, espérans de les ruer jus comme ilz avoient fait les aultres. Si se férirent ces deux compaignies de grand voulenté l'un dedens l'autre. Et y eut fait de moult belles proesces entre les deux parties. Mais finablement les Anglois furent tournés en desconfiture, en partie par l'ayde des prisonniers qu'ilz avoient. Et y furent mors de leur partie ung vaillant chevalier, nommé messire Jehan Artus. Mais le bastard de Salseberi s'enfuy. Et y furent, que mors que prins, quatre cens Anglois, ou plus. Et demourèrent les dessusdiz François maistres et victorieus. Lesquelx furent très joieux de leur victoire. Et quand ceulx qui estoient demourés au siège devant Saint-Sellerin, sçeurent la perte de leurs compaigons, ilz se levèrent du siège et se retrayrent en leurs garnisons.

CHAPITRE CLXIV.

Comment La Hire prist malicieusement le seigneur d'Auffemont.

Durant ces tribulacions, La Hire, acompaigné de Anthoine de Chabennes, du Bourc de Vignolles, son frère, et aultres, jusques à deux cens combatans ou environ, passa par devant le chastel de Clermont en Beauvoisis, où estoit le seigneur d'Aufemont qui en estoit capitaine, lequel ne se deffioit en riens, ou bien peu, des dessusdiz. Et pour ce, sachant leur venue, pour eulx complaire et faire le bien venant, fist tirer du vin et le porter dehors la poterne de la tour; et vindrent yceulx boire. Et là, contre eulx yssi le seigneur d'Auffemont, avec lui trois ou quatre de ses gens tant seulement, et commencèrent à parler à La Hire et aux aultres, en eulx faisant courtoisie et récepcion, pensant qu'ilz ne lui voulsissent que bien. Mais ils estoient de ce vastement abusés. Car leur malicieuse voulenté estoit bien aultre, comme ilz le monstrèrent prestement. Car, en parlant audit seigneur d'Offemont, La Hire le prist prestement, et de fait le constraint incontinent de lui rendre ledit chastel. Et avec ce le fist mettre en fers et avaler en la fosse. Si le tint ung mois en prison moult durement et en grand traveil, tant qu'il eut le corps et les membres moult travilliés, et fu plain de poux et de vermine. Et en fin paia pour sa rançon quatorze mille salus d'or, ung cheval de pris, et vingt queues de vin. Et non obstant que le roy Charles escripvi par pluiseurs fois à La Hire dessusdit qu'il le délivrast sans en prendre finance, et qu'il estoit bien content de son service, il n'en volt riens faire pour luy.

CHAPITRE CLXV.

Comment les Communes de Normendie s'eslevèrent contre les Anglois et leurs garnisons.

En cest an, les communes gens du pays de Normendie, et par espécial ceulx du pays de Caux, s'asamblèrent, bien deux mille, en une compaignie, pour combatre et eulx deffendre contre les Anglois estans ou pays, lesquelz, alant contre les deffences et édictz royaulx, avoient esté pillier et fouragier les biens d'aulcuns d'yceulx communes, jà soit ce que par avant les dessusdiz avoient esté constrains par les baillis et officiers du pays, d'estre armés et embastonnés chascun selonc son estat pour résister contre tous pillars et aultres qui leursdiz biens vouloient prendre de force. A l'occasion duquel commandement, ilz se assamblèrent comme dit est, et de fait reboutèrent les dessusdictes garnisons hors de leurs villes, et en prinrent et occirent aulcuns. Dont les capitaines d'yceulx ne furent point bien contens. Nientmains ilz monstrèrent samblant de les vouloir rapaisier, et par certains moyens furent les traictiés fais entre eulx parties. Si se commencèrent lesdictes communes à retraire assés follement, sans ordonnance, non doubtans la malice d'yceulx Anglois. Lesquelx secrètement les poursuivirent jusques assés près de Saint-Pierre sur Dive emprès Tancarville, et là leur coururent sus, et sans y trouver grand deffence, en tuèrent bien de mil à douze cens, et les aultres se saulvèrent par les bois, ou là ilz porent le mieulx. Pour laquelle offence fut faite grand plainte à Rouen, qui pour ceste cause firent bannir pluiseurs de ceulx qui avoient fait ceste emprise. Mais assés brief ensuivant fut la besougne apaisiée, pour les grans affaires qui estoient ou pays.

CHAPITRE CLXVI.

Comment La Hire prinst le fort de Breteul en Beauvoisis par force d'assault.

Item, après ce que La Hire eut prins le chastel de Clermont, comme dit est, il assembla cinq cens combatans des garnisons de Beauvoisis, lesquelz il mena devant la porte du chastel de Breteul, que tenoient les gens de Bou de Saveuse. Lesquelz il fist assaillir très asprement par ses gens. Et ceulx dedens se deffendirent très viguereusement. Si navrèrent et occirent pluiseurs des assaillans. Toutefois l'assault fut tant continué, que ceulx dedens, véans partie de leurs gens estre mors et navrés et leur fortificacion toute dérompue, se rendirent en la voulenté de La Hire, lequel en fist aulcuns pendre et les aultres mener prisonniers ou chastel de Clermont, et puis regarnir ledit fort de ses gens. Lesquelz de rechief firent de grans maulx et innumérables ès pays de Santers, et vers Amiens, Corbie, Mondidier, et ailleurs à l'environ.

CHAPITRE CLXVII.

Comment les ducz de Bourgongne et de Nevers convindrent ensamble en la cité de Nevers sur traictié et convencion de paix.

Item, après ce que la guerre eust long temps duré moult cruelle et mervilleuse entre le duc de Bourgongne d'une part, et son beau frère le duc de Bourbon d'aultre part, y eut aulcuns moyens ouvers secrètement entre ycelles deux parties, sur l'espérance de les appaisier. Et pour le premier commencement furent envoyés aulcuns ambassadeurs d'un costé et d'aultre, soubz bon sauf conduit, en la ville de Mascons, et là furent par pluiseurs journées. Si y eut entre eulx de première venue aulcuns différens pour sçavoir lequel d'yceulx deux ducs auroit l'honneur et prérogative d'estre nommé devant. Et en fin, considérées pluiseurs raisons qui furent alléguées d'ycelles parties, fut conclud que ledit duc de Bourgongne seroit premier nommé et auroit la prévencion de toutes honneurs devant le duc de Bourbon. Et ce fixé, pourparlèrent par diverses manières de les appaisier, et de fait firent pluiseurs approuches et advis sur ce. Et avec ce prinrent aultre jour pour eulx rassambler ou lieu où devoient convenir ensamble les deux ducz dessusdiz en leurs personnes, est assavoir en la ville Dizise, ou en la cité de Nevers. Et prinrent jour d'eulx assambler ou mois de jenvier. Si se départirent de là et retournèrent chascun desdiz ambassadeurs devers son prince. Et lors, ledit duc de Bourgongne solempnisa la feste de Noël et des Rois en sa ville de Digon, et tint moult puissant et noble estat. Et après ces jours passés, lui, très grandement accompaignié du conte de Nevers, du marquis de Rostelin, de son nepveu de Clèves, et de pluiseurs aultres notables chevaliers et escuyers, avec grand nombre de gens de guerre, si tira à....[1] et de là à Nevers. Si se loga en l'ostel de l'évesque, attendant aulcuns jours le dessusdit duc de Bourbon et sa seur la duchesse. Si vinrent sa seur la duchesse et deux de ses filz, très honourablement acompaigniés de chevaliers et d'escuyers, de dames et de damoiselles, audit lieu de Nevers, devers son frère le duc de Bourgongne. Lequel ala audevant d'elle hors de son hostel, et la receut et conjoy très joieusement et amoureusement. Car piecà ne l'avoit veue. Et pareillement fist ses deux nepveux, jà soit il qu'ilz fussent de bien joesne eage. Si descendi ladicte duchesse de son chariot, et le duc son frère le mena par la main jusques à son hostel, où il prinst congié d'elle et le laissa reposer pour celle nuit. Et lendemain, ladicte duchesse vint à l'ostel du duc son frère, où elle fut receue à grand joie, et y eut de très beaux esbatemens. Si y fist on les danses par longue espace, et y eut foison de momeurs de la partie du duc de Bourgongne. Et ce fait, après qu'on eust prins vin et espices, chascun se retraist à son ostel, jusques à lendemain que on tint conseil, où il fut ordonné qu'on manderoit Artus de Bretagne, connestable de France, et l'archevesque de Rains. Et assés brief ensuivant vint le duc de Bourbon, accompaignié de messire Christofle de Harcourt, du seigneur de La Faiette, mareschal de France,

---

1. Il y a ici un mot de passé dans le Ms. 8346. Vér. met : Dizèse.

et de pluiseurs aultres notables chevaliers et escuyers. Au devant duquel le dessusdit duc de Bourgongne envoia aux champs les seigneurs de son hostel. Et quand il approucha, ledit duc de Bourgongne ala contre lui au dehors de la ville, et là s'entrecontrèrent les deux ducz et firent l'un à l'autre très grand honneur et révérence, en monstrant samblance d'avoir l'un envers l'autre très fraternelle amour. Et lors, ung chevalier de Bourgongne, là estant, dist hault et cler : « Entre nous aultres, sommes bien mal conseillés de nous adventurer et mettre en péril de corps et de ame pour les singulières voulentés des princes et grans seigneurs, lesquelz, quand il leur plaist, se réconcilient l'un avec l'autre, et souvent en advient que nous en demourons povres et détruis. » Si fut ceste parole bien notée et entendue des pluiseurs, là estans, de toutes les deux parties. Et bien y avoit raison. Car très souvent en advient ainsy. Nientmains, après ceste recongnoissance, le duc de Bourgongne convoia son beau frère jusques à son hostel, et de là se retraist au sien. Et après ce que le duc de Bourbon eut soupé, lui et sa femme vinrent voir le duc de Bourgongne en son hostel, et là de rechief furent faictes pluiseurs joieusetez des ungs avec les aultres. Et lendemain, les deux ducz et la duchesse, tous trois, oyrent messe en un oratoire. Et après disner se tint ung conseil en l'ostel du conte de Nevers, ouquel la paix fut du tout conclue entre yceulx deux seigneurs, est assavoir le duc de Bourgongne et le duc de Bourbon. Lequel traictié fut si bien conclud qu'à tous les deux fut très agréable. Et pour tant, incontinent, de mieulx en mieulx, fut par eulx et toutes leurs gens généralement faite plus grand joie et samblant de grand amour les ungs avec les aultres que paravant n'avoit esté. Et se faisoient toutes ces festes et esbatemens, pour la plus grande partie, aux despens du duc de Bourgongne. Car bien le vouloit ainsy estre fait.

En oultre, durant les besongnes dessusdictes, vindrent audit lieu de Nevers, le conte de Richemont, connestable de France, qui aussi avoit espousé la seur au duc de Bourgongne, et avec lui vint Regnault de Chartres, archevesque et duc de Rains, grand chancelier de France, acompaigniés de pluiseurs notables gens de conseil et de pluiseurs chevaliers et escuyers. Au devant desquelx alèrent les deux ducz et grand partie de leurs gens. Et quand ilz se entre assamblèrent, ilz firent l'un à l'autre très grande révérence et honneur. Et tous ensamble alèrent moult cordialment jusques dans la ville, où ilz furent logiés, chascun à son estat, au mieulx que faire se povoit. Et briefz jours ensuivans furent tenus pluiseurs estrois consaulz sur la paix et réconciliacion entre le roy de France et le duc de Bourgongne. Et mesmement, par ces ambassadeurs dessusdiz furent faites plusieurs offres au duc de Bourgongne pour l'intéret de la mort du duc Jehan son père. Lesquelles offres lui furent assés agréables. Et tellement fut traictié en ce mesme lieu de Nevers, qu'il fut content de prendre et accepter la journée de la convencion qui depuis se tint à Arras, sur intencion de paracomplir le surplus.

Et ces besongnes ainsi achevées, les parties se départirent très amoureusement. Et le fist on sçavoir en pluiseurs lieux et en divers royaumes et contrées, et mesmement à nostre saint père le Pape et au concile de Basle, adfin que ung chascun d'eulx envoiast ses ambassadeurs pour le bien et entretenement de la besongne. Et depuis ceste journée de Nevers et que ledit duc de Bourgongne fut retourné à Digon, se prépara de tous poins de retourner en son pays d'Artois, adfin de apprester ses besongnes pour estre à la dessusdicte convencion d'Arras. Et ainsi, de ce jour en avant, les frontières des marches de Bourgongne commencèrent à estre assés paisiblement l'un contre l'autre, plus que paravant n'avoient esté.

En ce temps, le damoisel d'Orchimont, à tout sept ou huit cens Anglois et Picars que messire Jehan de Luxembourg lui avoit envoyés, ala ou pays d'Ardenne, ardoir et coure plusieurs villes du damoisel Evrard de La Marche, et ycelles du tout mettre à saqueman. Et après que oudit pays eurent fait moult de dommages par feu et par espée, ilz s'en retournèrent sans perte, à tout grans proies.

Item, en cest an, Renier, duc de Bar, fist asségier la ville et forteresce de Commarchis ou pays de Barrois, sur intencion de subjuguer ycelle, pour aulcune obéissance que ledit duc disoit lui debvoir estre faite par ledit seigneur de Commarchis. Mais, en fin, par le moyen du connestable de France qui pour lors estoit en la marche d'environ, fut l'accord fait entre ycelles parties, par si que ledit de Commarchis promist à faire toute obéyssance à ycelui duc de Bar. Et par ainsy fist départir ses gens dudit siège.

Durant lequel temps ledit connestable mist en son obéyssance, ou pays de Champaigne, pluseurs forteresces, tant par siège et composicion, comme par soubdain assault.

CHAPITRE CLXVIII.

Comment Amé, duc de Savoie, se rendi hermite en ung manoir nommé Ripaille.

En cest an, Amé, duc de Savoie, qui estoit eagié de LVI ans ou environ, s'en ala rendre hermite en ung sien manoir nommé Ripaille, à demi lieue près de Tonnon, où, par coustume, par avant son département, il tenoit son estat. Lequel manoir de Ripaille ledit duc avoit fait édifier grandement. Et y avoit une abéye et priorée de l'ordre Saint-Maurice, fondée de très long temps par les prédécesseurs d'ycelui duc. Si avoit, bien dix ans par avant, eu voulenté et intencion de lui là rendre et devenir hermite par la manière qu'il fist. Et pour y estre acompaignié, avoit demandé à deux nobles hommes de ses plus féables et principaulx gouverneurs, se ilz lui vouloient tenir compaignie à y estre avec lui quant son plaisir seroit de y entrer. Lesquelz, ayans considéracion que ceste voulenté lui pourroit muer, lui accordèrent de y entrer. Et en estoit l'un messire Glaude de Sexte, et l'autre ung vaillant escuyer, nommé Henri de Coulombiers. Et lors ycelui duc, qui desjà avoit fait édifier, comme dit est, sa maison et encommencié celles de ceulx qui vouldroient estre en sa compaignie, se party par nuit de son hostel de Thonnon, à privée maisnié[1], et ala à ycelle place de Ripaille, où il prist l'habit d'ermite selonc l'ordre de Saint Maurice, c'estassavoir grise

---

1. Avec une suite peu nombreuse.

robe, longue mantel et chaperon gris à courte cornette d'un pied ou environ, et ung bonnet vermeil par dessoubz son chaperon, et par dessus ladicte robe, ceinture dorée, et par dessus le mantel, une croix d'or, assés pareille que les portent les empereurs d'Alemaigne. Et lors brief ensuivant, vindrent devers lui les deux nobles hommes dessusdiz. Lesquelz lui remoustrèrent aulcunement la manière de son département, qui n'estoit point bien licite comme il leur sambloit, en lui disant qu'il pourroit estre desagréable aux Trois Estas de son pays, pour ce que par avant ne les avoit mandés et eulx signifié son intencion. Si leur respondi qu'il n'estoit mie loing ne amenri de son sens, ne de sa puissance, et que bien y pourverroit à tout; mais advisassent eulx mesmes de lui entretenir ce que promis lui avoient, c'estassavoir de demourer avec lui. Lesquelz, véans que bonnement aultrement ne se povoit faire, en furent contens. Si les fist prestement vestir de tous paraulx habillemens comme lui. Et après, manda les Trois Estas de son pays, avec son filz, qui estoit conte de Genève, lequel il fist prince de Pimont, et lui bailla, présens les dessusdiz, le gouvernement et administracion de ses pays, en retenant plaine puissance de lui oster et de le remettre à son plaisir, se mal se gouvernoit. Et son second filz fist conte de Genève. Toutefois, nonobstant que ledit duc de Savoie eust prins l'abit dessusdit et baillié le gouvernement de ses pays à ses enfans comme dit est, si ne se passoit riens en ses pays de grosses besongnes que ce ne feust de son sceu et licence. Et quant à la gouverne de sa personne, il retint environ vingt personnes de ses serviteurs pour lui servir. Et les aultres, qui se mirent prestement avec lui, en firent depuis pareillement, chascun selonc son estat. Et se faisoient, lui et les siens, en lieu de racines et de fontaine, du meilleur vin et des meilleures viandes qu'on povoit recovrer[1].

CHAPITRE CLXIX.

Comment les communes de Normandie se rassemblèrent en grand nombre et alèrent devant la ville de Kan[2].

En après, les communes de Normendie, qui n'estoient point encore bien rapaisiées du tort et du malengien que les Anglois leur avoient fait, se mirent ensamble de rechief, par l'exortacion du seigneur de Merville et de aulcuns aultres gentilz hommes, qui les entreprinrent à conduire. Et de fait se trouvèrent bien douze mille, ou pays de Besin vers Bayeux. Si les menèrent devers la ville de Caen, laquelle ilz cuidèrent prendre d'assault. Mais elle leur fut bien deffendue par les garnisons et communes de ladicte ville. Et, pour tant, yceulx véans qu'ilz ne povoient rien besongnier, se départirent de là, en faisant pluiseurs desrisions sur le pays. Et s'en alèrent devant Avranches, où ilz furent huit jours, espérans que le duc d'Alençon venist à eulx à tout grand puissance de gens de guerre, ce que point ne fist. Et entretant, les Anglois se assamblèrent en grand nombre pour yceulx combattre. Laquelle assamblée venue à la congnois-

---

1. De là notre mot : faire ripaille.
2. *Lis.* Caen.

sance des capitaines des dessusdictes communes, se départirent et s'en alèrent vers Bretaigne et à Fougières. Et brief ensuivant se départirent l'un de l'autre par pluiseurs parties, sans riens faire. Pour laquelle assamblée desdiz capitaines, toutes leurs terres et seigneuries [furent saisies], et avec ce furent banis du pays avec tous leurs complices.

Ouquel temps Guillaume Coroan, Anglois, capitaine de Nièvre, ala coure devant Ywis en la contée Ligney. Et n'avoit avec lui que trois cens combatans, ou environ. Si vint pour le combatre, Jehan de Beaurain, à tout une grosse compaignie, c'est assavoir à tout six cens combatans. Mais il fut rué jus et la plus grand partie de ses gens mors et prins, desconfis et mis à grand meschief.

Et en ce mesme temps, La Hire prist d'emblée la vieze fremeté d'Amiens, et y fut environ de huit à dix heures, et après qu'il eust pillié les biens qui estoient dedens, s'en ala à Bretheul dont il estoit venu.

DE L'AN MCCCCXXXV.

[Du 17 avril 1435 au 8 avril 1436.]

CHAPITRE CLXX.

Comment le duc Phelippe de Bourgongne, avec la duchesse sa femme, retourna, des pays de Bourgongne, en Flandres et en Artois.

Au commencement de cest an, après que le duc de Bourgongne eust délivré ses pays de ses ennemis, à grand labeur, et aussi que le duc de Bourbon, son beau frère, fut pacifié avec lui, et que la journée du grand parlement fut entreprinse et assignée avec les ambassadeurs du roy Charles, il fist préparer son estat et celui de la duchesse sa femme et de leur petit filz, pour s'en retourner en ses pays de Flandres et d'Artois. Lequel parlement fut assigné à estre tenu en la ville d'Arras le deuxiesme jour de juillet ensuivant. Si se départi, à tout son armée, de sa ville de Digon, laissant pour gouverner ycelui pays de Bourgongne messire Jehan de Vergi; et s'en vint jusques vers Auçoire[1]. Ouquel lieu, ou assés près, il trouva mil combatans ou environ, Picars, lesquelz par avant il avoit mandés pour lui acompaignier à son retour. Et les conduisoient messire Jehan de Croy, bailli de Haynau, le seigneur de Saveuses, messire Jaques de Brimeu, Jehan de Brimeu et aulcuns aultres seigneurs. Et de là ledit duc

1. Auxerre.

prinst son chemin vers Paris, et passa la rivière de Sainne à Monstreau-fault-Yonne, et puis vint à ladicte ville de Paris, où il fut des Parisiens très joieusement receu, et furent à luy et à la duchesse sa femme fais de moult beaulx présens. Et quand il eust sousjourné en ladicte ville aulcuns peu de jours, il chevaucha par pluiseurs journées jusques à sa ville d'Arras dessus nommée. Et lors congia tous ses gens d'armes tantost qu'il eust passé l'eaue de Somme. Si ala assés brief ense ivant visiter ses pays de Flandres et de Brabant, où il délibéra avec son conseil de convoquer par tous ses pays les nobles et gens d'estat, pour estre et venir à ladicte journée d'Arras. Et avec ce envoia une ambassade en Angleterre devers le roy et son grand conseil, eulx signifier la dessusdicte journée. Laquelle estoit entreprinse en intencion de traictier paix géneralle entre les deux royaumes de France et d'Angleterre. Et furent les principaulx à faire ladicte ambassade, messire Hue de Lannoy, le seigneur de Crevecuer, et maistre Quentin Mainart, prévost de Saint-Omer. Auxquelz, par le roy d'Angleterre et ceulx de son conseil, fut faicte grande réception. Et en conclusion leur fut dit que le roy envoieroit à ladicte journée sollempnelle ambassade. Après laquelle responce, s'en retournèrent vers le duc de Bourgongne.

CHAPITRE CLXXI.

Comment les François prinrent la ville de Rue sur les Anglois.

A l'entrée du mois de may, se assamblèrent messire Jehan de Bressay, lieutenant du mareschal de Rieu, Bertran Martel, Guillaume Braquemont, le seigneur de Longueval, Charles des Mares et aulcuns aultres tenans le parti du roy Charles de France, jusques au nombre de trois cens combatans, droites gens d'armes et vaillans gens d'eslite. Lesquelz alèrent passer l'eaue de Somme, par nuit, à la Blanquetaque, et de là vinrent à la ville de Rue, que tenoient les Anglois. Si entrèrent ens secrètement par eschelles, et de fait, avant qu'ilz s'en fussent apperceus, prinrent ladicte ville sans y trouver quelque deffence. Et adonc, quand l'effroy se commença, se retrayrent sept ou huit Anglois en ung bolevert, ouquel ilz se deffendirent aulcune espace. Mais en conclusion ilz furent constrains d'eulx rendre à la voulenté des François, par force d'assault. Si en eut partie prestement mis à mort, et les autres depuis furent renvoyés, parmy tant qu'ilz payeroient grand finance. Si furent aussi prins grand nombre de ceulx de la ville, et les aultres se sauvèrent par dessus la muraille. Après laquelle prinse, la grigneur partie des habitans furent prins, pilliés et robés. Et pour la prinse d'ycelle ville furent les pays de Ponthieu, Marquenterre, Artois, Boulenois et aulcunes aultres terres à l'environ, en grand doubte, sachans leurs ennemis estre logiés si près d'eulx et bien garnis de vivres. Et point n'estoit sans cause se yceulx paysans avoient doubte et paour. Car brief ensievant ilz commencèrent à coure en pluiseurs lieux et faire forte guerre, en portant grand dommage par feu et par espée aux pays dessusdiz. Si multiplièrent de gens en grand nombre et, comme dit est, firent moult de maulx. Et mesmement, ung certain jour alèrent à grand puissance en tirant vers Boulongne jusques assés près de Saumer ou Bois, où ilz prinrent pluiseurs prisonniers et foison de chevaulx et aultre bestail. Et à leur retour ardirent la ville et le port d'Estaples, où il avoit grand nombre de belles maisons et édifices. Et depuis qu'ilz furent retournés audit lieu de Rue, à tout grans proyes, ralèrent par pluiseurs fois coure le pays, où ilz firent innumérables maulx et dommages, par feu et par espée. Mais, en aulcunes d'ycelles courses, assés près de Montreul, fut prins messire Jehan de Bressay de Harpin de Richaumes. Et en aultre lieu fut pareillement prins le petit Blanchefort d'un des bastars de Renti. Si estoit à ceste cause ledit pays malement traveillé.

CHAPITRE CLXXII.

Comment La Hire, Pothon, Phelippe de la Tour et le seigneur de Fontaines, desconfirent le conte d'Arondel, anglois, devant le chastel de Gerberoy.

Item, durant le temps dessusdit, le duc de Bethfort estant à Rouen, sachant la prinse de ladicte ville de Rue, laquelle comme il lui fut remonstré pouvoit porter trop grand préjudice aux pays de là environ tenans leur party, et par espécial à la ville et forteresce du Crotoy, pour tant, adfin de y parvenir, escripvi devers le conte d'Arondel, qui lors se tenoit à Nante et en la marche de là entour, et lui manda destroitement que, à tout ses gens, il se treyst à Gournay en Normendie et de là au Nuefchastel de Nicourt[1], et puis à Abbeville en Ponthieu, pour brief ensievant asségier ladicte ville de Rue. Lequel conte d'Arondel, en obéyssant au commandement du dessusdit duc, se parti de là où il estoit, à tout huit cens combatans de ses gens, et vint audit lieu de Gournay, en intencion de faire le voiage dessusdit. Mais il mua propos pour ce que nouvelles luy vinrent que les François réparoient une grande vielle forteresce nommée Gerberoy, entre Beauvais et Gournay, laquelle, comme on luy dist, seroit moult dommageable pour le parti des Anglois, se ainsi estoit qu'on leur laissast fortifier, et n'y pourroit on mieulx pourveoir que de y aler chaudement. Et pour tant, yceluy conte d'Arondel, par le ennort de ceulx de Gournay et de Gisors et d'aultres lieux de leur obéyssance près desdiz lieux, se conclud de aler audit lieu de Gerberoy et assaillir et prendre tous ceulx qu'il y pourroit trouver, se prendre se povoit de force. Si fist audit lieu de Gournay chargier vivres, artilleries et pluiseurs aultres instrumens de guerre, à tout lesquelz il se mist à chemin à tout ceulx qu'il avoit amenés, et aulcuns autres de la garnison. Et se parti de là tantost après minuit, et vint envers huit heures du matin devant ledit chastel de Gerberoy, à tout partie de ses gens, et les autres le suivoient à tout leur charroy. Et pour vray, il ne cui-

---

1. Neufchâtel-en-Bray.

doit pas que dedens y eust tant de gens comme il avoit, ne telz capitaines. Si se loga en ung clos de hayes et fist mettre cent ou six vins de ses gens assés près de la barrière dudit chastel, pour garder qu'ilz ne saillissent sur eulx. Et entretant qu'ilz se logèrent, Pothon, La Hire, messire Rigaut de Fontaines et Phelippe de Latour, et aulcuns autres vaillans hommes de guerre, qui estoient là venus la nuit devant, et avoient avec eulx de quatre à six cens combatans, sachans la venue de leurs adversaires, prinrent conseil ensamble sçavoir qu'ilz avoient à faire sur ce, et se ilz les attendroient, ou non. Si fut la chose moult durement débatue d'aulcuns, lesquelz metoient en avant qu'ilz estoient mal pourveus de vivres et habillement de guerre, pour quoy, se ilz se laissoient enfermer, ilz se bouteroient en trop grand dangier. Les aultres disoient qu'ilz n'attendroient point le siège, mais conseilloient qu'à leur venue on les combatesist à leur advantage. Et finablement ilz se conclurent tous à une mesme voulenté, et promirent l'un à l'autre de les combatre. Et adonc ordonnèrent que les trois capitaines dessusdiz seroient à cheval, cestassavoir La Hire, Pothon et messire Rigauld de Fontaines, à tout soixante fustz de lance, tous les mieulx montés et les plus expers; et les autres hommes d'armes, archiers et guisarmiers, seroient à pied. Et aulcuns en petit nombre, des moindres, demourroient dedens le fort pour le garder. Ordonnèrent pareillement qu'à la venue de leurs ennemis se monstreroient peu, adfin qu'ilz ne perceussent que layens euist foison, ne plenté de gens. Lesquelles ordonnances furent par yceulx sagement entretenues. Si se armèrent et mirent leurs

besongnes en point. Et alors, après que le dessusdit
conte d'Arondel fut, comme dit est, venu devant eulx,
à tout seize vins combatans ou environ, et qu'il eust
assis son gait contre la saillie de ses adversaires, ses
gens commencèrent à faire leurs logis, en actendant
leurs gens qui venoient derrière. Durant lequel temps,
le gait, que les François avoient hault en leur chastel, vey venir une aultre compaignie d'Anglois, plus
grande et plus espesse que la première venue, et encore plus loing suivoient aultres gens avec le charroy.
Si en advertirent lesdiz François. Lesquelz, véans
qu'il estoit droite heure de besongnier avant que
leursdiz adversaires fussent assamblés, firent saillir
hors leur gent de pied, le plus coiement que faire se
peut. Desquelz leurs adversaires furent viguereusement assaillis, quand ilz les veyrent devant eulx. Et
furent yceulx Anglois ainsi comme demi souspris, et
en brief desconfis, et la plus grant partie mis à mort
et tournés à grand meschief. Et adonc, ceulx de cheval qui estoient saillis pour garder que ycelui conte
d'Arondel ne souscourust à ses gens, veirent venir et
approuchier moult fort la seconde compaignie dont
dessus est faicte mencion, qui desjà estoit assés près,
et ne se donnoit garde de leurs ennemis, pour ce que
leur chief estoit devant. Si furent par les dessusdiz
incontinent envays, et à force tresperciés et dérom-
pus par pluiseurs fois. Par quoy ilz ne se peurent rassambler, mais en y eut grand partie qui se prinrent à
retourner et à fuyr vers Gournay, et les aultres furent
assés tost mors, prins et tournés à grand meschief.
Et adonc, La Hire, à tout une partie de ses gens, chassa
les fuians, bien deux lieues. En laquelle chasse plui-

seurs des Anglois furent mors et prins. Et d'aultre part, les gens de pied avoient fort approuchié le conte d'Arondel, lequel, à tout ses gens, s'estoit retrait au coing d'un encloz où il s'estoit logié. Si estoit adossé de hayes et pardevant fortifié de penchons, par quoy yceulx gens de pied ne pouvoient bonnement entrer en lui, pour celle fortificacion. Si firent apporter une culevrine qu'ilz avoient en leurdit fort. Laquelle, au second cop qu'ilz le firent getter, féri ledit conte d'Arondel parmi la jambe vers la cheville du pied, dont il fut moult durement blécié, et à grand peine se povoit soustenir. Et après, La Hire retourna à la dessusdicte chace où il estoit alé, amenant avec lui pluiseurs prisonniers. Mais quand il aperçut la compaignie du conte d'Arondel estre encore entière, il rassambla sa force et ses gens, et ala de rechief combatre le dessusdit conte et ses gens, qui en assés brief terme, comme les aultres, furent tournés à desconfiture, et furent tous mors et prins, sans nul remède. Entre lesquelz furent prins, des gens de renom, premiers ledit conte d'Arondel, messire Richard de Doudeville, Mondo de Montferrat, Retandif, et aultres jusques à six vins hommes ou mieulx, qui tous furent prisonniers ès mains des François. Et en eut de mors largement, jusques à douze vins, et le remanant se sauva par bien fuir, là où ilz porent le mieulx.

Après laquelle destrousse et desconfiture, les capitaines de France rassamblèrent leurs gens. Si trouvèrent qu'ilz n'avoient point perdu vint hommes de leur compaignie. Si furent moult joyeux de ceste victoire et noble aventure, et en regracièrent dévotement leur créateur, et puis s'en retournèrent en leur place. Et

de là, le conte d'Arondel fut mené à Beauvais, où il
mouru de sa bléceure. Si fut enterré aux Cordeliers. Et
les aultres prisonniers anglois furent depuis délivrés
par finance. Et par ainsi, les François qui estoient à
Rue, demourèrent asseurs et paisibles quand alors, et
se commencèrent de plus en plus à eulx garnir et fortifier.

CHAPITRE CLXXIII.

Comment le duc de Bourgongne fut mal content et indigné sur ceulx de la ville d'Anvers.

En ce temps, Phelippe, duc de Bourgongne, estant
en sa duché de Brabant, fist assambler très grand
nombre de gens d'armes du pays de Picardie et aultres contrées de son obéyssance, lesquelz il avoit en
propos de bouter en la ville d'Anvers, par certains
moyens qu'il avoit en ycelle, adfin de punir aulcuns
des gouverneurs et habitans d'ycelle ville qui estoient
en son indignacion, pour tant que long temps par
avant ilz avoient prins ou souffert prendre de force
par leurs subjectz un grand navire, qui estoit audit
duc de Bourgongne, garni de ses gens, lequel il avoit
fait mettre à l'embusche de l'entrée du havre, par où
les marcheans de pluiseurs pays venoient par mer audit lieu d'Anvers. Et là, les gens du duc estans dedens
ycelui navire, cueilloient sur les marchans là passans
aulcuns tribus, qui grandement estoient au préjudice
de ladicte ville, comme ilz disoient, et aussi contre le
serement que leur avoit fait, passé long temps, les
ducz de Brabant defunctz à l'entrée de leur seigneurie, et mesmement ycelui duc de présent. Pour quoy,

comme dit est dessus, sans faire sommacion à leur prince ou à ses officiers, furent tous contens de ce prendre, est assavoir ycelui navire, et amener dedens leur ville, et mettre prisonniers ceulx de dedens. A l'occasion de laquelle besongne, le duc dessusdit, de ce non content, avoit fait l'assamblée dessus déclarée, pour entrer dedens ycelle ville secrètement, et les punir. Mais entretant son intencion fut sceue et descouverte par aulcuns sachans sa voulenté, et furent ceulx d'Anvers advertis de ce qu'on leur vouloit faire, dont grandement furent esmerveillés. Et lors, sans délay, ilz se mirent en armes en grand nombre pour eulx deffendre se aulcunement on les vouloit assaillir. Et de fait alèrent à l'abbéye de Saint-Michel séant dedens leur ville, où se logoit ledit duc de Bourgongne quand il venoit en leur dicte ville. Et pour ce qu'ilz avoient l'abbé dudit lieu en souspeçon, fustèrent, cherchèrent par tous les lieux de layens, hault et bas, assavoir se ilz y trouveroient nulz de leurs adversaires. Et après qu'ilz veirent qu'il n'y avoit homme qui mal leur volsist, rompirent les murs de ladicte abbéye en pluiseurs lieux, adfin que de la ville on peust garder, et passer pour faire leurs deffences aux murs qui estoient à l'encontre de ladicte abbéye. Après laquelle besongne, se retrayrent de là et firent grandes préparations pour eulx bien garder. Si fut ledit duc, brief ensievant, bien adcertené que yceulx sçavoient son entreprinse. Et pour ce, véant que ycelle ne povoit mettre à exécution, licencia ses gens d'armes. Et fist deffendre sur paine capitale aux bonnes villes de Flandres, Brabant et aultres ses pays à l'environ, que nul ne portast, ne menast vivres ou aultres biens quelconques en ladicte ville d'Anvers, ne qu'on leur donnast conseil, confort ne ayde. Et adonc, ceulx de cette ville sachans ycelle publicacion estre faicte contre eulx, furent en grande tristesse, et gardèrent leur ville moult diligemment. Si demourèrent une bonne espace en ce dangier, et après, se firent traictiés entre ycelles parties. Et, parmi ce que le duc en eut grand somme de deniers, retournèrent les gouverneurs de ladicte ville d'Anvers en sa grace.

CHAPITRE CLXXIV.

Comment les François prinrent sur les Anglois la ville de Saint-Denis en France.

Durant le temps dessusdit, prinrent les François la ville de Saint-Denis, tant de force comme d'emblée. Et estoient en nombre de douze cens combatans, ou environ. Desquelz estoient les principaulx messire Jehan Foucault, messire Loys de Waucourt, messire Rigault de Saint-Jehan et aulcuns autres capitaines, lesquelz mirent à mort aulcuns Anglois là estans. Pour laquelle prinse, les Parisiens se commencèrent fort à esbahir et à doubter, pour ce que yceulx François couroient souvent devant leur ville, par quoy vivres n'y povoient venir. Et adfin que yceulx vivres, en fin, ne leur fussent ostés par la rivière de Saine en venant de Normendie, envoyèrent à Rouen devers le duc de Bethfort, et pareillement à Loys de Terrewane, chancelier de France de par le roy Henry, requérir qu'ilz leur volsissent envoyer certain nombre de gens d'armes pour les secourir et aidier à résister contre les François dessusdiz. Desquelz, par le pourchas et solicitude dudit chancelier, leur fut envoyé messire Jehan, bastard de Saint-Pol, Loys, son frère, Walerant de Moreul, messire Ferri de Mailly, Robert de Neufville et aulcuns aultres gentilshommes, avec cinq cens combatans des marches de Picardie. Lesquelz, prenant leur chemin par Rouen, alèrent sauvement audit lieu de Paris, où ilz furent joieusement receus desdiz Parisiens. Et par le conseil du seigneur de l'Isle-Adam, mareschal de France de par le roy Henri et capitaine d'ycelle ville de Paris, commencèrent à faire forte guerre à yceulx François de Saint-Denis. Toutefois, yceulx François, non obstant la résistence des dessusdiz, couroient très souvent à puissance devant ycelle ville de Paris. Auquel lieu, durant ce temps, furent faites pluiseurs dures escarmuches par les parties, entre Paris et Saint-Denis. Et aussi prinrent, les François, le fort de Escouan auprès de Momorency, que tenoient les Anglois. Si prinrent et occirent ceulx de dedens, qui estoient environ trente Anglois sur tout. Et puis alèrent devers le chastel d'Orville emprès Louvres, appartenant au Galois d'Aunay, chevalier, tenant le parti du roy Henri de Lancastre. Lequel, au bout de deux jours qu'ilz y furent venus, fist traictié avec eulx, par condicion qu'il leur délivreroit ladicte forteresce en cas qu'à ung jour, qui fut prins, ceulx de son parti ne seroient puissans audit lieu pour les combatre. Et entretant que ce se faisoit, les seigneurs de Thalebot, d'Escalles et de Warwich, et avec eulx George de Richaumes, le bastard de Thian, messire François L'Arraganois, et aulcuns autres jusques au nombre de trois mille combatans ou au dessus, se mirent ensamble et vinrent à Paris et en ycelle marche, eulx joindre avec le seigneur de Lisle-Adam et les aultres devant diz. Lesquelz, tous ensamble, alèrent tenir la journée que ledit chastel se debvoit rendre auxdiz François, lesquelz n'y alèrent, ne envoyèrent. Et par ainsi ycelle forteresce demoura paisible au seigneur dessusdit. Et de là en avant, les Anglois tindrent les champs à puissance, et mirent en leur obéyssance en la marche de l'Isle de France aulcunes forteresces que tenoient les François.

CHAPITRE CLXXV.

Comment les François, après ce qu'ils eurent fait unes trèves aux Bourguignons sur les marches de Beauvoisis, alèrent coure le pays de Boulenois et autres.

Item, en cest temps, furent faites unes trèves par les gens du duc de Bourgongne sur les marches de Santers et de Mondidier, avec La Hire et les siens, par si qu'ilz feroient du tout abatre et démolir le fort de Breteul en Beauvoisis, et pour ce faire en eut grand somme de monnoie, qu'il prinst voulentiers. Après lesquelles trèves, se partirent de la marche vers Beauvais, le grand Blanfort et le petit, et Pothon le Bourguignon, avec eulx six cens combatans, et s'en alèrent en la ville de Rue. Lesquelx, là venus, avec eulx et ceulx qui là pieça avoient esté, alèrent tous ensemble coure le pays de Boulenois. Et en passant tout quoiement sans faire effroy devant Estaples, alèrent jusques à Desverne, et de là à Saumer ou Bois. Esquelz lieux, ne par tout le pays, on ne se doubtoit en riens de leur venue, et y trouvèrent les hommes et habitans avec leurs biens et mansions, lesquelz tous, ou au mains le plus grand partie, furent prins et loyés par yceulz François et amenés prisonniers. Et aussi emportèrent la plus grand partie de leurs meilleurs meubles. Et mesmement rançonnèrent à grand somme d'argent la ville et abbaye de Saumer. Et de là, en retournant, se espandirent en pluiseurs et divers lieux du pays, ycelui desgatant par feu et par espée, sans avoir quelque empeschement et destourbier de leurs adversaires. Et après qu'ilz eurent ars pluiseurs maisons en la ville de Frencq, et fais innumérables maulx et dommages oudit pays de Boulenois, ilz retournèrent tous ensamble, à tout grand nombre de prisonniers et aultres biens, en la ville d'Estaples, et là se rafreschirent. Et pour tant que les habitans de la ville qui s'estoient retrais ou chastel, ne volrent payer raençon de leur ville, à leur département embrasèrent toutes les maisons d'ycelle et y firent très grand dommage. Car c'estoit une ville bien peuplée et notablement édifiée. Et de là s'en retournèrent seurement jusques en ladicte ville de Rue, jà soit-il que messire Jehan de Croy, le seigneur de Créqui, le seigneur de Humières et aulcuns aultres du pays, assamblèrent environ trois cens combatans, espérans yceulx aulcunement envayr. Mais ce fut pour nient. Car les François dessusdiz chevaulchèrent en si bonne ordonnance, qu'ilz n'y veirent point leur advantaige sur eulx. Pour quoy ilz se retrayrent ès lieux dont ilz estoient venus.

En après, lesdiz François retournés en la ville de Rue comme dit est, ilz participèrent leur butin, et quand ilz furent reposés et rafreschis ung peu de jours, ilz se remirent sus et coururent le pays vers Dourlens et Hesdin. Si y ardirent en pluiseurs lieux, et prinrent foison de bons prisonniers et aultres proies et biens meubles portatifz. Et puis après s'en retournèrent par Labroie, où ilz assaillirent rudement la forteresce. Mais elle fut si bien deffendue par ceulx que y avoit mis le vidame d'Amiens, à cui elle estoit, qu'ilz eurent pluiseurs de leurs gens bléciés. Pour quoy, véans qu'ilz y perdoient leurs temps, se retrayrent, à tout leur pillage, à Rue.

Et depuis, par pluiseurs fois, firent de telles courses sur les pays du duc de Bourgongne. Dont, à l'une d'ycelles courses, fut prins ung de leurs gens, c'est-assavoir messire Jehan de Bressay, lieutenant du mareschal de Rieu. Et le print Richard de Richaumes, vers Moustreul. Et une aultre fois fut aussi prins le petit Blanchefort par l'un des bastars de Renty. Ainsi donc les François dessusdiz dommagèrent moult le pays à l'environ de ladite ville de Rue. Et mesmement ardirent et embrasèrent la ville de Cressi sur Authie, laquelle estoit de la propre domaine du Roy.

CHAPITRE CLXXVI.

Comment les cardinaux de Sainte-Croix et de Cyppre vinrent à Arras pour estre au grand parlement.

Ou mois de juillet, vindrent en la ville d'Arras deux cardinaulx envoyés de par nostre saint père et par le concille de Basle, avec eulx pluiseurs notables ambassadeurs de diverses nacions, pour estre au grand parlement qui se debvoit faire et tenir audit lieu d'Arras pour la paix de France. C'estassavoir, de par nostre saint père le pape, le cardinal de Sainte Croix, l'archidiacre de Mès, et aulcuns docteurs en théologie, et de par le concille, le cardinal de Cyppre et avec lui l'évesque d'Ache, et ung docteur nommé maistre Nicholle . . . .[1], ambassadeur de Poulane, et de par le duc de Milan, l'évesque de Albignie. Avec lesquelz ambassadeurs vindrent l'évesque de Ussès et l'évesque de Vezelay, envoyés par les deux parties, et pluiseurs aultres notables ambassadeurs de pluiseurs seigneurs de loingtains pays et marches. Et povoient tous ensamble estre jusques au nombre de huit vins chevaulcheurs, ou environ. Auxquelz fut faicte grande et honnourable récepcion, tant de l'évesque d'Arras, de son clergé et bourgois de la ville, comme des gens du duc qui estoient à ce commis. Et tous ensamble alèrent au devant d'eux aux champs, avec grand compaignie du peuple, et les amenèrent ens et conduirent en faisant grand joie, de ci jusques à leurs hostelz. Et là leur furent fais plusieurs beaulx présens, dont ilz se tinrent bien contens.

CHAPITRE CLXXVII.

Comment Loys de Luxembourg, conte de Saint-Pol, espousa Jehenne de Bar, contesse de Marle et de Soissons.

Le dimanche xvi° jour de juillet, Loys de Luxembourg, conte de Saint-Pol, de Conversan, de Braine et seigneur d'Enghien, espousa Jehenne de Bar, seulle

---

1. Ici dans le ms. 8346 un nom en blanc, que Vérard passe.

fille de messire Robert de Bar, contesse de Marle et de Soissons, dame de Dunekerque, de Warneston et de moult grandes et notables seigneuries, niepce de messire Jehan de Luxembourg, conte de Ligney, oncle dudit conte de Saint-Pol. Et furent les nopces faites dedens le chastel de Bohaing. Auquel lieu furent environ cent chevaliers et escuyers de la famille et amistié des deux parties, sans y avoir nulz princes des fleurs de lis, dont ycelle contesse estoit issue moult prouchaine. A laquelle feste fut la contesse de Saint-Pol douagière, mère d'ycelui conte Loys, et pluiseurs de ses enfans. Le dessusdit conte de Ligney, comme il fut commune renommée, soustint les frais et despens d'ycelle feste. Si y fut on servi très habondamment, et avec ce y fut faite très joieuse chière de tous ceulx là estans, en boires, mangiers, danses, joustes et aultres esbatemens.

CHAPITRE CLXXVIII.

Comment les François furent rués jus vers Rethaix[1], du bastard de Humières.

Item, en ces propres jours, les gens du roy Charles tenans la frontière vers Rains, s'assamblèrent avec quatre cens combatans, pour aler coure devant Rethers et aultres lieux ou pays tenans la partie de Bourgongne. Et de fait, accueillirent grand nombre de paysans, vaches, chevaulx et aultre bestail, à tout lesquelz s'en cuidèrent retourner sauvement en leurs

---

1. *Rethaix*, et plus bas *Rethers*, c'est Rethel.

garnisons. Si estoit leur chef Yvon du Puis. Et entretant qu'ilz faisoient leurs courses, vindrent les nouvelles au bastard de Humières, capitaine de Herqueri. Si assambla gens, à tout lesquelz il poursievy moult viguereusement yceulx François. Et en conclusion les assailli par si bon arroy, qu'il les tourna à desconfiture, et en y eut, que mors que prins, environ quarante, et les aultres se saulvèrent par fuite, avec leur capitaine, chascun où ils porent le mieulx. Et de la partie dudit bastard, y furent mors environ dix hommes.

CHAPITRE CLXXIX.

Comment les ambassadeurs du roy Henri d'Angleterre vinrent à Arras pour estre au grand parlement avec le duc de Bourgongne.

En ce temps, vindrent en la ville d'Arras les ambassadeurs du roy Henry d'Angleterre, pour estre au grand parlement avec le conseil du duc de Bourgongne. Si povoient estre environ deux cens chevaulcheurs. Desquelz estoient les principaulx, l'archevesque d'Yorck, le conte de Suffort, l'évesque de Saint-David, messire Jehan Redeclif, garde du scel privé d'ycelui roy, le seigneur de Houguefort, maistre Raoul le Saige, l'official de Cantorbie et aulcuns aultres docteurs en théologie. Si se logèrent dedens ladicte cité lès Arras, et furent joieusement receus et administrés de ce que besoing leur estoit, par les gens du duc de Bourgongne. Et pareillement, vindrent en ces jours pluiseurs notables ambassadeurs de diverses nacions pour les trois parties. Entre lesquelz y vindrent pour ycelui duc de Bourgongne, le duc de Gueldres, le conte de Nassau, l'évesque de Cambray, le conte de Vernembourg, l'évesque de Liège, le conte de Waudémont, le conte de Nevers, le conte de Salmes, le conte de Wart. Et généralment, la plus grand partie de tous les nobles des pays dudit duc, y furent en noble appareil et grand estat. Et depuis y vindrent les contes de Saint-Pol et de Ligney, à belle compaignie.

En après, le xxviii° jour de juillet, vint audit lieu d'Arras le duc de Bourgongne, lequel avoit couchié en sa ville de Lens en Artois. Et alèrent audevant de lui, bien une lieue loing, généralment tous les seigneurs qui estoient là venus pour les dessusdictes ambassades, tant de France comme d'Angleterre et aultres pays, et mesmement y alèrent les gens desdiz cardinaulx dessusnommez. Lesquelz, venans devers ycelui duc, furent de lui moult honorablement receus, chascun à son tour. Si entra ledit duc en la ville d'Arras en moult belle ordonnance. Et avoit devant lui cinquante archiers pour la garde de son corps, tous vestus d'une parure. A l'entrée duquel fut faite moult grand joie de son peuple, en criant haultement Noë! de quarefour à aultre, pour sa venue. Et en cest estat ala faire la révérence au cardinal de Sainte-Croix et puis au cardinal de Cyppre. Et de là, ala logier à son hoste, à la Court le Conte.

CHAPITRE CLXXX.

Comment les ambassadeurs de France vindrent en grand nombre en la ville d'Arras pour estre au parlement dessusdit.

Le diemanche ensievant darrain jour dudit mois de jullet, vindrent audit lieu d'Arras l'ambaxade du roy Charles de France. Lesquelz ambaxadeurs estoient venus de Rains, par Laon, à Saint-Quentin en Vermendois, auquel lieu leur avoit esté faite joieuse récepcion par les gouverneurs et habitans d'ycelle ville. Et là avoit esté envoyé de par le duc de Bourgongne, le conte d'Estampes, acompaignié de pluiseurs chevaliers et escuyers, pour yceulx conduire jusques audit lieu d'Arras. De laquelle ville de Saint-Quentin, par aulcuns briefz jours, chevaulchèrent tous ensamble à Cambray, et de là assés près du bois de Mouflaines, qui est à demie lieue près de la ville d'Arras. Entre lesquelz estoit de par le dessusdiz roy Charles, Charles, duc de Bourbon, le conte de Richemont, connétable de France, lesquelz avoient espousé deux seurs au duc de Bourgongne, le conte de Vendosme, l'archevesque et duc de Rains, chancelier de France, messire Christofle de Harcourt, messire Théolde de Walperghe, le seigneur de La Faiète, mareschal de France, le seigneur de Saint-Pierre, le seigneur du Chastel, messire Jaques du Bois, messire Jehan de Chastillon, bastard de Dampierre, messire Paillart d'Uffle, le seigneur de Raillicq, le seigneur de Roumant, le seigneur de Courcelles, maistre Adam de Cambray premier président, le doyen de Paris nommé maistre Jehan Tudart, le trésorier d'Angou, Le Borgne Blosset, maistre Guillaume Charetier, le seigneur de Cletel, le seigneur de La Motte, maistre Alain le Koux, maistre Jehan de Thaisy et pluiseurs aultres notables hommes, tant nobles comme aulcuns acompaigniés en tout de quatre à cinq cens chevaulcheurs, à compter ceulx qui estoient alez devant pour prendre les hostelz. A l'encontre desquelz yssi le duc de Bourgongne, acompaignié du duc de Gueldres et de tous les aultres princes qui paravant estoient venus, et aussi des chevaliers et escuyers de son hostel et de ses pays, réservé les Anglois, qui n'y furent pas. Si encontra les dessusdiz à ung quart de lieue près de la ville d'Arras. Et là, à l'assamblée d'yceulx princes fut monstré grand signe d'amour les ungs aux aultres, et par espécial le duc de Bourgongne au duc de Bourbon et au conte de Richemont, connestable de France, dessusdiz, ses beaulx frères, et eulx à lui, en monstrant signe d'estre très joieux, et par grand humilité embrassèrent l'un prince l'autre; et d'aultre part, les autres des plus notables de toutes les deux parties, faisant très grande révérence les ungs aux aultres, en monstrant samblant de toutes joies. Et après tout, par belle ordonnance chevauchèrent tout le petit pas jusques à Arras. Et là chevaulchoient de front l'un d'alès l'aultre les trois ducz, est assavoir de Bourgongne, de Bourbon et de Gueldres. Et devant eulx, avoit sept trompettes sonnans très mélodieusement, et grand nombre de rois-d'armes, héraux et poursuivans, vestus des armes des princes là estans, avec lesquelz estoit comme chef, Montjoie, roy-d'armes du roy Charles de France. Et ung petit devant chevaulchèrent le connestable dessusdit, le conte de Vendosme, le conte d'Estampes, le damoisiau de Clèves et aulcuns aultres grans seigneurs. Et derrière les trois ducz dessusnommez, estoient la plus grand partie de leurs chevaliers. Si alèrent tenant ceste ordonnance devant la maison de la ville ou petit marchié. Et y avoit par toutes les rues et sur les maisons, très-grande multitude de gens qui crioient souvent Noë! à haulte voix. Et là se départi le duc de Bourgongne et ceulx qu'il avoit amenés avec lui, pour retourner en son hostel. Si le vouloient convoyer ses deux beaulx frères, mais il les fist retourner, et s'en alèrent vers les cardinaulx. Et de là s'en alèrent en leurs logis, où leur furent fais pluiseurs présens, tant par ceulx de l'église, que par les séculiers.

En après, le troisiesme jour ensuivant vint la duchesse de Bourgongne audit lieu d'Arras. A l'encontre de laquelle alèrent pour ly honnourer, les ambaxadeurs du roy de France et ceulx du roy d'Angleterre, et généralment avec ce, tous les seigneurs là estans en ycelle ville, et les gens des cardinaulx. Si estoit en moult noble et riche estat, et le portoit en dedens en une litière, vestue et aournée moult précieusement de draps et joyaus. Et derrière ly, chevaulchoient sur haquenées six de ses dames et damoiselles, moult noblement habilliés d'une parure[1], leurs robes et chaperons chargiés et couvers d'orfaverie. Et après suivoient trois chars de parement où estoient, premiers la contesse de Namur et aulcunes autres nobles dames et damoiselles de la dessusdicte duchesse, vestues

---

1. *D'une parure*, c'est-à-dire toutes vêtues de même.

aussi de pareilles robes et chaperons que estoient celles sur lesdictes haquenées. Si estoient auprès de la dessusdicte litière, les ducz de Bourbon et de Gueldres, le connestable de France, le conte de Vendosme. Et généralment, toute la seigneurie de ces deux parties, chevaulchèrent devant et derrière. Car les Anglois prinrent congié à elle aux champs, et se retrayrent en la cité lez la dessusdicte ville d'Arras, où ils estoient logiés. Et la dessusdicte duchesse, accompaigniée comme dit est, ala faire revérence aux cardinaulx, et de là s'en retourna en l'hostel du dessusdit duc de Bourgongne, son mari. Lequel duc le reçut moult joieusement, et fist aux deux ducz dessusdiz et aux aultres seigneurs là estans, très joieuse chière en son hostel.

Et d'aultre part venoient en ces mesmes jours au dessusdit lieu d'Arras, aulcuns ambaxadeurs de pluiseurs et diverses places et contrées, tant pour les princes, églises, universités, comme pour les bonnes villes. Et entre les aultres y vindrent, de par la ville de Paris, l'abbé du Mont de Sainte-Katherine de Rouen, maistre Guillaume Breton, maistre Jehan le Moustardier, maistre Thomas de Courcelles, maistre Robert Poitevin et pluiseurs aultres notables gens. Aussi y vindrent les ambaxadeurs des roys de Sézille, d'Espaigne, de Navarre, de Poulane et d'Arse, et les Romains. Et pareillement les communes des bonnes villes de Holande, de Zéelande, de Flandres, de Brabant, de Haynau, de Namur, de Bourgongne et d'aultres pluiseurs parties, qui trop longues seroient à escripre. Lesquelz assés près, chascun selonc son estat, furent logiés assés souffisamment, par les fouriers dudit duc de Bourgongne et aultres à ce commis par lui. Et avec ce furent, durant la convencion, servis habondamment de tous vivres, telz que pour lors on les povoit recouvrer, laquelle dura environ trois mois, en paiant leurs deniers. Et si ne fu quelque nouvelle durant ycelle, qu'il y eust grand effroy en ladicte ville d'Arras, tant par feu de meschief, comme par débas mouvans entre les parties. Et y avoit certains commis de par la ville à visiter de jour et de nuit les besongnes nécessaires à garder que nulles extorcions ne se feissent. En après fut ordonné de par le dessusdit duc de Bourgongne, qu'il y auroit environ cent gentilz hommes et deux cens archiers pour la seureté de sa personne, armés et enbastonnés, avec aulcuns seigneurs de son hostel, telz comme le seigneur de Croy, messire Jehan de Hornes, le chancelier, le seigneur de Crievecuer, le seigneur de Charni, Jehan de Brimeu et aulcuns aultres, lesquelz fussent prestz, sa aulcun besoing avenist, à résister, avec les gentilz hommes et cinquante archiers, qui estoient commis pour la seureté de la personne dudit duc.

CHAPITRE CLXXXI.

Comment messire Jehan de Merle, chevalier d'Espaigne, et le seigneur de Chargni, firent armes l'un contre l'autre.

Le jeudi, xie jour d'aoust de cest an, furent faictes armes en ycelle ville d'Arras, en la présence du duc de Bourgongne, juge en ceste partie. Avec lequel estoient dedens son eschafault, sur le grand marchié, les ducz de Bourbon et de Gueldres, le conte de Richemont, connestable, le conte de Vendosme, d'Estampes, et pluiseurs aultres grans seigneurs. Si furent lesdictes armes entreprinses, de messire Jehan de Merle, chevalier banneret très renommé, natif du royaume d'Espaigne, apellant, sans querelle diffamatoire, pour acquérir honneur, contre Pierre de Baufremont, chevalier, seigneur de Chargni, aussi banneret et natif de Bourgongne, portant l'ordre dudit ... Et estoient seulement pour rompre trois lances l'un sur l'autre. Et après ceste requeste accordée par ledit seigneur de Chargni, ledit seigneur de Chargni avoit requis audit chevalier d'Espaigne, à combatre à pied, de haches, d'espées et de dagues, si longuement que l'un des deux perdesist ses bastons ou meyst main au genou ou à terre, sauf en tout la voulenté du juge. Lesquelles requestes des deux chevaliers dessusdiz, longtemps par avant estoient accordées l'un à l'autre, comme dit est. Et pour tant, à ce mesmes jeudi, entre ix et x heures du matin, vint l'espaignol au champ, acompaignié de quatre chevaliers que le duc de Bourgongne lui avoit baillié pour lui honnourer, est assavoir le seigneur de Lor, gouverneur de Rethelois, le seigneur de Ligne, le seigneur de Saveuses, et le seigneur de Sainzelles, avec quatre ou cinq de ses gens. Desquelz, l'un portoit au bout d'une lance une petite bannière armoiée de ses armes, et les chevaliers dessusdiz portoient ses lances. Et ainsi, sans faire grand beubant, ala faire la révérence au duc de Bourgongne, et puis se retraist de ses lices par où il estoit entré, au senestre costé dudit duc. Et assés longue espace actendi son adversaire. Lequel vient, grandement acompaignié des contes d'Estampes, de Saint-Pol et de Ligney, avec eulx le conte de Suffort, anglois, qui portoient ses lances, et derrière lui estoient quatre coursiers moult richement couverts de ses devises, et les paiges chargiés d'orfaverie. Et ainsy comme avoit fait l'espaignol, ala faire la révérence au dessusdit duc de Bourgongne, et puis se retraist à son costé, au droit lez. Finablement, après ce qu'ilz furent tous deux prestz, coururent pluiseurs cops de fer de lance l'un contre l'autre, sans eulx entre attaindre. Et adonc, ledit espaignol monta sur ung coursier que lui presta le duc de Bourbon, pour ce que le sien fuioit la lance. Et assés brief après rompirent leurs lances l'un sur l'autre très puissamment. Et depuis continuèrent tant, que les trois cops de lances qu'ilz avoient entreprins à faire furent forcés sans ce que nulz des deux fussent bléciés. Toutefois l'armet de l'espaignol fut ung petit cassé. Si se partirent par la licence du duc, et retournèrent en leurs hostelz, chascun par où il estoit entré, acompaignié comme dit est. Et avoit, ledit espaignol, sur son harnas, une heucque de drap vermeil, laquelle avoit une croix blanche, telle ou pareille que portent les François, de laquelle aulcuns seigneurs de la partie de Bourgongne n'estoit point bien contens, pour ce qu'il leur sembloit qu'il se monstroit parcial d'ycelle partie des François. Mais depuis, quand il en fut adverti, s'en excusa, disant que pour la confédéracion que avoient de long temps l'un avec l'autre les royaumes de France et d'Espaigne, ilz ne povoient porter en ycelui aultre ensaigne que celle de France.

Et landemain qui fut le vendredi, entre VIII et IX heures du matin, vint le duc de Bourgongne en son

eschafault, grandement acompaignié de sa chevalerie.
Avec lequel entrèrent ens, les princes qui le jour devant y avoient esté. Et brief ensuivant vint le seigneur de Chargni, appellant, acompaignié des seigneurs qui le jour devant avoient servi, lesquelz portoient les bastons de quoy ilz devoient combatre. Et séoit sur ung cheval couvert de ses armes, et derrière lui estoient les quatre paiges dessusdiz sur quatre coursiers houciés de sa devise, avec la plus grande partie des chevaliers et escuyers de l'ostel dudit duc et aulcuns aultres nobles hommes, à tous lesquelz il entra dedans les lices. Si s'en ala descendre droit à son pavillon. Et tantost s'en ala, tout à pied, faire la révérence au dessusdit duc, et puis se retraist en sa chayère, où il fut bien l'espace d'une heure avant que son adversaire venist. Lequel vint, acompaignié comme il avoit esté le jour devant, tout à pied, depuis son hostel jusques à l'entrée des lices. Et portoient les chevaliers que le duc lui avoit baillié, ses bastons, de quoy il debvoit combatre. Et derrière lui estoient ses gens, dont l'un d'eulx portoit la petite banière au bout d'une lance ferrée. Et quand il fut venu aux lices, il ala faire la révérence au duc de Bourgongne dessusdit, et de là se retraist en son pavillon. Et jà soit-il que par les dessusdiz chevaliers qui l'acompagnoient fust par pluiseurs fois admonesté en lui donnant conseil à leur povoir, toute fois ne leur volt descouvrir son secret, ne uzer de leur conseil. Ains leur disoit qu'ilz ne fussent point en soing de lui, et que au plaisir de Dieu il feroit bien son debvoir. Et après, le roy-d'armes, nommé Thoison-d'Or, cria en trois lieux sur les lices, que tout homme qui n'estoit commis à la garde

d'ycelles, vuidast sans délay, et que nul ne baillast empeschement aux champions, sur la hart, de par le duc de Bourgongne. Si estoient dedens, huit gentilz hommes armés, pour prendre et lever les deux champions dessusdiz quand ilz en auroient le commandement. Après lequel cry, yssi de son pavillon ledit seigneur de Chargni, à tout ses deux bastons, et tenoit sa hache de la droite main, le fer vers son adversaire. Et ainsy marcha ung petit avant. Et adonc yssi l'espaignol, embastonné comme dit est. Et avoit sur son bacinet jetté un cuevrechief qui couvroit sa visière, laquelle estoit demie levée. Et quand il fut yssu, ung de ses gens osta ledit cuevrechief. Si commencèrent viguereusement à marcher l'un contre l'autre, leurs lances palmant. Et tousjours avoit, ledit espaignol, et eut durant ceste besongne, la arsière levée. Et lors, à l'approcher, le seigneur de Chargni jetta premier sa lance et n'atendit point son homme. Mais ycelui espaignol l'aprocha en lui jettant la sienne. Sy le féry ou bracelet devers le keute[1], duquel cop il fut percié et ung petit navré ou bras, tant que la lance se tint dedans ycelui bracelet. Mais ledit seigneur de Chargni l'escoust tantost sur le sablon, et lors les deux champions approuchèrent vigueureusement l'un près de l'autre. Si commencèrent à combatre de leurs lances gentement. Si avoit ycelui seigneur de Chargni grand desplaisance de ce que son adversaire ne fermoit point sa visière. Durant lequel temps, le duc de Bourgongne ordonna qu'on les fesist cesser, et commanda à ceulx qui gardoient le champ qu'ilz les prenissent. Laquelle

---

1. Le coude.

chose ils firent, et furent amenés devant le duc. Si estoient tous deux moult troublés, au semblant qu'ils monstroient, de ce qu'on les avoit si tost pris sus. Et par espécial, l'espaignol venu devant ledit duc, répéta par deux fois qu'il n'estoit pas content pour si peu de chose faire, entendu que à grans despens et à grand travail de son corps il estoit venu de loingtain pays par mer et par terre pour acquérir honneur. A quoy lui fut respondu que bien et honnourablement il avoit fait son debvoir et acompli ses armes. Après lesquelles parolles, furent ramenés à leurs hostelz, et yssèrent des lices chascun par son costé, aussi tost l'un que l'autre. Toutefois ledit chevalier d'Espaigne fut là noté de pluiseurs nobles hommes là estans, de avoir entreprins une grand hardiesce et habilité de combatre par ceste manière sa visière levée, pour ce que le pareil cas avoit peu esté veu. Et après ceste besogne, le diemanche et aultres jours ensuivans, ycelui duc de Bourgongne fist grand honneur et révérence en son hostel au dessusdit chevalier d'Espaigne, et lui donna grand dons pour payer plainement ses despens. Et briefz jours ensuivans print congié audit duc et aux siens. Si se parti d'Arras pour retourner en son pays.

CHAPITRE CLXXXII.

Comment les François et les Bourguignons estant dans la ville d'Arras estoient cordialement ensamble l'un avec l'autre.

Le lundi, qui fut le jour Nostre-Dame mi aoust, les ducz de Bourgongne, de Bourbon et de Gueldres, les contes d'Estampes, de Richemont, de Vendosme, de

Saint-Pol, de Ligney, de Meurs, et de Nasau, avec la plus grand partie des chevaliers et escuyers des deux parties, alèrent tous à cheval, en grand concorde, à l'ostel d'ycelui duc de Bourgongne oyr la messe à Nostre-Dame en la cité, vestus et aournés de moult riches vestements. Dont le povre peuple là estant en grand multitude, avoit grand léesce, espérans brief avoir consolacion de paix, que tant et si longuement avoit attendu. Après laquelle messe retournèrent en l'ostel du duc de Bourgongne, et là disnèrent, la plus grand partie. Si furent moult richement servis de plusieurs et divers mès. Pour lesquelz convives et assamblées ainsi faites par ycelles parties, les ambaxadeurs d'Angleterre n'estoient point bien contens, pour ce que desjà le duc de Bourgongne et ceulx de son parti avoient si grande communicacion avec yceulx François, leurs ennemis. Et avoient souspeçon et doubte que entre eulx parties, de France et de Bourgongne, ne se machinast aucun traictié qui fust aulcunement à leur préjudice.

CHAPITRE CLXXXIII.

Comment le cardinal de Wincestre vint à Arras pour estre à la convencion qui là estoit assamblée.

Le xxixe jour d'aoust ensuivant, vint le cardinal de Wincestre en la ville d'Arras, pour estre au parlement là estant. Et estoient en sa compagnie le conte de Hontiton et aultres nottables chevaliers et escuyers d'Angleterre, jusques au nombre de trois cens chevaulcheurs. A l'encontre duquel alèrent les ducz de

Bourgongne et de Gueldres, les contes de Saint-Pol, de Ligney et de Meurs, et la plus grand partie des nobles hommes estans avec ledit duc de Bourgongne. Si fut faite par le cardinal et duc dessusdit, grand honneur et récepcion l'un à l'autre, et pareillement des aultres seigneurs. Si retournèrent tous ensamble avec ycelui cardinal jusques au près de la porte d'Arras, où ils prinrent congié l'un à l'autre. Si s'en ala ledit cardinal logier en l'ostel de l'évesque, et ses gens.

Si venoient chascun jour ambaxadeurs envoyés de diverses nacions. Et avoit esté ordonné le lieu où la convencion se debvoit tenir en l'abbéye de Saint-Vas d'Arras, où il y avoit sales, chambres et notables édifices moult propices pour toutes les parties. Si assamblèrent au lieu dessusdit les trois parties, en la présence des deux cardinaulx premiers venus. Lesquelx, et par espécial le cardinal de Sainte-Croix, remoustrèrent moult autentiquement à ycelles trois parties les grans maulx et inconvéniens qui estoient advenus par toute chrestienté à l'occasion des guerres qu'ilz avoient si longuement maintenues, eulx admonestant moult doulcement et saigement que, pour l'amour de Dieu principalment, ils volsissent entendre au bien de paix en tant qu'ils estoient ensamble, et que chascun d'eulx feist requestes si courtoises et si raisonnables que ilz se peussent concorder les ungs avec les aultres. Après lesquelles remoustrances, se assamblèrent au lieu de ladicte convencion par pluiseurs journées. Et furent par lesdictes parties mis avant pluiseurs traictiés, lesquelx estoient moult contraires et difficiles les ungs aux aultres. Entre lesquelx requirent ceulx de la partie du roy Charles, que le roy Henri d'Angleterre se volsist déporter et désister de soy nommer roy de France, moyennant que par certaines condicions lui seroient accordées les seigneuries de Guienne et de Normendie. Laquelle chose lesdiz Anglois ne volrent point accorder.

CHAPITRE CLXXXIV.

Comment durant le temps du parlement d'Arras La Hire et Pothon vinrent courir et fourer le pays du duc de Bourgongne.

Le xxve jour dudit mois d'aoust, le parlement estant à Arras, comme dit est, Lahire et Pothon de Saincte-Treille, à tout six cens combatans, dont il y avoit six vingts lances ou environ, qu'ilz avoient assamblées des frontières vers Beauvais, chevaulchèrent toute nuit jusques à la rivière de Somme, qu'ilz passèrent à Capy, et de là se tirèrent vers Dourlens et Beauquesne, pour fourer le pays. Si se partirent en pluiseurs lieux et assamblèrent grand nombre de paysans, chevaulx, vaches et brebis, à tout lesquelx se retrairent vers le passaige de l'eaue par où ils estoient venus. Durant lequel temps, les nouvelles furent portées à Arras devers le duc de Bourgongne par le seigneur de Saveuses. Lequel duc de Bourgongne en fut grandement troublé, véant que, par telles manières tenir, les besongnes que on traictoit audit lieu d'Arras se pourroient atarder. Et adfin de y pourvéoir, fist sans délay monter à cheval les contes d'Estampes, de Saint-Pol et de Ligney, avec eulx la plus grand partie des chevaliers et escuiers qui là estoient et ceulx de son hostel, pour combatre et rebouter iceulx François. Avec les-

quelx alèrent aulcuns seigneurs d'Angleterre, à tout
trois cens combatans ou environ. Et povoient estre en
tout, de douze à seize cens, mais la plus grand partie
estoit sans harnas. Si chevaulchèrent hastivement
tous ensamble jusques vers Mailly et Acheu. Et avoit
paravant envoyé ledit seigneur de Saveuses et aultres
coureurs, pour enquerre nouvelles de leurs ennemis.
Lesquelx coureurs sceurent pour vray qu'ilz retournoient à tout grans proies vers le passaige de l'eaue.
Si le firent sçavoir aux seigneurs dessusdiz. Lesquelx
se hastèrent pour les ataindre, et firent si bonne diligence qu'ilz les trouvèrent auprès de Corbie, à une
ville nommée Bonnay, sur l'eaue de Helly. Et lors, les
François, d'ycelle poursuite advertis, ordonnèrent aulcuns de leurs gens à garder le passaige de ladicte rivière. Si se alèrent mectre en bataille sur une haulte
montaigne entre Corbie et Helly. Et entretant, messire
Jehan de Croy fut envoyé devant, avec lui certain
nombre de gens, pour gagnier ledit passage. Lequel
fut assés briefment conquis. Et y eut mors, de dix à
douze d'yceulx François, et les autres se retrayrent
avec leurs gens sur ladicte montaigne. Et adonc,
ceulx de la partie de Bourgongne et les Anglois, passèrent l'eaue et se mirent en bataille au-dessoubz de
la montaigne dessusdicte contre leurs ennemis. Et y
furent bien demi heure. Toutefois ilz n'eurent point
conseil de les aler combatre, car ilz estoient trop petitement atournés de harnois. Et d'aultre part, le duc
de Bourgongne et le conte de Richemont, connestable,
qui estoient audit lieu d'Arras, avoient envoyé aulcuns de leurs gens devers les dessusdiz François pour
les faire retraire, et rendre ce qu'ilz avoient prins.

Finablement, après ce que les deux parties eurent esté grand espace en bataille l'un contre l'aultre, ilz s'en retournèrent chascun dont ilz estoient venus. Et rendirent lesdiz François grand partie des prisonniers qu'ilz avoient prins, par le moyen et pourchas de ceulx que les ambassadeurs dessusdiz avoient envoyés, et aussi le bestail qu'ilz avoient accueillie. Mais ce fut moult envis. Si perdirent de leurs gens, environ vingt hommes, tant mors que prins.

CHAPITRE CLXXXV.

Comment les rois d'Arragon et de Navarre furent prins et desconfis devant Gaiette par l'armée du duc de Milan.

Le vi° jour d'aoust de cest an, furent prins devant Gaiette, ou royaume de Naples, les roys d'Arragon et de Navarre, le Grand maistre de Saint-Jaque, leur frère le duc de Cesse, et son filz le conte de Fondes, le prince de Tarente, le filz messire Christofle Garganey, Mercuriun de Laigle, le viseroy de Sézille, et bien quatre cens chevaliers et escuyers qui avoient avec eulx bien trois mille soldoyers, qui tous furent desconfis. Et tenoient le siège devant la dessusdicte ville de Gaiette par mer et par terre pour ycelle conquerre, à la desplaisance de Phelippe Maria, duc de Milan. Pour tant, ycelui duc fist préparer son armée en la ville de Gènes pour souscourir et mener vivres à ladicte ville de Gaiette. Si fut principal conducteur d'ycelle armée dudit duc de Milan, l'amiral de la cité de Gènes. Lequel, ayant entencion d'entrer en ycelle ville ainsy asségié par mer, si s'approucha d'ycelle tant que les asségans alèrent pour le combatre et subjuguer. Toutes fois, non obstant que l'admiral dessusdit ne fust point en si grand nombre comme les Napolitains et les Arragonois ses ennemis, la fortune fut pour luy. Et desconfit pour ce jour tous ceulx qui estoient audit lieu tenans le siège par mer et par terre. Mais non obstant que les dessusdiz roys d'Arragon et de Navarre, avec les aultres seigneurs dessusnommez, eussent estés prins devant le port de Gaiette, comme dit est, si furent-ils menés à Gènes, qui lors se tenoit en l'obéissance du duc de Milan. Mais brief ensuivant, par certains moyens et promesses qu'il fist aux Génevois, lui furent yceulx seigneurs délivrés et mis en sa main, moyennant qu'il leur promist de non les délivrer, sinon du sceu et consentement desdiz Genevois. Laquelle promesse il n'entretint point. Car tantost après qu'ilz furent amenés devant lui, et qu'il les eust grandement festoyé et conjoys en sa ville de Milan, il les mist à plaine délivrance, sans paier finance, ne retenir d'eux aulcune chose, ne promesse. Et mesmement leur donna de grans et précieux dons. Dont, quand ce fust venu à la congnoissance desdiz Génevois, ilz en furent très mal contens, et non sans cause, car ils estoient leurs ennemis capitaulx. Pour quoy ils se départirent du tout de l'aliance et obéissance dudit duc de Milan.

CHAPITRE CLXXXVI.

Comment le cardinal de Wincestre et toute l'ambassade des Anglois se despartirent de la ville d'Arras, et comment aultres ambassadeurs de pluiseurs lieux vinrent en ladicte ville.

Le vi° jour de septembre, le cardinal de Wincestre se parti de la convencion d'Arras, et avec lui toute l'ambassade de la partie d'Angleterre, sans ce qu'ilz eussent aulcune concorde avec les François, non obstant qu'ilz eussent par pluiseurs jours esté ensamble et que à ycelles journées pluiseurs traictiés eussent esté mis avant, comme dit est, qui point n'avoient esté mis à effect. Jà soit que le duc de Bourgongne et ceulx de son conseil eussent fais pluiseurs diligences pour appaisier ycelles deux parties de France et d'Angleterre. Nientmains yceulx Anglois s'en retournèrent à Calais et de là en Angleterre. Et se doubtoient bien de ce qui advint assés tost ensuivant, c'est assavoir que le roy Charles et le duc de Bourgongne ne se concordassent l'un avec l'autre. Car ils perceurent bien dès devant leur département, que ycelles deux parties avoient l'un avec l'autre très grand amour et repairoient ensamble comme se dès lors eussent esté en concordiale union. Dont ilz n'estoient point bien contens.

Item, encore vindrent audit parlement d'Arras pluiseurs ambassadeurs de pluiseurs royaulmes et nacions, tant ecclésiastiques comme séculières. Est assavoir, de par les roys de Navarre, de Dache, d'Espaigne, de Cyppre, de Portingal, le connestable du roy de Poulane, de par le duc de Milan, de par le roi de Sezille, de par le roy de Norwègue, de par le duc de Bretagne. Si y vindrent aussi l'archevesque d'Ausc, l'archevesque Dasque, l'évesque de Albigne, l'évesque de Usses, l'évesque d'Aussenne, l'évesque d'Albanie, l'évesque de Vinsenne, l'abbé de Verselay, l'archidiacre de Mès en Lohoraine, procureur du saint concile de Basle, l'archidiacre de Poulaine et moult d'autres gens de grand auctorité.

CHAPITRE CLXXXVII.

Comment la paix fut faicte et confermée entre le roy Charles de France et le duc de Bourgongne, en la ville d'Arras.

Item, après ce que les ambassadeurs du roy Henri d'Angleterre se furent partis de la ville d'Arras, comme dessus est dict, et qu'ilz furent retournés en Angleterre sans prendre conclusion de paix avec les François, les deux aultres parties qui estoient demourées au dessusdit lieu d'Arras, c'est assavoir de France et de Bourgongne, se rassamblèrent l'un avec l'autre au parlement ou lieu acoustumé, par aulcun peu de jours. Et là eurent ensamble grand délibéracion et advis sur pluiseurs besongnes. Et aussi par l'exortacion des deux cardinaux de Sainte-Croix et de Cypre, de pluiseurs prélatz et aultres notables hommes de conseil là estans de chacune partie, conclurent à faire paix finalle entre le roy Charles d'une part, et le duc de Bourgongne d'aultre. De laquelle la teneur s'ensuit :

TRAITÉ D'ARRAS.

« Phelippe, par la grâce de Dieu, duc de Bourgongne, de Lotriche, de Brabant et de Lembourg, conte de Flandres, d'Artois et de Bourgongne palatin, de Haynau, de Hollande, de Zéelande et de Namur, marquis du Saint-Empire, seigneur de Frise, de Salins et de Malines. Sçavoir faisons à tous présens et advenir. Que comme, pour parvenir à paix généralle en ce royaume, ayent esté tenues pluiseurs convencions et assamblées, et mesmement en nostre ville et cité d'Auçoirre et en la ville de Corbueil, et derrenièrement ait esté accordé de tenir en ceste nostre ville d'Arras certaine journée et convencion sur le faict de ladicte paix généralle, à laquelle mon très-redoubté seigneur, le roy Charles, ait envoyés, et y sont venus, nos très chiers et très amés frères et cousins, duc de Bourbon et d'Auvergne, le conte de Richemont, connestable de France, le conte de Vendosme, grand maistre d'ostel, et très révérend père en Dieu, l'archevesque et duc de Rains, grand chancelier de France, Christofle de Harcourt, Guillebert, seigneur de Lafaiette, mareschal de France, maistre Adam de Cambray, premier président en parlement, et maistre Jehan Tudart, doyen de Paris, conseiller et maistre des requestes de l'ostel du roy, Guillaume Charetier, Estienne Moreau, aussy les conseillers, Jehan Castaignier et Robert Marlière, secrétaires de mondit seigneur le roy, et tous ses secrétaires. Et de la part mon très chier sire et cousin le roy d'Angleterre y sont venus, très réverend père en Dieu le cardinal de Wincestre, l'archevesque d'Yorch, noz amés cousins le contes de Hontiton et de Suffort, noz révérends pères en Dieu les évesques de Norwich, de Saint-David et de Lisieux, et pluiseurs aultres gens d'église et ambassadeurs de mon très chier frère et cousin le roy d'Angleterre. Et aussy y sommes venus et comparus en nostre personne, accompaignié de pluiseurs de nostre sang et aultres noz féaulx et subgects en grand nombre. A laquelle journée et convencion, de par nostre saint père le pape, ait esté envoyé très révérend père en Dieu, nostre très chier et très espécial amy le cardinal de Sainte-Croix, à tout bon et souffisant povoir de nostredit saint père. Et de par le saint concille de Basle, samblablement ayent estés envoyés et soient venus, très révérend père en Dieu, nostre très chier et très amé cousin, le cardinal de Cyppre, très révérends pères en Dieu, les évesque de Véronne, d'Albine, Nicolas, prévost de Calcoine, Hugue, archidiacre de Mès en Lohoraine, ambassadeurs d'ycellui concille et ayans povoirs sur ce souffisamment dudit concille. Par devant lesquelz cardinaulx, légaulx et ambassadeurs de nostre saint père et du saint concille, sont venus et comparus lesdiz ambassadeurs de France d'une part, et ceulx d'Angleterre d'aultre, et nous aussy en nostre personne, toutes foiz qu'il a esté besoing. Et par yceulx ambassadeurs ayent esté faictes pluiseurs ouvertures et oblacions, d'un costé et d'aultre. Et combien que finablement, de la part de mons' le Roy, par sesdiz ambassadeurs ayent esté faites aux gens et aux ambassadeurs d'Angleterre grandes et notables offres adfin de parvenir à ladicte paix généralle, lesquelz, comme il samble auxdiz cardinaulx et aultres légaulx et ambassadeurs de nostredit saint père et du concille, estre justes et raisonnables, et ne les povoient ou debvoient raisonnablement refuser lesdiz ambassadeurs d'Angleterre, et que lesdiz cardinaulx de Sainte-Croix, de Cyppre, et aultres ambassadeurs du saint concille, eussent pryé et requis à yceulx ambassadeurs de les accepter, en leur disant et remoustrant que aultrement, et ou cas qu'ilz ne vouldroient entendre à l'effect de ladicte paix géneralle, ilz avoient charge et commandement de nostre saint père le pape et du concille, de nous exorter, requérir et sommer de entendre avec mondit seigneur le Roy à paix particulière et réunion avec lui, en tant que touchier nous povoit. Toutefois, lesdiz ambassadeurs d'Angleterre, n'ont voulu accepter lesdictes offres à eulx faites. Mais se sont départis de nostre ville d'Arras, sans aulcune conclusion, et sans vouloir prendre, ne accepter jour certain ne compétent, de retourner. Pour quoy, après leur partement, par lesdiz cardinaulx, légaulx et ambassadeurs de nostredit saint père et du concille, ayons estés exortés, requis et sommés à vouloir entendre par effect à ladicte paix particulière et réunion avec mondit seigneur le Roy, moyennant que pour le cas de la mort de feu nostre très chier seigneur et père, cui Dieu pardoinst, et pour nostre intérest en ceste partie, nous seroit par mondit seigneur le Roy et par ses ambassadeurs dessusnommés, ad ce souffisamment fondés pour lui et en son nom, faites offres raisonnables, ad fin de satisfaction, récompensacion et aultrement, que nous en debverions estre content. Lesquelles offres, faites par lesdiz ambassadeurs de mondit seigneur le Roy, ayent esté baillées par escript en ung role de papier auxdiz cardinaulx et ambassadeurs de nostre saint père et du concille, et par yceulx à nous présenté. Duquel rolle la teneur s'ensuit.

« Ce sont les offres que nous Charles, duc de Bourbonnois et d'Auvergne, Artus, conte de Richemont, connestable de France, Loys de Bourbon, conte de Vendosme, Renauld de Chartres, archevesque et duc de Rains, grand chancelier de France, Guillebert, seigneur de Lafayette, mareschal de France, Adam de Cambray, président en parlement, et Jehan Tudart, doyen de Paris, conseiller et maistre des requestes de l'ostel, Guillaume Charretier et Estievène Moreau, conseillers, Jehan de Castaignier et Robert Marlière, secrétaires, et tous ambassadeurs de Charles, roy de France, nostre souverain seigneur, estans présentement en la ville d'Arras, faisons, pour et ou nom dudit Roy, à monseigneur le duc de Bourgongne et de Brabant, pour son intérest et querelle qu'il a et puet avoir à l'encontre du Roy, tant à cause de la mort de feu monseigneur le duc Jehan de Bourgongne, son père, comme aultrement, adfin de parvenir à traictié de paix et concorde.

Premièrement. Que le Roy dira, ou par ses gens notables souffisamment fondés fera dire, à mondit seigneur le duc de Bourgongne, que la mort de feu monseigneur le duc Jehan son père, que Dieux absoille, fut iniquement et malvaisement faite par ceulx qui perpétrèrent ledit cas et par malvais conseil, et lui en a tousjours despleu et à présent desplait de tout son cueur, et que se il eust sceu ledit cas, et en tel eage qu'il a de présent, il y eust obvié à son povoir. Mais il estoit bien josne et avoit lors petite congnoissance, et ne fut point si advisé que de y pourveoir. Et priera à mondit seigneur de Bourgongne que toute hayne et rancune qu'il puet avoir à l'encontre de luy à cause de ce, il oste de son cueur et que entre eulx ait bonne paix et amour. Et se fera de ce, expresse mencion ès lettres qui seront faites de l'accord et traictié d'eulx.

Item. Que tous ceulx qui perpétrèrent ledit malvais cas ou furent consentans, le Roy les habandonnera, et fera toutes diligences à lui possibles de les faire prendre et appréhender quelque part où ils pourront estre trouvés, pour estre punis en corps et en biens. Et se appréhendés ilz ne pueent estre, il les bannira et fera bannir à tous jours et sans rapel, hors du royaulme et du Daulphiné, avec confiscacion de tous leurs biens. Et seront hors de tous traictiés.

Item. Ne soufferra le Roy, aulcun d'eulx estre recepté ou favourisé en aulcun lieu de son obéissance et puissance, et fera crier et publier par tous les lieux desdiz royaulme et Daulphiné acoustumés à faire cris et publicacions, que aulcun ne les recepte ou favourise, sur paine de confiscacions de corps et de biens.

Item. Et que mondit seigneur de Bourgongne, le plus tost qu'il pourra bonnement après ledit accord passé, nommera ceulx dont il est ou sera lors informé, qui perpétrèrent ledit malvais cas ou en furent consentans, adfin que incontinent et diligamment soit procédé contre eulx de la part du Roy, comme dit est. Et en oultre, pour ce que mondit seigneur de Bourgongne n'a encore peu avoir congnoissance vraie de ceulx qui perpétrèrent ledit malvais cas ou en furent consentans, toutes les fois que ci après en sera informé deuement d'aulcuns autres, il les pourra nommer et signifier par ses lettres patentes, ou aultrement souffissamment, au Roy, lequel, en ce cas, sera tenu de faire procéder tantost et diligamment à l'encontre d'eulx, par la manière dessusdicte.

Item. Que pour l'âme de feu monseigneur le duc Jehan de Bourgongne, de feu messire Archenbault de Foix, conte de Noailles, qui fu mort avec lui, et de tous aultres trespassés à cause des divisions et guerres de ce royaume, seront faites les fondacions et édifices qui s'ensuivent : C'est assavoir, en l'église de Moustreau, en laquelle fut premièrement enterré le corps dudit feu monseigneur le duc Jehan, sera fondée une chapelle et chapellenie perpétuelle d'une messe basse de Requiem chascun jour perpétuelment, laquelle sera rentée et douée convenablement de rentes amorties jusques à LX livres par an, et aussi garnie de calice et aournemens d'église, bien et souffisamment, et tout aux despens du Roy. Et laquelle chapelle sera à la collacion de mondit seigneur de Bourgongne et des ducs de Bourgongne ses successeurs, à tousjours.

Item. Qu'en la dicte ville de Moustreau, ou au plus près d'ycelle que faire se pourra bonnement, sera fait, construit et institué par ledit Roy et à ses frais et despens, une église, couvent et monastère de Chartreux, c'est assavoir pour un prieur et douze religieux, avec les cloistres, sales et réfrotours[1], granges et aultres édifices qui y seront nécessaires et convenables. Et lesquelz Chartreux, c'est assavoir le prieur et douze religieux, seront fondés par le Roy, de bonnes rentes et revenues annuelles et perpétuelles et bien amorties souffisamment et convenablement, tant pour le vivre desdiz religieux et entretenement du divin service,

---

1. *Lis.* réfectoires.

comme pour les soustenemens desdiz édefices, dudit monastère et aultrement, et jusques à la somme de huit cens livres parisis par an, à l'ordonnance et par l'advis de très révérend père en Dieu, monseigneur le cardinal de Sainte-Croix, ou de celuy ou ceulx qu'il vouldra ad ce commettre.

Item. Que sur le pont de Moustreau, ou lieu où fut commis ledit malvais cas, sera faite et édifiée et bien entaillié et bien entretenue à tous jours aux dépens du Roy, une belle croix, de telle façon et ainsi qu'il sera devisé par ledit monseigneur de Sainte-Croix ou ses commis.

Item. Qu'en l'église des Chartreux lez Digon, en laquelle gist et repose à présent le corps dudit monseigneur le duc Jehan, sera fondée par le Roy et à ses despens, une haulte messe de Requiem, qui se dira chascun jour perpétuelment au grand autel de ladicte église à tel heure qu'il sera devisé. Et laquelle fondacion sera douée et assignée de bonnes rentes amorties, jusques à la somme de cent livres parisis par an, et aussi garnie de calice et aournemens comme dessus.

Item. Que lesdictes fondacions et édifices seront commenciés à faire le plus tost que faire se poura. En espécial commencera on à dire et célébrer lesdictes messes incontinent après ledit accord passé. Et au regard des édifices qui se doibvent faire en ladicte ville de [Monstreau] ou au plus près d'ycelle, on y commencera à ouvrer dedens trois mois après que ladicte ville sera réduicte en l'obéyssance du Roy, et y continuera on diligamment et sans intercupacion, tellement que yceulx édifices seront tous parfais et assouvis dedens cinq ans ensuivans. Et quand aux dictes fondacions, on y besongnera sans délay le plus tost que se faire se pora. Et pour ces causes, tantost après ledit accord passé, sera faite et assignée la haulte messe aux Chartreux de Digon dont dessus est faicte mencion, avec ce qui en dépend, c'est assavoir de livre, calice, et aultres choses ad ce nécessaires. Et aussy y sera dicte et célébrée aux despens du Roy la basse messe cotidienne qui doibt estre fondée en l'église de Monstreau si tost qu'elle sera réduicte en l'obéissance du Roy. Et au sourplus, touchant les édifices et fondacions qui se doibvent faire en la ville dudit Moustreau et auprès d'ycelle de la part du Roy, sera mise dedens lesdiz trois mois après que ycelle ville sera réduicte en l'obéissance du Roy, ès mains d'ycelui ou de ceulx que y vouldra commettre monseigneur le cardinal de Sainte-Croix, certaine somme d'argent souffisant pour commencier à faire lesdiz édifices et acheter les calices, livres, aournemens et aultres choses à ce nécessaires et convenables. Et d'aultre part seront aussi lors advisées, assises et délivrées les rentes dessus déclarées, montans pour ledit lieu de Monstreau huit cens et soixante livres parisis de rente par an, bien revenans et seurement amorties, et assises au plus près que bonnement faire se pourra dudit lieu de Moustreau, sans y comprendre les cent livres parisis de rente qui doibvent estre assises pour la fondacion de ladicte haulte messe des Chartreux à Digon.

Item. Que pour, et en compensacion des joyaulx et aultres biens meubles que avoit feu mondit seigneur le duc Jehan ou temps de son décès, qui furent prins et perdus, et pour en avoir et acheter des aultres et en lieu d'yceulx, le Roy paiera et fera baillier réallement et de fait à mondit seigneur le duc de Bourgongne, la somme de cinquante mille escus d'or viez, du poix de LXIIII ou marc de Troies, huit onces pour le marc et à vingt quatre karas d'aloy, ou aultres, or coursable, de la valeur, aux termes qui s'ensuivent : C'est assavoir, quinze mille ou terme de pasques prouchain venant en ung an, qui commencera l'an mil IIIIe XXXVII, et quinze mille aux pasques ensuivans, qui sera l'an mil IIIIe XXXVIII. Et les vingt mille qui resteront, aux pasques ensuivans, qui sera l'an mil IIIIe XXXIX. Et avec ce sera sauve et réservé à mondit seigneur le duc de Bourgongne son action et poursuite au regard du biau collier de feu mondit seigneur son père, à l'encontre de tous ceulx qui l'ont eu et le ont, pour le avoir et recouvrer, pour ledit colier et joyaulz avoir à son prouffit, en oultre et par dessus lesdiz cinquante mille escus.

Item. Et que de la part du Roy à mondit seigneur de Bourgongne, pour partie de son intérest, seront délaissiés et avec ce bailliés et transportés de nouvel, pour lui et ses hoirs procréés de son corps et les hoirs de ses hoirs en descendant tousjours de droite lignié, soit mâles ou femelles, les terres et seigneuries qui s'ensuivent : C'est assavoir la cité et contée de Mascon et Saint-Jangon et ès mettes d'yceulx. Et avec ce ensamble toutes les villes, villages, terres, censes, rentes et revenues quelconques qui sont et appartiennent et doibvent compéter et appartenir en demaine au Roy et à la couronne de France, et par tous les villages royaux de Mascon et de Saint-Jangon et ès mettes d'yceulx, avec toutes les appertenances d'ycelle contée de Mascon et aultres seigneuries que tient et doibt tenir le Roy en demaine et de demaine ancien, en et par tout lesdiz villages de Mascon et de Saint-Jangon, tant en fief, arrière fief, confiscacions, patronnages d'églises, collacions de bénéfices, comme en aultres drois et prouffis quelconques, sans y riens retenir de la part du Roy de ce qui touche et puet touchier le demaine de la seigneurie, la juridiction ordinaire des contée et lieux dessusdiz. Et est sauve et reservé au Roy samblablement, les fiefz et hommages des choses dessusdictes et le ressort et souveraineté, ensamble la garde et souveraineté des églises et subgectz d'ycelles de fondacions royaulx estant ès dictz bailliages et ès mettes enclavés en yceulx, et le droit de régale là où il a eu lieu, et aultres drois royaulx appartenans d'ancienneté à la couronne de France et bailliages dessusdiz. Pour, de ladicte contée de Mascon, ensamble des villes, villages, terres et demaines dessusdiz, joyr et user par mondit seigneur de Bourgongne et ses diz hoirs à tousjours, et les tenir en foy et hommage du Roy et de la couronne de France, et en partie soubz le ressort du Roy et de sa court de parlement, sans moyen, pareillement et en telles franchises, drois et prérogatives, comme les aultres pers de France.

Item. Avec ce, de la part du Roy seront transportés et bailliés à mondit seigneur de Bourgongne et à celui de sesdiz hoirs légitimes procrées de son corps auquel il délaissera après son décès ladicte contée de Mascon, tous les prouffis et émolumens quelconques qui escherront ès diz villages royaulx de Mascon et de Saint-Jangon à cause des drois royaulx et de souveraineté appartenans au Roy en yceulx bailliages, soient par le moyen de la garde et souveraineté des églises qui sont de fondacion royale et des subgectz d'ycelle, drois de régale et aultrement, tant en confiscacions pour quelque cas que ce soit, amendes, drois, exploits, justice et les prouffis, émolumens de la monnoie, comme aultres prouffis quelconques, pour en joyr par mondit seigneur de Bourgongne et sondit hoir durant leurs vies et du sourvivant d'eulx tant seulement, en et par la manière qui s'ensuit. C'est assavoir, qu'à la nominacion de monditseigneur de Bourgongne et de sondit hoir après lui, le Roy commettera et ordonnera celui qui sera bailly de Mascon pour monditseigneur de Bourgongne, juge royal et commis de par luy à congnoistre de tous cas royaulx et aultres choses procédans des bailliage, pays, lieux et enclavures dessusdiz, aussy avant et tout en la manière et forme que l'ont fait et acoustumé de faire payer les baillis royaulx de Mascon et de Saint-Jangon qui ont esté le temps passé. Ouquel bailliage de Saint-Jangon, est et sera aboly par ce moyen et samblablement sera commis de par le Roy, à la nominvation de monditseigneur de Bourgongne et de son dit hoir, tous aultres officiers nécessaires pour ladicte juridiction et drois royaulx, tant capitaines, chastelains, prévosts, sergans, comme recepveurs et aultres, qui exerceront leurs offices ou nom du Roy, au prouffit de monditseigneur de Bourgongne et de son hoir après luy, comme dit est, dessus.

Item. Samblablement, de la part du Roy seront transportées et bailliées à monditseigneur de Bourgongne et à son hoir dessusdit après luy, tous les prouffis des aydes. C'est assavoir des greniers à sel, quatriesmes de vins vendus à détail, imposicions de toutes denrées, tailles, fouages, aydes et subvencions quelconques qui ont ou auront cours, et qui sont ou seront imposées ès élections de Mascon, Chalon, Eston¹ et Langres, si avant que ycelles élections se estendent en et par toute la duchée de Bourgongne et la contée de Charolois et ladicte contée de Mascon, tout le pays de Masconois, et ès villes et terres quelconques enclavées en ycelle duché, contée et pays, pour joyr de la part de monditseigneur de Bourgongne et de sondit hoir après luy, de toutes lesdictes aydes, tailles et aultres subvencions; en avoir le prouffit durant le cours de leurs vies et du survivant d'eulx. Auquel monditseigneur de Bourgongne et à sondit hoir appartiendra la nominacion de tous les officiers ad ce nécessaires, soient esleuz, clers, recepveurs, sergens et aultres, et au Roy, la commission et institution, comme dessus.

Item. Et aussi sera par le Roy à monditseigneur de Bourgongne, transporté et baillié à tousjours et ses hoirs légitimes procréés de son corps et les hoirs de ses hoirs, soient mâles ou femelles, descendans de droite ligne, en héritage perpétuel, la cité et contée d'Aucoirre², avec toutes les appartenances et appendances quelconques, tant en justice, demaine, fiefz, patronages d'églises, collacions de bénéfices, comme aultrement, à les tenir du Roy et de la couronne de France et de sa court de parlement sans moyen, et en telles franchises, drois et prérogatives comme les aultres pers de France.

---

1. Eston, *lis.* Autun.
2. Le comté d'Auxerre.

Item. Et avec ce seront transportées et bailliés par le Roy à monditseigneur de Bourgongne et à ycelui de ses hoirs à cuy il délaissera après son décès ladicte contée d'Auçoirre, tous les prouffis et émolumens quelconques qui escherront en ladicte contée et cité d'Auçoirre et en toutes les villes et terres enclavées en ycelle, qui ne sont point de ladicte contée, soient églises ou aultres, à cause des drois royaulx en quelque manière que ce soit, tant en régalles, confiscacions amendes et exploix de justice, le prouffit et émolument de la monnoie, comme aultrement, durant leurs vies et du survivant d'eulx tant seulement, en et par la manière dessus déclarée. C'est assavoir qu'à la nominacion de monditseigneur de Bourgongne et de son hoir après luy, le Roy commettera et ordonnera celui qui sera bailly d'Auçoirre pour monditseigneur de Bourgongne, juge royal et commis de par luy à congnoistre de tous cas royaulx et aultres choses ès mettes de la contée d'Auçoirre et ès enclavemens d'ycelle, aussy avant et tout en la forme et manière que l'ont fait et acoustumé de faire par ci-devant les baillis de Sens audit lieu d'Auçoirre. Et lequel bailly de Sens ne s'en entremettera aulcunement durant les vies de monditseigneur le duc de Bourgongne et de son hoir. Mais on en laissera convenir le bailly d'Auçoirre, qui sera commis de par le Roy, à la nominacion de mondit seigneur de Bourgongne et de son dit hoir. Et samblablement seront commis de par le Roy, à la nominacion de monditseigneur de Bourgongne et de son dit hoir, tous aultres officiers nécessaires pour l'exercice de ladicte juridiction et drois royaulx en ladicte contée d'Auçoirre, tous chastelains, capitaines, provostz et aultres, comme sergens et recepveurs, qui exerceront leurs offices ou nom du Roy, au prouffit de mondit seigneur de Bourgongne et de son hoir après luy.

Item. D'aultre part, de la part du Roy seront transportés et bailliés à monditseigneur de Bourgongne et son dit hoir après luy, tous les prouffis des aydes. C'est assavoir des greniers à sel, quatriesmes des vins vendus à détail, imposicions de toutes denrées, tailles, fouages et aultres aydes et subvencions quelconques qui ont et auront cours, et qui sont ou seront en ladicte cité, contée et élection d'Auçoirre, si avant que ycelle élection s'estent en la dessusdicte contée et au pays de l'Aucerrois et ès villes enclavées en yceulx, pour en joyr par monditseigneur de Bourgongne et de son dit hoir après luy et en avoir les prouffis les cours de leurs vies durant et du survivant d'eulx tant seulement. Auquel monditseigneur le duc de Bourgongne et à son dit hoir, appartendra la nominacion de tous les officiers ad ce nécessaires, soient esleuz, clercz, sergens ou aultres, et au Roy la commission et institucion, comme dessus est dit.

Item. Et aussy seront par le Roy bailliés et transportées à monditseigneur de Bourgongne pour luy et ses hoirs légitismes procréés de son corps et les hoirs de ses hoirs, soient mâles ou femelles, descendans en directe ligné, à toujours et en héritaige perpétuel, les chastel, ville et chastellenie de Bar-sur-Seine, ensamble toutes les appartenances et appendances d'ycelle chastellenie, tant en demaine, justice, juridicion, fiefz, patronages d'églises, collacions de bénéfices, comme aultres prouffis et émolumens quelconques, à les tenir du Roy en foy et en hommage et en parrie de France, soubz le ressort et souveraineté du Roy et de sa court de parlement sans moyen.

Item. Et avec ce, appartendra à monditseigneur le duc de Bourgongne, et de la partie du Roy luy seront bailliés et transportés pour luy et celuy de ses hoirs à cuy il le délaissera après son décès, ladicte seigneurie de Bar, tous les prouffis des aydes tant du grenier à sel, se grenier y a acoustumé d'avoir, et quatriesmes des vins vendus à détail, imposicions de toutes deurées, tailles, fouages et aultres aydes et subvencions quelconques, qui ont et auront cours, ou sont et seront imposées en la ville et chastellenie de Bar-sur-Saine et ès villes et villages subgectz et ressortissans à ycelle chastellenie, pour joyr de la part de mondit seigneur le duc de Bourgongne et sondit hoir après luy, d'yceulx aydes, tailles et subvencions, et avoir les prouffis de la main des grenetiers et recepveurs royaulx qui seront à ce commis par le Roy à la nominacion de monditseigneur de Bourgongne, durant les vies de luy et de son dit hoir après lui et le survivant d'eulx.

Item. Et aussy, de la partie du Roy sera transporté et baillié à mondit seigneur le duc de Bourgongne pour luy et ses hoirs, la contée de Bourgongne, pour tousjours, en héritaige perpétuel; la garde de l'église et abbaye de Luxeul, ensamble tous les drois, prouffis et émolumens quelconques appartenans à la dessusdicte garde, laquelle, comme conte, à cause de sa contée de Champaigne, dist et maintient à lui appartenir. Combien que les contes de Bourgongne prédécesseurs à monditseigneur ayent par ci-devant prétendu en querelle au contraire, disans et maintenans ycelle abbaye, qui est hors du royaume et ès mettes de la contée de Bourgongne, debvoir estre de leur garde. Et pour ce, pour le bien de paix et pour obvyer à tous débas, sera délaissié de par le Roy à monditseigneur de Bourgongne, et lui en demourra ladicte garde tout entièrement.

Item. Aussy seront par le Roy transportés à monditseigneur de Bourgongne pour luy et ses hoirs masles légistimes procrées de son corps, et les hoirs de ses hoirs masles tant seulement, procrées de leurs corps et descendans d'eulx en lignié directe, à tousjours, en héritaige perpétuel, les chasteaulx, villes et chastellenies et prévostez foraines de Péronne, Mondidier et Roie, avec toutes leurs appartenances et appendances quelconques, tant en demaine, justice et juridicions, fiefz et arrièrefiefz, patronages d'églises, collacions de bénéfices, comme aultres drois, prouffis et émolumens quelconques, à les tenir du Roy et de la couronne de France en foy et en hommage, et en parrie de France, soubz le ressort et souveraineté de sa court de parlement, sans moyen.

Item. Et avec ce baillera et transportera le Roy, à monditseigneur le duc de Bourgongne et à celuy de ses hoirs dessusdiz masles au quel il délaissera après son décès lesdictes villes et chastellenies de Péronne, Mondidier et Roie, tous les prouffis et émolumens quelconques qui escherront en ycelles villes chastellenies et prévostez foraines à cause des drois royaulx, en quelque manière que ce soit, tant en régalles, confiscacions, amendes, exploix de justice comme aultrement, pour en joyr par mondit seigneur le duc de

Bourgongne et son dit hoir après, leurs vies et du survivant d'eulx tant seulement, en et par la manière dessus déclarée. C'est assavoir qu'à la nominacion de mondit seigneur de Bourgongne et de son hoir masle après luy, le Roy commettera et ordonnera celuy qui sera gouverneur et bailly desdictes villes et chastellenies pour monditseigneur le duc de Bourgongne, juge royal et commis de par lui à congnoistre de tous cas et aultres choses procédans desdictes villes, chastellenies et prévostés foraines et ès villes subgectes et ressortissans à ycelles, aussy avant et par la manière que l'ont fait et acoustumé de faire par ci devant les baillis royaulx de Vermendois et d'Amiens. Et en oultre seront commis, se mestier est, par le Roy, à la nominacion de mondit seigneur de Bourgongne et de sondit hoir masle, tous aultres officiers nécessaires pour l'exercice de ladicte juridicion et drois royaulx, comme chastelains, capitaines, prévostz, sergens, recepveurs et aultres; exerceront leurs offices ou nom du Roy, au prouffit de monditseigneur le duc de Bourgongne et de son dit hoir masle après lui, comme dit est.

Item. Et samblablement, par le Roy seront transportées et baillées à monditseigneur le duc de Bourgongne et à son dit hoir masle après lui, tous les prouffis des aydes. C'est assavoir du grenier du sel, quatriesmes des vins vendus à détail, imposicions de toutes denrées, tailles, fouages et aultres aydes et subvencions quelconques qui ont ou auront cours, et qui sont ou seront composées ès dictes villes, chastellenies et prévostez foraines de Péronne, Mondidier et Roie et terres subgectes et ressortissantes à ycelles villes, chastellenies et prévostez foraines, pour en joyr par monditseigneur de Bourgongne et de son hoir masle durant le cours de leurs vies et du survivant d'eulx. Auquel mondit seigneur de Bourgongne et son dit hoir masle après luy, appartendra la nominacion de tous les officiers ad ce nécessaires, soient esleuz, clercz, receveurs, sergens ou aultres, et au Roy leur commission et institucion, comme dessus.

Item. En oultre de la part du Roy sera délaissié à monditseigneur le duc de Bourgongne, à celui de ses héritiers auquel après son décès il laissera la contée d'Artois, la compensacion des aydes en ladicte contée d'Artois, ressors et enclavemens d'ycelle, montans à présent ycelles composicions, à quatorze mille francs par an ou environ, sans ce que mon dit seigneur ou son dit hoir après lui durant leurs vies, soient abstrains d'en avoir aultre don, ne octroy, du Roy, ne de ses successeurs. Et nommeront, mon dit seigneur et son dit hoir après lui, telz officiers que bon leur samblera, pour le fait de ladicte composicion, tant esleuz, recepveurs, sergens, comme aultres. Lesquels ainsy nommez, le Roy sera tenu de instituer et commettre lesdiz officiers, et leur en faire baillier ses lettres.

Item. Que le Roy baillera et transportera à mondit seigneur le duc de Bourgongne pour luy, ses hoirs et et aians cause, à tousjours, toutes les cité, villes, forteresces, terres et seigneuries appartenans à la couronne de France dessus la rivière de Somme de l'un costé et de l'autre, comme Saint-Quentin, Corbie, Amiens, Abbeville et aultres, ensamble toute la contée de Ponthieu deçà et delà la dessusdicte rivière de Somme, Dourlens, Saint-Riquier, Crièvecuer, Arleux, Mortaigne avec les appartenances et appendances quelconques, et toutes aultres terres qui pueent appartenir à la couronne de France depuis ladicte rivière de Somme inclusivement. Comprenant aussy au regard des villes entrant d'encoste d'Artois, de Flandres, de Haynau, tant du royaume comme de l'Empire. En y comprenant aussy, au regard des villes séans sur ladicte rivière de Somme du costé de France, les banlieux et eschevinages d'ycelles villes, pour en joyr par mondit seigneur de Bourgongne, sesdiz hoirs et ayans cause, à tousjours, desdictes cités, villes, forteresces, terres et seigneuries, en tous prouffis et revenus, tant de demaines comme des aydes ordonnés pour la guerre, et aussy tailles et émolumens quelconques. Et sans y retenir, de la part du Roy, fors les foy et hommaige et souveraineté. Et lequel transport et bail se fera, comme dit est, par le Roy, au rachat de la somme de quatre cens mil escus d'or viès, de soixante quatre au marc de Troyes, huit onces pour le marc, et d'aloy à xxiii karas et ung quart de karat de remède, ou aultre monnoie d'or courant, à la valeur. Duquel rachat, de monditseigneur de Bourgongne seront bailliés lettres bonnes et souffisans, par lesquelles il lui promettera pour lui et les siens, que toutes et quantes fois qu'il plaira au Roy et aux siens faire ledit rachat, mondit seigneur de Bourgongne et les siens seront tenus, en recepvant ladicte somme d'or, de rendre et laissier au Roy et aux siens toutes lesdictes cités, villes, forteresces et seigneuries comprinses en ce présent traictié tant seulement. Et sera content en oultre, mondit seigneur de Bourgongne, de recepvoir le payement desdiz quatre cens mil escus d'or à deux fois. C'est assavoir à chascune fois la moitié. Pourveu qu'il ne sera tenu de rendre lesdictes villes, cités, forteresces, terres et seigneuries ne aulcunes d'ycelles, jusques ad ce que ledit payement soit acompli et qu'il ait receu le derrenier denier desdiz quatre cens mil escus d'or. Et, ce pendant, sera à mondit seigneur de Bourgongne les fruis siens de toutes lesdictes cités, villes, forteresces et seigneuries, tant des demaines comme des aydes et aultrement, sans en riens déduire ne rabatre du principal. Et est à entendre que oudit transport et bail que fera le Roy comme dit est, ne seront point comprins les cités de Tournay, Tournésis et Saint-Amand, mais demorront ès mains du Roy, réservé Mortaigne, qui est comprise et demeure ès mains de mondit seigneur le duc de Bourgongne, ainsi que dessus est dit. Et combien que ladicte cité de Tournay ne doibve point estre baillié à mondit seigneur de Bourgongne, ce non obstant est réservé à mondit seigneur de Bourgongne l'argent à lui accordé par ceulx de Tournay par certain traictié et accord qu'il a avec eulx durant jusques à certain temps et années advenir. Et lequel argent lesdiz de Tournay paieront plainement à mondit seigneur de Bourgongne.

Item Et pour ce que mondit seigneur de Bourgongne prétent à avoir droit en la contée de Boulongne sur la Mer, laquelle il tient et possède, et pour bien de paix, ycelle contée de Boulongne sera et demourra à mondit seigneur de Bourgongne, et en joyra en tous prouffis et émolumens pour lui, ses enfans et hoirs masles procrées de son corps, seulement. Et en après demourra ycelle contée à ceulx qui droit y ont ou auront. Et sera tenu le Roy de apaisier et contenter lesdictes parties prétendans avoir droit en ycelle contée, tellement qu'en ce pendant ilz ne demandent ne quièrent riens, ne fassent aulcune poursuite en l'encontre de mondit seigneur de Bourgongne et sesdiz enfans masles.

Item. Et que les chastel, ville, contée et seigneurie de Gien-sur-Loire, qu'on dit avoir esté données et transportées avec la contée d'Estampes et la seigneurie de Dourdan, par feu monseigneur le duc de Berry et feu monseigneur le duc Jehan, père de mondit seigneur de Bourgongne, seront, de la part du Roy mises et bailliés réalment et de fait ès mains de nous, duc de Bourbonnois et d'Auvergne, et tantost après ledit accord passé, pour le tenir et gouverner l'espace d'un an ensuivant. Et jusques ad ce que durant ledit an, Jehan de Bourgongne, conte d'Estampes, ou monditseigneur de Bourgongne pour lui, auront moustré ou fait moustrer au Roy ou à son conseil, les lettres dudit don fait à monditseigneur de Bourgongne par feu monditseigneur de Berry. Lesquelles veues, se elles sont trouvées souffisans et vaillables, sommièrement et de plain, et sans quelconques procès, nous, duc de Bourbonnois et d'Auvergne, serons tenus de les baillier et délivrer audit conte d'Estampes ou à monditseigneur de Bourgogne pour lui, lesdiz chastel[1], ville et chastel de Gien-sur Loire, comme à lui appartenans par le moyen et transport que lui en a fait monditseigneur de Bourgogne, sans ce que de la part du Roy l'en puist ne doibve alléguier au contraire aulcune prescripcion ou laps, depuis le decès de feu monditseigneur de Berry. Et aussi, non obstant quelconques condicions ou opposicions d'aultres qui vouldroient prétendre droit en

---

1. *Chastel* (sic), li*s*. chastellerie.

ladicte contée de Gien, auxquelz, se aulcuns en y a, sera réservé leur droit, pour le poursuivir par droit de justice quand bon leur samblera, contre ledit conte d'Estampes.

Item. Que le Roy fera restituer et payer à monseigneur le conte de Nevers et audit monseigneur le conte d'Estampes, son frère, la somme de trente deux mil huit cens escus d'or, que feu le roy Charles, derrenièrement trespassé, fist, comme on dit, prendre en l'église de Rouen, où ycelle somme estoit en dépost comme deniers de mariage appartenans à feue ma dame Bonne d'Artois, mère desdiz seigneurs, ou cas qu'on en fera directement apparoir que telle somme soit et ait esté allouée ou compte et au prouffit dudit roy Charles. A payer ycelle somme de trente deux mil huit cens escus, à telz termes raisonnables qui seroient advisés, après le paiement fait et accompli à mondit seigneur de cinquante mil escus, dont dessus est faicte mencion. Et au regard des debtes que mondit seigneur de Bourgongne dist et maintient à lui estre tenues et deues par feu ledit roy Charles, tant à cause des dons, pencions, comme aultrement, montans à moult grand somme de deniers, son droit, tel qu'il a et doibt avoir pour la recouvrance d'ycelles debtes, lui demourra sauf et entier.

Item Que mondit seigneur de Bourgongne ne sera tenu de faire foy ne hommage, ne service au Roy, des terres et seigneuries qu'il tient à présent ou royaume de France, ne de celles qui lui pourroient escheoir ci après par succession oudit royaume. Mais sera et demourra exempt de sa personne en tous cas de subjections, hommages, ressors, souverainetez et aultres du royaume, durant la vie de lui. Mais après son décès, mondit seigneur de Bourgongne fera à son filz et successeurs en la couronne de France, les hommages, fidélitez et services qui ad ce sont appartenans. Et aussi, se mondit seigneur de Bourgongne aloit de vie à trespas devant le Roy, ses héritiers et ayans cause feront au Roy lesdiz hommages, fidelités et services, ainsi comme il appartiendra.

Item Et pour ce que ci-après mondit seigneur de Bourgongne, tant ès-lettres qui se feront de la paix comme en aultres lettres et escriptures, et aussi de bouche, recongnoistera et nommera, et pourra nommer et recongnoistre le Roy, son souverain. Offrant et présentant lesdiz ambassadeurs du Roy, que lesdictes nominacions et recongnoissances, tant par escript comme de bouche, ne portent aulcun préjudice à ladicte exempcion personnelle de mondit seigneur de Bourgongne, sa vie durant, et que ladicte exempcion demeure en sa vertu, selon le contenu en l'article précédent. Et aussi que ycelle nominacion et recongnoissance ne s'estendent que aux terres et seigneuries que ycelui monseigneur de Bourgongne tient et tendra en ce royaume.

Item Au regard des féaulx et subgects de mondit seigneur de Bourgongne des seigneuries qu'il tient et doibt avoir par ce présent traictié et qui lui pourront escheoir par succession ou royaume de France durant les vies du Roy et de lui, ils ne seront point constrains de eulx armer au commandement du Roy ne de ses officiers, supposé ores qu'ils tiennent avec ce du Roy aulcunes seigneuries et terres. Mais est content le Roy, que toutes les fois qu'il plaira à mondit seigneur de

Bourgongne mander ses féaulx et subjectz pour ses guerres, soit ou royaume ou dehors, ils seront constrains de y aler, sans povoir ne debvoir venir au mandement du Roy, se lors il les y mandoit. Et pareillement fut fait au regard des services de mondit seigneur de Bourgongne, qui sont ses familiers et serviteurs de son hostel, supposé qu'ilz soient point ses subjects.

Item Et toutefois, s'il advenoit que les Anglois ou aultres leurs alyés facent guerre ci après à mondit seigneur de Bourgongne ou à ses pays et subjects à l'occasion de ce présent traictié ou aultrement, le Roy sera tenu de souscourir et aidier mondit seigneur de Bourgongne et ses pays ou subgects aux quelz on feroit guerre soit par mer ou par terre, à toute puissance ou aultrement, selon que le cas le requerra, et tout ainsi comme pour son propre fait.

Item Et que de la part du Roy et de ses successeurs rois de France, ne sera faite ne promise, ne souffert faite par les princes et seigneurs dessusdiz, aulcune paix, traictié ou accord avec son adversaire et ceulx de la part d'Angleterre, sans le signifier à mondit seigneur de Bourgongne et à son héritier principal après lui, et sans leur exprès consentement, et les y appeller et comprendre, se comprins y volent estre, pourveu que pareillement soit fait du costé de mondit seigneur de Bourgongne et de son héritier principal, au regard et en tant qu'il lui touche la guerre d'Angleterre.

Item, Et que mondit seigneur de Bourgongne et tous ses féaulx subgectz et aultres, qui par ci devant ont porté en armes l'ensaigne de monditseigneur, c'estassavoir la croix saint Andrieu, ne seront point constrains de prendre aultre ensaigne en quelconques mandement ou armées qu'ilz soient ou royaume ou dehors, soit en la présence du Roy, ou de ses connestables, et soient à ses gaiges ou soldées, ou aultrement.

Item, Que le Roy fera restituer et dédomagier de leurs pertez raisonnables et aussi de leurs rançons, ceulx qui furent prins le jour de la mort dudit feu monseigneur le duc Jehan, cui Dieu pardoinst, et qui y perdirent leurs biens et furent grandement rançonnés.

Item, Que, au surplus, abolicion générale soit faite de tous cas advenus et de toutes choses dictes, passées et faictes, à l'occasion des divisions de ce royaume, excepté ceulx qui perpétrèrent ledit malvais cas, ou furent consentans de la mort dudit feu monseigneur le duc Jehan de Bourgongne, lesquelz seront et demourront hors de tout traictié. Et que, au surplus, chascun de son costé retourne au sien ; c'estassavoir, les gens d'église à leurs églises et bénéfices, et les séculiers à leurs terres, rentes, héritaiges, possessions et biens immeubles, en l'estat qu'ilz sont, réservé des terres et seigneuries estant en la contée de Bourgongne, lesquelles monditseigneur de Bourgongne ou feu monseigneur son père ont eues et retenues et ont données à aultrui, comme confiscacions et confisquées à eulx à cause desdictes guerres et divisions, lesquelles seront et demourront, non obstant ladicte abolicion et accord, à ceulx qui les tiennent et possèdent. Mais, par tout ailleurs, chascun revendra à ses terres et héritaiges, comme dit est, sans ce que pour démolicion ou empiremens, gardes de place ou réparacions quelconques, on puist riens demander l'un à l'autre. Et sera chascun tout quitte de charges de rentes escheues du temps qu'il n'aura joy de ses terres et héritaiges, mais, au regard des meubles prins ou eus d'un costé ou d'aultre, jamais, n'en pourra estre aulcune chose poursuite, querelle ou question faite d'un costé ou d'aultre.

Item, Et que en ce présent traictié soient estaintes et abolies toutes injures, maveillances et rancunes, tant de parolles et de fait comme aultrement, advenues ci-devant à l'occasion des divisions, parcialités et guerres, tant d'une part comme d'aultre, sans ce que nul en puist aucune chose demander ne faire question, ne poursuite, par prochaineté ne aultrement, ne le reprocher, ne le donner blasme pour avoir tenu aulcun parti. Et que ceulx qui diront ou feront le contraire, soient punis comme transgresseurs de paix, selon la qualité du fait.

Item, Et en ce présent traitié seront comprins, de la part mondit seigneur de Bourgougne, toutes les gens d'église, nobles, bonnes villes et aultres, de quelque estat qu'ilz soient, qui ont tenu son parti, et de feu monseigneur son père. Et joyront du bénéfice de ce présent traictié, tant au regard de l'abolicion, comme de recouvrer et avoir tous leurs héritaiges et biens immeubles à eulx empeschiés, tant ou royaume comme ou Daulphiné, à l'occasion desdictes divisions, pourveu qu'ilz accepteront ce présent traictié et en vouldront joyr.

Item, Et renoncera le Roy à l'alliance qu'il a faite avec l'Empereur contre monditseigneur de Bourgongne, et à toutes aultres alliances par lui faites avec quelconques aultres princes ou seigneurs quelz qu'ilz soient, à l'encontre de mondit seigneur de Bourgongne, pourveu que monditseigneur de Bourgongne le face pareillement. Et sera tenu en oultre, et le promettera à mondit seigneur de Bourgongne, de le soustenir et aidier à l'encontre de tous ceulx qui le vouldroient guerroyer ou faire domage, par voie de guerre ou aultrement. Et pareillement fera et promettera mondit seigneur de Bourgongne, sauve toutefois l'exempcion de sa personne, à sa vie, comme dessus et déclairé.

Item, Et consentera le Roy, et de ce baillera ses lettres, que se il advenoit ci-après, que de sa part fust enfraint ce présent traictié, ses vassaulx, féaulx, subgectz, présens et advenir, ne soient plus tenus de le obéyr ne servir, mais soient tenus dès lors de servir monditseigneur de Bourgongne et ses successeurs à l'encontre de lui. Et que, oudit cas, tous lesdiz féaulx, vassaulx, subgectz et serviteurs soient absolz et quittes de tous seremens de fidélité et aultres et de toutes promesses de obligacions de services en quoy ils pourroient estre tenus par avant envers le Roy, sans ce que pour le temps après advenir il leur peust estre imputé à charge, et qu'on leur puist riens demander. Et que dès maintenant pour lors le Roy leur commande de ainsy faire, et les quitte et descharge de toutes obligacions et seremens ou cas dessusdit. Et que pareillement soit fait et consenti du costé de mondit seigneur le duc de Bourgongne, au regard de ses vassaulx et féaulx, subgectz et serviteurs.

Item, Et seront, de la part du Roy, faites les promesses, obligacions et submicions touchant l'entretenement de ce présent traictié, ès mains de monseigneur le cardinal de Sainte-Croix, légat de nostre saint père le pape, et de monseigneur le cardinal de Cyppre, et aultres ambassadeurs du saint concile de Basle, le plus ample qu'on pourra adviser, et sur les paines d'excommeniement, agravacion, réagravacion, interdict en ses terres et seigneuries, et aultrement, le plus avant que la censure de l'église pourra estendre en ceste partie, selonc la puissance que ont mesdiz seigneurs les cardinaux de nostre saint père le pape et du saint concile, pourveu que pareillement soit fait du costé de monditseigneur de Bourgongne.

Item, Avec ce, fera le Roy, avec son scellé, baillier à monditseigneur de Bourgongne les sellés des princes et seigneurs de son sang de son obéyssance, comme monseigneur le duc d'Angou, Charles, son frère, monseigneur le duc de Bourbon, monseigneur le conte de Richemont, monseigneur le conte de Vendosme, le conte de Foix, le conte d'Auvergne, le conte de Perdriac, et aultres qu'on advisera. Esquelz scellez desdiz princes, sera incorporé le scellé du Roy, et prometteront de entretenir de leur part ledit scellé. Et s'il estoit enfraint de la part du Roy, de, en ce cas, estre aidans et confortans monditseigneur de Bourgongne et les siens à l'encontre du Roy. Et pareillement sera fait du costé de mondit seigneur de Bourgongne.

Item, Et que pareillement le Roy fera baillier samblables seellés de gens d'église, des aultres nobles et bonnes villes de ce royaume de son obéyssance. C'estassavoir, ceulx desdictes gens d'église et bonnes villes que monditseigneur vouldra nommer, avec seurté de paines corporelles et pécunielles, et aultres seurtés, que messeigneurs les cardinaulx et autres prélatz cy envoyés de par nostre saint père le pape et le saint concille, adviseront appartenir.

Item, Et s'il advenoit cy après qu'il y eust aulcune faulte ou obmission, ou aulcune infraction ou attentas fais sur le contenu desdiz articles d'une part et d'aultre, ce, non obstant, à ceste présente paix, traictié, et accord, seront et demourront vertuables et en leur plaine force, vertu et vigueur, et ne sera pour tant ycelle paix réputée cassée, ne adnullée, mais les attentas seront réparées et amendées, et aussi les défaultes et obmissions accomplies et exécutées deuement tont selonc que desus est escript, et ad ce constrains ceulx qu'il appartendra, par la forme et manière et sur les paines desus déclarées, par la forme et manière que dit est.

Item. Ayons de rechief esté très instamment exortés, requis et sommés par lesdiz cardinaulx, ambassadeurs du saint concille, de vouloir entendre et de nous incliner et condescendre, moyennant les offres dessusdictes, qui leur samblent estre raisonnables, et ne les poyens, ne debviens par raison refuser, ainsy qu'il nous ont dit, à paix et réunion avec mondit seigneur le Roy, en nous disant et remoustrant en oultre que ainsy le debviens faire selon Dieu, raison et tout honneur, non obstant les seremens, alliances, et promesses pièça faites entre feu mon très chier seigneur le roy d'Angleterre darrain passé, et nous. Pour pluiseurs grans causes et raisons à nous remoustrées et alleguées par lesdiz cardinaulx et aultres ambassadeurs dessusdiz de par nostre saint père le pape et du saint concille, nous, pour révérence de Dieu, principalment pour la pitié et grande compacion que nous avons du povre peuple de ce royaume, qui tant a souffert en tous estas, et aux prières, requestes et sommacions à nous faites par lesdiz cardinaulx et ambassadeurs de nostre saint père le pape et le saint concille de Basle, que nous tenons et réputons pour commandement, et comme prince catholique et obéyssant filz de l'Église, eu sur ce grand advis et délibéracion de conseil avec pluiseurs grans seigneurs de nostre sang et linage et aultres nos féaulx, vassaulx, subgects et aultres gens de conseil, en grand nombre, avons, pour nous et noz successeurs, féaulx, vassaulx, subgects et aultres gens de conseil adhérens en ceste partie, fait et faisons, bonne et loyale, sceure et entière paix et réunion, avec mondit seigneur le roy et ses successeurs, moyennant les offres et aultres choses dessus escriptes, qui de la part de mondit seigneur le Roy nous doibvent estre faites et accomplies. Et lesquelles offres, de nostre part et en tant qu'il nous touche, avons agréables et les acceptons, et dès maintenant consentons et faisons les renonciacions, promesses et choses desus déclarées, qui sont à faire de nostre part. Et recongnoissons mondit seigneur le roy Charles, nostre souverain seigneur, au regard des terres et seigneuries que nous avons en ce royaume. Prometons pour nous et noz hoirs, par le foy et sairement de nostre corps, en parolle de prince, sur nostre bonneur et obligacion de tous noz biens présens et advenir quelconques, ladicte paix et réunion, et toutes et singulières choses cy-dessus transcriptes, tenir de nostre part et en tant que touchier nous puet, inviolablement et à toujours, de point en point, tout par la forme et manière desus escripte, sans faire ou venir, ou souffrir faire au contraire, couvertement ou en appert, ou aultrement en quelque manière que ce soit. Et pour les choses dessusdictes et chascun d'ycelles tenir, entretenir et accomplir, nous submettons à la cohercion, conclusion et constrainte, de nostredit saint père, dudit saint concille, et des dessusdiz cardinaulx, légalz et aultres ambassadeurs du concile, et à tous cours, tant d'église comme séculiers. Voellans et ottroians par ycelles et chascune d'ycelles, estre constraint et compellé par la censure de l'Église, tant et si avant qu'il samblera expédient auxdiz cardinaulx et ambassadeurs de nosdit saint père et du concille, ou cas que faulte auroit de nostre part ès choses dessusdictes ou aulcunes d'ycelles, renonçons à toutes alégacions et exempcions, tant de droit comme de fait, que pourrions dire ou aléguier au contraire, et par espécial au droit disant que génerálle révocacion ne vault se l'espécial ne précède, et tout sans fraude, barat ou mal engin. Et adfin que ce soit chose ferme et estable à tousjours, nous avons fait mettre nostre séel à ces présentes. Donné en nostre ville d'Aras, le xxi° jour de septembre, l'an mil iiii° xxxv, Ainsy signée : Par monseigneur le Duc en son conseil, etc. »

Item, après que les deux parties dessusdictes furent venues à conclusion de paix l'un avec l'autre, et que toutes les besongnes furent escriptes et seelées, tant du conseil comme d'aultre, brief ensievant fut ycelle paix publiée en ladicte ville d'Aras. Pour laquelle ne fault point demander se le peuple eut grand léesce. Mais génèralment le plus grand partie des gens d'église, les nobles et bourgois, avec grand multitude des populaires qui là estoient venus, entendirent, non mie ung jour seulement, mais pluiseurs, à faire joie

l'un avec l'autre, chascun selonc son estat, en criant à
haulte voix Noël! en pluiseurs et divers lieux de la
ville. Et par espécial fut faite en l'ostel dudit duc de
Bourgongne moult grand feste, de pluiseurs chevaliers, escuyers, dames et damoiselles des deux parties,
tant en boires, mengiers et dansses, comme aultres
pluiseurs esbatemens. Et meismement, ou propre lieu
où ycelle paix se traictoit, fut mis par le cardinal de
Sainte-Croix le saint sacrement de l'autel et une croix
d'or sur ung coussin, sur lesquelz ledit cardinal fist
jurer et promettre audit duc de Bourgongne, que
jamais ne ramenteveroit la mort de feu son père, et
qu'il entretenroit bonne paix et union avec le roy
Charles, son souverain seigneur, et les siens. Et après,
le duc de Bourbon et le connestable, tenans la main
sur ycelle croix, prièrent mercy audit duc de Bourgongne, de par le Roy, pour la mort dessusdicte. Lequel le
pardonna pour l'amour de Dieu. Et lors, les deux
cardinaulx mirent les mains sur ycelui duc, et le ab-
soldrent du sairement que il avoit fait aux Anglois [1].
Et pareillement furent absolz pluiseurs seigneurs de
son parti. Et adonc firent sairement de entretenir
ycelle paix, les seigneurs de la partie du Roy, et pluiseurs aultres de la partie du duc de Bourgongne.
Entre lesquelz le fist le seigneur de Lannoy, lequel
dist hault et cler : « Vées cy la propre, qui aultre fois
a fait les sairemens pour cinq paix faites durant ceste
guerre, desquelles nulles n'ont esté entretenues. Mais
je promès à Dieu que ceste sera entretenue de ma
partie, et que jamais ne l'enfraindrai. »

1. Le ms. 8346 écrit *Engles*.

CHAPITRE CLXXXVIII.

Comment les Anglois asségèrent la ville de Saint-Denis en France, laquelle en fin leur fu rendue.

Item, durant le temps dessusdit, les Anglois et leurs alyés, qui estoient en l'Isle-de-France, asségèrent très puissamment la ville de Saint-Denis tout à l'environ. Et estoient comme chiefz et conduiseurs desdiz asségans, le mareschal de l'Isle-Adam, le seigneur de Thalebot, le seigneur d'Escalles, Georges de Richaumes, Waleran de Moreul, messire Jehan, bastart de Saint-Pol, Loys de Luxembourg, son frère, messire Ferry de Mailly, Robert de Noefville, le bastard de Thian, chevalier françois, l'Arragonois, et aultres notables et expers hommes de guerre de la nacion de France et de celle d'Angleterre, accompaigniés de six mille combatans ou environ, qui en grand diligence approuchèrent leurs ennemis et drecèrent contre les portes et murailles d'ycelle ville de Saint-Denis pluiseurs engiens pour yceulx confondre et abatre. Si estoient souvent visités et administrés de ce que besoing leur estoit par Loys de Luxembourg, évesque de Terewane, chancelier du roy Henry, lequel estoit principal gouverneur dedens Paris et ès mettes de l'Isle-de-France pour le dessusdit roy Henry. Dedens laquelle ville de Saint-Denis estoient de la partie du roy Charles, le mareschal du Rieu, messire Jehan Foucault, messire Loys de Waucourt, messire Regnault de Saint-Jehan, Artus de la Tour et pluiseurs aultres vaillans hommes de guerre, avec eulx jusques au

nombre de seize cens combatans. Lesquelz, en très
grand hardiesse, eulx véans ainsy estre approuchiés
de leurs ennemis, se préparèrent à résister de toutes
leurs forces contre eulx. Et de fait grand partie d'eulx
se logèrent sur la muraille, et là se tenoient de jour et
de nuit pour estre plus près de leur deffense. Toutefois, les dessusdictes portes et murailles furent fort
empiriés en pluiseurs lieux par les engiens d'yceulx
asségans. Et tant, qu'à l'occasion desdiz empiremens,
les capitaines prinrent conclusion l'un avec l'autre
d'assalir la ville en pluiseurs parties, espérans prendre
et gaignier ycelle ville de force. Si firent ung certain jour
armer leurs gens, et devisèrent auquel costé chascun
desdiz capitaine debvoir assaillir. Et, par une ordonnance, à tout eschielles et pluiseurs aultres instrumens
de guerre, alèrent yceulx jusques aux fossés, qui estoient
garnis d'eaue. Sy peussiez là veoir gens d'armes eulx
employer à passer ladicte eaue jusques au col, et porter lesdictes eschielles, et monter amont en pluiseurs
et divers lieux jusques aux murs, sans moustrer samblant de paour. Et lors les asségiés, considérans que
se ilz estoient prins de force, ne seroient point quictes
pour seulement perdre la ville, mais touchoit à leurs
vies, se mirent à deffense très vaillamment. Et avoient
ordonné à chescunes de leurs gardes, aulcuns de leurs
capitaines, à tout certain nombre de gens. Lesquelz,
pour chose qu'ilz oyssent ne veyssent, ne se debvoient
partir d'ycelle. Et le dessusdit mareschal du Rieu avoit
certain nombre de gens d'armes alant d'un lez à l'autre, pour aidier et souscourir ceulx qui en auroient
besoing. Si commença l'assault dur, mervilleus et
cruel, par l'espace de deux heures ou environ. Ou-

quel, tant des assaillans comme des deffendans furent faites de grans vaillances. Et furent à ycelui assault fais nouveaulx chevaliers, Loys de Luxembourg, bastard de Saint-Pol, lequel se y gouverna vaillamment, Jehan de Humières, Robert de Noefville et aulcuns aultres. Toutefois, après que yceulx assaillans eurent audit assault bien perdu quatrevins hommes ou mieulx, de leurs gens, qui furent mors ès fossés et au près des murs, véans que bonnement ne pourroient venir à chief de cette besongne sans recepvoir trop grand exil et perte de leurs gens, les capitaines firent sonner la retraicte et emportèrent et emmenèrent pluiseurs de leurs gens qui estoient mors et navrés. Et pareillement les deffendeurs firent grand perte de leurs gens, et furent en grand doubte que leurs ennemis ne les constraindissent de rechief par continuacion de nouveaulx assaulx. Nientmains, espérans avoir souscours par le connestable qui estoit à la convencion d'Arras, et aultres François de leurs gens, ils renforcièrent leurs portes et murailles, qui estoient rompues en pluiseurs lieux, et se apprestèrent de nouvel pour eulx deffendre au mieulx que faire le porent. Lequel connestable, après que la paix fu conclute à Aras, comme dict est dessus, se parti de là, à tout grand partie des nobles hommes qui estoient à ladicte convencion, et ala à Senlis, et là manda à venir devers lui les François de pluiseurs parties, en intencion de lever ledit siège. Mais à brief dire, il ne trouva point en son conseil qu'il euyst puissance pour ce faire. Et pour tant, ledit mareschal et les siens, qui assés furent advertis de non avoir souscours, traitièrent avec les capitaines des Anglois, par si qu'ilz leur renderoient la ville de Saint-Denis, et s'en yroient sauf leurs corps et leurs biens, en rendant aussy les prisonniers qu'ilz avoient prins durant le siège. Desquelz en estoit ung, messire Jehan de Humières dessusdict. Lequel traictié conclud, se partirent yceulx François soubz bon saufconduict ; qui estoient bien seize cens chevaulx, et y avoit de très expers et vaillans hommes de guerre. Si s'en alèrent ès places de leur obéyssance. Et laissièrent en ycelle ville de Saint-Denis aulcuns de leurs capitaines mors. C'estassavoir messire Loys de Waucourt, messire Rignault de Saint-Jehan, Archade de la Tour, ung nommé Joselin, et aulcuns aultres. Dont ilz estoient moult dolans. Après lequel département, ladicte ville de Saint-Denis fut regarnie de par le roy Henry. Et brief ensievant, les Picars, qui déjà estoient advertis de la paix faite à Aras entre le roy Charles et le duc de Bourgongne, prinrent congié au plus tôt qu'ilz porent aux dessusdiz capitaines anglois, et s'en retournèrent sans perte en leur pays.

Et entretant, les François prinrent d'emblée le pont de Meulent, et mirent à mort environ vingt Anglois qui le gardoient. Pour laquelle prinse, les Parisiens furent fort troublés, pour ce que le passaige par où ilz venoient à tout leurs vivres de Normendie, estoit cloz.

CHAPITRE CLXXXIX.

Comment Ysabel la royne de France trespassa en la ville de Paris.

En cest an, ou mois de septembre, Ysabel, royne de France, mère au roy Charles pour lors régnant, laquelle estoit logié à l'ostel du roy à Saint-Pol dedans la cité de Paris, où par long temps elle avoit vescu en grand povreté par les tribulacions des guerres de ce royaume, acoucha malade, et brief ensievant trespassa de ce siècle. Sy fut enterrée en l'église de Saint-Denis en France, non mie en telle sollempnité et grand estat qu'on a acoustumé à faire aux aultres roynes de France. Laquelle mort venue à la cognoissance du duc de Bourgongne, ly fist faire ung service très révérend et notable en l'église de Saint-Vast d'Aras, auquel il fut présent, vestu de noir. Et faisoient dueil avec lui le duc de Bourbon, le conte d'Estampes, le conte de Vendosme, le damoiseau de Clèves, avec pluiseurs aultres seigneurs, ecclésiastiques et séculiers. Et l'évesque d'Arras prit le service cedit jour.

CHAPITRE CLXXXX.

Comment les cardinaulx et pluiseurs aultres ambassadeurs se départirent de la ville d'Arras. Et comment le duc de Bourgongne constitua ses officiers ès bonnes villes et forteresces à lui données et accordées par le traitié dessusdit.

Item, assés brief ensievant que la dessusdicte paix d'Arras fut publiée comme dict est dessus, se départirent d'ycelle ville lesdiz cardinaulx et ceulx qui avec eulx estoient venus. Lesquelx par le duc de Bourgongne avoient esté honnourablement receus et festoyés. Et pareillement, se départirent les ambassadeurs du roy Charles, et tous aultres qui là estoient venus de pluiseurs pays. Et adonc ledit duc de Bourgongne, estant en ycelle ville d'Arras, constitua pluiseurs nouveaulx officiers ès bonnes villes et forteresces du Roy, tant sur la rivière de Somme comme ailleurs, sur les mettes de Picardie. Lesquelz, de long temps, estoient de la demaine du royaume; et estoient par avant ycelle paix d'Arras dans les mains du roy Henry. Et y mist gens en son plaisir, en destituant ceulx qui y estoient commis de par ledit roy Henri, commetant aussy recepveurs en son plaisir, et prenant tous les deniers et prouffis, et les sairemens des habitans d'ycelles villes et forteresces. Pour lesquelles besongnes dessusdites, yceulx officiers tenans le parti des Anglois furent fort esmervilliés des manières que ledit duc tenoit envers eulx, actendu que par ses moyens en avoit eu, ycelui roy Henri, la possession et la saisine. Et avec ce nagaires le tenoit et avoit tenu pour son naturel et souverain seigneur. Nientmains, eulx véans qu'il n'y povoient mettre provision, le souffrirent paciamment. Et entre les aultres, maistre Robert le Josne, qui longtemps avoit esté bailly d'Amiens, et gouverné haultement pour yceulx Anglois sur les marches de Picardie; et meysmement à ycelui darrain parlement d'Arras avoit esté de leur conseil et à toutes leurs conclusions, quand il perceust les besongnes estre ainsy retournées contre eulx, par aulcuns moyens qu'il trouva, pour son argent, comme on dist, fist tant qu'il demoura en la grace dudit duc de Bourgongne et fu retenu de son conseil. Et avec ce, fu retenu et mis à estre gouverneur d'Arras, ou lieu de messire David de Brimeu, qui par avant l'estoit. Et par ainsy, en assés briefz jours, les besongnes furent retournées au contraire que par avant avoient esté.

CHAPITRE CLXXXXI.

Comment, après la paix d'Arras, le duc de Bourgongne envoia aulcuns de ses officiers d'armes devers le roy d'Angleterre et son conseil, pour remoustrer les causes de la paix qu'il avoit faite au roy de France.

Item, après le département de la paix d'Arras, le duc de Bourgongne envoia son roy-d'armes de la Thoison et un sien hérault avec lui, nommé Franche-Conté, en Angleterre, devers le roy Henri, à tout lettres de par ledit duc, esquelles estoient contenues pluiseurs remoustrances pour, ycelui roy et son conseil, attraire au bien de paix finalle avec le roy Charles, lui signifiant aussy comment par l'exortacion des légales de notre saint père le pape et du concille de Basle, et avec ceux des trois Estats de tous ses pays, il avoit fait paix et réunion avec le dessusdict roy Charles, son souverain seigneur, en délaissant celle de jadix, qu'il avoit faite avec le roy Henri son père. Avec lesquelz ala ung frère mandiant, docteur en théologie, qui avoit charge de par les deux cardinaulx qui avoient esté à ladicte paix d'Arras, de proposer en la présence dudit roy d'Angleterre et de son conseil, en eulx remoustrant les grans cruaultés et innumérables tirannies qui se faisoient par la chrestienté à l'occasion de la guerre, et les biens qui povoient advenir se la paix finale se faisoit entre les deux roys de France et d'Angleterre. Si s'en alèrent les trois dessusdis à Calais, et de là passèrent la mer et arrivèrent à Douvres, où on leur fist deffence de par le roy Henry qu'ils ne se partissent de leurs hostels. Si leur furent demandées leurs lettres, lesquelles ilz baillèrent; et furent portées à Londres devers le roy Henri. Et depuis, furent conduis par divers lieus jusques à Londres. Si encontrèrent en leur chemin ung officier d'armes et le clerc du trésorier d'Angleterre, qui les menèrent logier dedens ycelle ville, en l'ostel d'un cordouanier, où ils furent par aulcuns jours. Et n'aloient, sinon oyr messe soubz la conduicte d'aulcuns héraults ou poursievans, qui là les visitoient souvent. Car, on leur fist deffence qu'ilz ne se partissent de leurs hostels sans congié ni licence. Si estoient en très doubte qu'on ne leur feyst aulcune mauvaise compaignie de leurs personnes pour les nouvelles qu'ilz avoient apportées. Et jà soit que le docteur dessusdit envoyé de par les deux cardinaulx, et yceux deux officiers d'armes, feyssent pluiseurs requestes à ceulx qui leur administroient, qu'ilz les feyssent parler au roy et à son conseil, pour dire et démoustrer la charge qu'ils avoient de leurs seigneurs et maistres, nientmains oncques ne povoient avoir audience de parler à eulx. Toutefois, le trésorier d'Angleterre, à cuy les lettres dessusdictes avoient esté baillés, assambla devant le roy, le cardinal de Wincestre, le duc de Glocestre, et pluiseurs aultres princes et prélats, avec le conseil royal là estant, et grand nombre de nobles hommes aussy là estans, et là moustra les lettres que le duc de

Bourgongne avoit envoyé au roy et à son conseil. Desquelles l'intitulure et suscripcion n'estoit pas pareille aux aultres que par avant de long temps par pluiseurs fois lui avoit envoyé, pour ce que par ycelles nommoit le roy d'Angleterre, hault et puissant prince, son très chier seigneur et cousin, en délaissant à le recongnoistre son souverain seigneur, ainsy et par la manière que tousjours l'avoit fait par avant en ses aultres lettres, que par moult de fois lui avoit escriptes. De la lecture desquelles, sans y faire quelque responce, tous ceulx qui estoient au conseil généralement furent moult esmervilliés, quant ilz les oyrent. Et meismement, le josne roy Henri print en ce si grande desplaisance, que les larmes luy saillirent hors des yeulx, et dist à aulcuns de ses privés consilliers, qu'il véoit bien puis que le duc de Bourgongne s'estoit ainsy desloiauté devers lui et reconcilié avec le roy Charles, son ennemi, ses signeuries du royaume de France en vauldroit biaucop pis. En oultre, le dessusdit cardinal et le duc de Glocestre, se partirent du conseil tous confus et troublés, et aussy firent pluiseurs aultres, sans là prendre aulcune conclusion, sinon d'eulx assambler par pluiseurs tropeaux, et dire l'un à l'autre pluiseurs injures et reproches du dessusdict duc de Bourgongne et de ceulx de son conseil. Et assés brief ensievant, furent les nouvelles toutes communes avant la ville de Londres. Si n'estoit pas filz de bonne mère qui ne disoit de grans maulx et vilonnies d'ycelui duc et de tous ceux de ses pays. Si se mirent ensamble pluiseurs du commun, et alèrent en divers lieux parmy ladicte ville pour quérir aulcuns Flamanz, Hollandois, Braibençons, Picars, Haynuyers et aultres des pays dudit duc, qui là estoient pour faire leur marchandise, non eulx doubtans de ceste adventure. Et en ceste fureur, en prirent et occirent aulcuns soubdainement. Mais brief ensievant on les fist cesser, de par le roy Henry, et mettre les desssudiz en justice. Et aulcuns jours après, le roy et son conseil se remirent ensamble pour avoir advis sur la responce qu'ilz debvoient faire aux lettres dessusdictes; et y eut de diverses opinions. Car les uns vouloient qu'on fesist guerre soubdainement au duc de Bourgongne, et les aultres conseilloient pour le mieulx, qu'on le sommast par lettres ou aultrement. Et entretant que lesdiz consaulx s'entretenoient, vinrent devers le roy nouvelles comment le duc de Bourgongne, en lui pacifiant avec le roy Charles, debvoit avoir les villes, forteresces, signouries et appertenances de Saint-Quentin, Corbie, Amiens, Saint-Riquier, Abbeville, Dourlens et Montroel, lesquelles estoient par avant de la demaine et possession du roy Henry d'Angleterre, et que desjà en avoit prins les sairemens d'ycelles, et y avoit commis tous nouveaus officiers. Et pour tant, en alant de mal en pis, furent de ce plus mal content que devant. Et, en fin conclurent qu'ilz ne rescripveroient point. Et adonc le dessusdict trésorier ala devers les trois dessus nommé, et dist à Thoison-d'or et à Franche-Conté, son compaignon, comment le roy, accompaignié d'aulcuns de son sang et seigneurs de son conseil, avoient veues et visitées les lettres qu'ilz avoient apportées, desquelles et du contenu en ycelles ilz avoient grosses merveilles, et avec ce des manières que tenoit ledit duc de Bourgongne envers le roy, à quoy il avoit intencion de y pourveoir sur tout, quand à Dieu plairoit. Et non obstant que lesdiz officiers d'armes, de par ledict duc de Bourgongne, feyssent pluiseurs fois requeste d'avoir responce par escript, oncques ne la porent obtenir. Mais leur fust dit qu'ilz s'en retournassent dans leur pays. Lesquelx, voians que aultre chose n'en povoient avoir, repassèrent la mer, et rapportèrent de boche au duc de Bourgongne, leur seigneur, ce qu'ilz avoient trouvé. Et le docteur s'en retourna aussy devers ceulx qui les avoient envoyé, sans rien besongner. Si eurent durant ce voyage de grans doubtes qu'en ne leur feyst desplaisir, pour ce que en pluiseurs lieux d'Angleterre oyrent de grans murmures et blasphèmes faire contre ledict duc de Bourgongne. Et ne leur fu point faite celle, ni si aimable récepcion, comme ils avoient acoustumé qu'on leur feyt.

CHAPITRE CLXXXXII.

Comment le commun peuple de la cité d'Amiens s'esmut pour les imposicions qu'on vouloit remettre sus.

En ces propres jours, fut envoyé devers le duc de Bourgongne ung advocat de par ceulx de la ville d'Amiens, lequel advocat estoit appelé maistre Tristran de Fontaines, pour impétrer grâce pour ycelle ville d'aulcune somme d'argent en quoy ilz étoient redebvables envers ledict duc, ou aulcuns de sa partie. Laquelle grâce ledict advocat ne povoit obtenir. Ains lui fu baillié nouvel mandement de par le roy Charles, et aultre de par le dessusdit duc, contenans que les imposicions et aultres subsides, anciennement acoustumées de payer, fussent remises sus comme aultre fois avoient esté. Lesquelx mandemens le dessusdit maistre Tristran feyst publier quand il fut retourné à Amiens, ou lieu acoustumé. A l'occasion de laquelle publicacion grand partie des bouchiers et aultres de la ville, et aultres grand nombre de commun, de ce non contens, s'esmeurent soubdainement et se mirent ensamble, armés et embastonnés selonc leur estat. Et alèrent devant leur mayeur, nommé Jehan de Conty, auquel ilz dirent plainement que desdictes subsides ilz ne paieroient nulles, et qu'il sçavoit bien que le bon roy Charles, leur seigneur, ne vouloit point qu'ilz paiassent, non plus que les aultres villes à luy appartenans et obéyssans. Lequel mayeur, véant leur rude et sotte manière, leur accorda tout ce qu'ilz vouloient dire, en les rapaisant par de doulces parolles, et, comme constraint, convint qu'il alast avec eulx par tout en la ville, où bon leur sambloit. Et firent leur capitaine d'un navieur nommé Honnouré Cokin. Si alèrent à l'ostel dudict maistre Tristran pour le mettre à mort, comme ilz en moustroient le samblant. Mais il fut de ce adverti par aulcuns qui estoient ses amis. Si s'estoit mis à sauveté. Et là rompirent plusieurs haies et fenestres pour la quérir. Et depuis s'en alèrent à la maison d'un nommé Pierre Leclercq, prévost de Beauvoisis, lequel avoit eu grand gouvernement en la ville durant le temps que maistre Robert le Josne avoit esté bailly d'Amiens, et avait fait pluiseurs rudesces à aulcuns des habitans d'ycelle cité d'Amiens et ou pays à l'environ. Par quoy il avoit acquis de grans haynes. Et là le quéroient partout. Mais il ne fut point trouvé; car lui, sachant ladicte meutacion, se mist hors de leur voie. Si fustèrent et ravirent tous ses biens, et burent en une seulle nuit bien dix huit queues de vin qu'il avoit en sa maison. Et prinrent ung sien nepveu, qu'ilz mirent prisonnier ou belfroy. Et de là en avant firent pluiseurs desrois; et aloient par grans compaignies aval la ville, ès hostelz des plus puissans. Lesquelx, comme par constrainte, faloit qu'ilz leur donnassent de leurs biens largement, et par espécial vins et viandes. Et entretant, ledict Pierre Le Clerc qui s'estoit mucié en la maison d'un povre homme, ou poulier aux gélines[1], fut accusé aux dessusdiz. Si le alèrent quérir à grand sollempnité, et le mirent ou belfroy de la ville. Et brief ensievant lui firent copper le haterel en plain marchié. Et pareillement firent-ilz à son nepveu. Si n'estoit-il alors homme de justice ou aultre, en ycelle ville d'Amiens, qui osast dire mot contre leur plaisir. Si furent ces nouvelles mandées au duc de Bourgongne, lequel y envoia Jehan de Brimeu, qui estoit nouvel bailly d'Amiens, et depuis, le seigneur de Saveuses, qui aussy en avoit esté capitaine nouvellement, adfin qu'ilz enquérissent diligemment par quelle manière on les pourroit chastier et corrigier. Et après y fut envoyé le conte d'Estampes, avec lui pluiseurs chevaliers et escuyers, et aussy gens de trait. Et de rechief y ala le seigneur de Croy, bien acompaignié, et y amena les archiers de l'ostel du prince. Si vinrent là de pluiseurs parties et à diverses fois grand nombre de notables seigneurs des marches de Picardie. Et faisoit-on samblant d'aler asségier le chastel de Bonnes, où il y avoit

---

1. Dans le poullailler.

des pillars. Toutefois, Honnouré Cokin et ses gens
n'estoient point bien asseur qu'on ne leur jouast à le
fausse compaignie, non obstant qu'ilz avoient esté devers le conte d'Estampes et le dessusdit capitaine et
bailly, pour luy excuser et ses gens des malefices
passés, où il avoit esté servi de parolles assés courtoises, en lui remoustrant qu'il cessast de poursievir
telles entreprinses, et on lui feroit son traictié. Finablement les seigneurs dessusdiz, après qu'ilz eurent
eues pluiseurs délibéracions ensamble sur ceste matière, après qu'ilz eurent garni le belfroy pour sonner
la grand cloche de la ville s'il y advenoit aulcun effroy,
au son de laquelle se debvoient tous ensemble lesdictes
communes accompaignier, si se mirent ensamble
yceulz seigneurs, et en alèrent grand partie sur le
marchié. Et d'aultre part se mirent en aucuns lieux
nécessaires, de leurs gens, armés et embastonnés,
pour garder les rues entre lesdiz esmouvans, se ilz s'assambloient. Et si furent commis le seigneur Saveuse,
gouverneur de la ville, et le bailly d'Amiens, à tout
certain nombre de gens, à aler par ladicte ville pour
prendre et faire retraite ceulx qui se vouldroient armer
et assambler. Après lesquelles ordonnances, le dessusdit conte d'Estampes et pluiseurs seigneurs avec lui
estans présens sur ledict marchié, où il y avoit grande
multitude de gens, fut publié ung nouvel mandement
de par le roy Charles et le duc de Bourgongne, contenant que les subsides et imposicions devant dictes
seroient mises sus, et avec ce que toutes offences par
avant passées seroient pardonnées, réservé à aulcuns
en petit nombre des principaulx, lesquelx seroient
dénonciés et punis ci-après. A laquelle publicacion

estoit présent ung nommé Périnet de Chalon qui estoit un des chiefz, lequel oyant ycelle se départi de là, en fuiant pour lui sauver. Et tantost on crya qu'on le prenist; si fu poursievy jusques dedens l'église de Saint-Germain d'emprès ung prestre qui chantoit messe, où il s'estoit agenoullié. Et fu mené jusque au belfroy. Et d'aultre part, le dessusdit Honnouré Cokin, qui bien sçavoit ceste assamblée, s'estoit armé et aulcuns de ses gens avec lui, pour aler à ladicte assamblée. Mais il fu rencontré dudit seigneur de Saveuse et du bailly d'Amiens avec leurs gens. Si fut prins incontinent et mené au belfroy. Avec lesquelx en furent prins par pluiseurs lieux, de vingt à trente. Desquelx en ce meisme jour, ledit Honnouré et sept de ses compaignons eurent les hateriaux copés d'une doloire. Et Perinet de Chalon, avec lui deux aultres, furent pendus au gibet. Et si en eut ung noyé, et cinquante trois bannis. Et depuis pour ce meisme cas en y eut pluiseurs exécutés à diverses fois. Entre lesquelz le fut, ung saqueman nommé le ..... [1] qui estoit exelent maistre en ycelui instrument. Pour laquelle exécucion tous les aultres habitans furent mis en grande obéyssance.

1. Il y a ici un mot en blanc dans le ms. 8346. Vérard met : « Entre lesquelz le fut ung gros sacquement, qui estoit exellent maistre en icelluy instrument. »

CHAPITRE CLXXXXIII.

Comment les François coururent et pillèrent les pays du duc de Bourgongne après la paix d'Aras. Et comment le mareschal du Rieu prinst villes et forteresces en Normendie sur les Anglois.

Item, après que les ambassadeurs du roy Charles dessus nommés furent retournés envers lui, et qu'ilz eurent monstré les lettres du traictié qu'ils avoient fait depar luy en la ville d'Arras avec le duc de Bourgongne, lesquelles entre les aultres articles contenoient comment ycelui duc recongnoissoit le roy dessusdit à son naturel et souverain seigneur, il fu de ce moult joyeux, et commanda que la paix fust publiée par tout où il appartenroit.

Et après brief ensievant se départirent les François qui estoient à Rue. Si fu la ville délivrée aux commis du duc de Bourgongne. Lesquelz François se assamblèrent avec pluiseurs de leurs gens sur les marches de Santhers et d'Amiennois, et pillèrent en pluiseurs lieux les pays audit duc, et de ceulx qui avoient tenu son parti. Et meismement destroussoient tout au net ceulx qu'ilz povoient attaindre de ceste partie, tant nobles comme aultres. Pour quoy ledit duc feist assambler gens d'armes pour résister aux dessusdiz. Lequelx sachans celle assamblée, se tirèrent arrière.

Et adonc, les Anglois remirent siège devant le pont de Meulent, que nagaires les François avoient mis en leur obéyssance. Mais pour aulcun empeschement qui leur sourvint, se départirent dudict siège.

Et d'autre part, le mareschal du Rieu et Charles des

Mares prinrent la ville de Dieppe et pluiseurs aultres en Normendie. Si vous diray comment.

Il est vérité que, après le département de la convencion d'Arras, aulcuns vaillans capitaines François, c'estassavoir le mareschal du Rieu, Gauthier de Boussac, le seigneur de Longueval et aultres capitaines qui povoient sur tout avoir de trois à quatre cens combatans, fleur de droites gens de guerre, par le moyen de Charles des Mares et à son entreprinse, alèrent le vendredi devant la Toussains, pour escheller la forte ville de Dieppe, séant sur la mer en moult fort lieu, ou pays de Caulx. Et de fait, ledict Charles, à tout six vins combatans environ, ala secrètement monter dedens la ville du costé vers le havène. Et de là alèrent rompre la porte devers Rouen, par où entra ledit mareschal du Rieu, à tout ses gens d'armes, à estandart desployé, la plus grande partie de ses gens tous à pied. Si alèrent jusques au marchiet. Et estoit environ le point du jour. Et adonc commencèrent fort à cryer ville gagnié! Si furent ceulx de dedens moult fort esmervilliés quand ilz oyrent ce cry, et commencèrent les aulcuns à gecter des pierres et à traire de leurs maisons. Et pour ce qu'il y avoit grand nombre de gens, tant de la ville comme du navire, attandirent jusques à neuf ou dix heures avant qu'ilz assaillissent lesdictes maisons. Mais en fin fu du tout conquise, à peu de dommage pour lesdiz François. Si y estoit comme lieutenant du capitaine un nommé Mortemer, qui s'enfuy avec pluiseurs aultres. Et y fu prins le seigneur de Boisseville. Et à la première venue n'y furent mors que trois ou quatre Anglois de la garnison, mais pluiseurs y furent prins, c'estassavoir de ceulx qui plus fort avoient tenu la partie des Anglois. Et au regard de leurs biens, en y eu largement prins comme confisqués, sinon de ceulx qui vouloient faire sairement de demourer bons françois. Et y avoit au havène très grand nombre de navires, dont la plus grand partie demourèrent avec les François. Et ce meisme jour ou lendemain, on fist crier que tous estrangiers s'en alassent où bon leur sambleroit, réservé ceulx qui vouloient faire sairement. Si en demoura ledict Charles des Mares capitaine, du consentement de tous les aultres, pour le roy de France. Pour laquelle prinse, tous les Anglois généralment du pays de Normendie furent très fort troublés, et non point sans cause, car ycelle ville de Dieppe estoit mervilleusement forte et bien garnie, séant sur ung des bons pays de Normendie. En oultre, assés brief ensievant, vinrent les François audit lieu de Dieppe et ou pays à l'environ, de trois à quatre mille chevaulx, soubz la conduite de Anthoine de Chabennes, Blanchefort, Poton le Bourguignon, Pierre Renauld, et aultres capitaines. Et depuis s'i bouta Poton de Saincte-Treille, Jehan d'Estouteville, Robinet, son frère, le seigneur de Monstreau-Bellay, et pluiseurs aultres nobles chiefz de guerre. Et aussi y vint ung capitaine de communes nommé Kierewier, à tout bien quatre mille paysans du pays de Normendie, qui se alya et fit sairement au mareschal dessus nommé, de guerroyer hardiment les Anglois. Et quant toutes ces compaignies furent assamblées ensamble, ilz se mirent par bonne ordonnance sur les champs. Et la veille du Noel alèrent tous ensamble devant la ville de Fescamp, laquelle par le moyen du seigneur de Maleville fu rendue audit mareschal, moyennant qu'ilz demourroient paisibles. Et y fut commis capitaine ledit Jehan d'Estouteville. Et lendemain du Noel, alèrent devant monsieur Vilers, qui se rendi pareillement. Et en fut cause, ung gascon qui se nommait Jehan du Puis, lequel estoit de par les Anglois. Si y commist, ledit mareschal du Rieu, ung nommé Combenton. Et alors venoient et aplouvoient François de tous costés. Et avec ce, firent sairement à ycelui mareschal, pluiseurs nobles hommes dudit pays de Normendie. Si alèrent devant Harfleur et l'assaillirent moult vaillamment, mais par force furent reboutés de ceulx de dedens, et y perdirent quarante hommes de leurs gens, qui y furent mors. Desquelx furent les principaulx ledit seigneur de Monstreul-Bellay et le bastard de Langle. Si concluront derechef de les assaillir, mais ceulx de la ville firent traictié de eulx rendre, par si, que bien quatre cens Anglois qui estoient dedens s'en iroient sauvement à tout leurs biens. Si en estoit leur capitaine ung nommé Guillaume Minors. Qui se départirent à tout leurs biens, et ceulx de la ville firent le sairement.

Et en ce mesme temps, se rendirent de la partie du Roy les villes ensievant, assavoir : Le Bec Crespin, Tancarville, Gonnisseule, Les Loges, Valemont, Graville, Longueville, Noefville, Lambreville et pluiseurs aultres forteresces, au très petit domage d'yceulx François. Et depuis vint avec eulx Artus, conte de Richemont. Auquel, depuis sa venue, se rendirent Charlemaisnil, Aumasle, Saint-Germain sur Cailly, Fontaines le Bourg, Préaulx, Blainville et aulcunes aultres places, esquelles partout on mettoit garnison. Si fut pour ceste saison le pays de Caux en la plus grand partie conquis. Mais par faulte de vivres il convint que les François se séparassent l'un de l'aultre. Et pour ce, comme dit est, mirent leurs garnisons sur les frontières. Et se retrayrent les principaulx capitaines hors du pays.

Si furent à ces conquestes ci dessusdictes, ledit Charles des Mares et Richarville, qui se partirent de Dieppe et se mirent aux champs. Si trouvèrent le dessusdict mareschal, le seigneur de Torsy, Poton le Bourguignon, Broussart, Blanchefort, Jehan d'Estouteville, et pluiseurs aultres capitaines, hommes de grand façon et droites gens de guerre. Avec lesquelx et en ycelles conquestes faisant, se alia le dessusdit Kieruwier, à tout six mille combatans, gens de communes, pour achever lesdictes besongnes.

CHAPITRE CLXXXXIV.

Comment les Anglois se commencèrent à doubter des Bourguignons qui menoient guerre avec eulx contre le roy de France, et ne volrent plus converser en leur compaignie. — Et aultres matères en brief.

Item, après ce que les Anglois furent du tout adcertenés du traictié fait entre le roy Charles de France et le duc Phelippe de Bourgongne, comme dessus est dict, ilz se commencèrent à garder et garnir contre les gens dudit duc, pareillement comme avant ilz faisoient des François. Et non obstant que avec eulx eussent eu plusieurs communications, amistiés et compaignies d'armes, si n'eurent ilz de là en avant plus fiance, ne repaire, l'un avec l'autre. Jà soit que présentement ne s'entrefeyssent point de guerre ouverte, toutefois yceulx deux parties d'Angleterre et de Bourgongne, commencèrent secrètement à adviser voies et manières de prendre advantaige l'un sur l'autre. Et mesmement, yceulx Anglois, tenans les frontières de Calais, se mirent en paine de prendre la ville d'Ardre, d'emblée. Et d'aultre part, ceulx de la partie de Bourgongne, vers Ponthieu, firent le cas pareil sur la forteresce du Crotoy, que tenoient yceulx Anglois. Mais chascun se gardoit de près l'un de l'autre. Pour lesquelles entreprinses ainsi faites couvertement, les dessusdictes parties furent très mal contens l'une de l'autre, et firent chascun d'yceulx leurs aprestes pour grever et faire guerre l'un à l'autre.

Et pour tant, La Hire, qui souvent se tenoit à Guerberoy, assambla avec Pothon de Saincte-Treille et messire Rigault de Fontaines, jusques à six cens combatans ou environ, lesquelz ilz menèrent jusques assez près de Rouen, en intencion d'entrer en ycelle ville par certains moyens qu'ilz y avoient. Lesquelx ne peurent venir à chief de leur entreprinse. Et pourtant, yceulx capitaines et leurs gens, qui estoient moult travilliés, s'en retournèrent pour eulx rafreschir, en ung grand village nommé Roys. Auquel lieu, messire Thomas Kiriel et aultres capitaines anglois, accompaigné de mil combatans, sachans que lesdiz François se rafreschissoient oudit village, vinrent férir sur eulx avant que de ce fait peussent estre du tout advertis, ne montés à cheval pour eulx deffendre et garandir. Par quoy ilz furent prestement mis en desroy. Si contendirent à eulx sauver vers les parties dont ils estoient venus, si non aulcuns des capitaines, en petit nombre, qui cuidèrent ralyer leurs gens. Mais en ce faisant ilz furent vaincus par leurs ennemis. Et y furent prins le seigneur de Fontaines, Alain Géron, Alardin de Monsay, Jehan de Bordes, Gamarde et pluiseurs aultres jusques au nombre de soixante ou plus. Sy en furent mors sur la place, tant seulement huit ou dix, et les aultres se sauvèrent. Toutefois, La Hire fut navré, et si perdi toute sa monture. Et aussy gaignièrent, lesdiz Anglois, la plus grand partie des chevaulx d'yceulx François. Pour ce que les bois estoient près, se sauvèrent les pluiseurs à pied, dedens yceulx bois.

Item, en ce temps furent envoyés de la part du roy d'Angleterre certains ambassadeurs devers l'empereur d'Alemaigne, lesquelx passant parmi le pays de Brabant furent prins et arrestés par les gens du duc de Bourgongne. Mais depuis, comme je fus adverti et informé, furent mis à délivrance, pour ce que ycelui roy et ledit duc n'avoient point encores envoyé l'un à l'autre leur déffiances.

Item, en ce mesme temps, par la diligence et entreprinse de messire Jehan de Vergy, et avec lui aulcuns capitaines François, furent déboutés les Anglois hors de deux fortes villes qu'ilz tenoient en Champaigne sur les marches de Barois, c'est assavoir Nogent-le-Roy et Montigny. Et pareillement ceulx de Ponthoise rendirent leur ville ès mains de monseigneur de L'Isle-Adam, laquelle paravant tenoient les Anglois. Et non obstant que ledit seigneur de l'Isle Adam nagaires eust fait guerre pour les dessusdiz Anglois et eust esté mareschal de France pour le roy Henry, nientmains, dedens brief temps après, leur fist forte guerre. Et d'aultre part, furent les Anglois déboutés du Bois de Vincennes et d'aulcunes aultres places qu'ilz tenoient vers l'Isle de France. Et adonc se commencèrent à percevoir les Anglois que moult avoient perdu en ce que le duc de Bourgongne estoit d'eulx desjoins, et ralié avec les François. Si l'en commencèrent à avoir en grand hayne, lui et les siens, et en plus grande indignacion que leurs anciens ennemis.

CHAPITRE CLXXXXV.

Comment le roy Henri d'Angleterre envoya lettres à ceulx du pays de Hollande pour les atraire de sa partie, et la copie desdictes lettres.

En cest an, Henri de Lancastre, roy d'Angleterre, envoya ses lettres seellées de son seel privé, aux bourguemaistres, eschevins, conseiilers, et communaultés de la ville de Cérixée[1], adfin de yceulx attraire et entretenir de sa partie contre le duc de Bourgongne. Desquelles lettres la teneur s'en suit :

« Henri, par la grâce de Dieu, roy d'Angleterre et de France, seigneur d'Irlande. A nos très chiers et grans amis les bourghemaistres, eschevins, conseillers et communaultés de la ville de Cérixée, salut et continuacion de vraie amour et affection. Très chiers et grans amis, quantes comédités[2] et quelz repos a porté le fruit de naturelle amour aux royaumes, signouries et personnes, qui par longue continuacion sont confedérées et aliées ensemble, leurs fais et leurs besongnes le demonstrent assés, comme bien en avés eu l'expérience. Et nous, remirans en nostre pensée les

1. Zierik-See, dans la province de Zélande.
2. *Lis.* commodités.

doulces amistiés et confédéracions qui de grand ancienneté ont esté continuées entre noz progéniteurs, ses royaumes et pays, et les princes qui ou temps passé ont eu signourie en Hollande, Zélande et Frise, moyennant laquelle amistié, bonne paix et union, transquilité, seurté de marchandise, amoureuse continuacion, prouffitable conservation de loyaulté et de foy, ont esté gardées d'un costé et d'autre, au reboutement de toutes divisions, haynes, débas et envies, qui sont tous jours occasion de perturber et pervertir toute bonne pollicite et sœurté humaine; désirant pour ce, de tout nostre cuer, ycelles amistiés estre continuées en ensievant les traces de nos prédécesseurs qui, tant par linage et affinité de sang, comme par loialle confédéracion et alliance qu'ilz ont eu avec les princes de Zélande, ont esté constitués en si grand amour et union les ungs avec les aultres, comme de prendre et porter par lesdiz princes nostre honnourable ordre de la Jarretière, avec empereurs, roys et aultres princes et seigneurs portans ycelui ordre pour nostre amour, avons prins juste occasion de vous escripre présentement l'affection que nous avons d'entretenir et continuer lesdictes confédérations et amistiés, qui pieçà ont eu commencement, comme dit est. A quoy de nostre part avons esté et sommes bien enclins et disposés, espérons que quelconque nouvelle confédéracion n'est à préférer à ancienne chose, plus honnourable et proufitable à entretenir. Mais toutefois, pour ce que freschement, soubz umbre de couleur de terme de paix, que ne s'ensieve, dont plus grand guerre quonques mais est en adventure de venir, non pas en nostre défaulte, ne par nostre coulpe, qui tousjours par la révérence de Dieu et le bien de la chrestienté nous sommes mis et tousjours voulons mettre en nostre debvoir, aulcunes nouvellités et mutacions ont esté faites en nostre royaume de France, au grand préjudice de nous et de nostre estat, honnour et signourie, en enfraingnant la paix génerálle de nos deux royaumes tant sollempnelement faite, promise et jurée par feu de très noble mémoire, nos très chiers seigneurs, père et ayoul, les rois Henri et Charles desrenièrement trespassés, auquelz Dieu pardoinst, et les plus grans de leur sang et linage et estas des royaumes, comme vous povés avoir en mémoire. En laquelle cause pluiseurs rumeurs et nouvelles courent en divers lieux, comme on dist que aulcuns pays se disposent à romptures de confédéracions et aliances que avons eues avec eulx, desquelles n'entendons, n'avons cause d'entendre ne ymaginer, que soyés. Nientmains, pour vostre consolacion ou advertissement, nous vouldrions bien sçavoir en ceste matière vostre bonne voulenté, pareillement que vous faisons sçavoir la nostre. Et pour ce, nous vous prions très affectueusement et de cuer, que ainsy que franchement vous faisons sçavoir nostre inclinacion et désir pour l'entretenement de bonne amistié d'entre nous, noz subgetz et vous, semblablement nous voeilliés de vostre intencion sur ces choses plainement et entièrement rendre certaines responces par le porteur de cestes, que envoyons pardevers vous pour ceste cause, ou par aultre de voz messages, se vous les voulés envoyer par devers nous. En nous certefiant au sourplus de toutes choses honnourables et agréables à vous et à nous, y ferons entendre très voulentiers et de bon cuer. Très chiers et grans amis, le saint

Esperit vous ait en sa sainte garde. Donné soubz nostre seel privé, en nostre palais de Wesmoustier, le xiiii° de décembre, l'an de grace mil iiii° et xxxv, et de nostre regne le xiiii° » Et la subscripcion estoit. « A nos très chiers et grans amis les bourghemaistres, eschevins, consilliers et communaultés de la ville de Cérixée. »

Lesquelles lettres receus par les dessusdiz, sans faire responce au message qui les porta, si non qu'ils se conseilleroient sur le contenu d'ycelles, les envoyèrent devers le duc de Borgnongue et son conseil. Lequel fut très mal content des manières que yceulx Anglois tenoient vers luy et ses pays, tant en ce comme en aultres besongnes.

CHAPITRE CLXXXXVI.

Comment, après la paix d'Arras, le duc de Bourgongne se conclud de faire et mener guerre aux Anglois.

Item, durant le temps que les besongnes dessusdictes se commencèrent fort à enfélonnier et animer entre les deux parties d'Angleterre et de Bourgongne, comme dit est, pour tant, fut advisé par ledit duc et aulcuns de ses plus féables conseillers, qu'il seroit bon de trouver manière secrète que ycelles deux parties ne feyssent point de guerre l'un contre l'autre, et que leurs gens, pays, amis et alyés, demourassent paisibles et comme neutre. Et ad fin de ad ce pourveoir, fu mandé devers le duc dessusdit messire Jehan de Luxembourg, conte de Ligney, qui point encore n'avoit fait de sairement au roy Charles de France.

Lequel, à la requeste d'ycelui duc, se charga de ent (*sic*) escripre à l'archevesque de Rouen, son frère, lequel estoit ung des principaulx conseillers du roy Henry et son chancelier sur la marche de France. Et adonc fut ycelle besongne mise en conseil. Et que plus est, ycelui archevesque envoia en Angleterre devers le Roy et les siens. Si fut advisé pour mieulx faire que laissier, que il seroit bon de ycelles deux parties demourer en bonne union l'un avec l'autre quand au fait la guerre. Et pour tant, la responce oye, fut rescript audit messire Jehan de Luxembourg par son frère, que sa requeste seroit mise à effect, et que bonne seurté se bailleroit de la partie des Anglois, et de non faire quelque entreprinse sur le dessusdit duc de Bourgongne, ses pays et subgetz, moyennant qu'il feroit pareillement de la partie du Roy. Et alors, brief ensievant que ledit conte de Ligney eut receu par escript cette responce, il l'envoia devers ycelui duc de Bourgongne, en faisant sçavoir à lui par yceulx, se il seroit content de procéder oultre. Lequel fist faire responce par la bouche de l'évesque de Tournay, que non. Car nagaires et de nouvel lesdiz Anglois avoient fait contre lui et ses subgetz de trop grandes desrisions, en diffamant en pluiseurs lieux sa personne et son honneur. Avoient aussy rué jus quatre ou cinq cens de ses gens sur les marches de Flandres. Et d'aultre part, comme dict est ailleurs, avoient voulu prendre d'emblée la ville d'Ardre; et ce avoient congneu quatre de leur parti, qui pour celle cause, en ycelle ville d'Ardre, avoient eu les hatereaux copés. Et si avoient fait pluiseurs aultres entreprinses sur lesquelles il ne pourroit bonnement passer soubz dissimulacion. Après laquelle responce ainsy faite par ledit évesque de Tournay aux gens dudit conte de Ligney, requéroit audit duc qu'il lui pleust sur ce rescripre ses lettres à leur seigneur et maistre. Lequel leur accorda et signa de sa main. Depuis lesquelles lettres envoiées par la manière devant dicte, ledit duc de Bourgongne fu fort et par diverses fois instruit et enhorté par ceulx de son conseil à lui préparer et faire ses aprestes à mener guerre contre lesdiz Anglois, pour garder son honneur. Et tant, que assés brief ensievant, il fist escripre et envoia ses lettres devers le roy d'Angleterre, en lui signifiant et récitant les entreprinses qui avoient esté faites de sa partie depuis la paix d'Arras, à l'encontre de luy, ses gens et subgectz, lesquelles sambloient estre à luy et aux siens tant estranges, grièves et préjudiciables, que pour son honneur et lui mettre en debvoir, ne debvoient plus estre teues ne dissimulées. Disant en oultre, que se il en estoit ainsy fait aulcune chose de sa part, nul n'en debveroit avoir merveille ne donner charge à luy ne aux siens, car assés et trop lui en estoit donnée occasion et cause raisonnable, dont moult lui desplaisoit. Lesquelles lettres receues par le dessusdit roy d'Angleterre et son conseil, ils furent tous adcertenés d'actendre et avoir la guerre audit duc. Et sur ce, furent garnies toutes les frontières de Boulenois, du Crotoy et aultres lieux à l'environ, à l'encontre de ses pays, prestz pour attendre toutes adventures qui pourroient advenir. Et pareillement fist ledit duc garnir les siennes. Et adonc, le roy d'Angleterre envoia ses lettres ès marches de France à aulcunes bonnes villes, adfin qu'on sceust la vérité de la querelle que le duc de Bourgongne prenoit contre luy. Lesquelles, ou en substance, contenoient excusacions des charges que ycelui duc et les siens vouloient donner sur lui et sur ses gens, des entreprinses dessusdictes. Entre lesquelles remonstrances récitoit les lettres qu'il avoit escriptes en Hollande, non point pour induire les habitans à nul mal. Et aussy, des aliances qu'il avoit voulu et vouloit faire avec l'empereur d'Allemaigne, estoit en sa franchise de ce faire. Et du mandement secret qu'il faisoit en Angleterre pour grever ledit duc comme il avoit escript, estoit si secret, que par toute Angleterre en estoit commune voix. Et ne le vouloit point céler, pour ce qu'il pourroit faire assambler gens pour employer où bon lui sambleroit. Disant oultre par ycelles, que les dessusdictes charges qu'on lui avoit voulu baillier, estoient sans cause, comme il povoit plainement apparoir par les œuvres que avoient faites contre lui et ses subgectz le dessusdit duc de Bourgongne et ceulx de sa partie. Laquelle charge, au plaisir de Dieu, retourneroit dont elle estoit venue.

CHAPITRE CLXXXXVII.

Comment le duc de Bourgongne avec aulcuns de ses privés conseillers se conclut d'aler asségier et conquerre la ville de Calais.

Item, assés brief ensievant, après que le duc de Bourgongne eust escript ses lettres, comme dict est dessus, au roy d'Angleterre, contenans les entreprinses faites contre luy et ses subgectz par ledit roy et les siens, voiant les besongnes en ce point que pour venir, lui et ses pays, en guerre contre les Anglois, tint par pluiseurs fois de grans consaulx, adfin de sçavoir comment et de quelle manière il pourroit conduire son fait. Esquelz furent pluiseurs diverses oppinions mises en avant. Et vouloient les aulcuns que le duc commençast la guerre, et qu'il assamblast sa puissance de tous ses pays pour résister contre lesdiz Anglois et conquerre la ville de Calais, qui estoit de son héritage. Les aultres estoient d'aultre oppinion en ycelui cas, et pensoient et contrepensoient moult le commencement, entretenement et fin d'ycelle guerre, disant que les Anglois estoient moult près de pluiseurs des pays d'ycelui duc, et y pourroient bien entrer à leur advantaige, quand bon leur sambleroit. Et ne sçavoit quelle aide il pourroit trouver ou roy Charles, son seigneur, et en ses princes, à cuy il estoit ralyé, se auculne malvaise fortune lui advenoit. Toutefois, quant tout eust esté débatu par pluiseurs journées, la conclusion fu prinse, que le dessusdit duc feroit guerre, et requerroit en aide ceulx de ses pays de Flandres, de Holande et d'aultres lieux, pour lui aidier à conquerre la dessusdicte ville de Calais, et la conté de Guines. Si estoient les principaulx de ladicte conclusion de faire guerre, maistre Jehan Chevrot, évesque de Tournay, le seigneur de Croy, maistre Jehan de Croy, son frère, messire Jehan de Hornes, séneschal de Brabant, le seigneur de Chargny, le seigneur de Crevecœur, Jehan de Brimeu, bailly d'Amiens, et aultres pluiseurs. Auxquelx consaulx ne furent point appelés pluiseurs aultres grans seigneurs, qui continuellement avoient servi et soustenu grand partie de la guerre avec ledit duc, durant son règne, contre tous ses adversaires :

c'estassavoir messire Jehan de Luxembourg, le seigneur d'Antoing, le visdame d'Amiens, le bastard de Saint-Pol, le seigneur de Saveuses, Hue de Lannoy, seigneur de Santes, le seigneur de Mailly et moult d'aultres nobles et puissans, tant des pays de Picardie et de Bourgongne, comme d'aultres estans en la puissance dudit duc. Pour quoy il leur sambloit qu'ilz n'estoient point tant tenus d'eulx et leur puissance employer au fait de ladicte guerre, comme si ilz y eussent esté appelés. Nientmains, après la conclusion dessusdicte, ledit duc ala en sa ville de Gand. Auquel lieu il fist assambler, en sa Chambre des collacions, les eschevins et les doyens des mestiers d'ycelle ville, auxquelx, lui estant présent, il fist remoustrer par maistre Grossewin le Sauvage, qui estoit ung de ses conseillers de son chastel de Gand, comment la ville de Calais appertenoit jadis à ses prédécesseurs, et qu'elle estoit de son droit demaine et héritage à cause de sa côntée d'Artois, jà soit-il que les Anglois l'avoient de long temps occupée par force et contre droit, comme de ce ilz povoient estre assés véritablement informés, tant parce que aultre fois leur avoit fait remoustrer par maistre Colard de Commines, souverain bailly de Flandres, comme par aultres ses conseillers et serviteurs. Et aussy avoient, lesdiz Anglois, depuis la paix d'Arras, fait pluiseurs entreprinses à l'encontre de luy, ses pays et subgectz, dont estoit moult desplaisant. Et mesmement, avoient en pluiseurs lieux escript et proclamé de très grans injures et diffames contre sa personne, pour quoy il avoit cause bonnement, sauve son honneur, de non plus souffrir, ne dissimuler contre yceulx Anglois. Et pour ce leur faisoit requerre et prier très instamment, qu'ilz lui voulsissent aidier à reconquerre ycelle ville de Calais, laquelle, comme disoit ledit maistre Gossuin, estoit moult préjudiciable à toute la contée de Flandres, parce que les laines, estain, plont et fromages, et aultres marcheandises que ceulx de Flandres y achetoient, on ne povoit payer de quelque monnoye, tant fust de bon aloy, à leur plaisir. Et leur convenoit baillier or ou argent fondu et affiné, ce que ne fesoient point les aultres pays. Et ce relatèrent estre vray lesdiz doyens des mestiers. Après lesquelles remonstrances faites bien au long, grand partie desdiz eschevins et des doyens de ladicte ville de Gand, sans prendre délibéracion de conseil, ne jour d'avis pour parler aux aultres membres de Flandres, se consentirent à la guerre. Et ne povoient estre oys aulcuns seigneurs et gens saiges et anciens, qui estoient de contraire oppinion. Et qui plus est, quand les nouvelles furent espandues par les aultres villes et pays de Flandres, tous furent voulentrieux à celle besongne; et tardoit moult à la plus grand partie qu'on y procédoit si lentement. Et estoient trop malement désirans de moustrer comment ilz estoient bien armés et pourveus d'engiens et aultres habillemens de guerre. Si procédèrent en ce arrogamment et pompeusement. Et pour vray il leur sambloit que la dessusdicte ville de Calais n'aroit point de durée contre eulx. Et depuis ce jour en avant, commencèrent à eulx pourvoir de toutes besongnes servans à la guerre. Et pareillement, fist ledit duc de Bourgongne faire requeste aux aultres membres et chastellenies de sa contée de Flandres, d'avoir aide et souscours. Lesquelz luy accordèrent libéralment. Et d'aultre part, ycelui duc s'en ala en Holande, et fist requeste à ceulx du pays que aussy ilz luy feyssent ayde de gens et de navire, pour aler audit lieu de Calais. Lesquelx luy accordèrent grand partie desdictes requestes. Et après s'en retourna, et fist par tous ses pays faire grandes préparacions de guerre contre les dessusdiz Anglois, en intencion de reconquerre ladicte ville de Calais.

Item, après que les besongnes dessusdictes eurent esté longuement démenées, comme dit est, entre les Anglois et Bourguignons, et chascune partie se gardoient l'une de l'autre, et desjà avoient fait de chascune partie aulcunes entreprinses, lors le duc de Bourgongne envoia de ses pays de Picardie, le seigneur de Ternant, messire Simon de Lalaing et aultres de ses capitaines, à tout six cens combatans, à Pontoise, en l'ayde du seigneur de l'Isle Adam, pour lui aidier à garder la frontière contre lesdiz Anglois. Lesquelx menoient forte guerre à ycelle ville de Pontoise, pour tant que ledict seigneur de l'Isle-Adam l'avoit nagaires prinse sur eulx. Avec lesquelx se assamblèrent très souvent les François. Et contendoient très fort à reconquerre la ville de Paris pour la partie desdiz François.

Durant lequel temps, la royne du roy Charles acoucha d'un filz, lequel le dessusdit roy fist lever ou nom du duc de Bourgongne. Et fu nommé Phelippe. Si le tint sur les fons pour ledit duc, le duc Charles de Bourbon, et avecques lui, Charles d'Angou, frère de la royne. Et après qu'il fut baptisié, envoia le Roy ses lettres devers ledit duc, par lesquelles il lui signifioit ce que dessus est déclairié, en lui requérant que ce qu'il en avoit fait, il le volsist avoir pour agréable. Lequel duc fut d'ycelles nouvelles très joieux, et donna audit poursievant de très riches dons, comme prince.

Et entretant, ledit duc faisoit par tous ses pays de grans requestes à ses subgectz pour avoir ayde de gens et de finances contre les Anglois.

DE L'AN MCCCCXXXVI.

[Du 8 avril 1436 au 31 mars 1437.]

CHAPITRE CLXXXXVIII.

Comment la ville de Paris fu réduicte en l'obéyssance du roy Charles de France.

Au commencement de cest an, s'assamblèrent le conte de Richemont, connestable de France, le bastard d'Orléans, les seigneurs de la Suse, de la Roche, de l'Isle-Adam, de Ternant, et avec eulx messire Simon de Lalain, et Sansse son frère, et pluiseurs aultres capitaines de la partie des François et Bourguignons, acompaigniés de cinq à six cens combatans[1] ou en-

---

1. *De cinq à six cens combatans.* Le manuscrit 8346 porte de V a VI^m (de cinq à six mille). Mais c'est une faute évidente. Jean Chartier met : « Avec quatre à cinq cent combatans. » (Ch. VII de Godefr., p. 87.)

viron. Lesquelz, eulx partans de Pontoise, vinrent devers Paris, espérans de y entrer par certains moyens que y avoit le seigneur de l'Isle-Adam et aultres favourisans la partie de Bourgongne. Si furent yluec de quatre à cinq heures. Et après, véans qu'ilz ne povoient venir à leur intencion, se logièrent à Haubert-Vilier, Montmartre, et aultres lieux à l'environ. Et lendemain assaillirent la ville de Saint-Denis, où il y avoit de quatre à cinq cens Anglois, qui furent prins de force, et en y eut de mors environ deux cens. Et les aultres se retrayrent en l'abbéye, en la tour du Vellin. Lesquelx furent asségiés; mais ils se rendirent, saulves leurs vies, reservés aulcuns du pays qui demourèrent à voulenté. Et lendemain, qui estoit joesdy, messire Thomas de Beaumont, qui nouvellement estoit venu à Paris, à tout six cens Anglois qu'il avoit amenés de Normendie, ala dudit lieu de Paris, tout à yceulx, vers ladicte ville de Saint-Denis, pour sçavoir et enquerre de l'estat des Francois. Desquelz il fut apperceu; et saillirent hors à grand puissance contre luy. Si furent assés tost mis à grand meschief et tournés à desconfiture. Et en demoura de mors en la chace bien trois cens, et quatre vins prisonniers. Desquelz fut l'un ledit messire Thomas; et les aultres se sauvèrent en fuiant à Paris, et furent chaciés jusques aux portes de la ville.

Et adonc, les Parisiens, qui estoient moult favourables au duc de Bourgongne, c'est assavoir le quartier des Halles, aulcuns de l'Université, Michault Laillier et pluiseurs aultres notables bourgois de Paris, eulx voians la perte que avoient fait lesdiz Anglois, et la puissance que avoient les François et

Bourguignons auprès d'eulx, se mirent ensemble par diverses compaignies, et conclurent l'un avec l'autre de bouter les Anglois hors de leur ville, et y mettre les François et Bourguignons dessusdiz. Si le firent sçavoir couvertement au seigneur de l'Isle-Adam, adfin qu'il y menast les aultres. Lequel noncia ces nouvelles au connestable de France et aux aultres seigneurs, lesquelz, tous ensemble, se conclurent de y aler. Et se partirent dudit lieu de Saint-Denis en belle ordonnance, le vendredi très matin. Et entretant, Loys de Luxembourg, évesque de Terewane, les évesques de Lisieux et de Meaulx, le seigneur de Willebi et pluiseurs aultres tenans le parti des Anglois, doubtans, ce qui leur advint, c'est assavoir que le commun ne se tournast contre eulx, firent logier leurs gens en la rue Saint-Anthoine auprès de la Bastille, et firent la Bastille bien garnir de vivres et habillemens de guerre. Et avec ce tinrent leurs gens armés et sur leur garde, pour eulx y retraire se besoing y estoit.

Et les dessusdiz Francois et Bourguignons, venus devant ladicte ville de Paris vers la porte Saint-Jaque oultre l'eaue vers Mont-le-Héry, envoyèrent le seigneur de l'Isle-Adam parlementer à ceulx des murs. Lequel leur moustra une absolucion géneralle de par le roy Charles de France, seellée de son grand seel, en les admonestant très instamment qu'ils se voulsissent réduire en l'obéyssance du dessusdit roy Charles, à l'instance et faveur du duc de Bourgongne, qui s'estoit réconcilié avec lui; duquel ils avoient si bien tenu le party et encore demouroient soubz son gouvernement. Lesquelz Parisiens, oyans les doulces parolles et offres que leur faisoit ledit seigneur de l'Isle-Adam, de sa partie se enclinèrent, et conclurent assés brief ensievant l'un avec l'autre, de mettre les dessusdiz seigneurs en leur ville. Et de fait, sans délay, furent dréciés eschielles contre la muraille, par lesquelles ycelui seigneur de l'Isle-Adam monta et entra dans ladicte ville, et avec lui le bastard d'Orléans et grand foison de leurs gens[1]. Avec lesquelx se assamblèrent tantost grand foison de Bourguignons et grand foison du commun de ycelle cité. Qui tantost commencèrent à cryer par la ville de Paris : La paix ! Vive le Roy et le duc de Bourgongne ! Et tantost après firent ouvrir les portes, par lesquelles entrèrent dedens ledit connestable et aultres seigneurs, à tout leurs gens d'armes, qui se trayrent vers la bastille Saint-Anthoine, où estoient les Anglois, qui desjà, c'est assavoir les seigneurs, se retraioient en ladicte bastille, et cuidèrent aulcunement résister. Mais ce fut paine perdue ; car leurs adversaires estoient trop puissans au regard d'eulx. Par quoy ilz furent assés tost reboutés en ycelle, et en y eut d'yceulx mors et prins, en petit nombre. Et après furent faites barrières au-devant de la porte de la bastille, de chars et de bois. Et se logèrent gens d'armes aux Tournelles et aultres logis au plus près, adfin que yceulx Anglois ne peussent saillir dehors. Et lors tous leurs biens, qu'ilz avoient laissiés à leurs [logis], furent prins et partis. Et aussi, pluiseurs des principaulx qui avoient tenu leur parti, furent mis prisonniers et leurs biens confisquiés. Et avec ce, de par le roy Charles y furent fais nouveaulx officiers.

---

1. Le vendredi après Pâques, suivant Berry et le Journal d'un bourgeois de Paris, c'est-à-dire le 13 avril 1436.

En après, le dessusdit évesque de Terewane, le seigneur de Willebi et leurs complices, estans dedens ladicte Bastille, eurent parlement avec les François. Lequel parlement, par le moyen du seigneur de Ternant et de messire Symon de Lalaing, vint à conclusion par tel si, que en rendant ladicte Bastille ilz s'en yroient sauf leur corps et leurs biens. Sy eurent saufconduict du connestable de France, soubz lequel ilz s'en alèrent à Rouen par eaue et par terre. Et à leur département, firent lesdiz Parisiens grand huée, en criant : A la Keuwe[1] ! Et par ainsy demoura ladicte ville de Paris en l'obéyssance du roy Charles. Et yssirent yceulx Anglois par la porte des champs, et alèrent par autour monter sur l'eaue derrière le Louvre. Si perdi ledit évesque de Terewane sa chapelle, qui estoit moult riche, et grand partie de ses joiaulx et aultres bonnes bagues, qui demourèrent audit connestable. Toutefois il fut aulcunement favourisié dudit seigneur de Ternant et messire Symon de Lalaing, et lui fu secrètement rendu aulcune partie de ses biens, qui estoient aval la ville. A l'entrée de laquelle fut desployée la bannière du duc de Bourgongne et son estandart, pour avoulenter lesdiz Parisiens à eulx tourner de ce parti. Et si y furent fais chevaliers nouveaulx de par le connestable dessusnommé, des marches de Picardie, Sansse de La Laing et Robert de Noefville, avec aulcuns aultres de la partie des François. Après laquelle entrée demourèrent dedens ycelle ville grand espace, ledit connestable, et avec lui le seigneur de

---

[1]. Le Journal d'un bourgeois de Paris donne la date précise de la reddition de la Bastille. Ce fut le mardi 17 avril 1436.

Ternant, qui lors fut fait prévost de Paris. Et le dessusdit messire Sansse de La Laing et les aultres, comme le bastard d'Orléans et les aultres Picars, retournèrent ès lieux dont ilz estoient venus.

CHAPITRE CXCIX.

Comment Artus, comte de Richemont, connestable de France, fist guerre au damoisiau de Commarcis.

En cest an, Artus, conte de Richemont, connestable de France, à tout grand compaignie de gens d'armes, vint ou pays de Champaigne et ès marches environ, pour guerroyer le damoiseau de Commarcis[1] et les aultres qui estoient désobéyssans au roy Charles de France, et moult traveilloient ses pays. Et à sa première venue prinst Louvois à quatre lieues près de Rains, et de là ala devant Braine, apertenant audit seigneur de Commarcis. Mais pour ce qu'elle estoit trop forte et bien garnie et qu'ilz ne vouloient point obéyr, il passa oultre et s'en ala à Sainte-Mineboult, que tenoit Henry de la Tour. Lequel il en débouta par certains traictiés fais entre les parties. Ouquel lieu vint devers le connestable, le damoiseau Evrard de la Marche, qui avec lui fist apoinctement pour avoir ses gens à mettre siège devant Chavensi. Si bailla ledit connestable pluiseurs de ses capitaines avec leurs gens audit damoiseau Evrard, qui alèrent asségier ladicte ville de Chavensy, environ huit jours après Pasques. Et là firent une grande et forte bastille, où se logèrent

1. Le damoiseau de Commercy (Meuse).

environ quatorze cens combatans, avec grand nombre des communes, des bonnes villes et du plat pays, qui aloient et venoient. Entre lesquelx y estoit le lieutenant du connestable, qu'on nommoit messire Jehan Malatret, et messire Jehan Geffroi de Couvrant et le prévost des mareschaulx, Tristan Lermitte. Et sy estoit Pierre d'Orgi, Yvon du Puis, L'Arragon, Estievene, Le Grand Pierre et pluiseurs aultres notables hommes, qui là furent bien quatre mois ou plus, faisant moult fort guerre aux asségiés. Lesquelx aussy se deffendirent moult prudentement. Durant lequel temps une partie des asségans se tinrent aux champs, sur intencion de faire dommage en aultre manière au dessusdit damoiseau de Commarcis, lequel se tenoit tousjours sur sa garde et bien garny de gens d'armes. Si sceut par ses espies que ses adversaires estoient logiés ou pays de Champaigne, en une ville nommée Romaigne[1]. Et avant qu'ilz s'en perçussent aulcunement, les assailly, environ huit heures au matin, et ains qu'ilz s'en donnassent garde, les rua jus et délaissa du tout. Si y furent mors environ soixante hommes. Entre lesquelx en fu Alain Géron, bailli de Senlis, Gieffroi de Morillon, Pierre d'Orgy, Alain de La Roche, Olivier de la Jouste, le bastard de Villeblanche et pluiseurs aultres gentilz hommes. Et si en furent prins prisonniers bien six vins, dont en estoit l'un Blanchelaine. Après laquelle destrousse, ledit damoiseau de Commarchis se retray. Et après, quand les nouvelles en furent portées au siège de Chavensi, ilz en furent moult esmervilliés.

1. Romagne sous Montfaucon (Meuse).

Nientmains ledit Evrard de La Marche se ralia de rechief avec le conte de Vernenbourg, qui, en personne et deux de ses filz avec luy et de quatre à cinq cens combatans, ala audit siège, et y mena messire Hugue Cauxte, messire Hérault de Gorgnies, gouverneur d'Auviller, les enfans de Brousset, et pluiseurs aultres grans seigneurs, qui au siège se tinrent jusques à la nuit de Saint Jehan-Baptiste [1], que les asségiés livrèrent une moult forte escarmuche, et boutèrent les feus ès logis des asségans; par quoy ilz les mirent en desroy, et en occirent de deux à trois cens. Entre lesquelz y furent mors, Estievène Diest et L'Arragon. Et à l'autre des escarmuches y fu mort l'un des filz du conte de Vernenbourg. Et pareillement le feu fut bouté par fusées dedens la grand bastille. Par quoy lesdiz asségans, à grand perte et dommage, se deslogèrent du tout, après que leurs logis furent du tout ars et bruis, comme desus est dit. Et estoient dedens Chavensi durant le siège devant dict, de par le dict seigneur de Commarcis, Inglebert de Dolle et Gérard de Marescaux, à tout environ deux cens combatans.

Si avoit ce temps pendant, le desusdit connestable de France, mis en l'obéyssance du roy Charles, Nanteuil, en la montaigne de Rains, Han, en Champaigne, Bourg, et aulcunes aultres forteresces, de sa venue.

1. Le 24 juin.

CHAPITRE CC.

Comment l'évesque de Liége et ses Liégois destruisirent Boussennoc, et pluiseurs aultres forteresces qui les grievoient.

A l'issue du mois d'avril, se mist sus à moult grand puissance l'évesque de Liège, pour aler combatre et mettre en son obéyssance pluiseurs forteresces sur la marche d'Ardenne, lesquelles estoient garnies d'aulcuns saquemans, qui très souvent aloient coure ou pays de Liège et y faisoient moult de dommages. Desquelz estoient les principaulx conducteurs et qui les soustenoient, Jehan de Baurain, Phelippot de Sergins, le seigneur d'Orchimont, et aulcuns aultres, qui se retraioient communement ou chastel de Boussenoch, au Hault Chasteler, à Vilers devant Mouson, à Ambigni, à Orchimont, à Beaurain et en pluiseurs aultres forteresces à l'environ. Et se renommoient très souvent, les aulcuns du Roy, les aultres du duc de Bourgongne, et la plus grand partie de messire Jehan de Luxembourg, conte de Ligney. Et les dessusdiz, c'est assavoir Jehan de Beauraing et Phelippot de Sangin, faisoient guerre en leurs noms pour aulcuns interestz qu'ilz disoient avoir ou service desdiz Liègois. Si assambla ledit évesque, de deux à trois mille chevaulx, par l'ayde des nobles de ses pays, et bien douze ou seize mille hommes de ses communes, très bien habilliés et embastonnés seloncq leur estat, avec de trois à quatre mille, que cars que carettes, chargiés d'engiens, artilleries et vivres, et aultres habillemens de guerre. Lesquelx, partans de la cité de Liège, les conduisi à Dinant. Et de là les mena passer la rivière de Meuse, et puis, parmi les bois qui duroient bien cinq lieues, alèrent à Rignewes, où ils sousjournèrent par l'espace de deux jours, pour ce que ledit charroy cheminoit à grand paine et pesamment, pour les chemins qui estoient effondrés. Auquel lieu de Rignewes, à son département, devisa son ost et fist mettre quatre batailles, c'est assavoir deux batailles à pied, et deux à cheval. Et ala, ledit évesque, tout au long, les admonestant de chascun bien faire son debvoir. Si fist partir une partie de ses gens à cheval, qui alèrent logier devant ledict chastel de Boussenoch, et il les sievy, à tout ceulx de pied, et les fist asségier tout entour et affuster ses bonbardes, et drécier ses bonbardes, contre la porte et muraille du dessusdict chastel. Dedens lequel furent environ vingt sacquemans, qui moult furent esbahis de veoir si grand puissance devant leurs yeulx. Et adonc, noz bons Liégois mirent la main à l'œuvre, et vuidièrent grand partie de l'eaue des fossés par trenchis qu'ilz firent, et les aultres apportèrent une grand monjoie de fagos pour yceulx fossés remplir. Puis commencèrent à assaillir terriblement, et tant firent qu'ilz prinrent le bolevert et la forteresce d'assault. Et les deffendans se retrayrent en une grosse tour qui y estoit, et là se deffendirent une grande espace. Mais ce riens ne leur valy. Car ilz furent tantost oppressés de feu et de trait, tant qu'ilz se rendirent à la voulenté dudict évesque. Lequel les fist tous pendre par les hatereaux aux arbres estans emprès ladicte forteresce, par ung prestre, qui estoit avec eulx comme leur capitaine. Lequel prestre, après qu'il eust pendu ses compaignons fu loyé à ung arbre[1], et ars en cendre. Et ladicte forteresce fu démolie et arasée. Si se parti de là ycelui évesque, et mena ses gens vers le Hault Chasteler. Desquelx y avoit grand partie de ses gens qui vouloient aler devant Hyrechon et aultres forteresces de messire Jehan de Luxembourg, pour tant qu'ilz disoient qu'il soustenoit en sesdictes forteresces leurs ennemis qui leur faisoient guerre. Mais ce propre jour vint devers ledict évesque sur les champs, le bastard de Couchi[2], qui lui dict et raporta que ledict messire Jehan de Luxembourg l'avoit là envoyé pour lui certifier qu'il ne vouloit, à lui ne à ses pays, fors bon voisinage, requérant qu'il ne lui souffreist faire quelque dommaige, et que se aulcun tort avoit esté fait à luy ou à ses pays, par gens qui se fussent renommés de lui, luy, oy en ses deffences, s'en vouloit raporter au dit d'amis d'un costé et d'aultre. Et d'autre part vinrent lettres de par le duc de Bourgongne au desusdict évesque, par lesquelles lui requéroit qu'il ne feyst nul dommage audict messire Jehan de Luxembourg, ne aussy au seigneur d'Orchimont. Et par ainsy fut ce propos rompu et mis en délay. Et s'en alèrent, l'évesque dessus nommé et une partie de ses gens, logier à Abigny[3], où il trouva que ceulx de la garnison s'en estoient fuis, de paour qu'ilz avoient eu. Et pour tant, fist ardoir la forteresce, et puis s'en ala au Hault Chasteler, où il y avoit une partie de ses gens qui estoient dedens; et l'avoient habandonné ceulx qui le tenoient.

---

1. Lié à un arbre.
2. Le batard de Coucy.
3. Aubigny

Et fut abatu comme les aultres. Et lors avoit l'évesque intencion d'aler à Vilers. Et quand ce fut venu à la cognoissance d'ycelui et de ceulx de Mousson et d'Ywis, doubtans le dommage qu'ilz povoient avoir ou pays pour le grand nombre desdiz Liègois, eulx mêmes abatirent ledict fort de Vilers. Et quand ce fu venu à la congnoissance dudit évesque, il print son chemin pour aler à Beaurain. Laquelle forteresce Jehan de Beaurain, qui en estoit seigneur, avoit fait fort réparer et y édifier quatre tours, dont l'une estoit nommée Haynau, la seconde Namur, la tierce Brabant et la quatriesme Reters[1], qui estoient les quatre pays où il avoit prins la finance dont il les avoit faites fonder. Toutefois, quand il sceut la venue desdiz Liègois, il ne les osa attendre. Si s'en ala avec ses gens, et y fist bouter les feux dedens. Mais pour tant ne demoura mie que ledict évesque de Liège ne le feyst abatre[2] de fons en comble et du tout démolir. Et de là, sans plus avant besongnier ramena ses Liègois en leur pays, et s'en retourna en sa cité de Liège.

En ce temps, se rendi au seigneur Daussy et à messire Florimont de Brimeu, séneschal de Ponthieu, la ville de Gamaches en Vimeu, qui moult longtemps avoit tenu le party des Anglois, par certains moyens qu'ilz avoient dedens[3]. En laquelle ville furent mis par ledit séneschal gens d'armes de la partie du duc de Bourgongne.

1. La tierce Brabant, et la quatrième Réthel.
2. C'est-à-dire la forteresse. Il faut se rappeler que le manuscrit 8346, que nous suivons, met toujours *le* pour *la*, par une forme picarde.
3. C'est-à-dire les seigneurs d'Acy et de Brimeu.

Et pareillement furent lesdiz Anglois déboutés d'Aumarle[1], et fu mise en la main d'un gentil homme nommé David de Reume, qui tenoit le party du roy Charles.

Durant lequel temps, le conte de Richemont, connestable de France, fist asségier le [chastel de] Creyl, que tenoient les Anglois, et fut faite une bastille au bout du pont d'ycelle ville, vers Beauvoisis, où ilz furent une longue espace. Mais, en fin, ils s'en départirent assés honteusement, et perdirent de leurs gens et de leurs habillemens de guerre bien largement[2].

CHAPITRE CCI.

Comment les ville et forteresce d'Orchimont furent destruites et démolies par le damoisel Evrard de La Marche.

Item, durant ce temps Bernard de Bourset, qui tenoit la forteresce d'Orchimont sur la marche d'Ardenne, envoia cinquante sacquemans qu'il avoit, pour courre sur le pays de Liège, ainsy que pluiseurs fois par avant avoient fait. Lesquelz furent apperceus du desusdict pays de Liège et mis à chasse par l'ayde et entreprinse du prévost de Rebongne. Et de fait leur fu rompu le passaige par où ils cuidoient s'en retourner. Si s'en fuirent par d'emprès Dinant, et se boutèrent en Bouvines, pour eulx cuider sauver, mais ilz y furent détenus prisonniers. Et depuis, non obstant que les officiers du pays de Liège feyssent pluiseurs requestes

---

1. Ancienne forme d'Aumale. On disait aussi Albemarle.
2. J. Chartier dit que La Hire était à cette tentative infructueuse des François sur la ville de Creil. (Ch. VII de Godefr., p. 91.)

à ceulx de Bouvines, qu'ilz feyssent justice des dessus-diz coureurs, si les délivrèrent ilz. Car ycelles deux signouries n'amoient point bien l'un l'autre.

En entretant que yceulx furent ainsy empeschiés, Evrard de La Marche, qui estoit alyé à l'évesque de Liège et auquel yceulx desdiz coureurs avoient fait plusieurs dommages et desplaisances, assambla hastivement ce qu'il peut avoir de gens. Et se mirent avec luy ceulx de Dinant et ceulx du pays; à tout lesquelx il s'en ala devant Orchimont, et gaigna la ville d'assault. Et lors, le dessusdict Bernard, qui adonc avoit très peu de gens de guerre avec luy, se retray en la forteresce, où il fut approuchié desdiz Liégois très fièrement, tant que par vive force, au bout de quatre jours, il fut constraint par telle manière qu'il se rendi et fist traictié avec le desusdict Evrard de La Marche. Après lequel traictié ycelle ville d'Orchimont et le chastel ensamble, furent desmolis et rasez jusques en terre. Dont tout le peuple de la marche et des pays à l'environ furent très joyeux, pour tant que de très long temps par avant s'estoient tenus dedens ycelle aulcunes gens de très malvaise raison, et qui moult avoient grevé et oppressé leurs pays voisins.

CHAPITRE CCII.

Comment les Anglois de Calais coururent vers Boulogne et Gravelines, et desconfirent les Flamens. — Et de La Hire qui gaigna Gisors et tantost le reperdi.

Item, après ce que les besongnes furent ainsy approuchiés de guerre, comme dit est, entre les Anglois et Bourguignons, et que chescune des deux parties estoit sur sa garde, yceulx Anglois vindrent coure devant Boulongne, et cuidèrent prendre la basse Boulongne. Mais elle leur fu fort deffendue. Si ardirent partie du navire qui estoit ou havène, et après se retrayrent à tout ce qu'ilz porent avoir, en leurs forteresces, sans perte. Et puis assés brief ensievant se remirent ensamble, de cinq à six cens combatans, et alèrent fourer le pays vers Gravelines. Mais les Flamens de la marche à l'environ et ceulx du pays, s'assamblèrent et coururent sus aux dessusdiz Anglois, oultre la voulenté des gentilz hommes qui les conduisoient, c'estassavoir George du Wes et Theri de Hazebrouch. Sy furent tost vaincus et mis en desroy, et en y eut de trois à quatre cens mors, et bien six vins prisonniers. Lesquelz, par lesdiz Anglois, avec grans proies, furent menés à Calais et ès aultres forteresces de leur obéyssance. Et les aultres se sauvèrent par les hayes et buissons, où ilz porent pour le mieulx.

Ouquel temps aussy, La Hire, qui se tenoit à Beauvais et à Gerberoy, par certains moyens qu'il avoit en la ville de Gisors, entra dedens à puissance et gaigna ladicte ville. Mais aulcuns de ladicte garnison estans layens se retraiirent en la forteresce, et envoyèrent quérir souscours de leurs gens à Rouen, et ailleurs de leur obéyssance. Lequel souscours, dedens tiers jour, fut envoyé si fort, qu'ilz conquirent ladicte ville. Et s'en parti La Hire, plus tost que le pas, réservés environ de vint à trente, qui demourèrent en ycelle ville, que mors que prins, avec grand quantité des habitans. Desquelx par yceulx fut faite grand destruxion, pour tant qu'ilz estoient demourés avec leurs ennemis.

CHAPITRE CCIII.

Comment les Gantois et ceulx du pays de Flandres firent grand appareil de guerre pour aller devant la ville de Calais.

Item, durant le temps dessusdit, les Gantois, pour sçavoir leur puissance, mandèrent par toute leur chastelenie et ès pays à eulx subgectz, que tous ceulx qui estoient leurs bourgois, de quelque estat qu'ils fussent, réservé ceulx qui estoient à leur prince, venissent dedens trois jours eulx monstrer devant les eschevins de Gand, et faire escripre leurs noms et leurs sournoms, sur paine de perdre la franchise de leur bourgoisie, et avec ce qu'ilz se pourveyssent d'armures et d'habillemens nécessaires à guerre. Aussi firent publier que ceulx qui estoient condempnés pour leurs maléfices, par lesdiz eschevins ou aultres arbitres, à faire pélérinages, fussent tenus pour excusés jusques au retour d'ycelui voyage et quatorze jours après. Et que ceulx qui avoient guerre ou discencion l'un contre l'autre demourroient en la sauvegarde de la loy, ledit voiage durant. Et qui s'enfrendroit, il seroit puni selonc la coustume de ladicte ville. Item, et en oultre, fut deffendu que nul du pays, de quelque estat qu'il fut, ne menast ou ne fait mener hors d'ycelui pays aulcunes armeures ou habillemens de guerre, sous paine d'estre banni dix ans.

Après lequel mandement dessusdit, firent en ycelle ville de Gand et en leur chastelenie moult grand appareil de guerre. Et sçavoient toutes les villes fermées et les villages combien qu'ilz debvoient livrer de gens pour accomplir le nombre de dix sept mille hommes, que ceulx de ladicte ville de Gand avoient promis à délivrer à leur prince en ceste présente armée. Et pareillement sçavoient bien combien chascun maisnage debvoit payer de taille des assiètes qui se faisoient pour la despence d'ycelle guerre. En après, mandèrent par toute leur obéissance qu'on leur fist fin pour leurs deniers, de chars et de charrettes, le tiers plus qu'on en avait livré jadis pour le voiage de Hem sur Somme. Si furent leurs mandemens publiés par toute leur chastelenie par les officiers des lieux. Et pour tant que bonne expédicion ne fut mie de ce faite du tout à leur plaisir, ilz envoyèrent de rechief aultre nouvel mandement auxdiz officiers, par lequel ilz leur signifioient que se dedens trois jours ensievans ilz n'avoient envoyé monstrer en ladicte ville de Gand devant leurs commis les chars et charettes dessusdiz, en tel nombre qu'ilz les demandoient et les requéroient, ilz envoieroient le doyen des blancz chaperons et ses gens ès dictes villes pour prendre yceulx chars et charettes sur les plus apparens, sans riens espargnier, aux despens de ceulx qui auroient esté refusans de les baillier. Lequel second mandement venu, pour la doubte desdiz blancz chaperons, les devantdiz paysans firent si bonne diligence que ceulx de Gand furent bien contens d'eulx. Si ordonnèrent et conclurent ad fin que chascun d'eulx fust pareillement embastonnés, que chascun se pourveissent de cours maillès de plonc ou de fer à pointes, et de lances, et que deux maillès vauldroient une lance; et que aultrement ne seroient point passés à monstrer. Et si en seroient pugnis, ceulx qui en seroient défaillans. Et d'aultre part, ceulx de Bruges et les aultres membres firent, chascun selonc leur estat et puissance, très grans apparaulx et ordonnances pour aler en ycelle armée. Et fut, bien par l'espace de deux mois ou environ, que la plus grand partie de tous ceulx qui estoient ordonnés d'aler en ycelui voiage, ne faisoient aulcunement leurs mestiers, ne leur labeur. Aincois la plus grand partie du temps se occupoient d'aler despendre le leur par grandes compaignies ès tavernes et cabarès. Et souvent s'esmouvoient de grans débas et rumeurs les ungs contre les aultres; par le moyen desquelz y en avoit souvent de mors et de navrés. Et entretant, le duc de Bourgongne préparoit ses besongnes à toute diligence, pour furnir ycelui voiage de Calais.

Durant lequel temps, y en avoit ung nommé Hannekin Lion, natif de Dunequerque, lequel pour ses démérites avoit esté banni de la ville de Gand et s'estoit rendu fugitif du pays; si devint escumeur de mer, et par son engin et diligence multiplia tellement en chevanche qu'il avoit à la fois huit ou dix nefz bien armées et avitailliées, toutes à son commandement. Et faisoit guerre mortelle à toutes gens de quelque estat qu'ilz fussent. Si estoit moult crému sur la marche des mers de Flandres et de Hollande; et se disoit ami de Dieu et ennemi de tout le monde. Mais en la fin, il en eut son salaire, tel ou pareil que ont souvent gens de tel estat qu'il estoit. Car, quand il fut au plus hault de la roe, fortune le mit tout au plus bas; et fu noyé avec ses gens par tempeste et orage de mer.

CHAPITRE CCIV.

Comment messire Jehan de Croy, bailli de Haynau, à tout plusieurs aultres capitaines, assailly les Anglois; dont il fut vaincu.

Item, en ce mesme temps, messire Jehan de Croy, bailli de la contée de Haynau, assambla des marches de Picardie et du Boulenois jusques au nombre de quinze cens combatans ou environ, desquelx estoient les principaulx, le seigneur de Waurin, messire Baude de Noyelle, messire Loys de Thiembrone, Robert de Saveuses, Guichard de Thiembronne, le seigneur d'Eule, le bastard de Renty et moult d'aultres expers et notables hommes de guerre, en intencion de les mener coure devant Calais et aultres forteresces tenans le parti des Anglois. Et se fit cette assamblée en ung village nommé le Waast, à deux lieues près de Sammer au Bois. Duquel lieu chevaulchèrent de nuit vers le pays de leurs adversaires. Lesquelx adversaires, en celle propre nuit, estoient yssus de leurs garnisons, bien deux mille ou environ, pour aler fourer le pays de Boulonois et ès marches d'environ. Et ne sçavoient point ycelles deux compagnies la venue l'un de l'autre, et ne venoient point tout ung chemin pour eulx entrerencontrer. Mais le dessusdiz messire Jehan de Croy et ceulx de sa partie, approchans les marches des dessusdiz Anglois, envoia aulcuns expers hommes d'armes congnoissans le pays, devant, pour enquerre et sçavoir des nouvelles. Lesquelx trouvèrent le train des Anglois leurs adversaires, vers le point de Milay, environ le point jour; et congnurent bien qu'ilz estoient moult grand nombre. Si le firent sçavoir à leurs capitaines, et qu'ilz tiroient vers la Fosse de Boulenois. Lesquelx s'assamblèrent l'un avec l'autre pour avoir advis sur ce qui leur estoit à faire. Si conclurent de les poursievir et affaiblir en tant qu'ilz fourageroient les villages, se ainsi on les povoit fourtrouver, et se ce non, ilz les combateroient en quelque estat qu'ilz fussent ratains. Et fut lors ordonné que messire Jehan de Croy dessus nommé, acompaignié d'aulcuns hommes d'armes expers, menroit la plus grande partie des archiers devant. Et tous les aultres de la compaignie suivroient d'assés près, soubz l'estandart de messire Loys de Thiembronne. Si furent de rechief mis coureurs devant, et chevaulchèrent très grant espace de chemin, tant qu'ilz veyrent les feux que avoient bouté en ycelles villes les dessusdiz Anglois. Lesquelz estoient desja advertis que leurs ennemis estoient sur les champs, par aulcuns hommes du pays qu'ilz avoient prins. Si povoit estre environ dix heures du jour. Mais la plus grand compaignie des Anglois estoit plus bas, et ne les povoit on bonnement veoir. Et adonc, ceulx de la partie de Bourgongne, véant leurs ennemis devant leurs yeulx, furent moult désirans de assambler à eulx. Et pour ce, en y eut grand nombre de ceulx de devant, qui alèrent fraper dedens. Si en y eut grammant de tués à leur première venue, environ le nombre de soixante ou quatre vingts. Et grand partie des aultres se mirent à le fuite. Mais les assaillans n'estoient point ensamble, et chevaulchèrent à long trayn. Et aussi, quant ils veyrent au dessus de ladicte montaigne une si grosse compaignie de leurs ennemis qui se ralioient l'un avec l'aultre, ilz doubtèrent d'entrer en eulx et attendirent leurs aultres compaignons, en hardiant l'un contre l'autre. Et entretant, lesdiz Anglois reprinrent cuer, véans que yceulx les assailloient doubtablement. Si vinrent par bonne ordonnance eulx, coure sus et férir en eulx viguereusement. Et lors, les dessusdiz de la partie de Bourgongne, sans faire grand résistance, se mirent en desroy et retournèrent hastivement, en fuiant hastivement vers les forteresces de leur obéyssance. Et les dessusdiz Anglois, qui avoient esté comme demi vaincus de première venue, coururent après à regne lasche [1], et les chacèrent jusques aux bailles d'Ardre, dedens les barières. Si en prinrent et occirent bien cent ou plus. Desquelx mors en fut l'un, Robert de Bernonville, surnommé Le Roux; et des prisonniers furent, Jehan d'Estieves, Bornonville, Galet du Champ, Maide, Houllefort, Barnamont et pluiseurs aultres. Et meismement yceulx Anglois chacèrent si avant, qu'ilz occirent cinq ou six Bourguignons, au plus près des fossés de ladicte ville d'Ardre. Desquelx en y avoit ung de grand parage. En laquelle ville se retrayrent le seigneur de Waurin, messire Baude de Noyelle, messire Loys de Thienbronne, Robert de Saveuse, qui avoit esté fait chevalier nouvel à ceste besongne, et aulcuns aultres. Et meismement, le dessusdit messire Jehan de Croy, qui avoit esté blescié de trait à l'assamblée et y eut son cheval mort, retourna, avec luy le seigneur d'Eule, en l'abbéye de Lische, moult troublé de ceste male adventure. Et les aultres s'en retournèrent en pluiseurs forteresces du pays. En oultre, après que les

1. A bride abattue.

Anglois eurent ainsy reboutés leurs adversaires, ilz se rassamblèrent et se boutèrent en Calais et autres lieus de leur obéyssance, à tout leurs prisonniers. Au devant desquelx vint lors, d'ycelle ville de Calais, le conte de Mortaing, qui leur fist moulte joieuse récepcion, et blasma moult fort ceulx qui ainsi s'en estoient fuis et les avoient laissiés en ce dangier.

CHAPITRE CCV.

Comment les Flamengs alèrent asségier la ville de Calais, et comment ils s'en partirent.

A l'entrée du mois de juing, le duc de Bourgongne, qui par avant avoit fait toutes ses préparacions, tant de gens comme d'habillemens de guerre, pour aler devers Calais, s'en ala, à tout simple estat, en la ville de Gand, adfin de faire partir les Gantois et aultres, d'ycelui pays de Flandres. Lesquelx, en la présence dudit duc, firent leurs monstres, le samedy après le jour du sacrement[1], dedens ycelle ville de Gand, ou Marchié des Venredis. Et estoient là venus pour aler avec eulx ceulx de leur chastelenie, c'est assavoir des villes de Grandmont, de Loz, de Tendremonde et de Nième, avec ceulx des cinq membres de la conté d'Alost, qui contiennent soixante douze villes champestres, et signouries de Boulers, Sotinghien, Scornay, Gavres et Rides, avec ceulx de Renaiz et des rigales de Flandres scituées entre Grandmont et Tournay. Ouquel mar-

---

1. Le 9 juin 1436.

chié dessusdit ilz furent en estant¹, depuis huit heures au matin jusques après nonne², qu'ilz yssirent de la ville, alant leur chemin devers Calais. Et les convoia ycelui duc jusques aux champs, où il prinst congié d'eulx, et s'en ala pour mettre à chemin ceulx de la ville de Bruges. Si faisoit ycelui jour moult grand chaud et ferveur de soleil. De quoy il en moru, d'ycelle ville de Gand, deux capitaines, dont l'un estoit nommé Jehan des Degres, et fut doyen des navieurs, et l'aultre, Gautier de Wascreman, capitaine de Westmoustre, avec aulcuns aultres de petit estat.

Si estoient capitaines généraulx d'ycelle armée des Flamengz, assavoir, desdiz Gantois, le seigneur de Commines; de Bruges, le seigneur de Stienhuse; de Courtray, messire Gérard de Ghisthelles; de ceulx du Franc, le seigneur de Merquenne; et de ceulx d'Yppre, Jehan de Commines. Et se loga l'ost, pour cette première nuit, à Denise et à Petenghien, qui sont assés à lieue et demie près de ladicte ville de Gand ou environ. Et le lendemain sousjournèrent là pour attendre leurs habillemens. Et le lundi ensievant³, se partirent de ce lieu et s'en alèrent, par pluiseurs journées, logier dehors Armentières, sur les praeries. Et se mirent avec eulx en chemin, ceulx de Courtray et d'Audenarde, qui sont de leur chastelenie. Et les conduisoit toujours, comme chief, le seigneur d'Antoing, à cause qu'il estoit visconte héritablement de la terre de Flandres. Au-

---

1. *Ils furent en estant*, c'est-à-dire sur pied, debout.
2. Après trois heures du soir.
3. Le 11 juin 1436.

quel lieu d'Armentières furent prins vingt et un hommes, et loyés aux armes devant la tente de Gand, pour ce qu'ilz avoient desrobé aulcuns du pays. Et de là s'en alèrent lesdiz Gantois parmy le pays de l'Aleu, à Hazebrouch, où ils abatirent le moulin Théri de Hazebrouch. Lequel, comme ilz disoient, avoient mal conduict les Flamengz devant Gravelinghes; qui nagaires avoient estés desconfis par les Anglois. Mais il s'en excusoit, disant qu'ilz ne l'avoient point volu croire, ne user de son conseil. Et de là s'en alèrent devers Drincham. Auquel lieu vint devers eulx le duc de Bourgongne, leur prince, et le conte de Richemont, connestable de France, qui estoit venu en ces parties devers ledit duc. Si alèrent visiter les Gantois de lieu à aultre, et prinrent la collacion de vin en la tente de Gand. Et de là passèrent parmy Bourbourg, et alèrent logier emprès Gravelignes. Si abatirent le molin George de Wez, pour le pareil cas qu'ilz avoient fait celui dudit Théri de Hazebrouch. Auquel lieu vindrent ceulx de Bruges, d'Yppres et du Francq, et d'aultres lieux d'ycelui pays de Flandres, et se assamblèrent tous auprès l'un de l'autre et mirent leurs tentes par belle ordonnance seloncq les villes et estas dont ilz estoient. Si estoit une moult grand beaulté à les veoir. Car à les veyr de loing, ce sambloient bonnes grandes villes. Et quant est aux charios et aux charettes, il y en avoit par miliers, qui portoient lesdictes tentes et aultres habillemens de guerre. Et sur chascun chariot avoit ung cocq pour chanter les heures du jour et de la nuit. Et si avoit très grand nombre de ribaudekins, portans canons et aultres gros engiens. Et si estoient yceulx Flamengz, en la plus grand partie, armés de plain harnas¹, selon la guise du pays. Et à leur partement de là, se mirent tous ensamble en armes, et firent monstre en la présence dudit duc de Bourgongne et du dessusdit connestable de France, qui les regarda voulentiers. Et ce meisme jour se féri en l'ost de Bruges ung leu², pour lequel y eut très grand effroy et fu cryé alarme partout. Pour quoy tous les hostz se mirent aux champs. Et povoient bien estre trente mille ou au dessus, de testes armées. Et adonc passèrent la rivière de Gravelignes, et se logèrent vers Tournehem. Si fist en celui jour moult terrible temps de pluies et de vens. Pour quoy ilz ne porent tendre leurs tentes, et les couvint gésir sur les prés. Et là furent prins trois Picars que les Gantois firent pendre, pour ce qu'ilz avoient desrobé les marcheans [menant] vivres en l'ost.

Durant lequel temps, le conte d'Estampes et toutes les gens d'armes du dessusdit duc de Bourgongne qui estoient ordonnés pour ce meisme voiage, se tirèrent vers les parties où estoient les dessusdiz Flamengz. Si alèrent par ung vendredy³ tous les ostz de Flandres et aussy les gens d'armes, logier auprès du chastel d'Oye, que tenoient les Anglois. Lequel fu rendu en assés brief terme, et se mirent en la voulenté du duc de Bourgongne et de ceulx de Gand. Laquelle voulenté fut telle, qu'on en pendi devant ledit chastel le meisme jour vingt neuf, et depuis en furent pendus encore vingt cinq, et si en eust trois ou quatre qui furent res-

---

1. *De plein harnas*, en équipement complet.
2. Un loup.
3. Sans doute le 15 juin.

pités à la requeste dudit duc de Bourgongne. Après laquelle reddicion ycelui chastel fut ars et du tout démoly. Et quant est au regard des Picars et Bourguignons là estans, non obstant qu'ilz soient assés aspres au pillage, nientmains ilz n'y povoient avoir lieu pour riens conquerre et avoir, car Hannekin, Willekin, Pietre Lievin et aultres, ne l'eussent jamais souffert, ne laissié passer. Et qui pis est, quand ilz se entreboutoient avec eulx et prenoient aulcune chose sur leurs ennemis, il advenoit souvent que, avec, leur propre leur estoit osté; et s'ilz en parloient aulcunement, ilz avoient souvent des durs horions. Si les convenoit taire et souffrir, pour la grand puissance que avoient les dessusdiz Flamengz. Mais ce n'estoit point bien paciamment. Et sambloit à yceulz communes de Flandres, que de toutes besongnes on ne pourroit venir à bon chief, se par eulx n'estoit. Et meismement estoient si présumptueux, la plus grand partie, qu'ilz avoient grand doubte que ceulx de Calais ne habandonnassent leur ville et qu'ilz s'enfuissent en Angleterre. Et disoient aulcuns de leurs gens aux Picars, ausquelz ilz se devisoient souventes fois : « Nous sçavons bien que puis que les Anglois sçauront que messeigneurs de Gand sont en armes et à puissance pour venir contre eulx, qu'ilz ne les attendront pas; et a esté très grand négligence que le navire qui doibt venir par mer, n'a esté assise avant qu'on les approuchast, adfin qu'ilz ne s'en peussent fuyr. » Toutefois ilz ne debvoient point de ce estre en soussy, car les dessusdiz Anglois avoient bonne voulenté de eulx deffendre contre eulx. Et pour vérité, le roy d'Angleterre, ceulx de son conseil et tous les trois Estas d'ycelui royaume d'Angle-

terre, eussent avant laissié perdre toute la conqueste
qu'ilz avoient faite ou royaume de France depuis
trente ans par avant, que ladicte ville de Calais, comme
on fut depuis véritablement adcertené et informé. Et
aussy ilz en monstrèrent assés bien les manières et le
samblant, brief après ensuivant.

En après, ledit chastel d'Oye ainsy démoly, comme
dict est, toute l'ost et les gens d'armes se deslogèrent
et alèrent logier entre le chastel de Marcq et ycelle ville
de Calais. Auquel jour le duc de Bourgongne et ses
gens alèrent courre devant ladicte ville de Calais. Si
saillirent les Anglois hors contre eulx, de pied et de
cheval, et y eut moult grande escarmuche. Mais enfin
les Anglois furent reboutés, et gaignièrent sur eulx les
Piquars et Flamengz, vaches et chevaulx et aultres
choses de la ville. Si se tint ledit duc avec ses gens
grand espace devant ladicte ville, tant que les ostz furent logiés. Et puis retourna ledit duc en son logis
vers ledit chastel de Marcq. Devant laquelle forteresce alèrent les Picars dessusdiz livrer une grande
escarmuche. Et fut depuis le boulevert conquis. Dont
ceulx de dedens se commencèrent moult à esbahir. Et
boutèrent la bannière de saint George dehors vers
Calais, et sonnèrent leurs cloches et firent layens moult
grans cris. Et pour ce, doubtans qu'il ne s'enfuyssent
par nuit, on mit grand guet tout à l'environ. Et lendemain furent assis pluiseurs grans engiens contre la
muraille ; desquelx ils furent fort desrompus. Si furent
assaillis des Picars et Flamens. Mais ilz se deffendirent
moult vaillamment, de pierres jetter aval et de traict,
tant qu'ilz en navrèrent pluiseurs de ceulx de dehors
et les firent retraire. Puis requirent ceulx de dedens

d'avoir trièves pour parlementer, lesquelles leur furent accordées. Et lors se offrirent de eulx mettre en la voulenté du duc de Bourgongne, moyennant qu'ilz ne fussent point pendus, mais on feroit son plaisir en aultre manière. A quoy ilz furent receus. Et fut défendu sur la hart que nul n'entrast ou chastel, se il n'y estoit commis. Et adonc furent ceulx de dedens amenés par les quatre membres de Flandres en la tente de Gand. Et fut ordonné qu'ilz seroient chambgiés[1] pour ravoir aulcuns Flamengz qui estoient prisonniers dedens la ville de Calais. Si furent amenés hors de ladicte forteresce cent et quatre Anglois, lesquelx furent menés en prison en la ville de Gand par le bailly dudit lieu. Et lors, grand partie du commun alèrent dedens ledit chastel et prinrent ce qu'ilz porent trouver. Mais aulcuns de ceulx des tisserans et de la bourgeoisie de Gand se mirent à l'entrée d'ycelui chastel, et tollirent aux dessusdiz quand ilz s'en yssèrent, tout ce qu'ilz avoient prins, et le mirent tout en un mont. Et disoient que ce faisoient-ilz par l'ordonnance des eschevins de Gand. Mais quand la nuit fu venue, ilz le chargèrent tout sur chars et charrettes, et le menèrent où bon leur sambloit. Si en furent de ce racusés devers les dessusdiz eschevins. Dont ilz furent bannis cinquante hors du pays et de la contée de Flandres. Pour lequel bannissement s'esmut grand murmure entre eulx, et furent en péril d'avoir l'un contre l'autre grand discension. Et lendemain furent décapités sept hommes qui avoient esté prins avec les dessusditz Anglois; dont les six estoient Flamengz, et

---

1. Échangés contre des Flamands.

le septième Hollandois. Et après ce, fut la forteresce démolie et du tout abattue. Si se partirent de là et s'en alèrent logier, les Flamengz, ou propre lieu où on dist que Jacques d'Artevelle avoit jadis mis ses tentes, quand Calais fut conquise de par le roy Edward d'Angleterre après la grande bataille de Cressy. Et le duc de Bourgongne, à tout sa chevalerie et ses gens d'armes, se logèrent assés prés, en tirant vers Calais. Et y eut ce jour très grand assault contre ceulx de dedens, et en y eut de mors et de navrés de chacune partie. Entre lesquelx La Hire fu navré en la jambe, par trait. Lequel La Hire estoit venu veoir ledit duc. Si furent assis pluiseurs engiens pour getter dedens ycelle ville de Calais. Et pareillement ceulx de dedens en affustèrent pluiseurs contre ceulx de l'ost; dont leurs adversaires furent malement travilliés, et convint qu'ilz se trayssent plus arière. Si se loga ledit duc plus près des dunes, contre les montaignes de sablon. Et ainsy que ycelui duc chevaulchoit à petite compaignie pour adviser la ville, vint une grosse pierre de canon au plus près de lui, laquelle occist une trompette et trois chevaulx, dont le seigneur de Fremesson estoit sur l'un.

En oultre, lesdiz Anglois sailloient très souvent dehors, de pied et de cheval, et y avoit moult de fois de très dures escarmuches entre les deux parties. Lesquelles ne se pourroient racompter chascune à par elles, ne nommer ceulx qui y besongnèrent le pis ou le mieulx. Mais entre les aultres, j'ay oy relater à aulcuns notables et dignes de foy, que les seigneurs de Haubourdin, de Créqui et de Waurin, furent bien veues et loés en aulcunes d'ycelles escarmuches, et moult d'aultres notables et vaillans hommes des pays de Picardie. Toutefois, les dessusdiz Anglois en portoient aulcune fois la renommée pour la journée. Et d'aultre part, les Picars les reboutoient trop souvent jusques dedens leurs barières, assés confusiblement. Et quand est aux Flamengz, ilz estoient assés peu crémus d'yceulx Anglois, et leur sambloit que s'ilz n'euyssent que trois Flamengz contre l'un d'eulx, qu'ilz en venissent bien à chief.

Si estoient avec le duc de Bourgongne en ceste exercite, son nepveu de Clèves, le conte d'Estampes, le seigneur d'Antoing, qui gouvernoit les Flamengz, le seigneur de Croy, les seigneurs de Créqui, de Fosseux, de Waurin, de Saveuse, de Habourdin, de Humières, d'Inchi, de Brimeu, de Lannoy, de Heuchin, et les frères de Hastines et de Fremessen, avec pluiseurs aultres seigneurs et gentilz hommes, tant de son hostel et famille, comme de ses pays de Bourgongne, de Flandres, de Braibant, de Haynau, d'Artois et des aultres lieux. Toutefois, le dessusdit duc n'avoit point assamblé la moitié de sa puissance, quand au regard de ses gens d'armes des pays de Picardie. Et en avoient esté renvoyés grand partie des monstres. Dont bien des gens qui amoient son honneur, estoient moult esmervilliés. Et leur sambloit que à tous besoingz il se fust mieulx aydié d'eulx que du double de ses communes. En oultre, messire Jehan de Croy, qui conduisoit la plus grande partie des gens de guerre de Boulenois avec aulcuns Haynuyers qu'il avoit amenés, fut envoyé logier à l'aultre costé plus près de Calais, en tirant devers le pont de Milay. Durant lequel logis y eut grand paletis entre ses gens et ceulx de la ville. Mais assés brief ensievant fut remandé par ledit duc et envoyé devers Ghisnes, où il se loga lui et ses gens, assés près des portes et murailles, devant lesquelles furent dréciés et assis pluiseurs gros engiens, qui fort les adommagèrent. Avec lesquelles estoit le Galois de Renti, chevalier, Robert de Saveuses et aultres nobles hommes qui, en grand diligence, se approuchèrent de leurs ennemis et les mirent en moult grand doubte et necessité d'estre prins de force, et tant qu'ilz habandonnèrent leur ville, et se retrayerent dedens le chastel, où ilz furent de rechief très fort approuchiés, assaillis et combatus desdiz asségans. Et par avant leur venue audit lieu de Ghisnes, s'estoit rendue audit messire Jehan de Croy, la forteresce de Ballinghem. Et luy avoient délivrée les Anglois, moyennant qu'ilz s'en yroient saulf leurs vies et aulcune petite partie de leurs biens. Et pareillement rendirent, lesdiz Anglois, le chastel de Sangathe, à messire Robert de Saveuse, lequel y ala devant, entretant qu'il estoit au siège de Ghisnes. Lequel chastel il garni de ses gens.

Durant lequel temps, le dessusdit duc de Bourgongne estant logié devant la forte ville de Calais, comme dict est, avoit grand merveille que son navire, qui debvoit venir par mer, demouroit tant. Et d'aultre part les Flamengz en estoient très mal contens, et murmuroient très fort à l'encontre du conseil d'ycelui duc de Bourgongne et de ceulx qui avoient la charge de les conduire et mener. C'estassavoir messire Jehan de Hornes, séneschal de Braibant, et le commandeur de La Mourée. Mais ycelui duc les rapaisoit et contentoit par doulces parolles, disant qu'ilz venroient bien brief comme ilz lui avoient fait sçavoir par leurs lettres, et n'avoient point eu vent propice jusques à présent par quoy ilz eussent peu venir plus tost.

Si venoient chascun jour des navires d'Angleterre dedens Calais, à la plaine veue de leurs adversaires, une fois plus et aultre fois mains, qui leur amenoient et apportoient des vivres nouvelles, gens et habillemens de guerre, et aultres choses nécessaires. Et aussy n'estoient ilz pas si près approuchiés de leurs ennemis que chascun jour ne meissent grand partie de leur bestial dehors leur ville en pasture; qui faisoit moult grand mal à veoir à ceulx dehors. Et en avoit souvent de grandes escarmuches à cause et à l'occasion d'ycelui bestial, pour ent gaignier. Et meismement ung certain jour, les seigneurs et bourgois de Gand, qui pluiseurs fois en avoient veu et veoient souvent ramener par les Picars, s'apensèrent en eulx mesmes qu'ilz estoient grans et fors et bien armés, et qu'ilz povoient aussy bien conquerre et avoir leur part dudict bestail. Si s'en mirent à chemin bien deux cens, et alèrent le plus couvertement qu'ilz porent ès marès auprès d'ycelle ville, pour prendre et amener de la proie. Mais ilz furent tantost apperceus des Anglois, qui ne furent mie bien paciens quand ilz veyrent les dessusdiz venir si très près d'eulx pour leur oster ce dont ilz debvoient vivre. Et les recongnurent bien à leurs habillemens. Si se férirent en eulx viguereusement et en occirent bien vingt-deux, et en prinrent trente-trois, qu'ilz emmenèrent prisonniers. Et les aultres retournèrent à grans cours à leurs logis, disant qu'ilz y avoient esté, et faisant grand effroy. Et leur sambloit qu'ilz estoient bien eschappés. Et y avoit souvent en l'ost d'yceulx Flamens de grans alarmes. Car pour peu de choses ilz s'esmouvoient tous et se mettoient en armes. Dont ledit duc, leur seigneur, [n'estoit pas bien content]. Mais il n'en povoit avoir aultre chose, et convenoit que toutes besongnes se conduisissent en la plus grande partie, à leur plaisir.

Ouquel temps vint devers ledit duc ung hérault d'Angleterre, nommé Kennebrouck, lequel le salua moult revéramment, et luy dist que Humfroy, duc de Glocestre, son seigneur et maistre, luy faisoit sçavoir par luy que, au plaisir de Dieu, il le combateroit avec toute sa puissance bien brief, se il le vouloit attendre; et se il se partoit de ce lieu, il le querroit en aulcun lieu de ses pays; mais il ne lui faisoit point sçavoir le jour, pour tant que la mer et le vent ne sont point estables, et ne sçavoit se il pouroit passer à son plaisir. A quoy fut respondu par ledit duc de Bourgongne qu'il ne seroit point besoing que il le quérist en nul de ses pays, et qu'il le trouveroit là, se Dieu ne lui envoioit aulcune aultre fortune. Après lesquelles parolles ledit hérault fu grandement festoyé, et lui furent donnés aulcuns dons, à tout lesquelx il s'en ala en la ville de Calais. Et lendemain, ledit duc de Bourgongne s'en ala en la tente de Gand, où il fist assambler tous les capitaines des Flamens, Et là fist remoustrer par maistre Gille de Le Woustine, son consillier en la chambre de Gand, comment le duc de Glocestre lui avoit mandé par ung sien hérault qu'il le combateroit, et les responces qu'il luy avoit données. Pour quoy il les requéroit moult instamment, comme à ses humbles amis, qu'ilz voulsissent demourer avec luy et luy aidier à garder son honneur. Laquelle requeste ilz lui accordèrent et promirent à parfurnir libéralment. Et pareillement firent les Brughelins et aultres menbres de Flandres. Adonc fut avisé par ledit duc de Bourgongne et ceulx de son conseil, qu'on feroit une bastille sur une montaigne qui estoit assés près de la ville de Calais, par laquelle on verroit le gouvernement de leurs ennemis. Laquelle bastille fu commencié de quesnes[1] et d'autres bois. De laquelle bastille lesdiz Anglois eurent desplaisance, doubtans que par ycelle leurs saillies ne fussent rompues et empeschiés. Dont, pour y obvier prestement, vinrent en grand nombre et le assaillirent moult asprement. Mais elle leur fut bien gardée et puissamment deffendue des Flamens qui le gardoient, par le moyen et conseil d'aulcuns nobles hommes de guerre qui si estoient retrais. Desquelx l'un estoit Le Bon de Saveuses. Et pour tant que en faisant ledit assault, ceulx de l'ost de ce advertis alèrent au secours en grand nombre, se retrayrent lesdiz Anglois en leur ville sans riens gagnier; et en y eut pluiseurs navrés. Et lendemain y eut grand paletis, et pluiseurs journées ensievans. Dont à l'une desquelles fu prins ung sot saige, nommé le seigneur des Plateaux. Lequel non obstant sa folie estoit assés rade et viguereus homme d'armes.

En après, le joesdi ensievant, qui fu le xxve jour de juillet, commença on à veoir venir le navire de devers Orient; lequel on avait tant désiré et de si long temps attendu. Si monta le duc de Bourgongne à cheval, acompaignié d'aulcuns seigneurs et aultres gens de guerre, et ala sur le bort de la mer. Et lors s'avança une barge le plus près qu'elle peut. De laquelle sailly

---

1. De chesne et d'autre bois.

hors ung homme qui, en noant[1], vint devers ledit duc et luy compta que cestoit son navire qui venoit. Pour lesquelles nouvelles on fist grand joie par tout l'ost, et coururent pluiseurs sur les dunes de la mer pour le veoir. Mais les capitaines les firent retraire ce qu'ilz porent. Et le soir ensuivant, à la venue de la mer[2], vinrent aulcuns dudit navire qui estoient à ce commis, et effondrèrent ou havène de Palais quatre nefz qui estoient plaines de pierres bien maçonnées et ancrées de plonc, adfin de rompre, démolir et desoler le passaige, que ceulx d'Angleterre n'y puyssent plus venir, ne aler à tout leur navire. Et alors ceulx de dedens jettoient continuellement de leurs engiens vers le port pour adomagier les vaisseaulx, et enfondrèrent ung. Et encore lendemain, par les dessusdiz, furent effondrés deux vaisseaulx en ycelui havène, qui estoient maçonnés comme les aultres. Mais à brief dire, tous les dessusdiz vaisseaulx, qui y furent mis de par le dessusdit duc de Bourgongne, furent tellement assis, que quand la mer fu retraicte[3], ilz demourèrent en la plus grande partie sur le sablon, à petite parfondeur d'eaue. Et pour tant, les Anglois de ladicte ville, tant femmes comme hommes, y coururent à grand effort. Si les despecèrent et ardirent à grand exploit, par telle manière qu'il en demoura assés petit. Et firent charier et enmener grand partie du bois en ladicte ville, non obstant qu'on tiroit asprement de canons après eulx. Dont le dessusdit duc

---

1. A la nage.
2. A la marée haute.
3. A la marée basse.

et les siens eurent grand merveille. Et ceulx qui les avoient amenés, c'est assavoir messire Jehan de Hornes, le commandeur de La Mourée et aulcuns autres seigneurs de Hollande, se départirent lendemain si loing qu'on perdi la veue d'eulx, et se retrayrent vers la marche dont ilz estoient venus. Car bonnement ne povoient demourer sur les marches d'entre Calais et Angleterre, pour ce que la mer y est très périlleuse, comme dient les maronniers, plus qu'en aultres lieux. Et avec ce, ilz estoient assés advertis que l'armée d'Angleterre estoit preste pour passer. Contre laquelle ilz n'avoient point puissance de résister. Pour lequel département des dessusdiz les Flamens furent fort troublés. Si commencèrent de là en avant à murmurer l'un contre l'autre, en disant qu'ilz estoient trahis par les gouverneurs de leur prince, et qu'on leur avoit promis à leur département de Flandres que la ville de Calais seroit aussy tost asségié par mer que par terre. Si avoient leurs gouverneurs et capitaines assés à faire à les rapaisier et entretenir. Et entretant, le duc de Bourgongne, qui par tous ses pays avoit mandés ses nobles gens de guerre pour en estre accompaignié à la descendue des Anglois, laquelle il attendoit chascun jour, fist adviser par aulcuns de ses chevaliers féables et en ce cognoissans, ung champ et place, la plus advantageuse que faire se povoit, pour lui et les siens mettre en bataille contre ses adversaires quand ilz venroient. Et adfin d'avoir advis sur toutes ses besongnes et affaires, le xxviie jour de juillet assambla grand partie de ceulx de son conseil et avec eulx pluiseurs de ses capitaines et gouverneurs des communes. Auxquelz il remoustra et fist remoustrer l'intencion et voulenté qu'il avoit contre ses adversaires. De laquelle les dessusdiz estoient assés contens. Mais le propos desdictes communes fut assés tost mué, par ce en partie, que ce meisme jour ceulx de la ville de Calais saillirent hors de leur ville en moult grand nombre, tant de pied comme de cheval, et vindrent soubdainement, c'estassavoir ceulx de pied à la bastille dont dessus est faite mencion, et ceulx de cheval alèrent coure entre l'ost et ladicte bastille, pour empeschier que ycelle ne peust si hastivement avoir souscours. En laquelle bataille estoient de trois à quatre cens Flamens. Et adonc fut crié alarme par tout l'ost, et y eut moult grand effroy. Si saillirent gens de toutes pars en grand multitude pour aler au secours des dessusdiz. Et meismement ledit duc de Bourgongne y ala de sa personne, tout de pied. Mais les dessusdiz Anglois assaillirent si très fièrement et si asprement yceulx Flamens de la bastille, et pour tant qu'ilz les trouvèrent de meschante et povre deffence, ycelle bastille ne leur dura gaires, mais fu briefment conquise avant que on y peust venir. Si y furent tués environ huit vingts Flamens, et une grand partie des aultres prins et menés prisonniers. Desquelx, quand ilz furent auprès des portes de Calais, ilz en mirent à mort la moitié largement, pour ce que lesdiz Anglois avoient sceu que les Flamens avoient mis à mort ung de leurs chevaliers, qui avoit esté prins par les Picars qui estoient de cheval à ceste escarmuche. Pour laquelle prinse et occasion, ledit duc eut moult grand desplaisance. Et d'aultre part, les Flamens qui s'estoient mis en bataille, se retrairent moult troublés et enoyeux, pour leurs gens qu'ilz veirent ainsy estre occis. Et s'assamblèrent en ce propre jour par divers troppeaux, disans l'un à l'autre qu'ilz estoient trahis, et que riens ne leur estoit entretenu de chose que on leur euyst promis. Et aussy qu'ilz perdoient chascun jour leurs gens, et n'y mettoient les nobles nulle provision. Et finablement, ilz langagèrent tant ensamble que en fin, non obstant les remonstrances qui leur furent faites de leurs capitaines, ilz conclurent d'eulx deslogier et retourner en leurs pays. Et avec ce en y avoit pluiseurs qui estoient en grand voulenté d'occire aulcuns des gouverneurs de leur duc. Lequel, quand il fut adverti qu'ils avoient pourparlées les choses dessusdictes, fu moult troublé et desplaisant, considérant la charge et deshonneur qu'il povoit avoir s'il luy convenoit partir de là, actendu le mandement de Humfroy, duc de Clocestre, son adversaire, qui lui avoit esté noncié par le héraut anglois, et la response que ledit duc lui avoit baillié. Si ala en la tente de Gand, où il fist assambler grand nombre des dessusdiz, auxquelz il requist le plus adcertes qu'il povoit, qu'ilz voulsissent demourer avec lui et attendre la venue des Anglois, de laquelle ilz estoient assés adcertenés qu'ilz arriveroient dedens briefs jours ensievans. Disant oultre, que se il se partoit sans attendre ses ennemis et les combattre, ilz feroient à luy et à eulx le plus grand deshonneur qu'oncques fut fait à prince.

Ainsy alors et pluiseurs aultres fois furent, par le dessusdit duc et par son conseil, faites pluiseurs remonstrances raisonnables à yceulz communes. Mais finablement ce fut peine perdue. Car ilz estoient du tout affermés et obstinés l'un avec l'autre de eulx partir. Et pour ce, à toutes celles remonstrances faisoient comme la sourde oreille, si non aulcuns des principaulx qui respondirent courtoisement, en eux excusant. Pour lesquelx, ceulx qui estoient desoubz eulx, au besoing eussent fait assés petit. Et adonc le dessusdit duc de Bourgongne, véant le dangier où il s'estoit bouté soubz l'ombre et instance des dessusdiz communes, considérant aussy le blasme qu'il lui convenoit recepvoir à cause de son partement, il ne fait point à demander s'il avoit au cuer grand desplaisance. Car jusques à ce toutes ses entreprinses lui estoient venues assés à son plaisir, et ycelle, qui estoit la plus grande de toutes les aultres de son règne, lui venoit au contraire. Toutefois lui convint souffrir la rudesce et grand sotie de ses Flamens. Car il n'y povoit pourveoir, jà soit-il que par pluiseurs fois se meist en paine d'eulx retenir aulcuns peu de jours. Nientmains, véant qu'il perdoit son temps de les plus avant requerre, il se conclut avec les seigneurs de son conseil de deslogier avec eulx. Si leur fist dire que, puis qu'ilz ne vouloient plus demourer, ilz attendissent jusques à lendemain et qu'ilz se partissent par ordonnance, à tout leurs habillemens qu'ilz chargeroient, et adfin que leurs adversaires ne leur portassent nul dommage; et il les reconduiroit à tout ses gens jusques à oultre l'eaue de Gravelignes. A quoy les aulcuns respondirent que ainsy le feroient ilz. Et le plus grand partie disoient qu'ilz estoient assez puissans pour eulx en raler sans avoir conduicte. Et en y avoit grand partie qui, à toutes fins, vouloient aler au logis du duc de Bourgongne tuer le seigneur de Croy, messire Baude de Noyelle, Jehan de Brimeu, pour lors bailly d'Amiens, et aulcuns aultres de son conseil; disans que par leurs exortacions avoit ce voiage esté entreprins, lequel n'estoit point bien possible de le achever, comme ils disoient, veu le gouvernement et les manières qu'on y tenoit. Lesquelx trois seigneurs dessus nommez, sachans la meutacion d'yceulx Flamens ainsi estre faite contre eulx, se départirent de l'ost à privée maisnie, et se retrayrent au logis de messire Jehan de Croy, devant Ghisnes. Et yceulx Flamens, entre le samedi et le dimenche, par nuit, commencèrent à descendre par leur ost tentes et pavillons, et chargier leurs bagues pour eulx en aler. Et estoient les Gantois les principaulx faisans ceste meutacion. A l'exemple desquelz toutes les gens de guerre et marcheans là estans, troussèrent tout ce qu'ilz povoient avoir de leursdictes bagues. Mais pour le soudain département y demoura des vins, vivres et aultres biens, très largement. Et convint effondrer pluiseurs queues de vin et aultres buvrages, à la perte et dommage desdiz marcheans. Et aussi furent laissiés pluiseurs groz engiens et aultres habillemens de guerre qui estoient audit duc de Bourgongne, pour ce qu'on ne povoit recouvrer de chars et de chevaulx pour les emmener. Et pareillement y demoura grand quantité des biens et habillemens que y avoient amené lesdiz Flamens. Si se commencèrent à deslogier en faisant tres grand bruit, crians tous à une voix en très grand multitude : Gawe! Gawe! nous sommes tous trays. Qui vault autant à dire Alons! alons! en no pays. Auquel partement boutèrent les feux en leurs logis. Et commencèrent à tirer vers Gravelignes, sans tenir ordonnance. Et lors, ledit duc de Bourgongne, qui avoit au cuer très grand tristesce, à tout ses nobles hommes et gens de guerre, se mist en bataille par bonne ordonnance vers la ville, jusques à tant que yceulx Flamens fussent eslongiés, pour les garder, adfin que les Anglois de Calais ne saillissent dehors pour férir sur eulx. Et après, par bonne ordonnance, mettant de ses melleurs gens derrière par manière de arrière garde, sievy son ost, qui estoit desjà vers le chastel de Marcq. Si se mirent lesdiz Flamens yluec, ung petit en ordonnance, et s'en alèrent logier emprès ladicte ville de Gravelingnes, ou meisme lieu où ilz avoient logié au passer. Toutefois, les Brughelins estoient très mal contens de leur honteus département. Et pour tant qu'à ce jour n'avoient point leurs chevaulx pour ramener leurs groz engiens qu'ilz avoient là amené, en chargèrent aulcuns sur leurs chars, et à force et puissance de gens les ramenèrent jusques audit lieu de Gravelingues. Auquel jour le duc de Bourgongne manda à messire Jehan de Croy qui estoit devant ladicte ville de Ghine, qu'il se deslogast, à tout ses gens d'armes, et s'en venist devers luy sans délay. Lequel, oyant le mandement de son seigneur, et sachant que l'ost estoit deslogié, fist apprester ses gens et se tira en bonne ordonnance envers sondit seigneur le duc. Mais aulcuns engiens demourèrent là, par ce qu'on ne les povoit chargier sur les chars; avec grand quantité d'aultres biens. Pour lequel département, ceulx dudit chastel de Ghisnes eurent moult grand joie et léesce. Car ilz estoient fort constrains, et en grand nécessité, comme pour eulx rendre. Et dedens briefz jours ensievans saillirent dehors, en faisant très grand huée après leurs ennemis. Et pareillement quand ceulx de Calais veyrent et sceurent le partement de l'ost, ils en furent moult joyeux. Si yssirent hors en grand nombre pour recueillir les biens qui estoient demourés, dont quelx y avoient très largement. Et lors envoyèrent pluiseurs mesages en Angleterre noncier ceste aventure. Et ledit duc de Bourgongne, qui estoit logié à Gravelingnes, tant desplaisant et anoyeux comme dict est, prinst conseil avec les seigneurs et nobles hommes qui là s'estoient retrais avec lui, sur ses affaires, en lui complaignant de la honte que lui faisoient ses communes de Flandres. Lesquelz, les aulcuns lui remoustrèrent amiablement qu'il prenist en gré et paciamment ceste aventure, et que c'estoit des fortunes du monde. Et puis lui dirent et consillièrent qu'il se pourveyst au sourplus par le meilleure forme et manière que faire se povoit : est assavoir qu'il fournesyst ses villes et forteresces, sur les frontières, de gens d'armes, de vivres et habillemens de guerre, pour résister contre ses adversaires qu'on attendoit chascun jour, lesquelz, comme on povoit supposer, s'efforceroient de grever lui et les siens par diverses manières, attendu les entrepriuses qui avoient esté faites contre eulx; et lui, de sa personne, se retrayst plus avant en l'une de ses villes, et mandast par tous ses pays gens de guerre, pour aidier et souscourir ceulx qui en auroient besoing. Après laquelle conclusion, ycelui duc requist à pluiseurs seigneurs et nobles hommes là estans, moult instamment, qu'ilz voulsissent demourer en ycelle ville de Gravelingnes, laquelle pouvoit estre moult préjudiciable à tout le pays s'elle n'estoit bien gardée, en leur prometant sur son honneur que se ilz avoient aucun besoing et ilz fussent asségiés, qu'il les souscourroit sans point de faulte, quelque péril ou dommage qu'il y deust avoir. Lesquelz lui accordèrent.

Et demourèrent là, le seigneur de Créqui, le seigneur de Saveuses, sire Simon de Lalaing, Sanse son frère, Philebert de Vandre et pluiseurs aultres notables, et vaillans et expers hommes de guerre. Et d'aultre part furent envoyés à Ardre messire Loys de Thienbronne et Guichart, son frère, et aulcuns aultres de devers la marche de Boulenois. Et ès aultres lieux furent mis gens d'armes, seloncq les estas des villes et forteresces, pour la garde d'ycelles. Si estoient là présens pluiseurs seigneurs de son conseil, par le moyen desquelx ycelle entreprinse avoit esté mise sus, qui de ceste male aventure estoient très desplaisans. Sy ne le povoient avoir aultre. Si leur convenoit souffrir, et oyr les parolles du monde.

En oultre, après ce que ledit duc eut, comme dit est, tenu son conseil avec ses gens et conclud les choses dessusdictes, il fist requerre aux Flamens qu'ilz demourassent encore avec lui ung peu de jours pour attendre la venue de leurs ennemis. Laquelle requeste ne volrent accorder, pour les périlz dont ilz se doubtoient. Et alèrent devers lui pluiseurs des capitaines, le mardi darrain jour de juillet, requérir audit duc qu'il leur donnast congié de retourner en leurs propres lieux. Lequel, véant qu'il ne les povoit plus retenir en nulle manière du monde, leur accorda et leur donna congié de s'en aler. Car il percevoit bien qu'ilz n'y feroient jà biau fait, puis qu'ilz n'avoient à ce corage. Sy se partirent et s'en allèrent par pluiseurs journées jusques en leurs villes. Mais ceulx de Gand ne vouloient point rentrer dedens leur ville, se ilz n'avoient chascun une robe, aux despens de leur dicte ville, ainsy que anciennement estoit coustume de leur baillier quand ilz revenoient d'aulcune armée. Laquelle chose on leur refusa, pour ce qu'il sambloit aux gouverneurs d'ycelle ville de Gand, qu'ilz s'estoient trop mal portés. Et quant ilz eurent responce, ilz rentrèrent dedens, tout murmurant et mal contens des dessusdiz seigneurs et gouverneurs. Si avoient esté au départir de devant Calais et au deslogier, mises en feu et désolées, les forteresces de Bavelinghehem et de Sanghate.

En après, le duc de Bourgongne partant de Gravelingnes s'en ala à Lille. Et fist publyer par tous ses pays que toutes gens de guerre qui estoient acoustumés de eulx armer, fussent prestz pour aler devers luy pour aler où il les envoieroit pour résister à l'encontre de l'armée des Anglois, ses adversaires, laquelle, comme dict est, on sçavoit assés qu'elle estoit preste pour venir descendre au havène de Calais. Et meismement, après ce que ledit duc de Bourgongne et son ost furent deslogiés de devant Calais, arriva ledit duc de Clocestre, à tout son armée d'Anglois.

CHAPITRE CCVI.

Comment messire Florimont de Brimeu, séneschal de Ponthieu, conquist la ville du Crotoy.

Item, durant le temps que le duc de Bourgongne estoit ou voiage de Calais, messire Florimont de Brimeu, séneschal de Ponthieu, Harpin de Richaumes, capitaine de Rue, Robert du Quesnoy, capitaine de Saint-Waleri, et aultres de frontière vers le Crotoy, s'assamblèrent ung certain jour, à tout le nombre de quatre cens combatans environ, et alèrent de nuit eulx mettre en embuscade sur les grèves, vers la ville et forteresce du Crotoy. Et envoyèrent le dessusdit Robert du Quesnoy, à tout trente combatans ou environ, au matin, passer en ung batel devant ladicte ville et forteresce, pour faire saillir les Anglois de layens après eulx ; ce qu'ilz firent. Et quand ilz apperceurent que lesdiz Anglois les povoient bien veoir, ilz firent samblant que ledit batel fust féru en terre et qu'ilz ne peussent passer de là, ne eulz de là départir. Et meismement dix ou douze de leurs gens saillirent en l'eaue ; qui faisoient semblant de vouloir bouter ycelui batel par force du lieu où il estoit assis. Si faisoient moult fort l'embesongnié. Et alors Henry, Jehan, Richard et Thomas, véans de leurs murailles l'esbatement d'yceulx galans et la manière qu'ilz tenoient, désirans de les aler aidier et souscourir, mais non pas au plaisir d'yceulx travillans, mais pour vouloir conquerre proie, saillirent hors sans délay et coururent vers ycelui batel pour le prendre. Mais ilz furent tantost fourcloz par ceulx de ladicte embusche, lesquelz les assaillirent fièrement, et en occirent sur la place mieulx de soixante quatre. Et si en eut de prins, de trente à quarante. Et par ainsy demoura ycelle ville et forteresce du Crotoy fort desgarnie de gens. Mais il y en eu pluiseurs navrés, de la partie dudit séneschal. Lequel séneschal et ceulx qui estoient avec luy, sachans par lesdiz prisonniers que dedens la ville et forteresce dudit Crotoy avoient demouré peu de gens de deffence, rassamblèrent de rechief pluiseurs hommes de guerre sur la marche à l'environ et les mena logier devant ladicte ville, et au bout de quatre ou cinq jours ensievans, les fist assaillir. Laquelle fut prinse d'assault, à petit dommage de ses gens. Et ceulx qui estoient dedens la ville se retrayrent dedens le chastel, devers lequel se logèrent les dessusdiz. Et firent drécier aulcuns engiens contre ycelui, qui petit ou nient le adommagèrent; car il estoit exelentement fort. Et après que ycelui séneschal eust là esté certain espace de temps, véant que il estoit mal possible de ycelle forteresce conquerre, se desloga et fist abatre et démolir la fortification de ladicte ville. Si se retraist avec les siens en lieux dont ilz estoient venus. Et emportèrent les biens qu'ilz avoient conquis en ladicte ville.

En après, yceulx Anglois du Crotoy, avoient deux batiaulx nommés gabannes, par le moyen desquelx ilz travilloient souvent ceulx d'Abbeville, et par espécial les pescheurs. Si envoyèrent les dessusdiz d'Abbeville, de nuit, aulcuns de leurs gens, à tout un batel, assés près du Crotoy. Et en y eut aulcuns qui en nagant alèrent atachier agrappes de fer par dedens l'eaue, aux bateaulx dessusdiz. Auxquelles agrappes il y avoit de bien longues cordelles; par lesquelles cordes yceulz navires furent tirés dehors et amenés audit lieu d'Abbeville. Dont les Anglois furent malement troublés.

CHAPITRE CCVII.

Comment Humfroi, duc de Clocestre, ariva à Calais, à tout grant nombre de gens d'armes, et entra en Flandres et en Artois et ès aultres pays du duc de Bourgongne, où il fist moult de dommages.

Item, après que le duc de Bourgongne et les Flamengz se furent deslogés de devant Calais, si comme dit est ailleurs, ariva dedens briefz jours après ensievant, le duc de Clocestre, ou havène de la dessusdicte ville de Calais, à tout dix mille combatans Anglois ou environ. Et venoient en intencion de combatre le duc de Bourgongne et sa puissance, se ilz l'euyssent trouvé. Et pour tant qu'il estoit parti, se mist à chemin pour aler vers Gravelignes. Et de là se tira en Flandres, et passa par pluiseurs groz villages, comme Poperinghe, Bailleul et pluiseurs aultres, lesquelz il désola par feu, et plusieurs fourbourcz de villes. Dont partout ne trouvoient point gaires de deffence, mais tout le monde s'enfuioit devant luy, et nulz Flamens, ou peu, ne l'osoient attendre. Et emmena grant proie de bétail et d'aultres biens. Si y firent de moult grant dommages, sans perdre de leurs gens, ou bien peu. Mais ilz endurèrent grand fain par défaulte de pain. Si passèrent le Noefchastel, et ardirent Runesture et Walon Chapelle. Et puis entrèrent en Artois, et alèrent à Arques et Blendesques, là où ilz firent des escarmuches. Mais ilz boutèrent les feux par tous les lieux où ilz porent advenir. Et passèrent par emprès la justice de Saint-Omer. Et par tout, en ces villages à l'environ, ilz firent moult de dommages. Et descendirent autour de

Tournehem, Esprelecques et Bredenarde, là où ilz furent escarmuchiés des capitaines des chasteaulx à l'environ. Et Cauwart et aultres compaignons de Langle y furent bleciés; qui par force en raboutèrent hors de leurs villages et d'aultour de leurs chasteaulx. Dont ilz furent en ycelles marches et de autour d'Ardre plus reboutés, et y eut plus de gens bléciés que par tout Flandres où ilz avoient esté. Si se retrayrent vers Ghines et Calais, pour ce que pluiseurs de leurs gens prinrent maladies, par nécessité de pain dont ilz n'avoient point à leur plaisir. Dont, aulcunes bonnes femmes qui leur en donnoient, sauvèrent leurs maisons. Aussy gaignièrent en aulcuns lieux du bon bestail, du grand nombre qu'ilz amenoient de Flandres, dont les conduiseurs n'en povoient point bien venir à chief de les conduire, pour ce que en aulcuns lieux ne trouvoient point d'eaue pour les abreuver, dont elles s'épardoient. Et ceulx qui les pensoient à retourner, furent souspris souventefois de leurs adversaires, quand ils s'eslongnoient trop de l'avant garde de la bataille.

Et en ce temps, messire Thomas Quiriel et le seigneur de Faulkenberghe assamblèrent au Noefchastel de Nicourt environ mil combatans. Lesquelx ilz menèrent passer la rivière de Somme à la Blanquetacque, et alèrent logier à Foresmoustier, et de là à Labroie sur la rivière d'Authie, où ilz furent trois jours, et prinrent le chastel d'assault, qui n'estoit point grammment fort, ne de grand valeur; et appartenoit au visdame d'Amiens. Si y furent mors une partie des deffendans, et cinq ou six des combatans. Pour la prise duquel, le pays fut en grand effroy, doubtans que les Anglois ne se voulsisent là logier. Car pour ce temps y avoit bien petite provision quand à la garde du pays. Mais les Anglois avoient trouvé en ycelle ville et en pluiseurs aultres qu'ils avoient courues et prinses, des biens très largement, à tout lesquelx et grand foison de prisonniers, ilz s'en retournèrent audit passage de le Blancquetacque, par où ilz estoient venus, et de là, en leurs garnisons, sans faire perte de leurs gens qui face à escripre. Et firent pour ycelui voiage de grans dommages au pays de leurs ennemis.

CHAPITRE CCVIII.

Comment les Flamens se remirent en armes depuis qu'ils furent retournés de Calais en leurs villes.

Item, après que les communes de Flandres furent rentrés dedens leurs villes, comme dit est dessus, leur vinrent, dedens briefz jours ensievans nouvelles, que une grande foison de navires d'Angleterre estoit arivée dedens septentrion sur la marche de Flandres, entour Wielinghe, ayans intencion de entrer ou pays. Et pour ce, de rechief les bonnes villes remandèrent toutes leurs gens du plat pays, et se remirent en armes à toute puissance. Et alèrent hastivement, sans grand charoy, devers Brevelier, et se logèrent sur la mer à l'encontre dudit navire d'Angleterre, qui estoit là environ. Et estoit ce navire là, pour occuper et donner empeschement à ceulx du pays, adfin qu'ilz ne se retrayssent devers l'ost du duc de Clocestre, qui estoit en la marche, vers Poperinghe et Bailleul. Lequel navire l'avoit amené, et n'y estoit pour lors dedens que les marroniers, et aulcun peu de gens pour les garder.

Pour quoy ils n'avoient mie voulenté de prendre port pour entrer oudit pays. Si se départirent en assés briefz jours ensievans, et retournèrent à Calais. Après laquelle retraite et département, les Flamens se retraisent chascune compaignie en leurs places. Mais les Gantois, qui bien sçavoient qu'on leur donnoit la plus grand charge du département de Calais qu'à tous les aultres, dont ilz estoient très mal contens, ne vouloient point mettre jus leurs armes. Si contendoient à faire de grans nouvelletés, et estoient en moult grand discord l'un contre l'autre, par quoy il convint que leur prince y alast. Lequel, là venu, luy firent baillier pluiseurs articles de remonstrances. Desquelles y en avoit aulcunes : qu'ils vouloit sçavoir pour quoy le siège n'avoit esté mis par mer devant Calais comme par terre, si comme il avoit esté conclud, et aussy pour quelles raisons le navire d'Angleterre n'avoit esté ars comme on avoit ordonné. A quoy on leur fist responce, de par le duc de Bourgongne, que quand au siège par mer il estoit impossible, comme bien sçavoient les marroniers à ce congnoissans, que navire y peuyst arrester par fortune de mer sans péril d'estre bouté forciblement par devers la terre eu devers lieux, en la subjection de ses ennemis. Et avec ce, les Hollandois qui lui avoient promis une ayde et accordée pour furnir ladicte navire, luy avoient failly de promesse ; et au regard du navire d'Angleterre qui n'avoit point esté brulé, les gens et vaissaulx qui avoient ad ce esté ordonnés à l'Excluse et pour ce faire, n'avoient nullement eu vent propice pour y aler, mais leur avoit tous jours esté contraire. Et quand à pluiseurs aultres poins qu'ilz requéroient, c'estassavoir d'avoir trois capitaines pour gouverner la ville de Gand, pour faire procession génerale par le pays à main armée; de garnir les forteresces des gens natifz de Flandres; de appaisier le discord d'entre ceulx de Bruges et de l'Excluse, et de pluiseurs aultres besongnes requises par eulx, leur fut par ycelui duc faite si bonne et si raisonnable responce qu'ilz furent assés contens de lui. Et se rettrayèrent, ceulx qui estoient armés ou marchié des Venredis en grand multitude, en leurs maisons, et laissièrent leurs armes, jà soit-il qu'ilz eussent esté fort esmeus de première venue. Et avoient, aux archiers de leur prince, fait mettre jus leurs bastons, qu'ilz portoient emprès luy, disant qu'ilz estoient fort assés pour le garder.

Et après, furent bannis de Gand messire Roland de Hutekerque, messire Colard de Commines, maistre Gille de Le Woustine, Enguerrand Hauwiel et Jehan de Dam, pour ce qu'ilz ne s'estoient remoustrés comme bourgois ainsy comme les aultres, quand il avoit esté publié. Et escripvirent lesdiz Gantois à ceulx de leur chastellenie, que qui pourroit prendre l'un des dessusdiz bannis et le mettre en leurs mains, il auroit pour son salaire trois cens livres tournois. Et depuis furent faites pluiseurs ordonnances pour la garde et deffence du pays. Si furent commis pluiseurs capitaines, desquelx le seigneur de Steenhuse fut establi capitaine; le seigneur de Commines, à Gand; messire Gérard d'Estournay, à Audenarde; messire Gérard de Ghisthelle, à Courtray. Et pareillement furent commis par toutes les aultres villes aulcuns nobles et gens de guerre, seloncq l'estat d'ycelles, tant seloncq les frontières de Calaix, comme sur la mer et ailleurs. En oultre fut publié que nul ne se partesist du pays pour cause de la guerre, et que chascun se pourveyst d'armeures seloncq son estat et puissance, et aussy que toutes les bonnes villes et forteresces fussent réparées et furnies de vivres et habillemens de guerre, et avec ce, que tous fossés et barières fussent visitées et réédifiées ès lieux acoustumés, et tout aux despens du pays et ceulx desoubz cuy lesdictes reédificacions se debvoient faire.

En après, pour mieulz faire que laissier, convint que le duc dessusdit desist de sa bouche aux Gantois, qu'il estoit bien content d'eulx pour la départie de devant Calais, et qu'ilz s'en estoient retournés par sa licence et ordonnance. Car c'estoit tout leur désir que d'en estre excusés, pour ce qu'ilz sçavoient bien qu'ilz s'en estoient partis trop honteusement.

Et quand toutes ces besongnes dessusdictes furent ainsy remises en rieule[1], comme dit est, ledit duc s'en retourna à Lille. Et lors vinrent devers lui le seigneur de Chargni et aulcuns aultres nobles hommes, qui amenèrent des parties de Bourgongne environ quatre cens combatans, qui furent mis en garnison sur les frontières de Boulenois. Et puis après, brief ensievant, vinrent les seigneurs d'Arsi et de Warenbon, à tout encore quatre cens combatans Savoyens. Lesquelx adommagèrent moult le pays d'Artois, Cambrésis, et vers Tournay. Et puis après les mena, le seigneur de Warenbon, en garnison à Pontoise, où ils furent grand espace.

Sy estoient lors par toutes les parties du royaume

---

1. *En rieule*, en règle.

de France les églises et le povre peuple oppressé et travillié à l'occasion de la guerre, et n'avoient comme nul deffendeur. Et non obstant la paix d'Arras faite, les François et Bourguignons, vers les marches de Beauvoisis, Vermendois, Santhers, Laonnois, Champaigne et Réthelois, faisoient moult souvent de moult grandes entreprinses les ungs sur les aultres, et prenoient querelles non raisonnables l'un contre l'autre. Pour quoy il advenoit moult de fois que les pays dessusdiz estoient courus et pilliés, et avoient autant ou plus à souffrir comme par avant la dessusdicte paix d'Arras. Si n'y povoient les povres laboureurs mettre aultre provision, si non de crier misérablement à Dieu leur créateur vengance. Et que pis est, quand ilz obtenoient aulcun saufconduit d'aulcuns capitaines, peu en estoit entretenu; meismement tout d'un parti.

Et entant que ces besongnes se faisoient, messire Jehan de Hornes, sénéschal de Braibant, qui avoit eu la charge avec le commandeur de La Mourée de conduire le navire par mer à aler devant Calais quand le duc de Bourgongne y estoit, fu rencontré par aulcuns Flamens sur les dunes de la mer, ainsi qu'il aloit à ses affaires, à petite compaignie. Lesquelz le mirent à mort. Dont le duc de Bourgongne eut au cuer très grand desplaisance.

Et d'aultre part, après que ledit duc eut rapaisié les Gantois comme dit est cy desus, et que il entendoit que toutes les communes de sa contée fussent bien unis, si s'esmeurent les Brughelins en grand nombre pour aler asségier l'Excluse, et se tinrent en armes sur le marchié par moult long temps. Et entretant mirent à mort l'escoutette de la ville, qui estoit ung des officiers du prince, nommé Wautre d'Estembourch. Et fu pour ce qu'il ne vouloit point aler en armes sur le marchié avec le commun; où ilz furent bien six sepmaines. Et estoient les capitaines, Pierre le Borgrave et Christofle Min Heere. Et y eut ung nommé George Vanderbecque, qui fist lever la duchesse et son filz de son chariot, pour quérir ceulx de dedens. Laquelle duchesse pour lors y estoit, et l'arestèrent. Et puis après, quand elle se départi, ly ostèrent de son chariot la femme de messire Roland de Hutekerque, et la femme de messire Jehan de Hornes; dont ycelle duchesse fut moult troublée. Mais elle n'en peut avoir aultre chose. Si estoient avec elle messire Guillaume et messire Symon de Lalaing. Toutefois, par certains moyens qui depuis se firent entre leur prince et eulx, se retrayrent en leurs hostelz; et leur pardonna, pour ceste fois, les offences et maléfices, pour ce que il avoit pluiseurs aultres grans affaires.

CHAPITRE CCIX.

Comment La Hire prinst la ville et forteresce de Soissons. Et aultres matières.

Item, en ce meisme temps fut prinse d'emblée la ville et forteresce de Soissons, de laquelle estoit capitaine Gui de Roie pour messire Jehan de Luxembourg, qui point n'avoit fait de serement au roy Charles de France à la paix d'Arras ainsy que avoient fait les aultres seigneurs et capitaines tenant la partie du duc de Bourgongne, comme dit est cy-dessus. Et pour tant les

François le tenoient pour leur ennemi, jà soit-il qu'il eust obtenu dudit roy mandement durant jusques à certain jour pour avoir advis de faire ycelui serement. Lequel roy deffendi à ses gens que dedens ycelui jour on ne leur feist point de guerre, moyennant aussy que lui et les siens n'en feroient point à lui, ne aux siens. Nientmains, quand il vint à la congnoissance dudit de Luxembourg qu'on avoit prins sur lui ycelles ville et forteresce de Soissons, qui en la plus grand partie appartenoit héritablement à sa belle fille, Jehenne de Bar, contesse de Saint-Pol, il le print très mal en gré, et pourvey et garni aulcunes de ses forteresces de gens de guerre pour résister à telles et pareilles entreprinses. Et d'aultre part, le dessusdit Gui de Roye, qui tenoit le chastel de Maincamp entre Chargni et Noyon, y mist grand garnison, et commença à mener forte guerre à La Hire et au pays de Soissonnois, Laonnois, et aultres villes tenans le parti du roy Charles. Et pareillement fist le roy Charles, par La Hire et ses alyés, aux bienvuellans du dessusdit messire Jehan de Luxembourg. Et par ainsy, tous les pays autour d'eulx furent moult travilliés et oppressés, tant d'un parti comme de l'aultre.

Item, après que le duc d'Yorch eust conquis la ville de Fescamp, comme dit est, et que Jehan d'Estouteville l'eut rendue, fut depuis reprinse des François sur lesdiz Anglois. Et ce meisme temps, le duc d'Yorch devant dit conquist par continuacion de siège Saint-Germain sur Chailly[1]. Si furent pendus, des François layens estans, jusques au nombre de douze ou envi-

---

1. Saint-Germain sous Cailly (Seine-Inférieure).

ron. Et pareillement reconquist Fontaines, Le Bourch, Blanville, Préaulx, Lillebonne, Tancarville, et aultres pluiseurs fortes places et villes, dont la plus grand partie furent désolées et ruées jus par lesdiz Anglois. Durant lequel temps, lesdiz Anglois continuèrent à dégaster les vivres autour de Harfleur, sur intencion de le asségier au plus tost qu'ilz pourroient par aulcune bonne manière.

CHAPITRE CCX.

Comment la duchesse de Bethfort, seur au conte de Saint-Pol, se remaria de sa franche voulenté. Et comment le roy Charles de Sézille traita avec le duc de Bourgongne à cause de sa délivrance. Et comment les Anglois reprinrent la ville de Pontoise.

En l'an dessusdit, la duchesse de Bethfort, seur au conte de Saint-Pol, se remaria de sa franche voulenté à ung chevalier d'Angleterre nommé Richard Doudeville. Lequel estoit jeune homme, moult bel et bien formé de sa personne, mais au regard du linage il n'estoit point pareil à son premier mari, le régent, ne à elle. Si en fut, Loys de Luxembourg, archevesque de Rouen, et aultres ses prouchains amis, aulcunement mal contens. Mais ilz n'en peurent avoir aultre chose.

Et après, environ le mois de novembre, Jacqueline de Bavière, qui avoit espousé Franque de Borselle, après que par long temps elle eut jut en son lit de maladie langoureuse, ala de vie par trespas. Si succéda le duc de Bourgongne en toutes ses signouries.

Et en ce meisme temps, vers la Saint-Andrieu, vinrent devers ledit duc de Bourgongne à Lille en Flandres où il tenoit son estat, le roy de Sézille, duc d'Anjou, le duc de Bourbon, le connestable de France, le grand chancelier de France et pluiseurs aultres grans seigneurs et notables princes, lesquelz il receut et festoia très honnorablement. Et après furent les traictiés ouvers d'entre le roy Charles de Sézille dessus nommé et le duc de Bourgongne, touchant la délivrance de sa prison, dont en aultre lieu est faite mencion. Car encore n'estoit sa foy acquitié pour sa prinse. Mais estoient aulcuns de ses enfans demourés ostagiers pour luy ou pays de Bourgongne. Lesquelz traictiés vinrent en fin à conclusion, moyennant que présentement ledit duc de Bourgongne euyst la possession de la terre de Cassel, appartenant à ycelui roy. Laquelle estoit moult bonne et proufitable. Et avec ce promist à payer certaine grand somme de deniers, pour la seureté de laquelle il bailla en hostaige, en ses duchées de Bar et de Loherainne, quatre bonnes villes, que forteresces, c'estassavoir, Noefchastel en Loherainne, Clermont en Argonne, et Princhi et Lony, que ledit roy debvoit baillier quand requis en seroit. Esquelles villes et forteresces le dessusdit duc de Bourgongne mist garnison et capitaines de par lui. Et par ainsy le roy dessusdit fut acquitié de sa foy et réeut ses enfans. Car, à présent, ne furent bailliés en la main dudit duc que les deux enfans premiers, et eut seureté par promesse de avoir les deux aultres, se faulte de payement y avoit. Et à ce faire, pour les baillier, se obligèrent avec ledit roy, messire Colard de Sanssy et Jehan de Chambli.

Et après toutes ces besongnes acomplies, comme dict est, ledit connestable de France traicta avec messire

Jehan de Luxembourg, qui estoit audit lieu de Lille, que la guerre d'entre luy et La Hire pour la prinse de Soissons cesseroit, sur forme d'appointement. Et si fut audit messire Jehan de Luxembourg ralongié son jour de faire sairement au roy de France jusques au jour de la Saint Jehan-Baptiste ensievant, ou de lui déclairer parcial, par si qu'il promist de non faire guerre durant le terme dessusdit. Duquel[1], Guillaume de Flavy, qui par le connestable de France avoit esté débouté de la ville de Compiengne, trouva manière de rentrer dedens secrètement, à tout grand foison de gens de guerre, et le reprinst sur ceulx que ledit connestable y avoit commis. Et de fait le tint long temps depuis, et ce du consentement du roy Charles, non obstant que ledit connestable fesist depuis pluiseurs diligences de le ravoir.

Item, en ce meisme temps, le propre jour des quaremiaus, reprinrent les Anglois la ville de Pontoise d'emblée, au point du jour[2]. Dedens laquelle estoient en garnison les seigneurs de l'Isle-Adam et de Warembon, avec eulx environ quatre cens combatans. Lesquelz, en la plus grand partie, se sauvèrent par forte fuite, en délaissant leurs biens. Pour laquelle prinse l'Isle de France et les pays à l'environ furent fort troublés. Car les Anglois y mirent une très grande et forte garnison de leurs gens. Lesquelz coururent très souvent jusques aux portes de Paris.

1. Il faut sous-entendre : terme.
2. On peut voir dans Jean Chartier le singulier stratagème dont s'avisèrent les Anglais, à l'attaque de cette ville. (*Ch. VI de Godefr.*, p. 93.)

CHAPITRE CCXI.

Comment le roy d'Escoce fu murdry par nuit en sa chambre par le conte d'Athelles. Et aultres matières.

Ou temps dessusdit, advint une très grande et merveilleuse cruaulté ou royaume d'Escoce. Car le roy dessusdit, qui estoit à Saint-Jehanston sur la rivière de Thay[1], ou milieu de son royaume, et là sousjournoit et tenoit son estat en une abbéye de Jacopins en dehors d'icelle ville, si fu là espyé par aulcuns de ses hayneux. Et en estoit le chief ung sien oncle, nommé le conte d'Athelles[2]. Si vint, le second merquedi de quaresme, qu'il estoit jusne de quatre-temps[3], acompaignié de trente hommes ou environ, jusques en la chambre du roy, qui de riens ne se doubtoit, une heure après mienuit. Si rompirent l'uis de ladicte chambre, entrèrent ens, et là mirent ledit roy à mort cruelment, en lui faisant pluiseurs plaies jusques au nombre de trente ou au dessus, dont il y en avoit aulcunes adréciés droit à son cuer. Durant laquelle cruaulté, la royne sa femme, seur au conte de Sommersel[4] d'Angleterre, pour le cuidier rescoure et le préserver de cestui inconvénient, fut navrée en deux lieux moult vilainement, par aulcuns d'yceulz facteurs. Et ce fait, se départirent de là hastivement pour eulx mectre à garand et à sauveté. Et lors, tant par le cri

---

1. Jacques Ier était alors à Perth.
2. Valter, comte d'Athol.
3. Le 20 février.
4. Sommerset.

de la dessusdicte royne, comme par aultres de ses gens, fut celle besongne tantost divulguée et prononcée, tant en l'ostel, comme en ladicte ville. Si s'assamblèrent en très grand nombre ceulx de sondit hostel et de la ville, et vindrent en la chambre du roy, où ilz trouvèrent le dit roy murdri très piteusement, comme dict est, et la royne navrée. Dont ilz eurent au cuer très grand tristesce, et en firent moult grans pleurs et lamentacions. Et lendemain fu mis en terre très sollempnellement aux Chartreux. Et tantost après ensievant furent mandés les nobles et grans seigneurs du royaume d'Escoce, lesquelz conclurent tous ensamble avec ladicte royne, que yceulx homicides feussent poursievis en grand diligence. Laquelle conclusion fut mise à exécucion. Et en fin furent tous prins, et mis à mort par divers et mervilleus tourmens.

C'estassavoir ledit conte d'Athelles, oncle du roy, qui estoit le principal, eut le ventre ouvert et lui osta on les boiaulx hors et puis furent ars en ung feu en sa présence, et puis fut esquartelé et furent mis les quartiers au dehors des quatre plus puissantes villes d'ycelui royaume d'Escoce. Ung nommé Robert Stewart, qui estoit ung des principaulx facteurs, fut pendu à à ung gibet et après esquartelé. Robert de Gresme fut mis sur une charrette où il y avoit ung gibet fait dessus tout propice, auquel on avoit atachié l'une de ses mains, assavoir celle dont il avoit féru le roy, et en cest estat fut mené par la ville en pluiseurs rues, et là environ lui avoit trois pendeurs qui lui lançoient de fers tous chaulx parmi les cuisses et aultres lieux sur son corps, et après fut esquartelé. Et les aultres, chascun endroit soy, furent tourmentés très horriblement.

Et la cause pour quoy ledit conte fist ceste cruaulté à sondit nepveu le roy d'Escoce, fut pour ce que après que ycelui roy fut retourné d'Angleterre, où il avoit esté long temps prisonnier, comme il est déclairié en mon premier livre, et il fut retourné en son royaume, il fist de très grandes justices de pluiseurs grans seigneurs, tant de son sang comme d'aultres, qui avoient eu le gouvernement de son royaume durant sadicte prison, et n'avoient point fait leur debvoir, seloncq son vouloir, de le délivrer de la dessusdicte prison. Entre lesquelz on avoit fait exécuter d'aulcuns qui estoient moult prochains audit conte d'Athelles. Et pour tant, jà soit-il que devant le jour dudit homicide il fust ung des plus prouchains et des plus féables dudit roy, nientmains lui avoit de long temps gardée ceste malvaise pensée, et en fin il mist à exécucion comme vous avés oy cy-dessus.

Lequel roy d'Escoce avoit ung sien filz, éagié de douze ans ou environ, lequel, par le consentement et auctorité des trois Estas du pays, fut prestement esleu et eslevé à roy d'Escoce [1]. Et fut mis ou gouvernement d'un moult notable chevalier, nommé messire Guillaume Criston, lequel le gouvernoit dès le vivant du roy son père. Et avoit, ycelui roy nouvel, la moitié du visage droit à ligne vermeil, et l'autre blancq. Et puis après, certain temps ensievant, ladicte royne embla audit chevalier le roy son filz, au chastel de Handebourg [2], et le mist en aultre gouvernement, c'estassavoir des grans seigneurs du pays. Lesquelx

---

1. Sous le nom de Jacques II.
2. Au château d'Édimbourg.

depuis firent mourir le conte de Douglas et ung sien frère appellé David, et le seigneur de Combrevant, pour ce qu'on disoit qu'ilz avoient fait conspiracion contre le josne roy pour le déposer de sa signourie. Si avoit ycelui josne roy six sereurs, dont l'aisnée estoit mariée au Daulfin, filz du roy de France[1]. Et depuis en eut une le duc de Bretaigne[2]. Et la tierce fu mariée au filz du duc de Savoie, et la quarte au filz du seigneur de La Verre, en Hollande. En après, la royne d'Escoce, mère aux enfans dessusdiz, se remaria à ung josne chevalier nommé Jaques Stouart, et en eut pluiseurs enfans.

Or est ainsy que depuis cest article escript je seus par aprobacion, que ledit conte d'Athelles, principal facteur de la mort du roy d'Escoce, fut desvestu tout nud empur ses braies, en la ville de Edelbourg[3], et fu tiré par pluiseurs fois à une polie en contremont tout hault, et puis on le laissoit cheoir en bas à deux piés près de terre, et après fu mis sur ung pilier et couronné d'une couronne de fer ardant, en signifiant que il estoit le roy des traytres. Et lendemain fu mis sur une cloie tout nud, et trainé de rue en rue, et après fut mis sur une table et lui ouvri on le ventre, et puis furent tous ses boyaulx et entrailles tirés hors et jettés en ung feu et ars en sa présence, durant sa vie. Et depuis fut son cuer jetté ou feu, et après fut décapité et esquartelé, et les quartiers mis aux quatre milleures bonnes villes

---

1. Marguerite, fille de Jacques Ier, avait épousé, le 24 juin 1436, le Dauphin Louis, plus tard Louis XI.
2. François Ier, duc de Bretagne, épousa Isabelle d'Écosse, le 30 octobre 1442.
3. Édimbourg.

d'ycelui royaume d'Escoce, comme dict est ci-dessus. Et avec ce que lesdiz facteurs morurent par divers martires et tourments, furent aussy exécutés pluiseurs de leurs plus prouchains amis, qui point n'estoient coulpables. Et n'est point mémoire qu'onques on veyst faire aux chrestiens plus aspre justice [1].

Item, en ce propre temps, le duc de Bourgongne tint pluiseurs destrois consaulx avec les trois Estas de son pays, pour avoir advis de résister contre la descendue et puissance des Anglois ses ennemis, lesquelx il attendoit chascun jour. Si fut sur ce conclud de mettre garnison par toutes les frontières, tant sur la mer comme ailleurs. Et aussy fut ordonné à tous les nobles de sesdiz pays et aultres qui se avoient acoustumé de armer, qu'ilz fussent prestz toutes les fois qu'on les manderoit pour aler avec les capitaines qui estoient commis pour la garde et deffence des pays. C'estassavoir en chief, Jehan de Luxembourg, conte d'Estampes.

Et d'aultre part, durant le temps dessusdit, pluiseurs citoyens de la ville de Lion sur le Rosne se rebellèrent contre les officiers du roy de France, pour et à cause de ce qu'ilz estoient trop travillés de gabelles et subsides qu'on levoit sur eulx. Mais pour ceste occasion en furent pluiseurs exécutés, et les aultres emprisonnés par lesdiz officiers royaulx.

Et pareillement, aulcuns Parisiens furent acusés de vouloir relivrer la ville de Paris aux Anglois. Entre

1. Tout ce récit, qui s'accorde parfaitement avec celui de l'historien écossais Buchanan, est une nouvelle preuve de l'exactitude de notre chroniqueur. Cf. Buchanan. *Rer. Scoticar, hist.*, p. 373. (Francfort, 1594. In-12.)

lesquelx en furent décapités maistre Jaques Roussel et maistre Mille des Saulx, advocas en parlement, et avec eulx ung poursievant. Desquelx les biens furent confisqués au roy.

En l'an dessusdit se remirent les Gantois en armes en très grand nombre, et occirent ung nommé Guillebert Pattetent, souverain doyen des mestiers. Et lui opposèrent qu'il avoit empeschié qu'on n'assaillist pas la ville de Calais quand on fu devant, et que les engiens jettèrent peu durant le siège. Et disoient que trayson y avoit couru. Si requéroient entre les aultres choses qu'on ordonnast et publiast que dore en avant on ne brassast plus nulles cervoises, ne qu'on ne feyt nuls aultres mestiers, à trois lieues près de Gand. Mais pour ce que les eschevins et aultres officiers de la ville se mirent, à tout la bannière de Flandres, amiablement avec eulx sur le marchié des Vendredis, et leur dirent courtoisement qu'ilz en auroient advis et conseil, et feroient tant qu'ilz y pouverroient en telle manière qu'ilz s'en debveroient bien tenir pour contens par raison, ilz furent tantost rapaisiés, et tantost se départirent d'illec et mirent jus leurs armures paisiblement. Et après pluiseurs consaulx tenus par les eschevins et doyens des mestiers d'ycelle ville sur le fait de ladicte requeste, ycelle fu déclarée estre inutile et desraisonnable. Et finablement fut conclut et déterminé qu'on laisseroit le pays en l'estat où il avoit esté moult longuement, sans faire aulcune inraisonnable nouvelleté.

CHAPITRE CCXII.

Comment La Hire, Pothon et pluiseurs aultres capitaines du roy de France cuidèrent avoir la cité de Rouen, et comment ils furent assaillis et desconfis des Anglois, qui les sousprirent en leurs logis.

En cest an, se assamblèrent pluiseurs des capitaines du roy Charles sur les frontières de Normendie. C'est-assavoir La Hire, Pothon de Sainte-Treille, le seigneur de Fontaines Lavagan[1], Phelippe de La Tour, et aulcuns aultres, qui tous ensamble pouvoient estre de huit cens à mil combatans, ou environ. Et se tirèrent tous vers la cité de Rouen, sur intencion de entrer dedens ycelle par le moyen d'aulcuns des habitans qui secrètement leur avoient promis de eulx faire ouverture. Mais ceste entreprise fu rompue, par ce que nouvellement les Anglois y estoient venus en grand nombre. Et pour ce, les dessusdiz capitaines françois, à tout leurs gens, qui desjà estoient assés près dudit lieu de Rouen, sachans qu'ilz ne povoient achever ce pour quoy ilz estoient partis, pour eulx rafreschir se logèrent en ung gros village nommé Ris, à quatre lieues près dudit Rouen. Et ainsy qu'ilz estoient là, les seigneurs d'Escalles et de Thaleboth, messire Thomas Kiriel et aulcuns aultres capitaines anglois, à tout mil combatans ou environ, qui desjà estoient advertis de leur venue, les poursievirent radement. Et de fait, avant qu'ilz s'en donnassent garde, si non assés peu, vindrent férir par divers lieux ou logis desdiz François.

1. Fontaine-la-Vaganne (Oise).

Lesquelz furent si très fort souspris qu'ilz ne se porent deffendre, ne mettre ensamble. Si furent en assés brief terme, du tout tournés à desconfiture et mis en desroy. Toutefois, La Hire monta sur ung cheval de l'un de ses hommes d'armes et cuida rassambler ses gens. Mais ce fu paine perdue. Si fut chacié et poursievy assés longue espace, et fut navré en pluiseurs lieux. Nientmains il eschappa par la bonne ayde d'aulcuns de ses gens. Si y furent prins ledit seigneur de Fontaines, Alain Géron, Loys de Wale, Alardin de Mansay, Jehan de Lon et pluiseurs aultres, et le sourplus se sauvèrent, et la plus grand partie dedens les bois. Et perdirent la plus grand partie leurs chevaulx et aultres baghes. Et quand est au regard des mors, il n'en y eut que huit ou dix.

DE L'AN MCCCCXXXVII.

[Du 31 mars 1437 au 13 avril 1438.]

CHAPITRE CCXIII.

Comment ceulx de Bruges s'esmurent contre leur prince et ses officiers, et y eut grand débat et grand occision.

Au commencement de cest an, se resmeurent ceulx de Bruges contre les officiers du prince, et occirent assés soubdainement Meurisse de Versenaire, qui

estoient bourghemaistres, lui et Jaques, son frère.
Lequel aussi ils occirent, pour ce qu'ilz estoient alez
à Arras devers le duc de Bourgongne, leur prince. Et
furent alés querre par le commun sur les maisons où
ilz s'estoient alés mucier, quand ilz sceurent qu'on les
quéroit pour eulx occire. Desquelz les plus notables
furent tous en grand doubte. Et ainsy le duc de
Bourgongne, quand ce fut venu à sa congnoissance, en
fu très mal content, et par pluiseurs fois fist grand
délibéracion avec ceulx de son conseil pour sçavoir
comment on les pouroit punir. Si fut avisé qu'on envoieroit secrètement aulcunes personnes féables dedens
ladicte ville, parler à ceulx qu'on pensoit estre de la
partie dudit duc, pour sçavoir comment on porroit
punir et corrigier ceulx qui faisoient les esmeutacions
dessusdictes. Et ce fait, grand partie des plus notables escripvirent secrètement devers ledit duc de Bourgongne, en eulx excusant des rigueurs dessusdictes,
et lui firent sçavoir que très voulentiers aideroient à
punir les dessusdictes meutemacres. Et adonc, sur intencion de faire ycelle punicion, le dessusdit duc de
Bourgongne, qui avoit voulenté d'aler en Holande
pour aulcunes besongnes et affaires, comme on disoit,
et passer par Bruges, et veoir comment et en quelle
manière on pourroit le mieulx besongner sur ceste
matère, si fist assambler grand nombre de ses gens
d'armes, de ses Picars de Picardie, soubz pluiseurs
capitaines, jusques au nombre de quatorce cens combatans ou environ. Et après, partant de Lille, à tout
yceulx et pluiseurs notables seigneurs, s'en ala au
giste en la ville de Roulers, et lendemain envoia ses
fouriers devant en la ville de Bruges. Avec lesquelx

alèrent pluiseurs des gens d'armes dessusdiz pour prendre les logis, comme il est de coustume. Si entrèrent dedens et se logèrent, chascun endroit soy, où ilz povoient le mieulx. Et ledit duc tantost après les sievy, à tout ses gens. Et avoit de heure en heure nouvelles de ceulx de la ville. Et pour vray, la plus grand partie des plus puissants eussent bien esté joieux, se ceulx qui avoient fait les offences dont dessus est faite mencion, eussent esté pugnis. Car c'estoient gens de petit estat, qui ne désiroient aultre chose que de fort entretoullier les besougnes pour eulx augmenter, et avoir majesté sur les plus riches. Et pour ce, quand ilz sceurent la venue dudit duc de Bourgongne, ilz furent en grand doubte et se apensoient que ceste assamblée se faisoit pour eulx. Ce qui estoit vérité. Et pour tant, se commencèrent à assambler par compaignies et en divers lieux. Et en y eut aulcuns qui donnèrent à entendre que le dessusdit duc et les Picards venoient là pour les destruire et pour pillier la ville. Et adonc les aultres, entendans ces parolles, furent plus que devant en grand effroy, et se armèrent communaulment en très grand nombre et multitude. Et de fait, à tout beaulx ribaudekins et aultres habillemens de guerre, se mirent sur le marchié et envoyèrent de leurs gens, grand partie, à la porte vers Roulers, par où leur prince debvoit entrer. Et estoit le mercredi des festes de la Pentecouste[1]. Et quand ledit duc fu venu et qu'il cuida entrer dedens, il trouva les barières fermées et les Brughelins armés et enbastonnés. Lesquelx ne furent point contens de

---

1. Le 22 mai.

lui laissier entrer, si non à petite compaignie et à simple estat. Ce que point ne leur vouloit accorder; ains leur fist responce que point n'y entreroit se toutes ses gens n'estoient avec lui. Durant lequel temps y eut pluiseurs parlemens par manière de moyens entre ycelles parties. Et estoient lors avec ledit duc, messire Roland de Hutkerque et messire Colard de Commines, que les dessusdiz Brughelins avoient très mal en grace. Et aussy estoient avec le duc pluiseurs aultres seigneurs et notables hommes de guerre et de grande auctorité, c'estassavoir le conte d'Estampes, le seigneur de l'Isle-Adam, le seigneur de Habourdin, le seigneur de Saveuses, le seigneur de Crièvecuer, Jaques Kiéret, le seigneur de Lictervelle, Pierre de Roubaix et pluiseurs aultres, qui avoient grand merveilles de veoir les manières que tenoient yceulx Brughelins contre leur prince. Et en y eut aulcuns qui furent d'oppinion que on prendist une partie de ceulx qui estoient venus pour traictier et parler au dehors d'ycelles barrières, et qu'on copast les hatteriaulx à ceulx qui seroient trouvés coulpables des commocions devant dictes. Mais ce propos fut délaissié, pour qu'ilz ne feissent le pareil à ceulx qui estoient dedens entrés pour prendre leurs logis. Nientmains, après que lesdictes parties eurent parlementé assés longuement les ungz avec les aultres, de deux à trois heures, fut conclud que ledit duc y entreroit. Devant laquelle entrée il garni la porte et y mit de ses gens. C'estassavoir Charles de Rochefort, messire Jehan, bastard de Renty, messire Jehan bastard de Dampierre, Meliades, breton, acompaigniés d'aulcuns gentilzhommes, et partie de ses archiers. Si entra dedens en moult belle ordonnance, acompaignié de pluiseurs seigneurs et aultres gens de guerre, et se commença à mettre bien avant en la ville pour aler descendre à son hostel. Et quand ce vint qu'il y eut dedens de quatre à cinq cens de ses gens, ceulx de la ville, qui comme dict est estoient à la porte en très grand nombre, armés et embastonnés, refermèrent ycelles barrières et puis la porte, et enfermèrent les aultres dehors. Laquelle chose fu nonciée audit duc, qui en fut très desplaisant. Si fist dire à aulcuns desdiz gouverneurs, que puis qu'on ne vouloit laissier ses gens entrer avec luy, qu'on le remeyst dehors. A quoy ilz se excusèrent aulcunement. Et entretant, ledit duc fist mettre en ordonnance une partie de ses gens ou Viès marchié. Durant lequel temps s'esmut débat entre les parties, et commencèrent à tirer et combatre l'un contre l'autre en pluiseurs lieulx. Et adonc fu consillié à yceluy duc qu'il se retrayst vers ladicte porte pour ycelle reconquerre, adfin qu'il peust avoir ses gens avec luy et retourner dehors se besoing lui en estoit. Laquelle chose il fit. Et envoia par une rue une partie de ses gens sur les fossés, pour envayr ceulx qui estoient devant ladicte porte au travers. Et luy, en sa personne, ala par la grand rue. Si escrièrent, leurs ennemis, tous à une voix, et les envayrent en moult grand bruit. Mais sans délay, yceulx Brughelins se départirent, et laissèrent ycelle porte. Si furent aulcunement poursievys, et les aulcuns mis à mort. Et adonc, le seigneur de l'Ille-Adam, qui s'estoit mis à pied avec aulcuns archiers qui point ne faisoient bien leur debvoir à son plaisir, se bouta avant pour rebouter les dessusdiz, pensant que les aultres le sievyssent de près, qui riens n'en faisoient, si non assés doubtablement, fut incontinent envay de pluiseurs Brughelins. Lequel, avant qu'il peust avoir aucun souscours, fu mis à mort. Et lui arrachèrent l'ordre de la Toison qu'il portoit. Pour la mort duquel, ledit duc, et généralment tous ceulx qui estoient avec lui, avoient au cuer très grand tristesce. Mais ilz n'en porent avoir aultre chose. Et n'y avoit celui qui ne fust en très grand doubte de sa vie, pour ce qu'ilz sentoient ycelles communes estre en très-grand multitude, tous en armes, prestz pour les envayr de toutes pars; et n'estoient que ung petit de gens au regard d'yceulx. Nientmains ledit duc, de sa personne, fut toujours assés reconforté, et avoit grand regret qu'il peuyst avoir ses gens qui estoient dehors pour combatre lesdiz Brughelins qu'il véoit ainsy esmeus, et d'aultre part ses gens de dedens en grand doubte. Et d'aultre part, ceulx de dehors furent en grand desplaisance, car ilz sçavoient par leurs gens qui estoient sur ladicte porte, le meschief et tribulacion où estoit leur prince et leurs compaignons. Et avec ce, veyrent jusques à huit ou dix de leurs compaignons, lesquelz furent achaciés sur les fossés par les Brughelins, qui pour eulx cuidier sauver saillirent ès fossés et furent noyés. Si dura ceste mortelle tempeste, moult cruelle, dedens ycelle ville de Bruges, par l'espace de heure et demie ou environ. Et après, pour ce que ledit duc fut adverti qu'ilz se aprestoient tous aval la ville, à grand puissance, pour là venir à eulx combatre, à tout grand nombre de ribaudekins et aultres artilleries et habillemens de guerre, à quoy nullement n'euyst peu résister, luy fut consillié de rechief qu'il se meyst en tous périlx et en paine à reconquerre la porte devantdicte, où ses ennemis estoient assamblés. Et lors, vint vers eulx pour les combatre, à tout ce que pour lors avoit de gens. Mais ilz se départirent hastivement, comme ils avoient fait devant. Si furent prins les marteaulx qui furent dedens la maison d'un marissal[1] assés près de ladicte porte. Si leur bailla ycelui marissal, et en furent tantost rompus les verraulx d'ycelle porte et les serrures. Et quand elle fut ouverte avec les barrières, lors yssirent gens, de grand voulenté. Mais ledit duc, qui estoit monté sur ung moult bon coursier durant toutes ces tribulacions dessusdictes, et avoit esté moult approchié de ses ennemis, demoura sur le derrière, à guise de bon pasteur, et se mist à chemin pour retourner en la ville de Roulers, dont il s'estoit parti ce propre jour, très anoyeux de cuer de ce qu'il véoit les besongnes ainsi tourner contre luy, et par espécial de la mort du seigneur de l'Isle-Adam dessus nommé, et de ses aultres gens. Si estoient la plus grand partie ses gens d'armes là estans, si très effraés qu'à grand paine leur povoit on faire tenir ordonnance au retour dessusdit. Et n'estoient point entrés en ycelle ville avec ledit duc, messire Roland de Hutkerque, ne messire Colard de Commines. Si furent mors et occis en ycelle journée, des gens dudit duc, jusques à cent ou plus, qui tous furent enterrés en une fosse à Saint-Jehan de l'Ospital, réservé ledit seigneur de l'Ile-Adam, qui fut enterré à par luy. Et depuis, à grand sollempnité, fu remis en l'église de Saint-Donas de Bruges. Et si en demoura deux cens prisonniers des gens dudit prince. Desquelx

---

1. Maréchal.

le vendredi ensievant[1] en y eut trente-deux de décapités, et le sourplus eurent les vies saulves par les prières des bonnes gens d'église et des marcheans d'estranges pays, qui en firent très humbles requestes. Et au bout de huit jours ensievans délivrèrent, à tout leurs baghes, tous les familiers dudit duc de Bourgongne. Mais ilz firent esquarteler le dessusdit marissal dont dessus est faite mencion, qui avoit livré les marteaulx pour ouvrir la porte. Et se nommoit Jacob van Ardoyen. Et quand aux Brughelins combatans au prince, n'en y eut mors que douze ou environ. Et entre lesdiz Picars qui furent mors, y eut peu de gens de renom, sinon le devantdit seigneur de l'Isle-Adam, et un huissier de sale du duc de Bourgongne, nommé Herman. Et quand est au gouvernement d'yceulx Brughelins, ilz estoient nuit et jour en armes, en très grand nombre, tant sur le marchié que ailleurs. Et brief après ensievant alèrent abatre la maison d'un bourgois nommé Gérard Reubz. Et quand au regard du duc de Bourgongne, il s'en rala à Roulers et de là en la ville de Lille, où il tint pluiseurs consaulx pour sçavoir par quelle manière il porroit mettre en obéyssance yceulx Brughelins. Et fut advisé, pour les mieulx constraindre, qu'on feroit cryer par toutes les villes et pays entour d'eulx, que nulz ne leur portassent vivres, sur quanques on doubtoit estre ennemis du prince. Et ainsy en fut fait. Dont ilz furent moult fort esmervilliés et en grand doubte. Mais pour tant ne laissièrent ils point de continuer en ce qu'ilz avoient commencié.

1. Le 24 mai.

CHAPITRE CCXIV.

Comment Le Bourc de La Hire courut et fist moult de maulx ès marches de Péronne, Roie et Montdidier.

Item, en ce meisme temps, le Bourch de La Hire, qui se tenoit au chastel de Clermont en Beauvoisis, à tout environ de soixante à quatre vins combatans, dont il travilloit malement le pays environ, et par espécial les chastelenies de Péronne, Roie et Mondidier, appartenans au duc de Bourgongne, et y couroit très souvent, et en ramenèrent à leurs garnisons de grans proies, tant prisonniers, bestail, comme aultres biens, non obstant la paix d'Arras faite entre le roy de France et ledit duc de Bourgongne, comme dit est dessus. Et entre les aultres, vint ung certain jour courre devant la ville de Roie. Si prinst et leva le bestail et aultres biens qu'il povoit attaindre, à tout lesquelz s'en retourna pour aler devers le dessusdit lieu de Clermont. Si avoit avec lui gens de pluiseurs garnisons, tant de Mortemer, appartenant à Guillaume de Flavy, comme d'aultres forteresces. De laquelle ville de Roie estoit capitaine, de par ledit duc, ung très vaillant homme d'armes et noble homme, nommé Aubert de Folleville. Lequel, sachant l'entreprinse dessusdicte, assembla incontinent tout ce qu'il peut avoir de gens de guerre, et sans délay poursievy les dessusdiz, sur intencion de rescourre la proie qu'ilz emmenoient. Si les rattaindi vers ung village nommé Boulongne la Grasse[1], et leur

---

1. Boulogne-la-Grâce (Oise).

couru sus de grand voulenté. Mais par avant sa venue avoient mis de leurs gens en embusche, qui tantost saillirent sur ledit Aubert et les siens. Et finablement, pour ce qu'ilz estoient en très grand nombre au regard de luy, fut tantost tourné à desconfiture, et de fait lui copèrent prestement la gorge. Et avec lui furent mors pluiseurs gentilz hommes, comme aultres. C'estassavoir son nepveu, Soudan de La Bretonnière, Hue de Bazincourt, le bastard d'Esne, Colard de Picollon, Jaques de La Bruyère, Jehan Bazin, Simon Le Maire et aulcuns aultres. Et les aultres se sauvèrent par les bons chevaulx qu'ilz avoient. Pour laquelle destrousse, et aussi pour pluiseurs aultres pareilles entreprinses, le duc de Bourgongne en estoit très mal content. Et adfin de y résister, furent mis ès dictes villes de Roye, Péronne et Mondidier, pluiseurs gens de guerre de par le conte d'Estampes.

CHAPITRE CCXV.

Comment pluiseurs capitaines françois, au commandement du roy Charles de France, alèrent reconquester pluiseurs villes et forteresces que les Anglois tenoient. Et comment ledit roy, propre en sa personne, ala devers la ville de Monstroel-ou-Fault-Yonne, laquelle il reconquist.

En ces jours, Charles, roy de France, convocqua de pluiseurs parties de son royaume très grand nombre de nobles hommes et de gens de guerre, à venir devers luy à Gien sur Loire, en intencion de recouvrer aulcunes villes et forteresces que tenoient les Anglois ses adversaires, vers Montargis et sur les marches de Gastinois. Lesquelz venus audit lieu de Gien devers le

Roy, avec lequel estoient le connestable de France, messire Jaque d'Aniou, le comte de Padriach[1], le conte de Vendosme, le bastard d'Orléans et aultres pluiseurs. Si fut conclud par le conseil royal que ledit connestable et le conte de Padriach yroient, à tout leurs gens d'armes, mectre le siège devant le Chasteau Landon, que lors tenoient lesdiz Anglois. Et comme il fu délibéré, en fu fait. Et en brief vinrent devant et l'avironnèrent de toutes parts, dont les Anglois furent moult esbahis. Car ils estoient bien avant et parfont ou pays, et avoient petite espérance d'avoir souscours, et si n'estoient mie fort pourveus de vivres. Nientmains, ilz monstrèrent samblant d'avoir bonne espérance de eulx tenir et deffendre. Et jà soit-il que par ledit connestable fussent sommés d'eulx rendre, sauf leurs vies, ilz firent responce qu'à ce n'estoient point consilliés de faire, et dire qu'il cousteroit chièrement avant qu'ilz le feissent. Toutefois, au quatriesme jour, furent si fièrement et si asprement assaillis par lesdiz François, qu'ilz furent prins de force. Si y eut la plus grand partie d'eulx pendus, et par espécial ceulx qui furent natifz du royaume de France. Et les aultres furent délivrés en payant finance.

Et après, les seigneurs dessusdiz, partans dudit lieu de Chasteau Landon, alèrent mettre le siege devant Nomoulx[2]. Laquelle se tint environ douze jours, au bout duquel terme ceulx de dedens se rendirent, sauf leurs vies et leurs biens, et s'en alèrent à Monstreau.

Et entretant, messire Gascon de Logus, bailly de

---

1. Le comte de Pardiac.
2. Nemours.

Bourges en Berry, et aultres capitaines, alèrent asségier la ville et chasteau de Cerny, que tenoient les dessusdiz Anglois. Lesquelx en dedens briefz jours ensievans se rendirent, moyennant qu'ilz s'en alèrent sauvement à tout leurs biens. Et quand ilz se départirent de là, à tout leur sauf conduict, le dessusdit messire Gascon, qui estoit monté sur ung bon coursier, les convoia ung petit. Mais en férant de l'éperon et virant ycelui coursier, chey dangereusement et se tua ledit chevalier tout mort. Ou lieu duquel, Pothon de Sainte-Treille fut de par le Roy constitué bailly de Bou ges.

Et tantost après, le Roy, à tout sa compaignie, vint de Gien à Sens en Bourgongne, et de là à Bray sur Saine. Duquel lieu il envoia devant Monstreau ou fault Yonne le seigneur de Gaucourt, messire Denis de Sailly, Pothon de Sainte-Treille, Brousac, le bastard de Beaumanoir et aulcuns aultres capitaines, à tout environ seize cens combatans. Lesquelx se logèrent sur une montaigne vers le Chastel, sur la Brie[1], et devant ycelui chastel firent faire une grosse bastille et puissant, où ilz se logèrent et fortifièrent en grand diligence. Et de l'autre costé, vers le Gastinois, vinrent le connestable, le conte de Padriach, le bastard d'Orléans, messire Jaques de Chabennes et leurs gens, dont dessus est faite mencion. Lesquelz se logèrent assés près de la ville. En après vinrent le seigneur de Jaloingues, messire Anselin de La Tour, bailly de Vitri, Renauld Guillaume, bailly de Montargis. Lesquelz se logèrent dedens l'isle, entre deux rivières. Et par ainsy

---

1. Le Châtel (Seine-et-Marne.)

ladicte ville et le chastel de Monstreau ou fault Yonne furent advironnés de tous costés par les gens du roy de France. Lesquelx firent asségier en pluiseurs lieux pluiseurs groz engiens, dont la muraille fut en assés brief terme treffort adommagié. Dedens laquelle ville et chasteau estoit, de par le roy d'Angleterre, capitaine genéral, ung nommé Thomas Gérard, et avec luy Mondo de Monferant, Mondo de Lansay et aultres compaignons de guerre, jusques au nombre de trois ou quatre cens combatans; lesquelx firent très grand résistence contre leurs adversaires, seloncq qu'il leur estoit possible. Et avoient grand espérance de avoir souscours par les capitaines qui gouvernoient de par le roy d'Angleterre ou pays de Normendie. Car ainsy leur avoit esté promis. En après, vint le roy de France dessusdit, très grandement accompaignié, de Bray sur Saine audit siége de Monstreau. Si se loga dedens la forte bastille dessusdicte. Si povoit bien avoir avec luy de cinq à sept mille combatans, gens de bonne estoffe et très bien habilliés. Et depuis sa venue, fist faire de moult grans diligence, tant de approuchier ladicte ville, comme de faire getter ses gros engiens. Et luy meisme, de sa personne, y prist moult de traveil. Et enfin, au bout de six semaines ou environ, après ycelui siège mis, fut finablement, par le Roy et ses gens, ladicte ville prinse d'assault, à petite perte des assaillans. Et au regard des asségiés en furent mors de vint à trente ou environ, et autant de prins. Desquelx la plus grand partie furent pendus. Si entra ycelui Roy assés trempe dedens, et pour vray il deffendi qu'on ne meffeyst riens aux bonnes gens de la ville, tant aux hommes comme aux femmes, qui s'estoient retrais aux églises quant à leurs personnes. Mais quand au regard de leurs biens, tout fu prins et pillié comme en ville conquise. Auquel assault furent fais pluiseurs nouveaux chevaliers. C'estassavoir le josne conte de Tancarville, fils de messire Jaques de Harcourt, Robert de Béthune, seigneur de Moreul en Brie, et aulcuns aultres. En oultre, le Roy et grand partie de ses princes se logèrent dedens ladicte ville. Et environ quinze jours ensievant, ceulx du chastel se rendirent au Roy, par tel sy qu'ilz s'en yroient sauf leurs vies et leurs biens. Après laquelle reddicion en fut constitué capitaine, le bastard d'Orléans; qui le regarny de ses gens. Et toutes ces besongnes achevées, le dessusdit roy Charles, avec luy son filz le Daulphin, et aultres grans et nobles princes, s'en ala à Melun. Et les gens d'armes, par compaignies, se tirent en divers lieux. Mais la plus grand partie alèrent devers Paris.

CHAPITRE CCXVI.

Comment ceulx de Bruges yssirent par pluiseurs fois hors de leur ville, et alèrent fouragier le plat pays.

Or convient retourner à parler de ceulx de Bruges, lesquelx continuèrent toujours en leur malvaise et folle oppinion à l'encontre de leur prince. Et alèrent très souvent par grandes compaignies hors de leur ville, fouragier le plat pays et abatre les maisons de ceulx qu'ilz héoient et tenoient pour leurs ennemis. Et entre les aultres prinrent le chastel de Coquelaire, que tenoit le bastard de Bailleul, et y firent de grans desrois. Et d'aultre part, quand ilz estoient retournés dedens leur ville, ilz faisoient souvent de cruelles justices sur ceulx qu'ilz sçavoient non estre du tout de leur alliance. Et entre les aultres firent décoler le doyen des fèvres, et lui mirent sus qu'ilz vouloit livrer la ville aux Gantois. Et quant aux puissans et plus notables de la ville, grand partie s'en estoient partis et alés en divers lieux, pour doubte des dessusdiz. En après se mirent sus, de trois à quatre mille, à tout charroy, engiens et habillemens de guerre, et alèrent asségier la ville de l'Escluse, qu'ilz avoient en moult grand hayne. Dedens laquelle estoit de par le duc de Bourgongne, messire Simon de Lalaing et avec luy environ ..... [1] combatans. Si y furent par l'espace de vint trois jours. Durant lequel temps livrèrent pluiseurs grans assaulz à aulcunes des portes et barrières d'ycelle ville de l'Escluse. Et y furent entre les parties faites pluiseurs escarmuches, auxquelles en y eut grand nombre de mors et de navrés, et par espécial desdiz Brughelins. En entretant, le dessusdit duc de Bourgongne fist grand assamblée de nobles et gens de guerre du pays de Picardie et aultres lieux de ses signouries, autour de Saint Omer, sur intencion que de y aler pour eulx combatre. Mais durant le temps dessusdit, tant par le moyen des Gantois qui s'en entremirent, comme pour la doubte de l'assamblée que faisoit ledit duc, lesditz Brughelins se retrayrent en leur ville.

---

1. Un blanc dans le manuscrit 8346. Vérard met : « avec certain nombre de combattants. »

CHAPITRE CCXVII.

Comment les Anglois reconquirent la ville de Fescamp, en Normendie.

Item, en ces jours les Anglois mirent le siège devant la ville de Fescamp en Normendie, et y furent environ trois mois. En la fin duquel temps ceulx du dedens se rendirent, moyennant que de là se départiroient sauf leur corps et leurs biens. Mais en assés briefz jours ensievans fut reconquise par les François.

Si avoit alors très grand guerre par toute la Normendie, et se faisoient très souvent de divers rencontres entre les parties. Et entre les aultres en y eut une dont il fault faire mencion. C'est assavoir que La Hire, Pothon de Saincte-Treille, le seigneur de Fontaines Lavagan et aulcuns aultres capitaines, se mirent ensamble ung certain jour, et alèrent, environ à tout six cens combatans, coure vers Rouen, sur intencion de faire aulcune bonne besongne sur yceulx Anglois de Normendie. Mais ilz faillirent de ce qu'ilz avoient entreprins. Et pour tant se priurent à retourner vers Beauvais. Et pour ce que eulx et leurs chevaulx estoient fort travilliés, se logèrent à ung vilage nommé Risse, pour eulx repaistre et rafreschir. Auquel logis vint assés tost après messire Thomas Kyriel et aulcuns aultres capitaines anglois, lesquelx viguereusement leur coururent sus, devant qu'ilz peussent estre assamblés, et enfin les déconfirent, à peu de dommage de leurs gens. Et y fut prins le dessusdit seigneur de Fontaines, Alardin de Monssay et pluiseurs aultres. Et La Hire, par le bon cheval qu'il avoit, se sauva, à très grand paine, et fu navré en pluiseurs et divers lieux. Et par espécial perdirent la plus grand partie de leurs chevaulx et harnas. Après laquelle destrousse les Anglois s'en retournèrent à Rouen, très joyeux de leur bonne fortune. Mais ce non obstant ilz reperdirent tantost ladicte ville de Fescamp, comme ci-devant est déclairié.

CHAPITRE CCXVIII.

Comment le seigneur d'Offemont prinst La Hire prisonnier, où il jouoit à la palme en la cité de Beauvais.

Item, durant les besongnes dessusdictes, le seigneur d'Offemont, qui point encore n'avoit oublié la malvaise compaignie que La Hire lui avoit fait, lequel l'avoit prins et rançonné à Clermont en Beauvoisis, comme en aultre lieu est plus à plain déclairié, assambla environ six vins combatans, desquelx estoit le seigneur de Moy, son beau frère, le bastard de Chauny, et pluiseurs aultres gentilz hommes. Lesquelx il mena par le moyen dudit seigneur de Moy dedens la cité de Beauvais, dont La Hire estoit capitaine. Et à celle heure il jouoit à la palme en la court d'une hostelerie où estoit l'ensaigne Saint Martin. Ledit seigneur d'Offemont, à tout ses gens y ala tout droit. Car bien le sçavoit par ses espies estre à ycelui jeu. Mais La Hire, qui en fut adverti aulcunement, s'ala mucier dessoubz une mangoire de chevaulx. Mais en fin fu trouvé et prins par les gens dudit seigneur d'Offemont, et avec lui ung nommé Pierrot de Salenoire. Si furent prestement montés à cheval derière deux hommes. Si leur fut dit que s'ilz faisoient quelque samblant de cryer ne d'esmouvoir quelque noise pour eulx rescoure, on les metteroit incontinent à mort. Et lors, sans arrester, furent amenés au travers de la ville hors de la porte. Mais aulcuns de ses gens et de la communaulté s'assemblèrent et le poursievyrent, pour yaulx cuidier délivrer. Et y eut fait aulcunes escarmuches de trait entre ycelles parties. Nientmains ilz furent emmenés jusques au chastel de Moy, et de là à Merlau[1], où ilz furent aulcune espace de temps. Et depuis furent amenés au chastel d'Encre[2], qui estoit au dessusdit seigneur d'Offemont, et là furent certaine espace de temps prisonniers. Pour laquelle assamblée et entreprinse, le roy de France et pluiseurs de ses capitaines n'estoient mie bien contens, pour tant qu'on l'estoit ainsy alé quérir ès pays du Roy. Mais la plus grand partie de ses nobles hommes et seigneurs dessusdiz, disoient de avoir fait à ycelui seigneur ce service à cause de linage et appartenance. Et depuis, le Roy, par pluiseurs fois, en rescripvi bien destroitement au duc de Bourgongne en faveur de La Hire, ad fin qu'il meyst moyen à sa délivrance, et aussy qu'on ne luy feyst aulcune griefté de sa personne. Et en fin y fu tant besongnié que ledit duc de Bourgongne, en partie par constrainte, trouva moyens que ycelui et sa partie se submirent de leur discord sur luy et son conseil, chascun d'eulx oy en ses raisons. Et se tinrent pluiseurs journées en la ville de Douay, présent ledit duc. Lequel duc, en conclusion, tant pour complaire au Roy, qui moult adcertes lui en avoit escript ainsi

1. Mello (Oise).
2. Ancre *ou* Albert (Somme).

que dit est, comme pour tant que il fu trouvé que la prinse n'estoit belle ni bonne, ne honnest (*sic*), mais du tout desraisonnable, les mist d'acord. Et eut le seigneur d'Offemont aulcunes récompensacions pour ses intérestz, non mie à comparer à la finance qu'il avoit paiée. Et si luy rendy le chastel de Clermont. Et ledit Pierret paia mil escus pour sa rançon. Et par ainsy furent ycelles parties rapaisiés et accordées de toutes les questions qu'ilz avoient eu ensamble.

Esquelz jours aussy furent accordés La Hire avec messire Jehan de Luxembourg, lequel le héoit mortelment, tant pour la prinse de Soissons, comme pour aultres griefz et dommages qu'il lui avoit fais en ses signouries. Et demourèrent bons amis l'un avec l'aultre, comme ilz moustrèrent les samblans. Et tantost après ensievant, ledit La Hire s'en retourna devers le roy de France. Auquel il se loa grandement de l'honneur et de l'amour que le dessusdit duc de Bourgongne lui avoit fait en faveur de luy. Dont le roy fu très content, et luy feist très bonne chière. Si lui assigna incontinent la plus grand partie de ses frais et intérestz, qu'il avoit eus ès besongnes dessusdictes. Et pour ce que ses gens furent advertis qu'il les convenoit départir du chastel de Clermont, alèrent réparer une vielle forteresce nommée Thoys[1] appertenant au seigneur de Crievecœur. Si se boutèrent en garnison et commencèrent de rechief à moult fort travillier le pays devers Amiens et Piquegni, et par espécial les terres de ceulx qui avoient aidié à aler quérir La Hire, leur capitaine, dont dessus est faite mencion. Si estoit l'un

---

1. Thoix (Somme).

des chiefs de ceulx qui ledit chastel avoient réparé et faisans toutes ces besongnes dessusdictes, ung qui s'appeloit Phelippe de La Tour.

CHAPITRE CCXIX.

Comment Charles, roy de France, fist sa première entrée dans la cité de Paris depuis qu'elle fut réduicte en son obéyssance. Et les préparations qu'on y fist.

Le mardy xii° jour de novenbre de cest an mil iiii° xxxvii, Charles, roy de France, se loga en sa ville de Saint-Denis[1]. Si estoient en sa compaignie son filz le Daulphin de Vienois, le connestable de France, messire Charles d'Angou, les contes de Perdriach et de Vendosmes, et le josne conte de Tancarville, messire Christofle de Harcourt, le bastard d'Orléans, et aultres en très grand nombre, nobles et grans seigneurs, chevaliers et escuyers. Et si y estoit La Hire, en très bel et noble appareil. Et de là s'en ala ledit Roy à la cité de Paris, où il n'avoit esté depuis le temps qu'il en avoit esté débouté quand elle fu prinse du seigneur de l'Isle-Adam, qui fut en l'an mil iiii° et xviii. Et vinrent au-devant de luy jusque à la Chapelle[2], le prévost des marchans, eschevins et bourgois en très grand nombre, acompaigniés des arbalestriers et archiers de la ville, tous vestus de robes paraulx de pers et de vermeil[3]. Et quand ilz furent devant le Roy, ledit

---

1. Le parlement, dont l'ouverture devait se faire ce jour-là, s'ajourna au lendemain. (Voy. *Félibien*, t. IV, pag. 598.)
2. C'est la Chapelle-Saint-Denis.
3. De robes pareilles, de bleu et de rouge.

prévost lui présenta les clefs de la ville de Paris, et le Roy les bailla en garde au connestable de France. Si mirent, yceulx prévost et eschevins, ung ciel bleu couvert de fleurs de lis d'or moult riche, pardessus le Roy, et le portèrent tousjours après pardessus le chief du Roy. Après, vint le prévost de Paris, accompaignié de ses sergans de pied, qui avoient chascun un chaperon parti de verd et de vermeil. Et ensievant yceulx sergans, vinrent les notaires, procureurs, advocas et commissaires de Chastelet. En après vinrent les personnages des Sept péchiés mortelz et des Sept vertus, montés à cheval, et estoient tous habilliés seloncq leurs propriétés. Lesquelz personnages sievoient les seigneurs de parlement et des requestes. Après sievoient les présidans. Et y avoit très grand multitude de peuple. Et ainsy ala le Roy, très autentiquement et très noblement acompaignié, entrer par la porte de Saint-Denis en la ville et cité de Paris. Sur laquelle porte estoit ung escu de France que trois angles[1] tenoient eslevé, et audessus dudit escu estoient angles chantans, et au dessoubz y avoit escript : *Très exelent Roy et seigneur, les manans de vostre cité vous repçoivent en tout honneur et très grande humilité.*

Item, au poncelet[2] avait une fontaine en laquelle y avoit ung pot où estoit une fleur de lis, laquelle fleur de lis jettoit bon ypocras, vin et eaue. Et dedens ladicte fontaine estoient deux daulphins, et au dessoubz avoit une terrasse volsée de fleur de lis. Et dessus la-

---

1. *Trois angles*, trois anges.
2. Rue Saint-Denis, à l'endroit où fut ouverte, en 1605, la rue du Ponceau.

dicte terrace estoit ung personnage de saint Jehan-Baptiste qui monstroit le *Agnus Dei*. Et y avoit angles, chantans moult bien et mélodieusement.

Item, devant la Trinité[1], estoit la Passion, c'estassavoir comment Nostre Seigneur fu prins, batu, mis en croix, et Judas qui s'estoit pendu. Et ne parloient riens ceulx qui ce faisoient, mais le monstraient par jeu de mistère. Et furent les manières très bonnes et bien juées, et vivement compacioneuses à regarder et moult piteuses.

Item. A la seconde porte[2], estoient Saint Thomas, Saint Denis, et Saint Maurice, et Saint Loys de France, et Saincte Geneviève ou milieu.

Item. Au sepulcre[3], estoit comment Nostre Seigneur résuscita, et comment il se apparu à Marie Magdelaine.

Item. A sainte Katherine, en la rue Saint-Denis, estoit le Saint-Esperit qui descendoit sur les apostles.

Item. Devant le Chastelet, estoit l'Annunciacion faite par l'angle aux pastouriaus, chantant *Gloria in excelsis Deo*. Et au dessoubz de la porte estoit le Lit de justice, la Loy divine, la Loy de nature et la Loy humaine. Et à l'autre costé, contre la Boucherie, estoient le Jugement, Paradis et Enfer. Et ou milieu estoit saint Michiel l'Angle, qui pesoit les âmes.

1. L'hôpital de la Trinité était situé rue Saint-Denis, vis-à-vis la rue Saint-Sauveur.
2. C'est la Porte aux peintres. Elle se trouvait rue Saint-Denis, entre la rue du Petit-Hurleur et la rue aux Ours.
3. L'église du Saint-Sépulcre était située rue Saint-Denis, près des Halles, à l'endroit où l'on voyait, il y a quelques années, la *Cour Batave*.

Item. Au pied du grand pont derrière ledit Chastelet, estoit le baptisement de Nostre Seigneur. Et y estoit saincte Marguerite, contrefaite d'une moult belle fille yssant d'un dragon [1].

Item. S'en vint le Roy au portal de Nostre-Dame de Paris, où il descendi, et vint devant lui l'Université, qui proposa en brief [2]. Et audit portal estoient les prélatz, c'estassavoir les archevesques de Toulouse et de Sens, et les évesques de Paris, de Clermont, de Saint Mangon lez Montpellier [3], les abbés et ministres [4] de Saint-Denis, de Saint-Mor, de Saint-Germain des Prés, de Saint-Magloire et de Sainte-Geneviève. Et là fist, le Roy, le sairement à l'évesque de Paris. Et puis entra en l'église de Nostre-Dame, en laquelle estoient trois arches, comme à Amiens la nuit de l'an, bien plaines de chandeilles de cire. Et de là s'en ala le Roy, après qu'il eut faite son oroison, au Palais, où il coucha pour celle nuit.

Et à son entrée, estoient environ huit cens archiers, bien habilliés et en moult belle ordonnance, lesquelx le conte d'Angoulesme conduisoit. Et estoient, le Roy et le Daulphin, armés de plain harnas, réservé leurs chiefz. Et sur les harnas du Roy estoit une courniole couverte d'orfaverie. Et sur son cheval estoit un pers velours, tout tissu de grandes fleurs de lis d'or moult

---

1. C'est-à-dire que cette belle jeune fille représentait la sainte.
2. Qui fit une courte allocution.
3. C'est-à-dire l'évêque de Maguelonne.
4. *Et ministres.* Nous remarquerons ce mot en passant, parce qu'il nous confirme dans notre idée, que Monstrelet s'est souvent servi de pièces latines. On sait que les abbés ont pris dans leurs chartes la dénomination de *Minister humilis.*

riches, et batoit jusques à terre. Et avoit ung chanffrain d'acier, sur lequel avoit ung très bel plumail. Et devant lui aloit, tout au plus près de sa personne, Pothon de Saincte Treille, lequel portait le heaume du Roy sur ung baston apoyé contre sa cuisse. Lequel heaume estoit couronné d'une moult riche couronne, et sur le milieu de ladicte couronne avoit une double fleur de lis[1]. Et menoit son cheval, tout à pied, ung gentil homme nommé Jehan d'Olon. Et tousjours portoit-on le ciel dessusdit par deseure luy. Et après lui sievoient ses paiges, qui estoient très richement et noblement habilliés et couvers d'orfavrerie, et leurs chevaulx pareillement. Et ung petit devant ledit Pothon, aloient le connestable, les contes de Vendosme et de Tancarville, et pluiseurs aultres grans et nobles seigneurs, moult noblement montés et habilliés. Et ung petit en sievant le Roy, chevaulchoit ledit Daulphin, tout couvert d'orfavrerie, lui et son coursier moult noblement houcié, et samblablement ses paiges et leurs coursiers. Et estoit acompaignié de messire Charles d'Angou, son oncle, et des contes de Perdriach et de La Marche. Et tout derrière sievoit le bastard d'Orléans, armé de plain harnas, tout couvert d'orfaverie, lui et son cheval. Et avoit une moult riche escherpe d'or qui aloit par derrière jusques sur le dos de son cheval ; et menoit la bataille du Roy, où il y povoit avoir environ mil lances, fleur de gens d'armes, et habilliés eulx et leurs chevaulx. Et quand aux aultres chevaliers, escuyers et gentilz hommes, il y en avoit en si grand

---

1. C'est-à-dire une fleur de lis à quatre pétales au lieu de deux et disposées en croix horizontalement.

nombre, qui estoient eulx et leurs chevaulx tous chargiés d'orfaverie. Desquelx entre les aultres, après les princes, messire Jaques de Chabennes et le seigneur de Rostelang en eurent le bruit pour ycelui jour de estre eulx, leurs gens et leurs chevaulx, les plus richement parés et aournés. Et quand est au peuple de Paris, il en y avoit si grand multitude qu'à grand paine povoit on aler par les rues. Lesquelx en divers lieux crioient à haulte voix : Noël ! pour la joieuse venue de leur Roy et naturel seigneur et de son filz le Daulphin. Si en y avoient pluiseurs qui plouroient de joie et de pitié qu'ilz avoient de ce qu'ilz le revéeoient en leur ville [1].

En après, le roy venu au Palais comme dict est, se loga là, et avec luy le Daulphin. Et tous les seigneurs et gens de guerre s'en alèrent logier en la ville, par pluiseurs et divers lieux. Et fu cryé de par le Roy, sur le hart, que homme nul quel qu'il fust, ne meffeyst riens aux Parisiens, en corps, ne en biens.

Et lendemain, le Roy moustra au peuple, à la Sainte-Chapelle, la vraie croix Nostre Seigneur [et] le fer de la lance dont nostre seigneur Jhésu-Crist fu féru. Et tantost après montèrent à cheval, et ala le Roy logier à l'ostel noef auprès de la bastille, et le daulphin se loga aux Tournelles. Si y demourèrent certain espace de temps audict lieu de Paris.

Et furent faites pluiseurs nouvelles ordonnances sur le régisme du royaume. Et par espécial dedens ycelle ville de Paris furent adonc fait aulcuns nouveaulx

---

[1]. On peut conférer pour quelques détails cette entrée de Charles VII, avec celle de Charles IX, dont il a été question dans la *Revue archéologique* (Année 1848, tome V, pag. 519).

officiers, tant en la cour de parlement, comme ailleurs.

En oultre, après ce que le Roy eust fait son entrée à Paris comme dit est, les contes de La Marche et de Pardriach, enfans de Bernard conte d'Armignac, jadis connestable de France, mis à mort par la communaulté de Paris, eulx très grandement acompaigniés de pluiseurs seigneurs, tant d'église comme séculiers, firent desterrer leur feu père et mettre en ung sarcu de plomb, et après le firent porter en l'église de Saint-Martin des Champs, où luy fut fait ung service très solempnel, auquel furent toute la plus grande partie des coliéges d'ycelle ville de Paris. Et lendemain fut mis sur un chariot couvert de noir, et convoié, à moult grand solempnité, hors de la ville, et après mené, à grand compaignie de gens, de ses deux filz dessusdiz, en la conté d'Armignac.

CHAPITRE CCXX.

Comment les Brughelins se commencèrent à amodérer, et envoyèrent leurs ambassadeurs devers le duc de Bourgongne, leur seigneur, pour avoir paix.

En ce temps, les Brughelins qui se sentoient grandement avoir offensé vers le duc de Bourgongne leur seigneur, et aussy considérant que les aultres bonnes villes de Flandres ne les vouloient aulcunement conforter ne aidier par quelque manière que ce fust, se commencèrent fort à esmayer et avoir doubte que au long aler ne peussent résister ne eulx deffendre contre le dessusdit duc. Car avec ce, ilz sçavoient assés bien qu'ilz n'estoient point bien en la grâce des Gantois, et leur venoient chascun jour nouvelles que le devantdit duc venoit à grand puissance pour les subjuguer, et yceulx Gantois seroient à son ayde. Et pour à tout ce obvier, trouvèrent aulcune manière de envoyer leurs ambassadeurs devers ycelui duc, qui se tenoit à Arras. Si fu la besongne assés longuement démenée entre ycelles parties. Et entretant, yceulx Brughelins se commencèrent à abstenir de faire leurs courses et rudesces en ycelui pays, comme par avant avoient fait.

CHAPITRE CCXXI.

Comment le seigneur d'Auxi et messire Florimont de Brimeu, séneschal de Ponthieu et d'Abeville, alèrent asségier le Crotoy.

Ou temps dessusdit, qui fut environ le mois d'octobre en l'an prescript, le seigneur d'Auxi, capitaine général des frontières de Ponthieu et d'Abbeville, avec lui messire Florimont de Brimeu, séneschal dudit Ponthieu, et ung chevalier de Rodes nommé messire Jehan de Foy, assamblèrent certain nombre de combatans. Lesquelx conducteurs conduirent et menèrent devant le chastel du Crotoy, que pour lors tenoient les Anglois, espérans ycelui reconquerre et mettre en l'obéissance du duc de Bourgongne dedens brief terme ensievant, par ce que auparavant ung passant, qui nagaires avoit esté oudit chastel, et comme il disoit avoit espoussé tous les bledz de layens, leur donna à entendre qu'il estoit impossible qu'ilz peussent vivre ne eulx entretenir plus hault d'un mois. Sur lequel raport, qui point n'estoit véritable comme il fut depuis apparant, se alèrent logier avec leurs gens devant ledit chastel en la viése fermeté de la ville [1]. Et mandèrent ayde de gens à pluiseurs seigneurs, qui leur envoyèrent aulcuns hommes de guerre. Et avec ce furent fort aidiés et soustenus de vivres et d'argent par ceulx d'Abbeville, qui avoient moult grand désir que ycelui Crotoy fut subjuguié, pour ce qu'il leur faisoit souvent de grands dommaiges. Si envoyèrent les chevaliers dessusdiz noncier ces nouvelles au duc de Bourgongne, en lui requérant son ayde. Lequel leur envoia aulcuns de son hostel, pour sçavoir ce que povoit estre. Lesquelx lui firent responce et rapport que se on pooit garder qu'ilz ne fussent regarnis de vivres par la mer, il estoit possible de les affamer et les constraindre de eulx rendre par famine. Et sur ce fut escript par le dessusdit duc de Bourgongne à ceulx de Dieppe et de Saint Waleri et de la marine à l'environ, qu'ilz se apprestassent, à tout ce qu'ilz povoient finer de navire, pour garder le dessusdit passaige de la mer. Si se tira ledit duc ou chastel de Hesdin, et manda à venir devers lui messire Jehan de Croy, bailly de Haynau, auquel il avoit aultrefois donné la capitainerie d'ycelui chastel du Crotoy, s'il povoit estre conquis. Et lui ordonna d'aler en ycelui logis devant dit, à tout certain nombre de combatans et de gens de guerre, pour en estre le principal chief et gouverneur. Et depuis y ala ledit duc en sa personne, à privée maisnie, pour veoir et sçavoir plus au vray l'estat d'ycelui logis; et n'y sousjourna mie long temps. Et adfin que ses gens y fussent plus seurement,

1. En la vieille forteresse.

pour la doubte du secours qui povoit venir d'Angleterre par mer et par terre à ceulx dudit Crotoy, il ordonna à faire et ordonner une grande bastille pour eulx y logier plus seurement. Et fu faite moult forte et bien avironnée de grans fossés. Et en estoit le édifieur et deviseur aux ouvriers, ung chevalier nommé messire Baudo de Noyelle. Après l'acomplissement de laquelle bastille, furent faits dedens pluiseurs logis. Avec ce fu porveue de toute artillerie et de toutes besongnes nécessaires à guerre. Durant lequel temps furent faites pluiseurs escarmuches entre les parties. Entre lesquelles fu prins le lieutenant du capitaine de la forteresce dessusdicte, par le seigneur d'Auxi.

Desquelles préparacions ainsy faites par la partie dudit duc de Bourgongne, fut adverti le roy Henri d'Angleterre et son conseil, dont ilz ne furent point bien joyeux, pour ce qu'il sambloit que ycelle forteresce leur estoit moult convenable pour avoir entrée ès pays de Picardie. Si fut conclud qu'on y pourverroit de remède. Et pour ycelle mettre à exécucion, fut escript de par le dessusdit roy Henry à ceulx de son conseil qui se tenoient à Rouen, que incontinent et sans délay ilz assamblassent le plus de gens de guerre qu'ilz pourroient finer sur les marches de Normendie pour le souscours dessusdit. Laquelle chose ilz firent diligamment publier en leur obéissance. Si se mirent ensamble jusques au nombre de quatre mil combatans ou environ, tant de cheval comme de pied. Desquelz furent les conducteurs le seigneur de Thalebot, le seigneur de Fauquenberghe, messire Thomas Kiriel, aulcuns aultres qui adrecèrent à venir vers le Noef-

Chastel de Nicourt[1] par pluiseurs journées. Et de là par aulcuns peu de jours vinrent se logier à l'abéye de Saint-Waleri, tous ensamble portans avec eulx leurs vivres et pourvéances. Et entretant que ceste assamblée se faisoit, le duc de Bourgongne, qui estoit assés adcertené de leur venue, avoit par avant assamblé de toutes les marches de Picardie et de ses aultres pays, la plus grand partie de tous les nobles hommes avec luy, et aultres gens de guerre qui avoient acoustumé d'eulx armer. Lesquelx tous ensamble povoient estre de cinq à six mil combatans. Lesquelx s'estoient partis de Hesdin et venus à Abbeville, le jour devant que les dessusdiz Anglois venissent à la dessusdicte abbeye de Saint-Waleri. Sy estoient en la compagnie d'ycelui duc, le conte d'Estampes, son nepveu de Clèves, le conte de Saint-Pol et pluiseurs aultres notables et grans seigneurs. Si estoit venu audit lieu de Hesdin, vers lui et à son mandement, messire Jehan de Luxembourg, conte de Ligney. Mais il s'excusa devers ledit duc de lui armer, disant qu'il avoit encore à renvoyer le sairement qu'il avoit fait aux Anglois, et que bonnement ne se povoit armer contre eulx. De laquelle excusacion, si comme je fus informé, ledit duc de Bourgongne ne fu point bien content, et lui remoustra comment il avait sairement à lui et estoit son homme lige, portant son ordre, et avoit toujours tenu son parti, pour quoy bonnement, à son honneur, ne se povoit ou debvoit excuser de lui servir, attendu qu'il alloit pour rebouter ses ennemis, qui lui venoient

---

1. *Le Noefchastel de Nicourt.* C'est Neufchâtel-en-Bray (Seine-Inférieure.)

coure sus en son pays. Nientmains ledit duc de Luxembourg proposa tant de raisons, qu'enfin s'en retourna par le congié dudit duc, et obtint de lui mandement de ladicte excusacion. Et après que le dessusdit duc fut venu audit lieu d'Abbeville, et qu'il eut eu certaine nouvelle de la venue de ses ennemis, il fist de rechief hastivement pourveoir et garnir de ladicte bastille de vivres, artilleries, habillemens et gens de guerre, et tant qu'ilz povoient dedens estre de huit cens à mil combatans, gens expers et renommés en armes. Et quand il leur fu demandé par ledit duc se il leur sambloit qu'ilz peussent bien tenir ceste bastille contre leurs adversaires, ilz firent responce que oyl, et qu'il n'en fust en nulle doubte. Toutefois ledit duc avoit concluzd qu'il ne combateroit point yceulx Anglois à jour nommé ne assigné, mais feroit garder les passages de la rivière contre eulx, et les feroit affamer et herryer en leurs logis, où il les feroit prendre en aulcuns autres destrois adventageusement, se il povoit. Lequel propos ne fu point bien mis à exécucion. Car les dessusdiz Anglois, tantost qu'ilz furent logiés en l'abéye devant dicte, passèrent la rivière à gués, deux ou trois cens, au desseure dudit Crotoy, et alèrent coure ou pays pardevant la bastille, jusques emprès Rue. Et prinrent aulcuns hommes d'armes avec des chevaux et aultres baghes, à tout lesquelx, sans avoir aulcun empeschement, retournèrent en leurs logis. Et lendemain, très matin, se mirent à chemin tous ensamble, et vinrent en bonne ordonnance passer la rivière. Et povoient estre environ deux mille de pied, qui entroient en l'eaue jusques aux rains. Si se alèrent mettre en bataille aux plains champs, sur le hault au desus de la ville, en la veue de ceux de ladicte bastille. Lesquelx cuidèrent qu'ilz les deussent venir assaillir. Si se préparèrent diligamment pour eulx deffendre. Et adonc, dedens ycelle bastille furent fais pluiseurs nouveaulx chevaliers, c'est-assavoir Jaques de Craon, seigneur de Dommart en Ponthieu, Aymont de Monchi, seigneur de Massy, Eustache d'Inchy, le grand bastard de Renty, Antoine de Hardentyn, seigneur de Bouchasnes, Harpin de Richaumes, Gilles de Foy et aulcuns aultres. Lesdiz Anglois, qui en riens n'avoient estés empeschiés oudit passaige, s'en alèrent logier tous ensamble ou monastère de Forestmoutier [1], à deux lieues de là. Et le second jour se mirent aux champs, et se alèrent logier à ung groz village sur l'eaue d'Authie, nommé Labroie. Lequel estoit furni de vivres très habondamment. Et y furent quatre ou cinq jours. Et alèrent très souvent batre, vaner et recueillier vivres, cent ou six vins au cop, en aulcuns villages, à demie lieue de leurs logis. Et meismement, en tant qu'ilz furent en ycelui logis, alèrent, quatre ou cinq, ardoir ung groz village nommé Aubien, auprès de Hesdin. Ja soit-il que le duc eust renvoyé pour la garde de Hesdin et du pays, grand nombre de géns d'armes, qui à brief comprendre leur firent une mole guerre, car ilz ne les adommagèrent, si non assés petit. Et après que les Anglois eurent esté audit lieu de Labroie quatre ou cinq jours seulement, ilz l'embrasèrent en feu, et s'en alèrent logier à Auxy, où ils furent par l'espace de trois jours. Et coururent par petites compaignies en pluiseurs et divers lieux

1. **Faremoutier (Seine et Oise).**

pour fourer le pays, et ne furent de leurs ennemis nullement empeschiés, dont il soit besoing de ent faire mencion.

Et quand est au gouvernement du duc de Bourgongne, il se tenoit tousjours à Abbeville, et s'estoient départis de luy grand partie de ses gens par son congié, pour aler garder les bonnes villes et forteresces du pays. Si envoia ung certain jour le seigneur de Croy et Jehan de Brimeu, bailly d'Amiens, pour visiter la bastille dessusdicte, sçavoir se ceulx de dedens estoient encore en ferme propos de eulx la tenir. Lesquelz, venus yluecq, perceurent assés bien à leur façon qu'il y en avoit une grand partie qui bien eussent volu estre dehors à leur honneur. Si avoit esté conclut, tant du dessusdit duc comme de ceulx de son conseil, que pour pis eschiever on rechargeroit toutes les artilleries, et puis se retrairaient les gens d'armes à Rue, après ce qu'ilz auroient bouté le feu dedens ycelle bastille. Mais ilz ne attendirent point à eulx retraire si honnourablement qu'il avoit esté ordonné. Car, sans ce qu'ilz fussent advertis de cause raisonnable, ne qu'ilz veyssent venir leurs ennemis sur eulx, grand partie se esmeurent soubdainement par manière de commocion, et saillirent qui mieulx mieulx hors d'ycelle bastille, en grand desroy, sans tenir ordonnance, délaissant dedens ycelle toute leur artillerie et grand partie de leur harnois et aultres baghes. Si commencèrent à cheminer pour aler devers Rue. Mais aulcuns des principaulx chiefz se mirent en paine de les retenir et ramener en ycelle. Ce que faire ne povoient. Et aussi le feu avoit esté bouté ès logis secrètement, par quoy ladicte bastille fut assés tost esprise. Si saillirent avant aulcuns Anglois de la forteresce, qui crièrent et huèrent fort après eulx, comme on fait après merdaille. Et brief ensievant, les devantdiz, qui estoient comme on povoit supposer grand partie des plus vaillans gens et plus expers hommes de guerre de la compaignie du duc de Bourgongne, se départirent ainsy honteusement comme vous avés oy, et retournèrent à Rue, et de là en pluiseurs aultres lieux de leur obéissance. Desquelz estoient les principaulx, messire Jehan de Croy, bailly de Haynau, messire Florimont de Brimeu, messire Jaque de Brimeu, et messire Baudo de Noyelle, tous quatre portans la toison et l'ordre du duc de Bourgongne. Et avec eulx estoient Waleran de Moreul, le seigneur d'Auxy, le Galois de Renty chevalier, le seigneur de Fremessent, Robert de Saveuses, messire Jaques de Craon, Jehan d'Arly, et tous les nouveaulx chevaliers dessusdictz, avec très grand nombre de chevaliers et escuyers de Picardie, qui grandement furent blasmés pour celle départie. Si s'excusèrent les grans, en donnant la charge aux petis archiers, disant qu'ilz ne les avaient peu retenir.

Et en ce propre jour, les Anglois qui comme dict est estoient logiés (*sic*), sceurent le département des dessusdiz. Dont ilz se resjoyrent grandement. Si conclurent tous ensamble de repasser la rivière pour retourner vers leur pays et ès lieux et places dont ilz estoient venus. Et à leur département boutèrent les feux en la ville d'Auxi, qui estoit ung moult bel et grand village. Si reprinrent leur chemin devers le Crotoy et alèrent logier au Nouvion. Et lendemain repassèrent la rivière de Somme par le lieu où ilz estoient venus, et alèrent logier en l'abbéye de Saint-Waleri, comme ilz avoient fait devant. Et de là se retrayrent à Rouen et ès aultres lieux de leur obéissance. Et emmenèrent pluiseurs hommes prisonniers, chevaulx et aultres bestes, qu'ilz avoient prins et rapiné ou pays. Et avec ce, avoient fait grand dommage des feux qu'ilz avoient bouté en sept ou en huit bons villages. Et si n'avoient eu nul empeschement de leurs adversaires, sinon de trente ou quarante fouragiers qu'ilz avoient perdus.

Et après toutes ces besongnes se retraist ledit duc de Bourgongne à Hesdin, et donna congié à toutes ses gens d'armes, réservé ceulx qui demourèrent sur les frontières.

CHAPITRE CCXXII.

Comment pluiseurs capitaines françois, à tout grand nombre de gens de guerre qu'on appelle Escorcheurs, vinrent ou pays de Haynau.

Item, après ce que le roy Charles de France eut, comme dit est ailleurs, sousjourné par aulcun temps dedens la cité de Paris, il s'en départi et s'en retourna à Tours en Touraine. Et lors après son département pluiseurs de ses capitaines se départirent des frontières de Normendie, pour tant qu'ilz n'avoient vivres fors à grand paine pour eulx y entretenir. C'estassavoir Anthoine de Chabennes, Blanchefort, Gautier de Bron, Floquet, Pierre Regnauld, Chapelle, Mathelin, Descouet et aulcuns aultres. Si se mirent à chemin tous ensamble, et estoient environ de deux mil chevaulx. Et parmy le pays de Vimeu s'en alèrent passer la rivière de Somme à la Blanquetacque, et se logèrent ou pays de Ponthieu. Et de là alèrent devers Dourlens et logèrent à Orreville[1] et ès villages d'entour, appertenans au conte de Saint-Pol. Et puis après se tirèrent vers Bray, et repassèrent l'eaue à Cappi, et s'en alèrent loger à Lihons en Santhers. Et tousjours faisoient de très grans maulx partout où ilz passoient. Et ne se tenoient point contens de prendre vivres, mais rançonnoient tous ceulx qu'ilz povoient attaindre, tant de paysans, comme de bestail et aultres biens. Et meismement assaillirent le chastel dudit lieu de Lihons. Mais il leur fut bien deffendu par Waleran de Moreul et ses gens, qui estoient dedens. Et après ce qu'ilz eurent là esté par pluiseurs journées et y fait de très grans et sumptueux dommages, se tirèrent ou pays de Cambrésis, auprès des terres de messire Jehan de Luxembourg, conte de Ligney, qui encore n'avoit point fait sairement au roy Charles. Nientmains ilz ne luy meffirent riens sur ses terres, pour ce qu'il estoit tousjours bien pourveu de gens de guerre. Mais lui baillèrent leurs sellez et luy à eulx, de ne riens entreprendre l'un sur l'autre. Si firent yceulx François pluiseurs maulx oudit pays de Cambrésis. Et après s'en alèrent logier à Solaines[2] vers le pays de Haynau. Et adonc messire Jehan de Croy, bailly de Haynau, assambla les nobles dudit pays de Haynau et manda aussy aulcunes des bonnes villes, pour deffendre yceluy pays contre les dessusdiz, lesquelx on nommait en commun langaige les Escorcheurs. Et la cause pour quoy ilz avoient ce nom, si estoit pour tant que toutes gens qui estoient rencontrés d'eulx, tant de leur parti

---

1. Doulens et Orville (Somme).
2. Solesmes (Nord.)

comme d'aultre, estoient desvestus de leurs habillemens tout au net jusques à la chemise. Et pour ce, quand yceulx retournoient ainsy nuds et desvestus en leurs lieux, on leur disoit qu'ilz avoient esté entre les mains des Escorcheurs, en eulx gabant de leur male aventure. Si dura ledit nom par aulcune espace de temps, et par ainsi ne fut plus nouvelle des Armignacs, ne de leur nom qui avoit longuement duré. Toutefois, quand yceulx capitaines furent logiés à Solaines, comme dit est ci-dessus, et ès villages à l'environ, il en y eut une partie qui ung certain jour se tirèrent ou pays de Haynau oultre le Quesnoy, pour trouver aulcun gaignage. Si rencontrèrent d'aventure le bailly de Leschines, nommé Colard de Fenières, à tout de trois à quatre cens hommes qu'il avoit assamblés en son village, à tout lesquelz il venoit au Quesnoy-le-Conte, au mandement de la contesse de Haynau, douagère, et du dessusdit bailly de Haynau, qui là faisoit son amas de gens d'armes; et estoit très matin. Et incontinent que yceulx François les apperceurent, ilz leur coururent sus viguereusement et de hardi courage. Si furent yceulx communes tous esmervilliés. Et non obstant que les aulcuns se meissent très vaillamment à deffence, nientmains ilz furent en brief mis à grand meschief et tournés à desconfiture, et la plus grand partie prins et mis à mort très piteusement. Et meismement ledit Colard y demoura mort sur la place, et avec lui environ huit vins de ses gens. Et les aultres, ilz les emmenèrent prisonniers et les rançonnèrent comme leurs ennemis, sinon aulcuns en très petit nombre qui eschappèrent par bien fuir.

Pour laquelle destrousse les nobles hommes et

bonnes villes de celuy pays de Haynau furent durement troublés. Si envoia, ledit bailly de Haynau, vers le duc de Bourgongne, lui noncier ceste malvaise besongne, en luy requérant qu'il luy volsist envoyer ayde de gens de guerre. Lequel duc luy en envoya largement. Si fist de rechief yceluy bailly une très grande assamblée audit lieu du Quesnoy-le-Conte, tant de gens de guerre, comme de ceulx de Valenciennes et aultres bonnes villes, pour combatre les dessusdiz. Mais entretant ilz se départirent du pays et se tirèrent vers la terre de Guise, et de là ou pays de Champaigne, en faisant tousjours de grands dommages. Mais avant leur partement dudit pays de Haynau, rendirent aulcuns des prisonniers dessusdiz, sans payer aulcune finance, à la requeste dudit duc de Bourgongne, qui leur en escripvi bien adcertes. Et pour ceste cause y envoia ung gentil homme de son hostel nommé Meliadès, lequel estoit breton, et bien amé d'yceulx capitaines de France.

CHAPITRE CCXXIII.

Comment grans pestilences et famines furent en cest an.

Item, en cest an mil IIII^c et xxxvii, furent les bleds et les grains si chers par toutes les parties du royaume de France et aultres divers lieux et pays de chrestienté, que ce que on avoit aulcune fois donné pour quatre solz, monnoye de France, on le vendoit XL, ou au dessus [1]. A l'occasion de laquelle chierté fut si très

---

1. On lit dans le *Journal d'un Bourgeois de Paris*, p. 174 : «Le

grand famine universelle, que grand multitude de povres gens morurent par indigence. Et estoit moult dolereuse et piteuse chose à les veoir ès bonnes villes mourir de faim et gésir sur les fumiers, par grandes compaignies. Si y avoit aulcunes villes qui les déboutèrent hors de leur signourie; et si en eut aussy des aultres qui les receurent et administrèrent assés longuement seloncq leur puissance, en accomplissant les œuvres de miséricorde. Entre lesquelles, de celles qui les receurent et administrèrent, en fut l'une la ville de Cambray. Si dura ceste pestilence jusques en l'an XXXIX. Et furent fais à ceste cause pluiseurs édictz par les seigneurs, tant princes comme aultres, et aussy par ceulx des bonnes villes, en deffendant que nulz bledz ou aultres grains ne fussent portés hors, sur grosses paines. Et meismement fu publié en la ville de Gand qu'on se abstenist de brasser cervoises, ne aultres paraulz buvrages, et que toutes povres gens feissent tuer leurs chiens, et que nul ne gouvernast ne nouresist chienne, se elle n'estoit chastrée. Telles et pareilles ordonnances furent faites en moult de pays, adfin de pourvoir à la commune povreté du menu peuple et des mendians.

CHAPITRE CCXXIV.

Comment les Gantois firent nouvelle meutacion et se remirent en armes. Dont les fèvres furent les principaulx.

En ce temps dessusdit les Gantois se remirent en

pain fut moult cher; car le sextier de très petit seigle coustoit quarante-quatre sols ou trois francs, et le fromant quatre francs.»

armes de nouvel en très grand nombre, par le moyen des fèvres d'ycelle ville. Et fu la cause de ceste assemblée pour ce qu'ilz disoient que ceulx de la garnison de l'Escluse avoient pillié sur ceulx du plat pays, dont les plaintes en estoient venues en ladicte ville de Gand. Si requéroient yceulx fèvres qu'on pugnesist yceulx pillars. Item, et qu'on alast en armes sur ceulx de Bruges, assavoir se ilz se vouldroient départir de ceulx du Franc et les laissier estre ung des quatre membres. Item, et que pareillement on alast sur ceulx de l'Escluse pour oster les piliers fichiés en l'eaue de la Lève, adfin que la marchandise peust venir et entrer ou pays. Item, que on yroit par toute la contée de Flandres visiter et adviser ceulx qui estoient leurs amis ou non, et qui leur vouldroient aidier à faire et entretenir paix ou pays, et que les gens y peussent avoir à ouvrer et gagnier par les villes. Et, se en ce les eschevins et habitans de Gand ne vouloient faire asistence, que entre eulx fèvres le feroient d'eulx meismes moyennant l'ayde de ceulx de leur aliance. Et aultrement ne se vouloient départir de leurs armes. Si estoit fèvre le doyen des mestiers pour lors, lequel estoit apellé Pierre Hermibloc. Lesquelles choses les eschevins remoustrèrent aux bourgois et aux doyens des tisserans et des aultres mestiers de Gand, en la place à ce ordonnée en l'ostel de la ville, adfin que sur ce ilz eussent advis chascun avec ceulx de son mestier, et ce que ilz trouveroient en conseil, ilz le raportassent lendemain à la loy. Et adonc chascun mestier fut sur ce en congrégacion ès lieux acoustumés en tel cas. Si revindrent les dessusdiz doyens faire leur raport à la loy, le xixe jour d'octobre. Et après pluiseurs interrogacions concordèrent aux fèvres leurs dictes requestes, pour ce qu'il leur convenoit ainsy faire par la importunité d'eulx et de leurs alyés. Dont toutefois grand murmure fu des plus notables, pour ce que en ce temps ceulx de la ville de Bruges traictoient de paix en la ville de Lille aux députés du duc de Bourgongne, leur seigneur, là où ceulx de Gand meisme avoient envoyé certains ambassadeurs. Si doubtoient pluiseurs que les menues gens ne voulsissent appliquier à eulx les biens des riches.

Tantost les fèvres, à tout leurs bannières, alèrent sur le Marchié au bled, et tantost et incontinent vindrent avec eulx les parmentiers, les revendeurs de vièses robes, et bientost après tous les aultres mestiers. Après y vindrent les xxxvii bannières des tisserans, et puis le bailly avec la loy et avec la bannière de Flandres et de la ville, et avec eulx la bourgoisie, et tant qu'il y eut en nombre quatre vins et deux bannières. Tost après se départirent ceulx de la loy, et après eulx toutes les aultres bannières, par la manière acoustumée et d'ordonnance coustumière. Si s'en alèrent ou Marchié des venredis devant l'Ostel des remonstrances, où ilz demourèrent toute ycelle nuit jusques à lendemain, que les dessusdiz fèvres et aultres de leur oppinion vouloient aler aux champs. Mais la bourgoisie et la plus saine partie des tisserans, désirans de laissier ycelle armée, pour ce qu'ilz n'avoient point voulenté de guerroyer, estoient d'oppinion contraire. Si estoient en voie d'eulx discorder et entrebatre. Lors les fèvres se retrayrent de l'aultre costé du marchié et se séparèrent des aultres, disans que ceulx venissent qui sievyr les vouldroient. Dont pluiseurs se mirent avec eulx de leur costé. Et après, tous les aultres se départirent par bonne ordonnance, et alèrent à Merenquerque, qui est le chemin de Bruges, logier en tentes et en pavillons.

Si estoient en ce temps pluiseurs appovris, et par ce estoient pluiseurs esmeus et rioteux, tant par la perte de la monnoye nouvelle de l'an xxxiii et de l'abaissement des vielles monnoies, comme pour ce qu'ilz avoient moult frayé en tailles, ou voiage de Calais. Et aussi ilz n'avoient plus de laines d'Angleterre, par quoy pluiseurs ne sçavoient en quoy employer leur temps pour gaigner leur povre vie, et en espécial, ceulx d'Yppre, qui estoient acoustumés de drapper de ces laines d'Angleterre, et pluiseurs aultres. Et d'aultre part le fourment et tous aultres bledz estoient moult chiers. Et si ne usoit on, ne trouvoit de marchandise en Flandres, pour la cause de la guerre de ceulx de Bruges. Par quoy les biens cessoient de venir oudit pays de Flandres. Car ceulx de l'Escluse avoient fichié piliers ou fleuve de le Lièvre, si que les marchandises ne povoient entrer ou pays. Et les riches gardoient au mieulx qu'ilz povoient ce qu'ilz avoient de chevance[1], pour ce qu'ilz véoient que ces gens de labeur se vouloient maintenir de eulx armer et aprendre à vivre de rapine, et que aulcuns ne se povoient remettre à leur labeur. Et les riches ne voloient riens mettre dehors, pour ce qu'ilz se doubtoient de guerre avoir tous les jours, d'un cost ou d'aultre.

Après ce, les Gantois mandèrent ceulx des villes et vilages de leur chastelenie, qu'ilz venissent inconti-

---

1. Ce qu'ils avoient de bien.

nent devers eulx en armes, en tel nombre qu'ilz furent quand ilz furent au voiage de Calais. Lequel mandement les eschevins monstrèrent au commun habitans, pour eulx sur ce consillier ensamble. Et pour ce que ilz ne le faisoient mie voulentiers, alèrent aulcuns devers les eschevins de Gand pour avoir délay, et qu'ilz peussent passer à moins de nombre. Mais adonc leur commandèrent, les eschevins de Gand, qu'ilz obéissent.

Ce temps pendant, lesdiz Gantois eslevèrent ung capitaine, éagié environ de xxxvi ans, appellé Rasse Ouvrem, bourgois de Gand. Auquel ordonnèrent douze consilliers, qui oncques n'avoient esté en la loy de ladicte ville. Et de ces douze en y eut quatre de la bourgoisie, quatre des tisserans, et quatre des mestiers. Lequel capitaine ainsy esleu ne vouloit point emprendre ledit office, sinon que ce fut du commandement du prince.

Item, ledit xix° jour d'octobre avoit esté publyé en l'ostel des eschevins, que tous les bourgois forains venissent en ladicte ville de Gand, sur paine de corps et de biens, dedens trois jours, tellement habilliés en armes comme ilz vouldroient garder leur corps. Dont, en cedit terme, pluiseurs y comparurent. Et aucuns s'envoyèrent excuser, disans qu'ilz avoient loyalle ensonne[1] par quoy ilz n'y povoient venir. Et firent traictié qu'ilz paieroient aulcune pécune pour estre excusés. Et pour ce qu'on ne donnast point de charge, ne à besongnier, à ceulx qui y estoient venus, quand ilz eurent sousjourné trois jours ou environ en la

---

1. *Ensonne*, et mieux Essoine : excuse.

ville, ilz s'en partirent alans en leurs besongnes. Par quoy, le xxvii° jour dudit mois d'octobre, furent remandés, sur peine de perdre leur bourgoisie et de payer yssue. Cedit jour furent prins huit hommes soldoyers de l'Escluse, lesquelx soubz umbre de guerroyer ceulx de Bruges desroboient le pays. Si les prinrent ceulx de Saint-Laurens, au bloc. Car il avoit esté cryé et publyé que chascun prenist et menast devers la justice tous les desroubeurs qu'on pourroit trouver, se on les prenoit vifz, et que se l'on ne les povoit prendre vifz, qu'on les tuast et meyst à mort. Lesquelx les désarmèrent, et retinrent ycelles armeures avec leurs vestemens. Si les emmenèrent, en pur leurs pourpoins, à Merenkerque, en l'ost de Gand, où lendemain, par le jugement des eschevins eurent les hateriaulx coppés. Et à la proyere[1] du souverain doyen de Gand, furent leurs corps donnés aux Augustins, qui les ensepvelirent. Depuis furent trois hommes boutés hors de l'ost de Gand, pour cause de pillage par eulx fais sur ceulx des villages.

Ledit Rasse, qui fut esleu capitaine, ala devers le duc de Bourgongne à Arras, pour quérir sa commission, si son plaisir estoit qu'il fust capitaine. Et laissa trois lieutenans à Gand, de trois membres de la ville, ung de la bourgoisie, nommé Jehan Lestauwe, des mestiers ung, nommé Jehan Cachielle, et ung des tisserans, nommé Gille de Sterque. Le lundi quatriesme jour de novembre, revint Rasse dessusdit à Gand, à tout commission d'ycelui duc de Bourgongne d'estre capitaine desdiz Gantois. Et comme il en eut fait le

1. *Proyere*, prière.

sairement en la ville de Lille devant les seigneurs du conseil, samblablement jura en l'ost devant le bailly et eschevins de Gand, d'estre bon et loyal au prince, à garder ses drois et signouries et les préviliéges de la ville, et tenir le peuple en paix et union. Et pareillement jurèrent les douze consilliers. Le cinquiesme jour de novembre, Rasse, capitaine, à tout deux personnes de chascune bannière avec ceulx de la loy, vinrent de Merenkerque à Gand, à la requeste de ceulx qui avoient pour ce pris les armes. Si prinst plusieurs personnes qui avoient esté des principaulx gouverneurs de la ville, assavoir Loys de Holle, qui avoit esté premier eschevin, Lievin le Jagre, qui pluiseurs fois avoit esté eschevin et trésorier, Gille le Clerc, advocat, Jehan l'apposticaire, qui avoit esté trésorier et eschevin, Jehan le Grauwe, qui avoit esté eschevin, et Jaque le Zaghère, qui avoit esté souverain doyen des mestiers. Et furent ensamble emprisonnés en la maison du prince. Et encore en eussent-ilz pris des aultres, mais ilz s'estoient absentés. Et les appelloit on mangeurs de foie. Si fist, ledit capitaine, publyer que tous ceulx qui avoient esté en loy en la ville de Gand depuis dix ans, qu'ilz venissent en l'ost. Lors estoit grandement accreu l'ost de Gand lez Merenkerque. Car ceulx de leur chastelenie estoient venus estofféement, excepté ceulx de Courtray. Et sambloit une bonne grande ville, de leurs tentes et pavillons qu'on y véoit. Si prinrent leurs armes de rechief le vi° jour de novembre, et vouloient aler à Gand quérir les prisonniers de la ville, pour yceulx estre en leur compaignie. Mais le capitaine les refrainist, et dit qu'il avoit esté ordonné qu'on les laisseroit en prison jusques ad ce que l'ost seroit retournée en la ville, et que lors on feroit droit et loy seloncq ce qu'on trouveroit par une générale inquisicion par toute la contée de Flandres. Si euyst voulentiers veu, ledit capitaine, que ledit ost se fust apéticié, disant qu'il metteroit bien la paix en droit et en justice, à tout la quarte partie d'ycelui ost. Mais ceulx de l'ost ne se vouloient nullement départir l'un de l'autre, ains vouloient demourer ensamble en fraternelle amour. Et vouloient aler logier entre les villes de Bruges et de l'Escluse, et sçavoir se ceulx de Bruges et de l'Escluse se partiroient du Franc selonc la sentence du prince, et se ilz se submetteroient de leurs meffais et oultrages en l'ordonnance du prince et des aultres trois membres d'ycelui pays de Flandres, sauves leurs vies et leurs priviléeges. Et se ceulx de Bruges le vouloient ainsy faire, ou qu'ilz suppliassent au prince qu'il luy pleuyst sur ce avoir eulx en grace, et en oultre déterminer du débat de entre ces deux villes de Bruges et de l'Escluse, adfin que les marcheans peussent paisiblement fréquenter le pays ; et se ceulx de Bruges le refusoient, on feroit tant qu'on les metteroit en obéyssance en la voulenté du prince.

Or avoient, ceulx de Bruges, envoyé de chascun mestier de leurs députés, lesquelx traictèrent tant à Merenkerque en l'ost, que après pluiseurs parolles furent d'accord. Si estoient yceulx députés en nombre de xlii personnes. Lesquelx, après ledit accord, ensamble présentèrent et accordèrent à baillier lettres selonc une minute faite par eulx, le xii° jour de novembre. Dont la teneur s'ensuit :

« Nous bourghemaistres, eschevins, conseil, chevetains de la bourgoisie, doyens jurés des mestiers et toute la communaulté de la ville de Bruges, faisons sçavoir à tous ceulx qui ces présentes lettres verront, que nous, à l'onneur de nostre très redoubté seigneur et prince le duc de Bourgongne, conte de Flandres, en et à la prière des trois membres de la bonne ville de Gand et de toutes les franches villes et de la chastelenie de Gand, avons consenti et consentons par ces présentes, par nous et noz successeurs, à tenir ferme et estable tel dit et sentence donnée et ordonnée de nostredit seigneur et son conseil en sa dicte bonne ville de Gand, le xie jour de février, l'an mil iiii{e} et xxxvi, de ceulx du Francq comme le quart membre du pays, comme par avant eust esté sans fraude et seloncq le contenu d'ycelle sentence. En tesmoing de vérité avons ces lettres seellées du seel des promesses de ladicte ville. »

Lequel accord ainsy par les députés de la ville de Bruges rapporté en leur ville, après grand conseil, ceulx de la loy firent demande aux habitans de Bruges assamblés devant l'ostel des eschevins, se ilz voloient accorder cedit traictié. Lesquelx, là estans jusques au nombre de vint mille personnes ou plus, après ung peu de silence, respondirent comme tous, oyl ! Lors s'avança ung nommé Copin de Mesmacre, pieçà banni de Gand pour ses démerites, et disoit : « Tout va mal. Comment estes vous si couwars que vous crémés tant les Gantois. Certes vous estes dignes d'avoir à souffrir à cause de vostre folie et inconstance. » Et après ce, le doyen des fèvres, ung cousturier, et pluiseurs aultres commencèrent fort à murmurer et à contrarier ledit accord, et espécialement contredisoient moult de en faire lettres. Et tant firent que tout ledit accord et traictié furent adnientis par le tumulte d'yceulx. Par quoy depuis, par le jugement de la loy de Bruges, eurent les hateriaux coppés, ledit Copin, le doyen des fèvres, le cousturier, et ung aultre. Et furent bannis de leurs complices, jusques à dix sept sédicieux. Toutefois ycelle unité et paix entre ceulx de Bruges et ceulx de Gand fut toute despécié, quoique lesdiz députés et ceulx de Bruges en eussent baillié dix sept hostaiges à ceulx de Gand. Lesquelx ceulx de Gand délivrèrent depuis et leur renvoyèrent, soubz umbre que yceulx députés leur disoient qu'ilz avoient fait leur debvoir et leur povoir à faire interriner ledict traitié et accord. Avec lequel traictié avoit aussy esté ordonné et accordé que ceulx du Franc pourroient prendre la franchise de bourgoisie à Gand ou à Bruges, ou mieulx plairoit à chescun. Et sur ce debvoient, lesdiz Gantois et ceulx d'Yppre, envoyer devers le duc de Bourgongne leurs ambassadeurs, prier qu'il luy pleuyst oster les soldoyers estrangiers de l'Escluse et les piliers de la rivière de la Lièvre, adfin que les marchandises peussent venir ou pays, ou se ce non, que eulx meismes les peussent oster.

Après ce, s'en ala l'ost de Gand logier à Ardenbourg. Et pour ce que ceulx de Bruges contredisans cedit accord et qu'ilz ne vouloient partir du Francq, fut publié à Gand et en la chastelenie le mandement du prince, fait en l'esté darrain passé, qu'on ne menast ne souffrist mener aulcuns vivres à Bruges. Item, que leurs biens et debtes fussent prins et délivrés en justice. Et après fut publié que se ceulx de Bruges vouloient faire aulcunes courses ou envayes sur ceulx de la chastelenie, qu'on sonnast les cloches aux églises et les bacins, et fesist-on feux pour assambler et résister contre eulx.

Après ce, eut le hattereau coppé Clarus Boie, natif d'Axcelle, et aussi furent décolés Guillaume le Bocquequelare, patinier, natif du pays de Wast, et ung homme de Courtray, pour ce qu'ils avoient esté à Courtray pour l'instigacion des fèvres et cousturiers de Gand, et avoient dit yluecq, que ceulx de Gand désiroient moult que ceulx de Bruges venissent aux champs en armes avec eulx pour le bien du commun pays de Flandres et le union d'ycelui.

Et pour corrigier ceux de l'Escluse, le xvie jour de novembre, ceulx de l'ost eurent conseil qu'ils envoyeroient certains députés à Gand et ès villes de la chastelenie, pour sçavoir que on feroit et en quelle manière on procéderoit. En oultre que ilz estoient de l'oppinion qu'on alast sur ceulx de Bruges; qu'on leur envoiast encore autant tant de gens qu'ilz estoient. Mais ceulx de Gand et aultres eurent advis, pour ce que les vivres estoient chiers et que l'iver estoit près, avec ce aussy qu'il leur anuioit de baillier l'argent des soldées, qu'on retournast et délaissast-on l'armée. Car aussy la grigneur partie estoient adonc contraires contre ycelle et quéroient occasion de le despecier. Et adonc l'ost des Gantais se départi de Ardembourg, retournans jusques à Hecquelo. Et yluecq, ung de la chastelenie, portant une partie d'unc sauch de bois et cloture d'un champ pour faire feu et eschauffer viandes, pour ce que aulcuns de Gand lui vouloient oster par force, se deffendi et crya : à la chastelenie ! et les Gantois cryèrent : Gand ! Si que tous s'esmeurent à ceste cause, les Gantois d'une part, et la chastelenie d'aultre part. Et y eust eu grand bataille, se n'eust esté ung nommé Piètre Simon, premier eschevin de Gand, qui par belles parolles desparti l'estourmie, par grand vaillance. Et y fut vilainement blécié des sombres cops[1] qu'il recupt de se bouter entre eulx. Mais il ne povoit estre navré pour ses bonnes armeures. Et en y eut pluiseurs navrés, dont les aulcuns en moururent depuis, et par espécial des Gantois. Dont il y moru en la place ung navieur de Gand, viguereux homme. Et depuis furent bannis de Gand deux hommes qui avoient féru sur le premier eschevin dessusdit. Et la vigile saint Andrieu[2] retournèrent chescun en son lieu lesdiz Gantois, qui s'estoient mis en armes à petite délibéracion, et repaisièrent en leur ville à peu de consolacion. Et ceulx de leur chastelenie qui y estoient alés bien envis, retournèrent bien voulentiers chescun à son hostel.

Peu de temps après ensievant fu déposé de sa capitainerie ledit Rasse Ouvrem, et les dessusdiz six prisonniers furent délivrés, pour ce qu'ilz promirent de ester à droit et à loy de ce qu'on leur imposeroit ou demanderoit dedens trois jours après ce qu'ilz en seroient semons.

En décembre, le mois ensievant, furent publiées lettres du prince par les villes et chastelenies de Gand, contenans qu'on n'obéyst plus au capitaine Rasse Ouvrem, car le prince l'avoit démis. La veille de Noël fut ordonné par ceulx de Gand en plaine colacion,

---

1. *Sombres cops.* On disait plus ordinairemént : coups orbes ; des meurtrissures.

2. Le 29 novembre.

que messire Roland de Hutkerque, messire Colard de Commines, Jehan de La Damme, maistre Cille de Le Woustine, Gerard de Maldighem, Jehan de Popeghem, Piètre Goudghebur, Piètre Bris, Josse de Beys, Martin de Mesmimes et Jehan Cricque, lesquelx avoient esté bannis de Gand, qu'ilz pourroient revenir en ladicte ville de Gand, et ou pays de Flandres. En oultre ung appellé Copin Capon, qui, a passé cinq ans, s'estoit absenté de ladicte ville, et avoit desrobé pluiseurs personnes en la contée de Flandres, tant que pluiseurs alans par le chemin se doubtoient moult fort de lui. Si fu pour lors retourné à Gand, cuidant que tout fust oublié, mais il fu prins et condemné, par quoy il eut le bateriel coppé, avec deux aultres qui avoient desrobé deux hommes emprès la ville de Tendremonde.

CHAPITRE CCXXV.

Comment le traictié se fist entre le duc de Bourgongne et ceulx de la ville de Bruges.

Item, entretant que toutes besongnes dessusdictes se faisoient, les devantdiz Brughelins, qui bien véoient, comme dit est ailleurs par ci devant, que à demourer longuement en l'indignacion de leur prince estoit totalement la destruction d'eulx et de leur ville, se commencèrent fort à continuer de quérir les moyens et avoir traictié avec luy. Lequel traictié enfin ilz trouvèrent, et se submirent du tout à leur prince dessusdit, avec ceulx de son conseil, par certaines condicions déclarées entre ycelles parties. Duquel traictié, ou au moins aulcuns des principaulx poins, prononciés à Arras le IIII° jour de mars, présent le dessusdit duc et son conseil et très grand nombre d'aultres gens, la copie s'ensieut :

Premiers. Fut ordonné que à la première fois que ledit duc yroit à Bruges, venroient au devant de lui vint personnes avec ceulx de la loy, sans chaperons et nuds piés et deschaux, une lieue hors de ladicte ville, et eulx venus en sa présence se metteroient à genoux, en luy requérant pardon, et lui pryer qu'il lui pleust à venir en ycelle ville.

Item. Que la porte de la bouverie seroit convertie en une chapelle, où on célébreroit chescun jour les sept heures cannoniaulx.

Item. Que dore en avant à tousjours, quand mondit seigneur et ses successeurs, contes et contesses de Flandres venroient à Bruges, yceulx de Bruges venroient hors de ladicte ville, portans les clefz de toutes les portes, en perpétuelle mémoire d'obeyssance.

Item. Que chescun an, le jour de leur mésus[1], ilz feront en l'église de Saint-Donas chanter une messe sollempnelle à dyaque et soubdiaque, où ilz feront estre XXIIII personnes, chescun tenant une torche ardant tant que la messe durra, de VI livres de cire chescune torche, et à chescun, IIII groz.

Item. Que à la Lième on fera une belle croix.

Item. Que les biens des bastars ne seront plus affranchis à la mort, mais seront confisquiés au prince.

Item. Que ceulx de Bruges quitteront et rachateront

---

1. Le jour de leur sédition.

à mondit seigneur les rentes viagères en quoy ses domaines sont tenus et obligiés.

Item. Que ceulx de Bruges n'auront plus de congnoissance sur ceulx de l'Escluse. C'est assavoir que ceulx de Bruges ne seront plus leur chef lieu, et ne les sievront plus ceulx de l'Escluse en l'ost, ne aultrement, et ne auront à faire avec eulx, fors seulement en ce qui touche la marchandise.

Item. Que aux mestiers qu'on fait à l'Escluse, dont longuement a esté question entre les deux villes, yceulx de Bruges n'en auront pas nulle congnoissance.

Item. Ceulx de Bruges ne pourront faire aulcune armée, sous la forfaiture de corps et de biens.

Item. Quiconques feroit cesser les mestiers quand armées et discencions se naisteroient, encourroit moult griéves paines contenues en la principalle sentence.

Item. Sont réservés à mondit seigneur aulcunes personnes à estre en sa voulenté, de ceulx de Bruges, et de ceulx qui y sont devenus bourgois durant la dissencion.

Item. Donrront et payeront ceulx de Bruges à mondit seigneur, IIe mille ridres d'or.

Item. Ceulx de la loy et aultres dénommés de Bruges, yront dedens huit jours hors de la ville à l'encontre d'aulcuns députés qui y seroient envoyés de par ledit duc, et les recepverront en grande obédience.

Item. Que nul ne sera plus bourgois forain d'ycelle ville, se il n'y demeure par trois fois quarante jours.

Item. Fut ordonné que le filz du seigneur de l'Ille-Adam auroit pour la mort de son père x^M escus, avec aulcunes amendes honnourables. Et pareillement amenderoient la mort du fèvre, à sa femme et à ses amis. Lequel fèvre avoit esté esquartelé, pour ce qu'il avoit baillié les marteaulx pour ouvrir la porte.

Avec lesquelles amendises en y avoit de pluiseurs aultres mises par escript ou principal traictié, desquelles à cause de briefté je me passe de en faire récitation ne mencion. A laquelle sentence prononcier et oyr estoient présens, à genoulx devant leur prince, en son hostel dedens Arras, pluiseurs notables personnes et jusques au nombre de vint quatre, ad ce commis et députés de par la ville de Bruges. Lesquelx furent travilliés pour la lecture et longueur d'ycelle sentence, et tant que en fin le duc, ce voiant, par pitié ordonna qu'on les feyst séoir pour estre plus à leur aise. Et toutes ces besongnes parfaites et acomplies, et que les dessusdiz députés furent retournés en la ville de Bruges, assamblèrent le peuple en très grand nombre et multitude, et monstrèrent la copie de la sentence, laquelle, pour le grand désir qu'ilz avoient pour retourner en la grâce du prince leur naturel seigneur, fut à la plus grand partie assés agréable. Et à aulcuns aultres, gens de petit estat, qui avoient eu gouvernement durant les tribulacions, ne fut point plaisant. Et eussent voulentiers de rechief par leurs parolles sédicieuses esmeu le peuple contre les puissans. Ce que faire ne povoient. Car ilz doubtoient grandement après ycelle paix estre pugnis de leurs oultrages et desmérites. Et comme ilz doubtoient, leur advint. Et dedens brief temps ensievant furent prins jusques au nombre de douze ou environ, des principaulx qui avoient soustenu et entretenu toutes les rigueurs dont dessus est faite mencion. Lesquelx eurent les hateriaulx coppés.

Et si en y eut pluiseurs bannis, qui se rendirent fugitifz. Et fu faite ceste justice à la venue du damoiseau de Clèves, nepveu du duc de Bourgongne, qui de par luy, avec aulcuns de son conseil, fu commis d'aler recepvoir lesdictes amendises et sairemens, selonc le contenu du traictié fait et passé à Arras. Et par avant avoient esté renvoyés devers ledit duc, en la ville d'Arras, LXIII hommes, lesquelx avoient esté prins en la ville de Bruges, quand ledit duc en fu débouté. Et à leur département de Bruges leur fu livré à chascun une robe de verd, aux despens de la dessusdicte ville.

CHAPITRE CCXXVI.

Comment la guerre se resmeut entre la duchée de Bar et la contée de Waudémont.

Item, en l'an dessusdit se resmeut la guerre d'entre la duchée de Bar et la contée de Waudémont, pour ce principalment que messire Jehan de Aysonville, séneschal héritable de la duchée de Lohorainne, voult prendre la ville de Waudémont, sur aulcune querelle qu'il se disoit y avoir. Et depuis qu'il eust failly de son entreprinse, fist guerre ouverte, en boutant les feux en pluiseurs lieux par ladicte contée. Laquelle besongne venue à la congnoissance du comte du Waudémont, qui estoit à Genville[1], monta à cheval hastivement, et avec lui Forte-Espice, à tout environ cent combatans, et poursievy ses ennemis très radement, et les raconsievy à l'issue de son pays. Si les assailly

---

1. Joinville (Haute-Marne.)

très vaillamment et vigeureusement, et en conclusion les mist en desroy, jà soit qu'ilz fussent bien eulx trois cens. Si en furent mors environ quarante et autant de prisonniers, et les aultres se sauvèrent en fuiant. Et fu leur estendart gagnié sur eulx, et porté en l'église de Vezelize[1].

Et tantost après, fu la guerre plainement ouverte entre ycelles parties. Et alèrent, les gens dudit conte, courre sur leurs ennemis. Lesquelx furent rencontrés de messire Gérard du Chastelet, et rués jus et menés prisonniers à Mirencourt[2], qui est une bonne ville appertenant au duc de Lohorainne. Et depuis, ledit conte de Waudémont prinst ladicte ville de Mirencourt, par l'ayde de Floquet et de Forte-Espice. Si en rescoust ses gens, et en laissa ledit Floquet capitaine. Lequel brief ensievant le rendi aux Lohorains, et se retourna contre ledit conte, à la requeste de La Hire.

En oultre, Blanchefort, Anthoine de Chabennes, Chapelle Gautier, Le Bron, Mathelin et aulcuns aultres capitaines, à tout leurs gens, menoient guerre aux Lohorrains et aux Barrois pour ledit conte de Waudémont, lequel avoit leurs séellés pour le servir. Et sur ce leur avoit baillié pour eulx Vezelize et aulcunes aultres de ses places. Mais après qu'ilz eurent tout gasté le pays, ilz se retournèrent, et trouvèrent manière d'avoir mandement, contenant qu'ilz se partissent de là et serveyssent lesdiz Lohorains et Barrois contre ycelui conte. Lequel mandement ilz monstrèrent à messire Hector de Flavi, qui estoit gouverneur de la-

---

1. Vezelize (Meurthe).
2. Mirecourt (Vosges).

dicte contée de Waudémont. Et tantost après, les capitaines dessusdiz délivrèrent la dessusdicte ville de Vezelize à yceulx Lohorains, qui le désolèrent. Et tantost après ensievant, quand ilz eurent gasté grand partie des pays, tant d'un costé comme d'aultre, se départirent yceulx François, qu'on nommoit Escorcheurs en commun langaige, et se tirèrent vers les Alemaignes. Auquel département ilz eurent très grand finance des dictes duchées de Bar et de Lohoraine, et avec ce emmenèrent ostaiges avec eulx pour estre payés du surplus. Desquelx ostaiges en estoit l'un, le filz de messire Gérard du Chastelet.

Durant lequel temps, le roy de Sézile envoia son filz le marquis du Pont, éagié de ix ans, pour entretenir le pays. Et gouvernoient pour lui l'évesque de Thoul et ledit messire Gérard. Et ung petit paravant, ung nommé Watelin Tieulier menoit guerre au conté de Waudémont, et avoit sa retraicte en ung moult fort chastel qui estoit à son beau père, c'estassavoir le seigneur de Harteul, lequel le soustenoit. Et avoit fait pluiseurs dommages par feu et par espée en ladicte contée de Waudémont. Pour lesquelx contrevengier, ledit conte de Waudémont, accompaignié de son nepveu le conte de Blamont, le seigneur de Commarchis et Forte-Espice, avec le nombre de quatre cens combatans ou environ, ala devant ladicte forteresce et le prinst par force d'assault, et ledit chevalier dedens. Mais incontinent, lesdiz Lohorains vinrent à grand puissance pour baillier souscours à ycelui chevalier. Lesquelx voians que sa place estoit prinse et leurs adversaires dedens, se retrairent et firent de rechief moult grand assamblée pour mettre le siège devant

Moustier sur Saulz. Mais pour ce que messire Hector de Flavi avoit fait ardoir la ville où ilz se cuidoient logier, s'en retournèrent en leurs marches. Ainsy et par ceste manière se destruisoient yceulx deux parties.

DE L'AN MCCCCXXXVIII.

[Du 13 mars 1438 au 5 avril 1439.]

CHAPITRE CCXXVII.

Comment la famine, la guerre et la pestilence fu grande et merveilleuse en pluiseurs pays.

Au commencement de cest an, en continuant de mal en pis, la famine universelle, dont en aultre lieu est faite mencion[1], commença de rechief estre si très grande et si destréçeuse, que c'estoit moult piteuse chose de veoir les povres gens morir en grand multitude par le moyen d'ycelle famine. Et avec ce, fu très grande mortalité en diverses parties du royaume de France, et par espécial en la contée de Flandres, et plus en la ville de Bruges que ailleurs; et pareillement dedens la cité de Paris. Et d'aultre part, la guerre estoit très aspre et dure merveilleusement en pluiseurs divers lieux et pays. Par lesquelx trois inconvéniens pluiseurs nobles hommes, et génerallement tout le

---

1. Page 323.

peuple dudit royaume et des pays à l'environ, furent en grande et doloreuse perplexité, et fort amatis.

Et entretant, les François, qu'on nommoit en commun langaige les Escorcheurs, se tenoient en très grand nombre sur les marches de Bourgongne, où ilz faisoient de très grans et innumérables dommages, tant de prendre forteresces et prisonniers, comme de tuer et ravir hommes et femmes, tant nobles comme aultres, en toute et pareille manière comme eussent peu faire les ennemis et adversaires du pays. Lesquelles entreprinses, venues à la congnoissance du duc Phelippe de Bourgongne, en eut au ceur grand desplaisance, tant pour l'amour, du temps de la famine[1], comme pour les mortalités qui estoient en pluiseurs lieux de ses pays.

CHAPITRE CCXXVIII.

Comment le seigneur de Thalebot, messire Thomas Kiriel et aulcuns aultres capitaines anglois conquirent Longueville et pluiseurs aultres forteresces sur les François.

Item, en cest an, le seigneur de Thalebot, messire Thomas Kiriel et aulcuns aultres capitaines Anglois se mirent sur les champs, environ le mois de may, avec eulx le nombre de huit cens combatans ou environ, et alèrent logier devant le chastel de Longueville, que tenoient les gens de La Hire. Duquel chastel et de la

---

1. *Tant pour l'amour du temps de la famine.* Il faut entendre par là : Tant pour la compassion qu'il eut des peuples pendant la famine, comme, etc.

signourie, ycelui La Hire se disoit seigneur par le don du roy Charles, ainsi et par la manière que l'avoit eu jadis ce très vaillant et excellent combatant, Bertran Du Glaiakin[1], breton, connestable de France. Lesquelx asségiés véans leurs adversaires, en assés brief terme rendirent la forteresce aux Anglois, par tel si qu'ilz s'en partiroient sauf leurs corps et leurs biens. Si s'en retournèrent à Beauvais. Lesquelx Anglois, après ce qu'ilz orent mis bonne et souffisante garnison, s'en alèrent devant Charlemaisnil, qui estoit un moult bel chastel séant au plus près de Diepe, appertenant au seigneur de Torsy. Lequel fu rendu. Et pareillement conquirent Guillemecourt[2] et aulcunes aultres places que tenoient les François ou pays de Caulx. Et la cause pour quoy ilz furent si tost mis en obéyssance, si fut pour ce qu'ilz estoient mal pourveus de vivres et d'artilleries.

CHAPITRE CCXXIX.

Comment le traictié de mariaige fu fait entre l'aisné filz du roy de Navarre et la damoiselle de Clèves, nièpce au duc de Bourgongne.

Ou temps dessusdit, vinrent devers le duc de Bourgongne en la ville de Douway[3], environ vint quatre hommes de cheval, ambassadeurs envoyés par le roy de Navarre pour traictier le mariaige de la damoiselle de Clèves[4], nièpce dudit duc de Bourgongne, avec le

---

1. *Sic*. Lisez : Bertrand Duguesclin.
2. Guilmecourt (Seine-Inférieure.)
3. Douai.
4. Inez, fils du duc de Clèves.

filz héritier dudit roy de Navarre[1]. Entre lesquelx estoient le prieur de Raincevaulx, et ung chevalier notable homme, nommé messire ......[2], et aulcuns aultres gentilz hommes, et le roy-d'armes dudit royaume de Navarre. Lesquelx traictiés furent conduis et demenés assés longuement. Mais en la fin vint la besongne à conclusion, et fut octroiée par ledit duc[3]. Et depuis fu ladicte dame envoyée très honnourablement acompaignée, en la conduite de son frère aisné, audit roy de Navarre.

CHAPITRE CCXXX.

Comment les villes et chasteaux de Montargis et Chevreuses furent mises en l'obéyssance du roy Charles de France.

Durant le temps dessusdit, furent remises en l'obéyssance du roy Charles de France les villes et forteresces de Montargis, et Chevreuses, qui tenoient les Anglois. Et d'aultre part, les garnisons de Meaulx en Brie, de Creil, Ponthoise et Gisors, travilloient moult fort les pays d'ycelui roy Charles; et par espécial ès pays de Santhers, Vermendois, Amiennois, Beauvoisis, et aultres signouries. Et pareillement, les garnisons qui estoient assises contre les Anglois, faisoient grans dommages aux pays dessusdiz; dont le povre peuple en pluiseurs manières estoit moult-travillié. Et quand est au regard de messire Jehan de Luxembourg, il se

---

1. Don Carlos, fils de Jean II, roi de Navarre.
2. Un blanc dans le manuscrit 8346. Vérard met : « Ung certain chevalier. »
3. Cela s'entend de la demoiselle.

tenoit comme neutre, et pour celui temps avoit peu de hantise avec nulles de ces parties. Si faisoit très fort furnir ses villes et chasteaux, de vivres et d'artilleries, sur espérance de lui deffendre contre tous ceulx qui nuire ou grever le vouldroient. Et jà soit-il que par pluiseurs fois il eust esté requis et admonesté de faire sairement au roy Charles, nientmains oncques ne s'i volt consentir, et estoit tout reconforté d'attendre les adventures qui advenir lui pourroient. Car il avoit les séellés du roy d'Angleterre, du duc d'Yorch, et de pluiseurs aultres Anglois, par lesquelx ilz luy promettoient sur leur foy et honneur, que se il advenoit que les François le approuchassent en aulcune manière pour luy faire guerre, ilz le venroient secourir à si grand puissance que pour le délivrer de tous ses ennemis, quelque aultre besongne qu'ilz eussent à faire. Et sur ce ledit duc de Luxembourg se fioit très grandement.

CHAPITRE CCXXXI.

Comment il avoit grand discord entre le pape Eugène et le concille de Basle. — Et aultres matères.

Item, en ce temps furent envoyés devers le roy de France, le duc de Bourgongne, et aultres princes du sang royal, les ambassadeurs de nostre saint père le pape Eugène[1], et pareillement ceulx du concile de

---

1. Eugène IV. Il fut déposé par le concile de Bâle, le 25 juin 1439, et Amédée, duc de Savoie, fut mis en sa place, sous le nom de Félix V.

Basle, lesquelz estoient en grand discors l'un contre l'autre. Car en proposant devers les dessusdiz princes, ilz diffamoient assez vitupérablement, chescun son adverse partie. Et dura ceste discencion assés longuement. Toutefois, pour ceste fois le Roy estoit plus enclin à la partie du concile que du pape, et le duc de Bourgongne se tenoit plainement pour le pape Eugène, et pareillement faisoit le roy d'Angleterre. Esquelx jours, ledict duc de Bourgongne envoia devers nostre dict saint père le pape sollempnelle ambassade. C'est-assavoir maistre Quentin Maynast, provost de Saint-Omer, le prieux de Lihons en Santhers, messire Simon de Lalaing, Guillaume, le josne frère du cardinal de Terrewane, et pluiseurs aultres notables personnes. Lesquelx, du dessusdict saint père furent receus très agréablement, et obtinrent, en la plus grande partie, tout ce pour quoy il estoient venus.

Esquelx jours, le seigneur de Crièvecuer, qui estoit moult saige et prudent, fut envoyé de par le duc de Bourgongne devers le roy de France, pour pluiseurs besongnes, et entre les aultres, pour traictier le mariage de la seconde fille du Roy et du conte de Charolois, seul filz dudit duc de Bourgongne. Auquel seigneur fut faite très joieuse récepcion, tant de par le Roy, comme de par la Royne. Et pour tant que la fille pour quoy il aloit estoit nouvellement trespassée, lui fu remandé par ledict duc que il demandast la maisnée. Ce qu'il fist, et luy fut accordée. Et se nommoit dame Katherine[1].

En après, devant le retour dudit seigneur de Criè-

---

[1]. Catherine, première femme de Charles, comte de Charrolois.

vecuer, fut accordé envers le Roy le discord des évesques de Tournay, c'estassavoir de maistre Jehan de Harcourt et maistre Jehan Chevrot. Lequel Chevrot demoura à Tournay, et ledit de Harcourt demoura archevesque de Nerbonne. Et toutes ces besongnes et aulcunes aultres accomplies par les manières dessusdictes, s'en retourna ledit seigneur de Crièvecuer devers son seigneur le duc de Bourgongne, qui le reçut joieusement.

Item, en ce meisme temps, ung gentil homme chevalier, qui estoit de l'ostel du duc de Bourgongne, prenant son chemin pour retourner en Savoie dont il estoit natif, par la licence dudit duc, et en son chemin ala en la ville de Guise, veoir messire Jehan de Luxembourg, duquel il estoit très bien en grace, et le festia très grandement en son hostel. Mais après qu'il fu départi de là, et qu'il eust pris son chemin pour aler en son pays comme dit est, il fu rencontré d'aulcuns sacquemans, lesquelx se disoient audit de Luxembourg. Entre lesquelx y estoit ung nommé Garmouset. Si le prinrent et le menèrent à Meaulz en Brie, devers les Anglois. Et depuis fu mené à Rouen, où il fut détenu prisonnier par certain espace de temps. Et en fin il moru de maladie, qui le prinst, comme aulcuns dirent, par desplaisance à cause de sa prinse. Duquel le duc de Bourgongne fu très mal content, et en rescripvi aulcunement audit de Luxembourg, avec aultres besongnes. De laquelle prinse ledit de Luxembourg s'excusa grandement. Car il est à supposer que de celle prinse n'estoit riens coupable, car depuis fist exécuter aulcuns de ceulx qui l'avoient prins, et ainsi fist grand diligence de faire délivrer ledit chevalier, nommé Philebert, de la main desdiz Anglois, par le moyen du cardinal de Rouen son frère.

CHAPITRE CCXXXII.

Comment le conte d'Eu, qui estoit prisonnier en Angleterre, retourna en France, et des armées qu'il fist.

Item, en l'an dessusdit, retourna de la prison du roy d'Angleterre le conte d'Eu[1], où il avoit esté détenu depuis l'an mil iiii^c et xv. Si retourna en France. Et avoit esté prins à la bataille de Azincourt. Et fu délivré pour le conte de Sombresel[2], que le duc de Bourgongne, frère audit conte d'Eu, retenoit prisonnier, et l'avoit acheté, ou au moins la duchesse de Bourbon, sa mère, à ceulx qui jadis l'avoient prins à la bataille de Blangi, où le duc de Clarence moru, comme en aultre lieu est plus à plain déclairié. Pour le retour duquel conte d'Eu, pluiseurs princes de France et aultres nobles hommes furent bien joyeux, et par espécial le roy Charles et ledit duc de Bourbon, son frère. Et tantost après sa venue, fut par ledit Roy de France constitué capitaine de Normendie depuis la rivière de Saine jusques à Abbeville et à la rivière de Somme. Si assambla certain nombre de gens d'armes et ala prendre possession de la ville de Harfleur. Si fut receu d'aulcuns qui en avoient le gouvernement de par le seigneur Du Rieu, mareschal de France. Mais aulcuns aultres ne volrent point obéyr, ains se

1. Charles d'Artois.
2. Le comte de Sommerset.

retrayrent en une porte et en aulcunes tours, et là se tinrent par certain espace de temps. Dont ledit conte d'Eu fut très mal content. Si les fist assaillir très radement et asprement, et tellement que une partie d'yceulx se rendirent à luy. Et les aultres, qui estoient ès tours du Havène, envoyèrent à Rouen devers les Anglois pour avoir souscours. Mais depuis s'accordèrent secrètement devers ledit conte d'Eu. Et tellement s'apointièrent ensamble, que quand yceulx Anglois vinrent aux tours dessusdictes pour baillier souscours à ceulx qui les avoient mandés, ilz furent vastement trompés. Car il en y eut de prins et retenus environ trente. Et les aultres, qui s'apperceurent d'ycelui malengien, s'en retournèrent tout courrouciés audit lieu de Rouen. Et après que ledit conte eust du tout l'obéyssance de cette ville de Harfleur et d'aulcunes aultres ou pays de Caulx, il y mist gens de par luy. Et après, lui partant de ce pays, s'en ala à Brouxelles en Braibant, devers le duc de Bourgongne son beau frère, qui le festoia grandement et lui donna aulcuns dons moult riches. Et après, luy partant de là s'en ala par pluiseurs journées à Noyon, où il fu moult congoy des habitans d'ycelle ville. Si luy firent grans plaintes des pillars qui se tenoient en aulcunes forteresces assés près de là. Lesquelx de jour en jour portoient de grans dommages et couroient souvent jusques à leurs portes, en ravissant et en emportant tout ce qu'ilz povoient attaindre, meismement ceulx qui se disoient au Roy de France, et aulcuns aultres qui se disoient à messire Jehan de Luxembourg. Et entre les aultres y en avoit ung qui se nommoit Jehan de Lille, et ung avec lui sien frère, qui avoient avec eulx assamblé jusques à trente compaignons. Et s'estoient boutés en une vielle forteresce nommée Bretigni[1], laquelle ilz avoient aulcunement réparée, sur intencion de faire guerre à ceulx du pays. Et en y avoit une partie qui portoient la rouge croix et contrefaisoient les Anglois. Si en fut ycelui conte d'Eu adverti, et pour y pourveoir assambla aulcune quantité de gens de guerre partout où il les peut avoir. Et lui envoia, son nepveu le conte d'Estampes, une partie de ses gens. Et tantost après cela, vint devant ledit chastel de Bretegni, qui estoit moult faible et povrement pourveu de vivres et d'artillerie. Et pour tant, ceulx qui estoient dedens furent moult tost constrains de eulx rendre à la voulenté dudit conte d'Eu. Laquelle voulenté fut telle qu'il fist prestement coper le haterel audit Jehan de Lille et à son frère, en la cité de Noyon. Et en fist prendre jusques au nombre de vint. Pour laquelle prinse et mort d'yceulx, messire Jehan de Luxembourg concupt grand hayne et malvoellance contre ycelui conte d'Eu et ceulx qui avoient esté à ycelle entreprinse. Et tant, que ung peu de jours après, ledit conte estant à Chargni sur Oise, fut ordonné par ledit messire Jehan de Luxembourg à mettre une embusche de ses gens auprès du chemin par où il devoit retourner à Noyon, pour lui et ses gens ruer jus. Mais ledit conte en fut aulcunement adverti. Si prinst aultre chemin, et ne sorti point la besongne son effect. Toutefois, à ceste cause, demourèrent en grand hayne l'un contre l'autre.

1. Bretigny (Oise), à 9 kil. de Noyon.

CHAPITRE CCXXXIII.

Comment La Hire, Blanchefort et pluiseurs aultres capitaines du roy Charles coururent ès Alemaignes.

Item, en ces mesmes jours et ou propres temps, pluiseurs capitaines du roy Charles, entre lesquelx estoient La Hire, Blanchefort, Broussach, Anthoine de Chabennes, Capelle, Pierre Renauld et aultres, si se tirèrent, à tout bien six mille chevaulx, par les marches de Barrois et de Lohorainne, ou pays d'Allemaigne, et coururent jusques devant la ville de Basle où se tenoit encore le concile. Et donnoient à entendre à aulcuns que c'estoit par l'envoy et consentement du pape Eugène pour deffendre sa guerre. Et dommagèrent moult fort le pays par feu et par espée. Et après se tirèrent ou pays d'Aussay envers Franquefort. Si prinrent et rançonnèrent pluiseurs meschantes forteresces et fors moustiers. Mais entretant qu'ilz gastoient ledit pays d'Alemaigne et qu'ilz y faisoient tant de maulx, les Allemands se assamblèrent en très grand nombre pour les rebouter. Et firent retraire les vivres et les paysans dedens les forteresces et ès bonnes villes. Et après, leur commencèrent à faire forte guerre, et les prenoient à leur advantaige quand ilz aloient fouragier à petite compaignie. Si en occirent et mirent à mort pluiseurs par ceste manière. Et ne vouloient point assambler en bataille contre eulx à jour nommé, jà soit que pluiseurs fois par yceulx en fussent requis. Lesquelx, voyant la perte de leurs gens et ainsy croistre la force des Allemans, se tirèrent hors du pays après ce qu'ilz y eurent fais de grans cruaultés et dommages, et s'en alèrent en Bourgongne, où ilz firent tous pareillement. Et de là se tirèrent vers le Nivernois. Et après, toujours continuant, en gastant pays et en faisant maulx innumérables, s'en alèrent ou pays d'Auvergne.

Si multiplioient chescun jour la compaignie des malvais. Car toutes mescheans gens se boutoient avec eulx, qui n'avoient point de conscience. Et tant qu'ilz se trouvèrent bien telle fois fut, bien en nombre de dix mille. Si ne déportoient personne de quelque estat qu'il fust, fust seigneur ou aultre. Et meisment les propres villes et pays du Roy et de ses princes dégastoient comme les aultres. Et ne y sçavoit-on comment pourveoir ne remédier, pour ce qu'ilz estoient en si très grand nombre. Et par tout pays où ilz aloient, si comme aultre fois vous oy dit[1], on les nommoit les Escorcheurs. En après, durant ceste pestilence, eurent les gens du pays moult à souffrir ès places et lieux où ilz aloient.

CHAPITRE CCXXXV.

Comment le conte d'Estampes reprinst la forteresce de Raoullet sur les gens du seigneur de Moy. Et aultres matières.

Item, et aussi durant ceste pestilence, les gens du seigneur de Moy en Beauvoisis[2] avoient prins la forteresce de Raoulet à deux lieus près de Mondidier, sur

---

1. Page 340.
2. Mouy (Oise), à 9 k. de Clermont.

les gens Gui de Roie qui l'avoient en garde et faisoient guerre à ladicte ville de Mondidier et au pays à l'environ. Et pour ce que ycelle ville et ledit pays estoient en la garde du conte d'Estampes et en son gouvernement, il envoia devant ladicte forteresce certain nombre de gens de guerre soubz la conduite d'aulcuns de ses capitaines. C'estassavoir Waleran de Moreul, Gui de Roie, et aulcuns aultres. Lesquelx les assaillirent et mirent à tel meschief qu'ilz se rendirent en voulenté dudit conte d'Estampes. Desquelx il fist pendre de vint à trente. Et ladicte forteresce fu remise en la main du dessusdit Gui de Roye. Pour laquelle exécucion ledit seigneur de Moy, qui estoit capitaine de Clermont, fist dedens brief temps ensievant plus forte guerre que paravant à la ville de Mondidier et au pays à l'environ. Pour quoy il convint mettre en pluiseurs lieux gens d'armes en garnison, tant en villes comme en forteresces, contre ledit seigneur de Moy. Et par ainsy toutes les marches à l'environ, d'un costé et d'aultre, furent exilliés et gastéez, et eurent plus à souffrir que devant et durant plaine guerre.

Et d'aultre part, les Anglois prinrent en ces propres jours les forteresces de Saint Germain en Laye[1] et de Gerberoy, non mie de force, mais d'emblée. Si y mirent très grans garnisons, dont les Parisiens eurent moult à souffrir.

En ce meisme temps, advint une très grande et cruelle merveille en ung village assés près d'Abbeville. Car une femme y fut prinse et accusée de avoir mur-

1. Saint-Germain en Laye fut prise au mois de janvier. (Voy. le *Journal d'un Bourg. de Paris*, p. 179.)

dri pluiseurs petis enfans, lesquelx elle avoit desmembrez et salez secrètement en sa maison. Si fut celle grande cruaulté accusée par le moyen d'aulcuns brigans, qui par nuit vindrent en sa maison et trouvèrent des pièces. Et pour ceste cause fut prinse, et après qu'elle eut congneu son malice, fut arse et exécutée par justice dudit lieu d'Abbeville en Ponthieu.

Ou temps dessusdit, ceulx de Bruxelles eurent grand discors et discencion contre ceulx de Louvain, Malisnes et aultres bonnes villes de Braibant, pour ce qu'ilz constraingnirent par toute la territoire [d'amener]¹ les bleds en leur ville au grand préjudice des bourgois d'ycelles bonnes villes, auxquelx les bledz estoient. Et pour ceste cause s'esmeut très grande guerre entre ceulx de Malisnes et eulx. Car lesdiz de Maslines tendirent leurs chaisnes sur la rivière, par quoy riens ne povoit aler à Bruxelles. Et assés tost après, coururent en armes l'un contre l'autre; et en y eut pluiseurs mis à mort entre ycelles parties. Nientmains, depuis, le duc de Bourgongne et son conseil y mirent moyen, et les appaisièrent de leur discencion.

CHAPITRE CCXXXVI.

Comment une assamblée se fist entre Calais et Gravelingnes, du cardinal d'Angleterre et de la duchesse de Bourgongne, pour trouver moyen d'avoir paix finalle entre les partis de France et d'Angleterre.

Environ le mois de janvier de cest an, se assamblèrent entre Calais et Gravelingnes, en un lieu devisé

---

1. *D'amener*. La manuscrit 8246 met ici : « La territoire d'Amiens), » non-sens qui a été suivi par Vérard.

par les parties, où furent tendues aulcunes tentes pour avoir convencion, c'estassavoir le cardinal de Wincestre d'une part, et la duchesse de Bourgongne d'aultre part, chescun d'eulx accompaigniés de grand nombre de notables personnes, tant ecclésiastiques comme séculiers. Avec lesquelx y estoient de par le Roy de France comme ambassadeurs, ung sien maistre d'ostel, nommé messire Renauld Gérard, chevalier, seigneur de Basoches, et maistre Robert Maillière, consillier et maistre des comptes, adfin de avoir tous ensamble conseil, advis et délibéracion sur la paix finalle d'entre les deux royaumes, et aussi pour la délivrance et rançon de Charles, duc d'Orléans. Si furent pluiseurs ouvertures mises avant et par pluiseurs journées. Et en fin ne peurent aultrement conclure, sinon de prendre jour par l'advis et conclusion des deux rois et de leurs consaulx, chescun pour tant que touchier lui povoit, à l'an ensievant, pour tenir nouvelle convencion. Lequel jour et lieu on debvoit faire sçavoir à la dessusdicte duchesse de Bourgongne, pour en advertir chescune desdictes parties. A laquelle journée nouvellement reprinse debvoit estre amené en personne ledit duc d'Orliens, c'estassavoir à Chierbourg ou à Calais, au quel des deux il seroit advisé, en dedens ledit jour. Et après que les besongues dessusdictes furent ainsy concluttes entre ycelles parties, se départirent de là et retournèrent ès lieux dont ilz estoient venus.

Item, en cest an, le duc de Bourgongne assambla environ seize cens combatans, lesquelx furent menés et conduis vers Calais pour garder contre les Anglois très grand nombre de pionniers, de charpentiers et aultres manouvriers qui y furent menés et conduis pour rompre et démolir une dicque de mer, adfin de noyer et destruire ceulx de la ville de Calais et le pays environ. Et avoit-on donné à entendre audit duc de Bourgongne, qu'il estoit très possible de le faire, et que par ces moyens ycelle ville seroit du tout mise à destruxion. Mais quand ce vint que les pionniers dessusdiz eurent ouvré certain espace de temps, on perçut assez bien que ce n'estoit point une chose qui se peuyst bonnement achever. Si fut l'entreprinse délaissié, et fist-on rompre le pont de Millay et aulcunes aultres petites dicques, qui peu firent de dommage auxdits Anglois.

CHAPITRE CCXXXVII.

Comment le roy de France constraindi Rodighes de Villandras, lequel gastoit et travilloit son pays, d'aler guerroyer sur les Anglois.

En cest an, vint à la congnoissance de Charles, roy de France, comment ses pays en divers lieux estoient dégastés et oppressés par aulcuns capitaines tenans son parti, lesquelx avoient grand nombre de gens d'armes sur les champs. Entre lesquelx estoit ung des principaulx, Rodighe de Villandras. Lequel avoit en sa compaignie mieulx que seize cens chevaulx. Si luy furent envoyés de par le Roy certains mesages, lesquelx luy dirent et commandèrent de par luy, qu'il vuidast ses pays, ou alast en frontière contre les Anglois. A quoy il ne veut obéyr. Et pour tant, le Roy, qui estoit à Bourges en Berry, assembla gens et ala en personne pour le ruer jus. Mais ledit Rodighe en fut adverti. Si se retira vers Toulouse, et de là entra ou pays de Ghienne. Auquel lieu, avec aulcuns du pays, il assembla de rechief très grand nombre de gens d'armes. Si commença à faire très forte guerre aux Anglois. Et tant en ce continua qu'il leur fist très grand dommage, et prinst pluiseurs villes et forteresces, où il mist de ses gens. Si entra eu l'isle de Madoch jusques à Soulach[1]. Lequel pays ilz destruisirent et y trouvèrent des biens très largement et en très grand habondance. Et pareillement conquirent le pays de Blanqueforres[2]. En oultre alèrent devant ung fort nommé Chastel-Noef, lequel ilz prinrent d'assault. Et estoit au captal de Buef. Et tost après vint le seigneur de Labreth, à tout très grand puissance de gens d'armes, et le mena devers Bordeaulx, où ilz prinrent l'église de Saint Severin[3], qui est à ung trait d'arbalestre près de la cité. Si se logèrent yluecq très grand nombre de gens de guerre. Et depuis, par nuit, en mirent ès vignes auprès de la ville, en une très grosse embusche, de leurs gens. Lesquelles vignes estoient haultes comme treilles. Et lendemain firent samblant d'eulx deslogier. Et adonc ceulx de Bordeaulx commencèrent à saillir dehors sur eulx, et ilz en yssirent bien deux mille largement. Contre lesquelx se mirent ceulx de ladicte embusche. Et y eut entre eulx une très grand besongne et mervilleuse escarmuche. Car ilz se combatirent félonnessement par moult grand espace de temps, et se tinrent très vaillamment l'un

---

1. C'est-à-dire qu'il pénétra en Médoc et ala jusqu'à Souillac.
2. Blanquefort.
3. Saint-Sernin.

contre l'autre. Si en demoura de mors sur la place bien huit cens, dont la plus grand partie furent Anglois. Lesquelx Anglois il convint retraire dedens la ville de Bordeaulx, par la force et grand puissance des François. Et adonc furent mises grosses et puissantes garnisons de gens d'armes autour de ladicte ville de Bordeaulx, en pluiseurs lieux. Lesquelx constraindirent et destruisirent moult le pays, qui estoit moult grand et plantureux. Et avoit esté long temps sans estre si fort approchié de gens de guerre qu'il fut pour lors. Pour lesquelles entreprinses vaillances et diligences que fist ycelui Rodighe de Villandras ou pays de Bordeaulx, le Roy de France lui pardonna toutes les offences et malfais qu'il avoit fais contre luy. Toutefois, dedens ung an après ensievant, lesdiz Anglois reconquirent la plus grand partie de ce que yceulx François avoient gagnié sur eulx.

DE L'AN MCCCCXXXIX.

Du 5 avril 1439 au 27 mars 1440.]

CHAPITRE CCXXXVIII.

Comment le pape Eugène envoia ses lettres en pluiseurs lieux de la chrestienté. Et la teneur d'ycelles.

Au commencement de cest an, furent envoiés unes bules par nostre saint père le pape Eugène[1] contre ceulx tenans le concille de Basle. Dont la teneur s'ensieut[2] :

« Eugène évesque, serf des serfz de Dieu. Tous les exemples, tant du nouvel comme du viès testament, nous admonestent que les criesmes et défaultes espécialement griefz, et qui sont et attendent à l'esclandre et division à la chose publique et du peuple commis et baillié, ne que nous ne laissons passer soubz silence, ne que nullement ne les laissons impugnis. Et se les défaultes par lesquelles Dieu est grandement offencé, nous différions à poursievir et vengier, certainement nous provoquerions la divine sapience à se courroucier. Car il est pluiseurs défaultes esquelles grandement pèchent ceulx qui relaschent et different la vangance, quand ilz les doibvent punir. Juste chose

---

1. Eugène IV.
2. Cette pièce, que nous reproduisons scrupuleusement d'après le manuscrit 8346, est à peu près inintelligible.

doncques est et à raison consonnante, selon la raison des sains pères, que ceulx qui contempnent les divins mandemens et désobéyssent aux paternelles ordonnances selonc les saintes institucions, soient corrigiés de plus cruelles vengances, adfin que les aultres ayent honte de commettre les criesmes, et toute concorde fraternelle se resjoysse, et que tous prendent exemple de crémeur et de honnesteté. Car se il estoit ainsy, que jà ne soit, que la vigueur et sollicitude de l'Église fust par nous délaissié négligentement, la discipline de l'Église périe par nostre peresce, ce seroit chose moult nuisant aux ames des bons et loyaulx chrestiens. Dont à retrenchier la malvaise char de la bonne et la brebis rongneuse du tropel, à ce que toute la maison et les bestes ne périssent, ne soient corrompus, ne infectz. Car, comme dit le glorieux docteur saint Jhérosme, Aryen, fut en Alexandre une estincelle de feu. Mais pour ce qu'elle ne fut pas tost estainte et oppressée, la flambe si dépopula et aluma tout le monde. Et pour ceste cause, à l'évesque de Romme furent de nostre Sauveur données les clefz de lier et deslier, adfin que ceulx qui se devoient et vont insensiblement hors du chemin de vérité et de justice soient abstrains et constrains des liens de correction et obligacion. Disons doncques, de l'auctorité apostolique, ceulx qui errent et qui mettent et mainent les aultres en esreur, par les censures de l'Église estre bailliés à Sathan, ad ce que leurs esperis soient sauvés, et ad ce que, tant eulx comme les aultres, désaprendent à blasphémer. Et comme dit le beneoist pape Sixte : Nous ayons mémoire de présider soubz le nom d'ycelle Église, de laquelle la confession est de nostre très doulx sauveur Jhésus glorifier, de laquelle la foy jamais ne nourist hérésie, mais toutes les destruit. Et pour ce, nous entendons à nous non estre aultrement licite, que de mettre toute nostre force et puissance ad ce à quoy le fait de l'universelle Eglise soit arresté. Vérité est que ès jours prouchains, nous présidens en la congrégacion du concille général de ceste saincte sacrée Église, nostre bien amé filz maistre Hutin de la Plante, docteur ès loix et nostre advocat, ou nom et à la requeste de noz biens amés filz, maistre Jehan de Plato, docteur en loix, promoteur d'ycelui sacré concille, et de maistre Venture du Chastel, ordonné procureur de la chambre apostolique et licencié ès loix, eust exposée une lamentable querelle soubz ces parolles en disant : Très saint et révérend père, en ce sacré et communique[1] concille général légitimement assamblé, jà soit ce que une soit la sainte, catholique et apostolique Église rommaine que le beneoit Saint-Esperit en la personne de nostre Seigneur ou Livre des Cantiques le démonstre en disant : Ma colombe est une et parfaite. Une est aussi sa mère qui la porte et enfante. Et le vaissel de élection Saint-Pol démonstre le unité d'ycelle Église et le sacrement de ceste unité en disant : Ung corps et un esperit, une espérance de nostre vocation, ung seigneur et une foy en baptesme, et ung Dieu. Et comme dist le beneoist Cyprien : Elle est ung chief, une naissance et une mère plantureuse de toute fécondité, et ne puet adultérer l'espeuse incorrompue de Jhésucrist, nette et pure. Elle congnoist une maison. Elle garde par

---

1. *Lis.* : œcuménique.

chasteté, netteté et saincteté d'une seulle couche. Et en ung aultre lieu ycelui meisme Cyprien dist : Il n'a point le Ecclésiastique ordonnancé qui ne tient le unité de l'Église. Et comme Pélage pape afferme des parolles du beneoit saint Augustin, très noble docteur d'ycelle Église : Pour ce qu'il ne puet estre qu'il ne soit Église et faut que ycelle le soit, laquelle si est ung siége appostolique radicalment constitué par la succession des évesques, nientmains dès le commencement d'ycelle Église la libidiosité et oultrage effrené d'aulcuns hommes a tousjours attendu de deschirer et détranchier le unité d'ycelle Église. A l'encontre desquelx la divine vangance premièrement, et après, l'auctorité des sains pères si se sont eslevés. Quiconques doncques par hardiesce sacrilège et dyabolique persuacion présumera de entamer ceste saincte et sans nulle macule unité de l'Église, cestui sacré canon le démonstre et ensaigne ennemi de l'Église. Et ne puet avoir Dieu à père se il ne tient l'unité de l'Église universelle. Et ne puet celui, ne nul, en riens convenir qui ne convient avec le corps de l'Église et le universelle fraternité. Car comme Jhésucrist soit mors pour l'Église, et l'Église soit le corps de Jhésucrist, il n'est point de doubte que qui divise l'Église, qu'il est convaincu de diviser et deschirer le corps de Jhésuscrist. Et à ceste cause, par la voulenté de Dieu, en ces scismatiques Dathan et Abiron qui contre l'onneur de Dieu faisoient scisme et division telle vengance vint que la terre se ouvri et les englouti tous vifz. Et les aultres, qui les adhéroient, furent consumés par feu qui descendi du ciel. En après, combien que soit inséparrable le sacrement de l'unité de l'Église, et combien que soient sans espérance et que ilz se acquièrent grand perdicion par le indignacion de Dieu ceulx qui font scisme en l'Église et qui, délaissant le vray espeux de l'Église, ung aultre faulx évesque se constituent. Es livres des Rois l'Escripture divine déclaire, que quand de la lignié de Juda et de Benjamin les dix aultres ligniés se furent séparees, et que eurent laissié leur droit roy et s'en fussent constitué ung aultre, là dit l'Escripture que nostre Seigneur fut indigné contre toute la semence d'Ysrael, et les donna en direpcion et division, et aussi jusques ad ce qu'il les eut dejettés de sa face. Et dist ceste Escripture nostre Seigneur avoir esté indigné et ceulx avoir donné en perdicion qui s'estoient séparés et dissipés de unité et se avoient aultre roy constitué. Et à tous jours est si grande de Dieu le indignacion contre ceulx qui ont fait scisme et division, que aussy quand l'omme de Dieu fut envoyé à Jéroboam, qui lui reprouchoit et blasmoit ses péchiés, et que en vengance que Dieu en vouloit prendre lui prédisoit, auquel Dieu avoit deffendu qu'il ne mengast de pain, ne beust yaue avec eulx, laquelle chose il trespassa contre le commandement de Dieu, et tantost par la divine sentence il fut tellement perçus, que ainsy qu'il revenoit dudit Jhéroboam, il lui vint ung lion très impétueusement qui l'occit. Desquelles choses comme saint Jhérosme afferme, nul ne doibt avoir doubte que le criesme de scisme ne soit et ait esté de Dieu griefment pugny. Comme doncques jà pièça, ung saint sacré concille général de Constance, ce pernicieux scisme lequel l'Église de Dieu et la religion crestienne à très grand perdicion de ames et non mie tant seulement d'hommes mais aussi de cités et de provinces par persécucion cruelle et longue mort a travillié et donné affliction. Et depuis par le ineffable miséricorde de Dieu tout puissant et aussi par les grans labeurs, angousses et despens excessifz des rois et des princes, tant ecclésiastiques comme séculiers, et aussy de moult de Universités et d'aultres loyaulx chrestiens, n'eust esté appaisié. Et créoit en l'Église parfaitement, comme chascun le désiroit, joyr de parfaite paix, tant par la élection de bien amée mémoire le pape Martin[1], comme aussy après son trespas par le indubitable, unique et canonique assumpcion de vraie saincteté à la haultesce de appostole. Mais maintenant véci que nous sommes constrains de dire comme Jhérémie le prophète : Nous avons attendu paix, mais véci turbacion. Et de rechief avec Ysaye : Nous avons attendu lumière, et véci tenèbres. Car pluiseurs enfants de perdicion et de iniquité, peu en nombre et légiers de auctorité, a baillié après la translacion du concille, lequel avoit là en vigueur par une espace par vostre saincteté. Laquelle translacion a esté faite par justes évidentes constraignans et nécessaires, canoniquement et légitimement. Premièrement, la très sainte, et à tout le peuple chrestien très désirée union des Grecz et de toute l'Église orientale et de toutes leurs forces de toutes leurs doleurs cautelles se sont enforciés d'empeschier. Car, quand les devant dits appelleurs estandars qui estoient demourés à Basle, eussent failly aux Grecz de leur promesse, et qu'ilz apperceurent par les orateurs des Grecz et de l'Eglise orientalle que très noble prince messire

---

1. Martin V, élu au concile de Constance le 11 novembre 1417.

Jehan Pélage[1], empereur des Rommains, et aussy Joseph de bonne mémoire, patriarche de Constantinoble, avec pluiseurs aultres prélats et aultres hommes de l'Église orientalle debvoient venir au lieu esleu pour célébrer le concille ycuménique, et que vostre saincteté estoit là venue avec pluiseurs prélatz orateurs et aultres innombrables, à très grans despens et frais, pour destourber la venue du dessusdit empereur des Grecz ont esté décerner ung monientoire détestable contre nostre saincteté et contre mes très révérens seigneurs les cardinaulx de l'Église de Romme. Et quand ilz perceurent les devantdits empereurs et patriarche de l'Église orientalle venir, ilz alèrent de fait proposer contre nostre saincteté une sacrilège sentence de suspension de l'administracion de papalité. Lesquelz enforcément sans droit et hardiesces sacrilèges, non obstant nostre diligence, cure et solicitude, avec le conseil par moult de labeurs et de diverses disputacions. En fin la divine miséricorde a concédé que le scisme des devantdits Grecz et orientalle église, lequel à la grande destruction du peuple de chrestienté avoit duré près de cinq cens ans, si fut osté du milieu de l'Église, et que la très désirée union entre le orientalle Église et occidentale, laquelle on créoit à grand paine povoir faire, par très souveraine concorde s'en ensievyst. Et eulx, qui de voz tant sainctes oeuvres et sacré concille se debvoient très haultement esmervillier, et par souveraines loenges et exaltacions comme toute la religion chrestienne avoit fait, debvoient vénérer et rendre grâces au très haul-

---

1. Jean VII. Paléologue.

tain de tant mervilleux dons, sont fais plus cruelx et plus obstinés, en voellant plus à la très malvaise cruaulté ministrer en flambement pour et à la destruction de la chose publique et la ruyne chrestienne mettre à exécucion, en leur reproche et malvaise renommée, et fais persécuteurs de leur propre honneur, pour présumpcion pestiférente se sont efforçiés tant qu'ilz ont peu de retranchier le unité de la saincte rommaine et universelle Église et le inconsutille cotte de nostre seigneur et le ventre de ycelle piteuse et saincte mère Église par leurs morseaulx et mausacres serpentineuses deschirer. De ceulx le duc, le prince et l'ouvrier de celle néphande euvre a esté premièrement et le premier engendré, ce très desloyal Sathan Asmodeus, jadis duc de Savoie[1]. Lequel jà pièçà à ces choses prémédictées en son courage et a esté adcertené de pluiseurs faulses pronosticacions et sorceries de pluiseurs exécrés et mauldis hommes et femmes, lesquelz ont délaissié leur Sauveur derrière et se sont convertis après Sathan, séduis par illusion de dyables. Lesquelz, en commun langaige sont nommés sorceries, frangules, straganes ou vaudoises. Desquelz on dit en avoir grand foison en son pays. Et par telles gens, jà passé aulcuns ans, a esté séduit tellement que adfin qu'il peust estre eslevé ung chief monstrueux et déforme en l'Église de Dieu, il prinst habit d'ermite ou aincois d'un très faulx ypocrite, adfin que soubz la pel de brebis ou aignel il couvreist sa cruaulté lupine, ad ce que en la fin en, procès de temps, lui

---

[1]. Il désigne ici en jouant sur le mot Amédée, duc de Savoie, qui fut pape sous le nom de Félix V.

qui estoit conféderis à ceulx de Basle, en fraude, par dons, par promesses et par menaces, une grand partie de ceulx de Basle, laquelle estoit subjecte à son commandement ou tiranne ydolle ou Belzebuth d'iceulx nouveaulx déables leurs princes, ilz se constituassent à l'encontre de nostre saincteté et très vray vicaire de Dieu et successeur de saint Pierre indubitablement, ilz le prophanassent et pollussent en l'Église de Dieu. Et a induict ce très miséreux Assinodée, homme de inexécrable et non mie innomineuse convoitise et lequel toujours anathèmatise. Laquelle selonc l'apostle est servitude des déables ce nulle telle très scellerée et blasphémeuse sinagoghe de hommes perdus et de toute chrestienté. La honteuse et confusible sextine puante, à laquelle a député pour électeurs ou aincois pour prophaneurs, certains hommes ou déables soubz figure et espèce d'hommes muciés, qui en la fin en ydole, comme jadis l'estatue de Nabudogodonoze, ou temple et en l'Église de Dieu se eslevassent. Et aussi luy meisme eslevé par ses furieux vices descendant à l'exemple de Lucifer qui dist : Je metteray mon siège en Aquilon et seray samblable au très haultain. La devant dicte élection, mais plus vray prophanacion faite de lui, laquelle lui propre à grans frais pour anxiété de courage avoit pourchacié par très grande et détestable avidité et dézir il embraça, et n'a point eu de hisde ne de horreur de vestir les vestemens papaulx et les signes et ensaignes, et de se tenir, porter et exercer pour le souverain et rommain évesque et de pluiseurs comme tel se faire vénérer et honnourer. En oultre plus y a : il n'a point eu de houte ne crèmeur d'envoyer en pluiseurs et diverses parties du monde ses lettres plombées et bullées en la forme des évesques rommains, esquelles il se nomme et appelle Felix, comme il soit ainsy que de tous les hommes du monde il soit le plus malheureux. Et par lesquelles il s'esforce de mettre et espandre les divers venins de ses pestilences.

O très saint père et très sacré conseil! que quiers je premièrement ci, ou que demandé je, ou par quelle force de voix ou par quelle gravité de pesanteur de parolles, par quelle doleur de courage, par quel gémissement de courage, ou par quelle habondance de larmes puis-je plourer tant horrible fourfaiture? Quelle oraison sera-ce qui puisse déplorer ou exprimer par nulle effluencieuse largesse ou habondance de larmes dignement, cest horrible et énorme pèchiet et criesme. Certainement ceste chose ne se puet véritablement exprimer ne racompter, pour l'indicible grandeur de sa crudelité. Car la grandeur de si grande offence, si vainct la force de la langue. Mais très saint et très révérend père, comme je congnois, maintenant est le temps de remède, plus de querelle et de plainte. Car véci nostre mère saincte Église laquelle en la personne de sa sainteté, qui en son vray et seur espoux par bonne et vraie paix se resjoyssoit par ci devant, maintenant est constrainte de cryer en grans souspirs, souglitissemens et deffermées toutes les fontaines des larmes à toy qui es son vray espoux, et à vous mes très révérends pères, qui estes maintenant en partie de solicitude, et à ce sacré et icuménique concille évocquié, en disant: Ayés mercy de moy, ayez mercy de moy singulièrement vous qui estes mes amis, car mes entrailles sont toutes remplies d'amertume. Car les lions destruisent la vigne de Dieu Sabahoth ; et la robe de Jhésucrist inconsutile et entière, c'est l'Église, les très malvaix si deschirent maintenant. Doncques se liève Dieu et tous ses ennemis soient dissipés et destruis. Et toy, très saint père, comme il soit ainsy que toutes les choses dessusdictes soient manifestées publiques et si notoires que par nulle couverture elles ne se pueent céler, deffendre ne excuser en la vertu du trèshaultain avec ce sacré concille, si lièves toy et te esmues, et juge la cause de ton espeuse et ayes la mémoire de l'obprobre de tes enfans. O très puissant ! çaing ton espée et le met sur ta cuisse en ton prospère et règne, et dis avec le Psalmiste : Je persécuteray mes ennemis et les persécuteray et ne m'en retourneray jusques ad ce que je les consume et desrompe, ad ce que plus ne s'eslièvent, chieent et trébuchent sous mes piés. Ne il n'appartient point si desraisonnable offence ne si abhominables fais passer soubz dissimulacion, adfin que par adventure présumpcion de malice impugnie ne truève ung successeur. Mais par le contraire la transgression et défaulte pugnie soit aux aultres exemple d'eulx retraire de offencer. Et à l'exemple de Moyse, l'ami et serviteur de Dieu, doibt estre dict par vraie saincteté à tout le peuple chrestien : Despartés trestous des tabernacles et villes des malvaix. Et aussi à l'exemple du bêneoit saint ton prédécesseur, lequel selonc le conseil général de l'Eglise à Ephèse osta et envoia Dioscorum et ses fauteurs et ensievans en Calcédoine, lequel après ung conseil qu'il institua à Calsédoine, il condempna. Aussy à l'exemple des souverains évesques tes prédécesseurs, lesquelx ont toujours exterminés et expulsés de l'Eglise de

Dieu et de la communité des loyaulx crestiens et du sacré corps de Dieu, et afflictionnés et pugnis d'aultres condignes et justes paines seloncq que justice le requéroit, tous ceulx qui se sont eslevés contre l'Église de Dieu par hérésies, divisions et scismes. Venge doncques ceste nouvelle rage qui est en l'injure de toi et de l'église de Romme ton espouse, et aussy en l'esclandre de tout le peuple chrestien. Venge dis-je, à l'ayde et approbacion de ce saint sacré et incuménique concille. Excommenie, oste et sépare perpétuelement des portes de l'Église, de l'auctorité de Dieu tout puissant, de saint Pierre et de saint Pol et de la Trinité, tous les malvais devantdiz, monstres et déformés acteurs de telle offence, avecq leur hérésiarque père de hérésie, les très pestilencieux Assinodée et nouvel Antécrist en l'église de Dieu, avec aussy tous les serviteurs, adhérens et ensuivans, et singulièrement de ses pervers électeurs, fauteurs, ou plus vraiement prophaneurs. Soient doncques derectes lui et tous les devantdiz comme Antécrist, destructeur et invadeur de toute la chrestienté, ne jamais à lui ne aux devantdiz sur ceste matère ne soit donnée nulle audience. Soient eulx et leurs successeurs privés de tous degrés et dignités ecclésiastiques et mondains sans nulle révocacion, et que tous soient de perpétuelle anathématisacion et excommuniement condempnés, et que au jugement ilz soient avec les malvaix et qu'ilz sentent la fureur des béneois sains apostles saint Pierre et saint Pol, desquelx ilz présument l'Église à confondre. Soit leur habitacion faite déserte, et ne soit nul qui habite en leurs tabernacles. Leurs enfans soient fais orphelins et leurs femmes vesves. Tout le monde se combatte contre eulx et tous les élémens leur soient contraires, et qu'en telle manière ils soient dejettés et exterminés et abhominés de tous, ad ce que eulx pourissans en perpétuelle nécessité et misère justement, la mort leur soit solaz et vie leur soit tourment. Et les mérites de tous les sains, si les confondent, et que sur eulx démoustrent publique vengance. Et avecq Thoré, Dathan et Abyron, qui furent tous vifz engloutis de la terre, ilz recoipvent leur porcion. Et finablement se ilz ne se retournent et de cuer se convertissent et facent fruis de pénitence et satisfassent à ta sainteté et la universelle Eglise, pour la communaulté de tant de criesmes et d'offences avec les malvaix ès ténèbres infernalles soient muciés en perpétuel tourment, là condempnés par le jugement de Dieu. Et nous et tous chrestiens qui avons en abhominacion les hérésiarques princes de hérésie et leur très abhominable ydole Antécrist et blasphèmeur exécres, et réprouvons. Et toy vicaire de Jhésucrist et très digne espeux de l'Eglise comme nous confessons et par dévotte révérence et obédience révérons la grâce de Dieu tout puissant garde et deffende. Et l'auctorité des beneois apostles saint Pierre et saint Pol; et enfin par sa pitié inénarrable aux éternelles joies nous maine, Amen.

Nous doncques, et par la relacion des gens dignes de foy, avons aperceu si très grand impiété avoir esté commise, avons esté et sommes afflictionnés de grand doleur et tristresce comme il appertenoit, tant pour le si très grand esclandre maintenant venu, comme pour la mort et perdicion des âmes de ceulx qui commettent et ont perpétrées telles choses, et par espécial de celui Assinodée anthipape, lequel nous aviens embracié ès entrailles de charité, duquel nous avons eu tousjours cure de exaucier les prières et requestes, tant que nous avons peu avec Dieu. Et comme jà pieçà à l'encontre de ceste abhominacion nous ayons eu désir en nostre courage de y pourveoir de salutaires remèdes seloncq le droit de nostre office de pasteur, et maintenant si publiquement en la face de l'Eglise soions requis de résister, obvier et nous eslever contre si cruel criesme pour la deffence de l'Eglise le plus instamment et hastivement que nous pourrons. Pour quoy, adfin que ceste chose tant énorme et exécrable sort en sourgon et naissance moyennant l'ayde de Dieu de qui en la besongne radicalment extirper avec nous ensamble, ce saint sacré conseil présent, nous avons intencion de y mettre remède sans quelque dilacion seloncq les sainctes ordonnances et canoniques de l'Eglise. Véans doncques et attendans la requeste du procureur et du promoteur de ce sacré concille et de nostre chambre apostolique estre juste et consonante en droit divin et humain, nonobstant que les devantdictes défaultes soient si publiques et si notoires qu'elles ne se peussent par nulle manière couvrir ne céler, et qu'il ne seroit nulle nécessité de faire aultre informacion, toutefois pour plus grande certificacion et cautelle des choses prémises, par l'aprobation de ce sacré concille nous avons commis à pluiseurs nobles et vaillans hommes d'un chescun estat du concille, diligamment examiner, et ce qu'ilz trouveroient par informacion justement, ilz raportassent à nous et à ycelui sacré concille. Et ces dictz commissaires, eue très diligente inquisicion en tant qu'il appertient de ce scisme et division, à nous et audit concille assamblés en congrégacion sinodale, les choses qu'ilz auroient trouvées par l'examen des gens dignes de foy ont loyalment raportées. Et combien que par ces tant publiques, manifestes et notoires défaultes, nous eussiens peut sans quelque dilacion les dessusdiz scandaliseurs et flagicieus hommes anathématiser et condempner seloncq les sainctes ordonnances ecclésiastiques, nientmains, nous à ce sacré senne, en ensievant la clémence de Dieu tout puissant, qui ne volt point la mort du pécheur mais voelt qu'il se convertisse et vive, avons décreté et ordonné de faire pour toute la doulceur que nous pourrons adfin que par leur proposer la voie de doulceur ilz se retournassent et reculent des devant dictz oultrages et excès, adfin que eulx retournant à la congrégacion de l'Eglise comme le filz prodigue, bénignement nous les recepvons et par paternelle charité nous l'embraçons. Ycelui doncques Assinodée et anthipape adhèrent et le reçoivent ou par quelque manière favourisent par les entrailles de la miséricorde de nostre Dieu et par l'effucion et aspercion du précieux sang de Nostre Seigneur Jhésucrist ouquel et par lequel la rédempcion de l'humain linage et bénéficacion de l'Eglise est faite, de tout nostre cuer nous exhortons, prions et obsécrons que la unité d'ycelle Eglise, pour laquelle ycelui Sauveur tant instamment pria son père, dore en avant ilz délaissent et désistent à violer, et que la fraternelle dilection et paix, laquelle tant de fois et si curieusement quand il doubt aler de ce monde à son père par mort il recommanda à ses disciples, et sans laquelle, ne orisons, ne jusnes, ne aumosnes ne sont acceptées à Dieu, destrenchent et déchirent ; ilz se repentent et ayent honte. Et que des devantdiz excès tant scandaliseux et tant pernicieux, le plus tost qu'ilz pourront ilz se désistent et ilz trouveront véritablement envers nous et envers ce sacré concille, se affectueusement ilz y voelent comparoir, comme ilz doibvent et sont tenus par effect, paternelle charité. Et ad fin, se de aventure l'amour de justice et de vertu ne les retraioit de péché, la rigueur de discipline et des paines contraingne les devantdiz Assinodée anthipape, électeurs et prophaneurs, créans, adhérans et récepvans et par quelque manière approuvans, par l'approbacion de ce conseil nous le requérons et admonestons en la révérence de se obéyssance de sainte Eglise et sur la paine de anathématisacion et des criesmes de hérésie et scisme et de la majesté et de quelques aultres paines données contre tel....[1] de droit. Et leurs mandons en commandant très destroitement, que dedens cinquante jours depuis ensievans immédiatement après cette influcion et sentence, ycelui Assinodée anthipape, pour le pape de Romme dore en avant il désiste et délaisse à soy tenir et nommer, et que par aultres, tant qu'il le pourra amender, il ne se laisse nommer. Et que dore en avant il ne présume de user des signes et aultres choses appartenans à pape de Romme en quelque manière que ce soit. Et les devantdiz électeurs et prophaneurs, adhérans et recepvans et faulteurs, doremais ou criesme de ce scisme ne facent assistence, ne croient, ne adhèrent, ou favourisent en quelque manière que ce soit par eulx ou par aultres, directement ou indirectement,

---

1. Un blanc dans le manuscrit 8346. Vérard omet les mots : « contre tel de droit. »

ne par quelque manière, question ou couleur. Mais, tant ycelui Assinodée, comme les devantdiz électeurs, créditeurs, adhérens, récepteurs et faulteurs, nous ayent, recongnoissent et révèrent comme évesque de Romme, vicaire de Dieu, et de saint Pierre et saint Pol légitisme successeur. Et que à nous comme à père et pasteur de leurs âmes ilz entendent, comparent et estudient dedens le terme préfiquié, nous et ce conseil certifier et adcertener des choses devant dictes. Et aultrement se ycelui Assinodée, électeurs, créans, adhérens, récepteurs et faulteurs devant diz font le contraire, que jà ne soit, et que toutes les choses et singulières devant dictes ilz n'acomplissent par effect dedens le terme assigné, donc pour maintenant et maintenant pour adonc, nous voulons qu'ilz en enqueurent toutes les paines devant dictes. Et nientmains voulons que les devantdiz, se ilz font le contraire ou diviséement, le xve jour prochain ensievant après ledit terme, mais qu'il ne soit feste, et s'il est feste au prouchain jour ensievant sans feste, comparent personelement devant nous et le devantdit concille, où nous serons adonc, pour veoir et oyr eulx et chescun d'eux nommez. Lesquelz nous citons par telle manière pour les déclairier audit jour dignes d'estre pugnis comme scismatiques, blasphémeurs et comme hérétiques et coulpables de criesme de lèze majesté et avoir encouru et deservi les censures et paines devant dictes. Et oultre donner seloncq ce que justice requerra et sera veu bon et prouffitable, en certifiant yceulx ensamble et chescun d'eulx à par lui qui soit, qu'il apèrent ou non se démoustrent avoir apparu nous procéderons à la déclaracion des paines moyenant et selonc justice, nonobstant que leur contumasse ou présence ne soit mie procéderons oultre à leur agrevement et réagrèvement seloncq que la rigueur de justice le requerra et leurs mérites l'auront déservi. Et adfin que nostre monicion et citacion faite en ceste manière soit demenée et viengne à la congnoissance de ceulx qui sont cités et à qui il en appartient la congnoissance, nous ferons atachier les chartres et lettres de ceste citation contenant, aux portes de l'église de Nostre-Dame la Nouvelle de Flourence. Lesquelles lettres et chartres, ainsy comme par leur son et publique moustrance annoncèrent et publièrent et publieront comme mesages, à celle fin que les admonestés ne ygnorent ne puissent moustrer ne prétendre nulle ignorance ne excusacion, comme il ne puist estre vraysemblable que telle chose leur puist demourer incongneue ou celée, laquelle sera si patentement déclarée et publiée. Nous voulons aussy et ordonnons par l'auctorité apostolique, que nostre dicte monicion mise aux dictes portes, vaille et obtiengne plaine vertu et fermeté et constrainde lesdiz admonestez nonobstant quelconque constitucion au contraire, comme si ladicte monicion avoit esté à chescun des admonestez personnelement et présencielement insinuée et intimée. A celle fin toutefois que lesdiz admonestés et cités en ladicte excusacion ne alèguent ycelui concille et court Rommaine commune à chescun le pays et le lieu estre mains seur pour eulx et pour les causes dessusdictes et aultres deussent estre en péril, tant en alant comme en venant et séjournant, et les asseurant par la teneur de ces présentes, tous et singuliers patriarches, archevesques, évesques et aultres prélas et clers d'églises et de monastères et personnes ecclésiastiques, et aussi ducz, marquis, contes, princes, potestas, capitaines et aultres officiers qu'ilz qu'ilz soient et leurs lieutenans, en après communaultés, universités, chasteaulx, oppides, villes et aultres lieux, nous requérons par la teneur de ces présentes et exortons. Et à yceulx patriarches, archevesques et évesques et aultres prelatz, estroitement nous mandons que à tous les devant-diz admonestés ou chescun d'eulx en venant à ce conseil ou à ceste dicte court Rommaine, en demourant ou sousjournant en ycelle pour l'occasion devant dicte et en retournant, à leurs personnes, biens et aultres choses, ne facent ne souffrent faire tant qu'ilz le puissent amender nuluy nuire ou offencer à nulz homme dont ne soit licite comment qu'il soit totalement ceste page de nostre citacion, monicion, voulenté, requeste, exortacion, procès et commandement enfraindre, ou par présumptueuse hardiesce aler à l'encontre. Et s'il est aulcun qui présume ce atempter, l'indignacion de Dieu tout puissant et des beneois apostles saint Pierre et saint Pol se congnoisse avoir encouru.

Donné à Flourence, en nostre publique cession sinodale solempnelment, en l'église la neufve, en laquelle ville de présent nous sommes résidens. Célébrée l'an de l'Incarnacion dominicale, mil iiii^c et xxxix, le xe jour d'avril, et de nostre pontificat le xe.

CHAPITRE CCXXXIX.

Comment messire Jean de Luxembourg envoia ses lettres aux chevaliers de la Toison, à cause de ce qu'il se sentoit en l'indignacion du duc de Bourgongne.

Item, durant les besongnes dessusdictes furent portées pluiseurs nouvelles devers le duc de Bourgongne, contraires et préjudiciables à messire Jehan de Luxembourg, conte de Ligney, et pour lesquelles ledit duc de Bourgongne ne fu point trop bien content de luy, et pour ce principalment qu'il soustenoit en ses villes et forteresces pluiseurs gens de guerre qui faisoient moult de rigueurs et de rudesces contre les gens et pays d'ycelui duc. Si en fu ledict messire Jehan de Luxembourg aulcunement adverti, et pour ce, adfin de lui excuser, escripvi certaines lettres aux chevaliers de l'ordre de la Toison d'or de l'ostel du dessusdit duc. Desquelles lettres mot après aultre s'ensieut la teneur :

« Très chiers frères et compaignons. Depuis peu de temps en esçà, aulcuns mes bons amis me ont adverti que mon très redoubté seigneur le duc de Bourgongne estoit indigné pour aulcuns raporz qui lui avoient esté fais à l'encontre de moy. Pour laquelle cause j'ay envoyé devers luy Jehan Taillemonde et Huet, mon clercq, par lesquelx luy ay rescript, suppliant très humblement que de sa grâce il ne luy plaise soy informer contre moy ne me tenir en son indignacion, sans moy oyr en mes excusacions raisonnables. Lequel me a par les dessusnommés rescript unes lettres de crédence et à yceulx en sa présence fait faire responce de bouche, en déclarant les poins dont il estoit informé et mal content de moy. Lesquelx, pour ce qu'ilz leur sambloient de grand poix, les ont requis d'avoir par escript. Mails ilz n'en ont peu finer. Dont je suis bien esmervillié. Toutefois ilz me les ont déclairiés au mieulx qu'ilz ont peu, et sur yceulx je rescrips à mondit seigneur pour mes excusacions. Et combien que je espéroie les aulcuns de vous avoir esté présens à leur déclairier lesdiz poins, nientmains adfin de les vous rafreschir et de vous informer de mes responces sur ce, je vous escrips pareillement. Et premiers, pour respondre au point de ladicte crédence que j'ay plus au cuer et qui plus touche mon honneur, par lequel leur a esté déclairié que mondit seigneur a sceu de la part des Anglois que certain temps après le traictié d'Arras ilz escripvirent à monseigneur de Rouen, mon frère, que s'il plaisoit à mondict seigneur tenir paisibles eulx, leur pays amis et alyés, ilz feroient envers mondit seigneur et les siens le samblable, et que mondict seigneur et frère m'en advertesist pour ent touchier à mondit seigneur et trouver moyen de ad ce parvenir, dont combien qu'il m'en ayst escript je l'ay célé, par quoy se sont ensievys de grans maulx et inconvéniens, qui ne fussent pas se je m'en fusse acquitié. Pour moy excuser de ce, sauf la révérence de mondit seigneur le duc, lesdiz maulx et inconvéniens ne sont point advenus par moy, ne en ma défaulte ou négligence, ne la guerre commencié ou consillié. Et sçay de vray que si mondit seigneur eust esté mémoratif des debvoirs et diligences que j'ay sur ce faites, on ne m'en euyst point donné charge. Car véritablement, lendemain que je eus les lettres que mon dit seigneur et frère m'envoia touchant ceste matière, qui furent escriptes à Rouen le xxix° jour de jenvier l'an mil iiii° et xxxv, et lesquelles je receus le viii° jour de février ensievant, je envoyai pour ceste cause à mondit seigneur en sa ville de Brouxelles, aulcuns de ses gens, qui y arrivèrent le x° jour de février dessus-dit ensievant, à tous mes lettres de crédence. Par lesquelles je leur chargay là déclairier le contenu des lettres de mondit seigneur et frère, ainsy que par eulx le rapport en fu fait. Sur quoy leur fu faite responce de par mondit seigneur par la bouche de l'évesque de Tournay, que pour certaines causes qu'il leur déclaira lors, mondit seigneur n'avoit encore délibéré d'entendre au contenu desdictes lettres de mondit seigneur et frère que lui avoient exposées en substance. Et me donne grand merveille de ce que ledit évesque, qui a dignité et honneur en l'Église, meismement qu'il est réputé de si très grand prudence et l'un des chiefz du conseil de mondit seigneur, qui de par lui fist la responce à mesdictes gens, ne l'en adverti pour s'acquitier envers luy et aussy pour ma descharge. Car se ainsy l'euyst fait, je sçai certainement qu'on ne m'en euyst point imposé ladicte charge. Toutefois, se ce ne souffissoit pour madicte descharge, je feray bien apparoir par lettres signées de la main de mondit seigneur, que je l'en ay fait advertir deuement seloncq que mondit seigneur et frère le m'avoit escript. Et aussy que par les lettres de mondict seigneur et aussy pour les causes y déclarées, il me escripvi qu'il n'estoit point délibéré de y entendre. Et par ce povés entendre se je m'en suis acquitié, et se tel charge m'en doit estre donnée. Et de ce ay intencion, au plaisir Dieu, de me ent excuser par tout où il appertendra, tellement que chescun pourra congnoistre que la faulte n'est point venue de moy.

« A l'aultre point, pour lequel me est imposé que j'aye envoyé de mes gens devers les Anglois à Calais depuis la convencion et assamblée d'Arras sans le sceu de mondit seigneur et de ma très redoubtée dame la duchesse et de ceulx du conseil, il est vérité que lorsque je sçeus que madicte dame estoit à Gravelingnes je y envoiay pour aulcuns affaires, cuidant que monseigneur le cardinal y fust, comme on disoit qu'il y estoit, et baillay charge de parler à luy de certaine matière dont aultre fois ay parlé à mondit seigneur et pour laquelle il m'a accordé envoyer en Angleterre, non point que je voulsisse ce estre fait recéleément, mais en appert, et meismement devant madicte dame et le conseil, se le cas le adonnoit. Et pour ce que mondit seigneur le cardinal n'y estoit point, et ne debvoit venir grand temps après, comme on disoit, celui que y avoie envoyé, véant que pluiseurs aloient audit lieu de Calais, se enhardi de y aler pour aulcuns de ses affaires. Mais il prinst congié de ce faire au capitaine des Gravelingnes, qui ce lui accorda. Et pour ce se advança de y aler comme les aultres, non cuidant riens mesprendre, ainsy qu'il m'a dict. Et vous certifie ue je n'ay qchargié, signifié ne fait dire audiz Anglois chose qui puist préjudicier le royaume, mondit seigneur ne ses pays, ne retarder les choses encommenciées de par de là. Et me samble que en ce on ne doibt ymaginer sur moy quelque suspicion de mal. Car se je vouloie prétendre à telles fins, dont Dieu me voelle garder, vous povés assez considérer que je l'eusse peu ou pourroie faire par aultre manière ou par gens incongneus, marcheans ou aultres, qui journellement y repairent. Mais jà à Dieu ne plaise que j'aye courage ne voulenté de ce faire. Car oncques envers mondit seigneur ne fis, ne voel, ne ay intencion de faire chose que chevalier d'honneur ne puisse et doibve faire.

« Touchant les lettres de garde qu'on dist que j'ay baillées, et si avoie esté à certaine assamblée des trois Estas pieçà faite en la ville d'Arras, à laquelle avoit esté remonstré que mondit seigneur estoit puissant et plus, la merci Dieu, que oncques ses prédicesseurs contes d'Artois n'avoient esté, par quoy il sambloit que oudit pays ne debvoit avoir gardien aultre que luy, et pour ce et aultres choses avoit esté conclud que plus nulles desdictes gardes seroient baillées sinon à mondit seigneur, je n'en ay point de souvenance que j'aye esté à quelque assamblée avecq yceulx trois Estas en ladicte ville d'Arras où il y ait esté ainsy conclud sur le fait desdictes gardes. Mais j'ay bien mémoire que à Lille, en la maison du seigneur de Roubaix, où pour lors mondit seigneur tenoit son hostel, en la présence de pluiseurs de son conseil, fu conclud que nul ne bailleroit plus lesdictes gardes, et en fus d'oppinion comme les aultres, et dis que je n'en bailleroie nulles se les aultres ne les bailloient, et à ceste cause m'en départis. Mais aulcun temps après, pluiseurs recommencèrent à en baillier. Grand espace après, quand je vey ce, je en baillay pareillement. Mais je n'entendoie point que mondit seigneur en deuyst estre mal content, ne que on me volsist tenir en plus grand servitude que les aultres. Meismement que pour aulcunes desdictes gardes par moy baillées mondit seigneur m'en escripvi pluiseurs lettres closes de sa main. Sy a fait madicte dame la duchesse, mandant que je les voulsisse bailler. Et par ce me samble que mondit seigneur ne doibt point estre mal content de moy.

« Au regard de Rifflart de Noefville, qu'on dist avoir esté tué à cause desdictes gardes, et le seigneur des Bosquès, qui en sa maison fu chassé pour le vilonner, combien que pour aulcuns desplaisirs qui par eulx me ont esté fais je n'ay pas esté bien content d'eulx, nientmains, mondit seigneur bien informé de la vérité, j'ay espérance que les rapors qu'ilz luy ont fais ne seroient pas trouvés véritables.

« Quand à la désobéyssance qu'on voelt dire que font mes officiers ès termes du bailliage d'Amiens aux officiers du roy et de mondit seigneur le duc, qu'ilz ne voelent souffrir y exploitier, et dient que je n'ay sairement fors au roy d'Angleterre, je n'en oys oncques faire mencion jusques à présent, et, sans sçavoir les tors particuliers par quoy, ne à quelles gens ce ait esté fait, ne sçavoie bonnement que respondre. Et me samble que le bailly d'Amiens, que je tenoie pour mon espécial ami, m'en deuyst avoir adverti. Car se il le euyst fait, je y eusse rendu paine de y avoir pourveu à mon povoir, tellement que je esperroie que mondit seigneur en euyst esté bien content.

« Du prévost de Péronne qu'on dist avoir esté agaitié et chacié en la ville de Cambray pour le vilonner, batre ou tuer, j'en ay fait parler à mesdits archiers, lesquelx dient, que eulx estans alés esbatre au xxe...[1]. audit lieu de Cambray, il leur fut dit que ledit prévost s'estoit vanté que se il povoit estre maistre d'eulx il les prenderoit, et feroit pendre par les battereaulz. Pour quoy soubdainement s'esmeurent, et chaudement le poursievirent pour sçavoir se il leur vouloit mal. Et assés tost après sceurent qu'il n'avoit point ainsy parlé d'eulx; et pour ce, se départirent. Et tant que aux menaces qu'on dist par eulx avoir esté faites à l'abbé de Saint-Audebert de Cambray, ilz s'en excusent.

« Quand au recepveur de Péronne, qui se plaint, disant qu'il ne puet exercer son office, ne les péageurs de Bapeaumes à Péronne, pour les empeschemens que y mettent mes officiers, dont mondit seigneur se informera, et m'en fera escripre plus au long, quand il plaira à mondit seigneur et frère advertir, j'ay espérance de y faire telle et si bonne responce que par raison il n'en debvera point estre mal content.

« Et au regard de maistre Oudart Caperel, qui a informé mondit seigneur que je l'ay fait agaitier pour le vilonner, je vous certefie qu'il ne sera point ainsy trouvé pour verité, et requier que sur ce soit faite bonne et vraie informacion, et se il appert deuement que je l'aye fait agaitier, moy oy, je suis content d'en recepvoir telle punicion que de raison il appertendra. Mais s'il est trouvé le contraire, je vous prie que vous voelliés tenir la main vers mondit seigneur ad ce que ledit Capperel et aultres, qui ont fais telz faulx mal-

---

1. Un blanc dans le manuscrit 8346. Vérard met : Lesquelz dient que eulx estant allez se batre au vingtième lieue de Cambray, il leur fut dit, etc.

vaix et mençongiers rappors, soient pugnis tellement que tous aultres y prengnent exemple et que on perçoive que mondit seigneur, ne nulz de ceulx de son conseil, ne voelent souffrir de telz rappors estre fais contre moy, ne aultres ses serviteurs.

« Et pour ce très chiers frères et compaignons, que je vous sens de grand prudence et discrecion, amans loyaulté, honneur et noblesce, et que vous ne vouldriés ung de voz frères estre chargié sans cause, en ce moy confiant, et pour plainement vous informer et advertir desdictes charges et de mes excusacions, je vous escrips par la manière desus déclarée, vous priant fraternellement et tant adcertes comme je puis, que vous voelliés tenir la main envers mondit seigneur ad ce que de sa grâce il lui plaise oster de moy son indignacion, et estre content de mes excusacions et responces ci desus contenues, et aussy qu'il ne luy plaise de croire rappors qui lui ont esté ou pourroient estre fais à l'encontre de ma personne, sans le moy signifier pour y respondre et estre oy en mes excusacions raisonnables, ainsy que vous scavés que de raison à chescun faire se doibt. Et véritablement, se par vous ne suis en ceste matière assisté, et qu'on voelle procéder envers moy par telle manière et senestres rappors sans estre oy comme desus est dit, je ne m'en sçaroie plus encore cuy moy retraire, et n'auroie point d'espérance d'estre entretenu en termes de raison. Par quoy je auroie cause de m'en douloir, comme ces choses povés assés considérer. Lesquelles ledit Thalemonde et Huet, ou l'un d'eulx, vous pourront dire plus à plain. Très chiers frères et compaignons, se chose vous plaise que faire je puisse, signifiés le moy et je le feray de très bon cuer, comme sçet Nostre Seigneur, qui vous ait en sa beneoite garde. Escript en mon chastel de Bohaing, le jour de la chandeler[1]. »

Ainsy escripvi messire Jehan de Luxembourg aux chevaliers de l'ordre de la Thoison. Desquelz grand partie avoient grande affection de eulx employer devers ledit duc de Bourgongne ad ce que ledit messire Jehan de Luxembourg demourast tous jours en sa grâce, et luy remoustroient très souvent pluiseurs causes auques raisonnables par quoy il estoit tenu de souffrir de luy. Mais de jour en jour sourdoient nouvelles besongnes entre eulx, et faisoit on divers rappors au dessusdit duc de Bourgongne de lui. Et encore, de rechief, advint en ce meisme temps qu'en la prouvosté de Péronne on mist sus une ayde de certaine somme de pécune à lever et recueillir sur ycelle. Et entre les aultres furent assis pour le payer aulcuns vilages des signouries de Hem et de Neelle, que pour ce temps possédoit ledit messire Jehan de Luxembourg. Lequel ne fut point bien content que lesdictes aydes se levassent sur nulz de ses subjects. Mais de fait fist entrejecter une appellacion contre les officiers dudit duc de Bourgongne qui l'avoient assise et vouloient cueillir. Lequel duc, ou content de ce, envoia aulcuns de ses archiers avec les sergans qui avoient charge de faire ladicte exécucion de l'ayde dessusdicte. Et quand ils furent venus en ycelles signouries, ilz commencèrent à prendre et lever des biens desdis subjects assés rigoureusement. Et tant que lesdiz subjectz s'en alèrent plaindre en ladicte ville de Hem à Jacotin de Béthune

---

1. Le 2 février.

qui là estoit en garnison. Si fist tantost ses gens monter
à cheval en très grand nombre pour aller veoir que
ce vouloit estre. Et luy meisme en personne y monta
pour aler après. Si s'en alèrent où estoient les archiers
et officiers dudit duc de Bourgongne desus nommé.
Lesquelz, de première venue, sans enquérir à cuy ils
étoient, furent très bien escous et batus. Et y eut ung
sergant de Mondidier qui y fut fort navré en pluiseurs
lieux. Mais quand ledit Jacotin, qui venoit derrière,
apperçust que c'estoient les archiers du duc de Bourgongne, il fist cesser ses gens, et se excusa aulcunement à eulx, en disant qu'il entendoient que ce fussent
les Escorcheurs ; c'est assavoir les gens du roy Charles.
Nientmains ils furent très durement vilonnés, et retournèrent brief ensievant devers leur seigneur et maistre,
ledit duc de Bourgongne, auquel ils firent grand plainte
de la besongne desusdicte. Dont ledit duc fut très
mal contant et moult for indigné contre ledit messire
Jehan de Luxembourg et de ses gens, et dist qu'il seroit amendé de quoy qu'il en deust advenir. Si escripvi
brief ensievant au dict messire Jehan de Luxembourg,
qu'il luy envoiast ledit Jacotin de Béthune et ses aultres gens qui avoient fait cette offense. Laquelle chose
ledit de Luxembourg lui refusa, en lui excusant comme
dict est ci dessus, disant qu'ilz ne cuidoient point adré-
cier sur ses gens. Et par ainsy se multiplia la hayne
entre eulx. Et d'autre part, assés brief ensievant, ycelui Jacotin rua jus en la terre des potes qu'il avoit en
sa garde[1], aulcunes gens qui estoient aux contes de
Nevers et d'Estampes. Et de fait y fut occis un gentil

---

1. Vérard met : rua jus de postes qu'il avait en sa garde.

homme nommé Jehan de la Perrière, qui estoit capitaine des aultres; encore aulcuns aultres. Dont les seigneurs desusdiz furent malement troublés et le prirent en très mal gré. Toutefois, ledit messire Jehan de Luxembourg estoit fort doubté, pour tant qu'il avoit de moult puissans places; c'est assavoir Coussi, Beaulieu, Hem sur Somme, Neelle, La Ferté, Saint-Gobain, Marle, Arsy, Montagu, Guise, Hirechon, Bohaing, Beaurevoir, Honnecourt, Oisy et pluiseurs aultres forteresces, qui estoient garnies de ses gens puissamment. Et si n'estoit point encore deslyé des Anglois, comme dict est ailleurs, mais s'y fioit moult grandement. Pour quoy tous ceulx qui avoient grand voulenté d'emprendre contre lui, avoient doubte que, ou cas qu'on lui courust sus et feroit guerre de quelque costé que ce fust, qu'il ne boutast lesdiz Anglois en ses forteresces et en ses villes; qui eust esté la destruction de pluiseurs villes et pays. Et pour celle doubte principalement, se disimuloient tous ceulx qui l'avoient en hayne. Lequel temps durant il entretenoit en ses places pluiseurs gens de guerre, en intencion de résister et luy deffendre contre tous ceulx qui nuire ou grever le vouldroient, tant François et Bourguignons, comme aultres. Desquelles gens de guerre pluiseurs pays estoient fort travilliés, et par espécial le pays de Cambrésis. Et meismement, soubz ombre de ses gens, venoient très souvent les Anglois de Creil et aultres garnisons, qui prenoient pluiseurs hommes prisonniers, et aultres bagues pilloient et emmenoient ès aultres forteresces de leur party et de leur obéyssance. Et aussy pluiseurs des gens dudit messire Jehan de Luxembourg avoient grand hantise et communicacion avec lesdiz Anglois.

Ouquel temps y avoit ung nommé Perrinet Quatre Oefz, qui estoit de devers Beauvois en Cambrésis[1], lequel estoit guide d'yceulx et les avoit amenés pluiseurs fois en ycelui pays, où ilz avoient prins et rançonnés aulcuns riches hommes. Mais il advint que pour continuer en son malvais propos, il estoit venu en une censse assès près d'Oysi, nommée Gourgouches. Ouquel lieu le sceut messire Jehan de Luxembourg, qui estoit en sa forteresce d'Oisy, et lors incontinent y envoia ses archiers, qui les mirent tous à mort, et furent tous huit enterrés en une fosse. Pour laquelle besongne et exécucion il acquist très grande louenge de tous ceulx du pays.

CHAPITRE CCXL.

Comment le conte de Richemont, connestable de France, prist la ville de Meaulx en Brie sur les Anglois.

En après, durant toutes ces tribulacions, Artus de Bretaigne, conte de Richemont, connestable de France, assambla jusques au nombre de quatre mille combatans, gens de guerre. Avec lequel estoient la Hire, Floquet, le seigneur de Thorsy, messire Gille de Saint-Simon et pluiseurs aultres capitaines françois, comme aultres, à tout lesquelz il se tira, à l'entrée du mois de juillet, devant la ville de Maulx en Brie, que pour lors tenoient les Anglois, et tout de première venue se loga à Champcommun, qui est ung bien groz vilage. Et brief après ensievant fist asségier une bastille devant ycelle ville de Meaulx, devant la porte de Saint-

---

1. Beauvois (Nord).

Remy. Et après fist logier ses gens dans l'abéye de Saint-Pharon, aux Cordeliers, et en aultres divers lieux autour de ladicte ville. Et tost après fut mise une bastille en l'isle, vers la tour de Constances. Et si en fut faite une encore, par messire Denis de Chailly, à la porte Cormillon vers la Brie. Et depuis en furent faites cinq, en deux isles vers la court de Supletist contre le marchié, qui toutes furent furnies de gens de guerre. En oultre furent dréciés pluiseurs groz engiens contre les portes et murailles de la dessusdite ville, qui très fort le adommagèrent. Et tant en ce fait continuèrent, qu'en la fin de trois sepmaines, le dessusdit connestable de France et ses capitaines conclurent l'un avec l'autre de faire assaillir ycelle ville par leurs gens, qui en estoient en grand voulenté. Duquel assault elle fut prinse et conquise, à peu de perte de leurs gens. Et fut prins dedans ycelle le bastard de Thian, lequel tantost après eut le haterel copé, et avec luy ung gentil homme nommé Carbonnel de Chaule, avec aulcuns aultres. Et si furent mors des dessusdiz asségiés, tant en deffendant leurs gardes comme en eulx retraiant ou marchié, environ le nombre de soixante hommes, et de quarante à cinquante prisonniers, parmy les deux dessusdiz. Après laquelle prinse, le dessusdit connestable et la plus grand partie de ses gens se loga dedens ladicte ville. Toutefois, demourèrent granment de gens en aulcunes desdictes bastilles. Si estoient dedens le marchié de Meaulx pour chief de la part des Anglois, messire Guillaume Chambrelent, messire Jehan Ripellay et aulcuns aultres, environ cinq cens combatans. Et par avant, devant la venue d'icelui siège, avoient envoyé certains me-

sages de leurs gens à Rouen, pour signifier la venue
desdis François leurs adversaires, en requérant aux
commis du roy Henri d'Angleterre qu'ils fussent souscourus au plus briefment que faire se pourroit. Pour
lequel souscours baillier, le conte Sombreset, qui lors
avoit la charge de par yceluy roy d'Angleterre de la
garde et gouvernement de la duchée de Normendie,
et avec luy messire Jehan Thalebot, le seigneur de
Fauquemberghe, messire Richard d'Andeville et aulcuns autres capitaines anglois, acompaigniés de quatre
mil combatans ou environ, se mirent au chemin, sur
intencion de lever ledit siège. Et chevaulchèrent tant
qu'ils vinrent devant ladicte ville de Meaulx. Dedens
laquelle le dessusdit connestable, sachant ycelle venue,
avait fait retirer ses gens et ses habillemens de guerre.
Qui très bien leur vint à point. Car pour vray se ils
eussent esté trouvés aux champs, il y eust eu du grand
meschief et de dures escarmuches d'un costé et d'aultre.
Et vous dy que les Anglois ne désiroient aultre chose
que de trouver lesdis François pour les combatre. Et
de ce firent pluiseurs requestes par leurs officiers
d'armes audit connestable, qui ne leur vouloit accorder. Et entretant furent faites aulcunes escarmuches
entre les parties. A l'une desquelles lesdis Anglois gaignièrent sur les François bien vint batteaulx chargiés
de vivres et aultres biens. Et d'aultre part fut haban-
donnée une bastille que tenoit le seigneur de Moy. En
après assaillirent, yceulx Anglois, et prinrent de fait
une aultre bastille qui estoit en l'isle auprès du marchié. Dedens laquelle furent mors de cent à six vins
hommes du parti des François, et les aultres furent
prisonniers. Durant lequel temps les dessusdis Anglois

véans que les François n'avoient point voulenté de les combatre, et aussy qu'il leur estoit impossible de les grever dedens leur fort, si se disposèrent de retourner en Normendie, après ce qu'ils eurent rafreschi leurs gens qui estoient ou dit marchié de Meaulx. Si se départirent de là, et par le meisme marchié dont ils estoient venus, s'en retournèrent oudit pays de Normendie. Après lequel département ledit connestable et ses gens s'efforcèrent de rechief, moult fort, de grever et combatre ceulx du dessusdit marchié, par divers engiens. Et tant en ce continuèrent, que, environ trois sepmaines après ensievans, ledit sire Guillaume fist traictié avec ledit connestable pour luy et pour ses gens, par telle condicion qu'ils s'en yroient sauves leurs vies et leurs biens. Lequel traictié conclud et fini, leur fut donné bon et seur sauf conduict, et s'en ralèrent à Rouen, où ledit capitaine fut fort reprouchié de ceulx qui avoient le gouvernement. Et de fait fu mis prisonnier ou chastel de ladicte ville de Rouen, pour tant qu'il avoit si tost rendu yceiui marchié de Meaulx, qui estoit bien garni de vivres et habillemens de guerre. Et si estoit aussy une des fortes places du royaume de France. Nientmains, depuis il trouva manière de lui excuser vers les seigneurs de son party, par lesquelx il fut mis à pleine délivrance.

Ouquel temps dessusdit, fut décapité et esquartelé ung gentil homme nommé Jehan de La Faingte, pour ce qu'il fu trouvé coulpable d'avoir parlé avec les Anglois sur aulcunes besongnes qui estoient préjudiciables au roy de France et à sa signourie. Si fu pour lors aussy esquartelé, avec ledit Jehan de La Faingte, ung sergant du Chastelet de Paris.

CHAPITRE CCXLI.

Comment mesire Jehan de Luxembourg envoia ses lettres de excusacions devers le grant conseil du duc de Bourgongne, et la teneur d'ycelles.

En après, messire Jehan de Luxembourg, conte de Ligney et de Guise, lequel de jour en jour sçavoit par les rappors qui fais lui estoient, comment le duc de Bourgongne estoit malcontent de lui, et ce principalement pour l'offence qui avoit esté faite encontre ses archiers par Jacotin de Béthune et ses gens, comme en aultre lieu ci devant est plus à plein déclairié[1], et adfin que sur ce se peust excuser et aussi ledit Jacotin, escripvi lettres à ceulx du grand conseil dudit duc de Bourgongne. Desquelles la teneur s'ensieut.

« Révérends pères en Dieu, très chiers et très amez cousins, et très-espéciaulx amis, je croy qu'il soit assés advenu à vostre congnoissance certain débat, et soubdainement et par meschief advenu entre aulcuns archiers de mon très redoubté seigneur le duc de Bourgongne et les gens de Jacotin de Béthune, emprès ma ville de Hem. Par lequel mon très redoubté seigneur a conceu indignacion contre moy, dont j'ay esté et suis tant desplaisant que plus ne puis. Et pour vous donner à congnoistre le cas et les debvoirs où je me suis mis envers mondit seigneur le duc, aussy vous faire apparoir que se j'ay fait aulcune chose envers luy par quoy il ait cause de ce faire, pour ma descharge je vous escrips ledit cas qui est tel. C'est assavoir que par avant

---

1. Page 376.

ledit débat, les officiers de mondit très-redoubté seigneur imposèrent sur les champs une taille, sans évocquer les trois Estas d'yceluy, au moins en nombre compétent. Laquelle taille ilz vouloient eslever sur nos terres. Dont aulcuns mes officiers appellèrent, et demoura la chose en ce point. Et pendant ce, aulcuns qu'on nomme Escorcheurs, ceulx de Valois, et aultres gens d'armes, se démonstroient moy vouloir faire guerre. Pour quoy me convint mettre gens en mes places et forteresces. Entre lesquels je ordonnay en madicte ville de Hem ledit Jacotin, etc. Certain temps après vindrent aulcuns compaignons de cheval en pluiseurs de mes villages d'environ madicte ville de Hem, courans par les champs, destelans et prenans chevaulx, vaches et aultres biens. Pour quoy vindrent audit lieu de Hem pluiseurs femmes, crians qu'on emmenoit ainsi leurs biens. Lors, ledit Jacotin cuidant certainement que ce fussent lesdiz Escorcheurs, envoia ses gens sur eulx, et y eut aulcune voie de fait d'un costé et d'aultre. Mais prestement que ledit Jacotin qui sievoit ses aultres gens, sceut que lesdiz compaignons se disoient archiers de mondit très-redoubté seigneur, il fist cesser ses gens, tant desplaisant dudit cas que plus ne povoit. Car il neuyst jamais cuidié de prime face qu'ils eussent esté à mon très-redoubté seigneur, actendu ledit appel et aussy les grands desrisions qu'ils faisoient environ ladicte ville de Hem. Et meismement qu'ils avoient dict par avant qu'ils n'avoient point de charge de exploiter sur mes terres. Pour quoy, appert ledit cas estre advenu par meschief soubdainement. Ce nonobstant mon très redoubté seigneur m'a, à ceste cause, fait sommer de lui délivrer ledit Jacotin de Béthune et ses gens. Pour laquelle cause, j'ay d'ycelui cas fait faire informacion par gens de justice, présent tabellion roial, et fait remoustrer à mon très-redoubté seigneur l'effect d'ycelle, pour laquelle apparoit ledit Jacotin et ses gens non estre coulpables en la manière que mondit très-redoubté seigneur monseigneur le duc en estoit informé. Mais que ledit cas estoit advenu par la coulpe desdicts archiers et les explois par eulx fais contre les termes de justice, en lui suppliant que, ce considéré, il luy plaise estre content de moy, et que la chose fust traictié par voie de justice, ou qu'il luy en pleust faire faire informacion par ses gens tels qu'il luy plairoit, pour en estre fait ainsy que de raison appertendroit. En lui offrant que se il estoit trouvé que lui eusse aulcune chose mesfait, moy oy en mes excusacions, de lui amender et de lui en requérir le pardon. Et encore pour plus moy humilier et adfin de oster de luy toutes ymaginacions qu'il pourroit avoir conceues à l'encontre de moy de ce que onques ne lui mesfis, par franchise je luy ay voulu prier merci. Desquelles offres il n'a voulu estre content, mais a fait saisir et mettre en ses mains les terres que moy et ma femme avons en ses pays de Braibant et de Flandres. Laquelle chose m'a esté et est bien dure, considéré qu'en riens je ne suis coulpable dudit cas et que je me suis offert en toute justice et raison, seloncq ce que dict est. Et posé que on m'en volsist dire estre coulpable, ce qui ne sera point trouvé, de confiscacion, ne cause raisonnable de empeschier le mien, meismement seloncq les drois, loix et coustumes. Toutes lesquelles choses pour plus avant mettre en mes debvoirs, j'ay bien au long déclairié au seigneur de Santer, qui de sa courtoisie est venu devers moy. J'ay prié très-instamment que ycelles volsist remoustrer à mon très-redoubté seigneur, en luy suppliant très-humblement que de sa bénigne grace il lui pleust moy ouvrir la voie de justice et j'estoie prest, moy oy en mes excusacions, d'ester en droit par devant mondit très-redoubté seigneur le duc de Bourgongne, messeigneurs de son ordre, et aultres notables personnes de son conseil, ou par devant les trois Estas de sesdis payz de Braibant ou de Flandres, ou par devant les juges et loix dont sont mouvans mesdiz tenemens. Suppliant en oultre qu'il pleust à mon très-redoubté seigneur à ce moy recepvoir, et faire lever la main de mesdictes terres. En quoy n'est point que je voelle fuyr mondit très-redoubté seigneur, ne sa justice, ne quérir à juges nulz aultres princes que luy et ses gens, comme dessus est dict, et semble que seloncq Dieu, noblesce et justice, on ne me debveroit point ce refuser. Car je ne croy point que je me pensse plus mettre et faire mon debvoir que de requérir et traictier par justice par mondit très-redoubté seigneur, qui est prince tant renommé, par messeigneurs de son ordre, qui sont ses parens, ses frères et ses amis et gens d'élite et bonne preudhommie, par son conseil et par les trois Estas et juges desdicts pays subjectz à luy, où il y a tant de notables et saiges personnes. Et en oultre, de présenter, d'amender et de pryer merci à mondit très-redoubté seigneur monseigneur le duc, meismement de ce que oncques ne lui mesfis, ainsi que dessus est dict. Et nientmains, j'ai sceu depuis par aulcuns qui pour ceste cause sont venus devers moy, que mondit très-redoubté seigneur ne voelt point estre content de moy se je ne lui livre ledit Jacotin de Béthune. Laquelle chose m'est et seroit impossible de faire. Car il n'est point en ma puissance. Et si n'est pas vraysamblable que nul qui se sentist en le indignacion d'un tel prince, si hault et si puissant comme est mon très redoubté seigneur, se voulsist [laisser] appréhender pour estre livré à martire. Et pour ce, très chiers et très espéciaulx amis, que les choses dessusdictes, qui sont trouvées véritables, je désire donner à congnoistre pour ma descharge entre vous qui estes notables connoissans, que c'est de raison, je vous les signifie, vous priant tant humblement que je puis que ycelles voelliés remoustrer à mon très-redoubté seigneur, et tenir la main ad ce qu'il lui plaise estre content de moy et faire lever la main de mesdictes terres, et au sourplus ouvrir la voie de justice en moy y emploiant par toutes voies et manières que pourrés, aians considéracion comment dès le temps de ma jonesce j'ay loialement servi feu monseigneur le duc Jehan, cuy Dieu pardoinst, et mon très redoubté seigneur, qui est à présent, comme chascun scet, et à mon loial povoir ay aidié à garder leurs pays. Et se ainsy estoit que à tort on détenist mesdictes terres sans moy vouloir administrer justice, laquelle on ne doibt refuser à nul qui le requière pour tant qu'il voelle estre à droit, je vous prie que ayés mémoire et souvenance des offres et debvoirs en quoy je me suis mis, lesquels sont ci-dessus plus amplement déclarés. Révérends pères en Dieu, très chiers et très amés cousins et très espéciaulx amis, se chose voulés que je puisse, signifiés le moy et de bon cœur le feray, comme scet le beneoit filz de Dieu, qui vous ait en sa sainte garde. Escript

en mon chastel de Vendeul, le xiii° jour d'avril. »
La superscripcion estoit « A mes très chiers et très
amés cousins et espéciaulx amis, les gens du grand
conseil de mon très redoubté seigneur, monseigneur
le duc de Bourgongne. »

Quand les dessusdiz seigneurs eurent veues et receues lesdictes lettres, ilz se mirent ensamble pour avoir advis ce qu'il estoit bon de faire sur ceste matière. Et par espécial, ceulx de l'ordre de la Thoison d'or, duquel nombre le dessusdit messire Jehan de Luxembourg estoit, firent pluiseurs diligences pour trouver manière qu'il fust réconcilié avec ledit duc. Car moult doubtoient que s'il advenoit qu'il convenist qu'on procédast par voie de fait à l'encontre de lui, qu'il en advenist de grans inconvéniens aux pays d'ycelui duc. Pour ce principalement, comme en aultre lieu est déclairié, qu'ilz le sentoient estre homme de haulte entreprise de sa personne, bien pourveu de puissans villes et forteresces pour faire forte guerre se besoing lui en estoit. Si estoit avec ce, encore alyé aux Anglois, qui lui avoient promis baillier assistence et souscours, et aussi luy livrer gens, toutes et quantes fois que besoing en seroit. Avoient regard aussy aux grans services qu'il avoit fait au dessusdit duc de Bourgongne et à ses pays par pluiseurs fois et de moult long temps. Et d'aultre part véoient que les François de jour en jour entreprenoient en divers lieux sur les terres et pays du devant dit duc, et, seloncq leur advis, entretenoient très mal les poins et les aticles du traictié d'Arras, derrenièrement fait. Pour quoy, tout considéré, il leur sambla par pluiseurs raisons qu'il valoit mieulx que ledit de Luxembourg fust receu en faisant les satisfactions qu'il offroit à faire, que aultrement. Et pour tant, après que ladicte matière eut entre eulx esté par pluiseurs fois moult débatue, conclurent tous ensamble d'eulx essayer envers ledit duc de Bourgongne, leur seigneur, pour sçavoir se ils pourroient mettre aulcuns bons moyens. Et de fait luy en touchèrent bien au long, en luy remoustrant toutes les besongnes dessusdictes, par diverses fois. Et entre les aultres, y continua très souvent messire Hue de Lannoy, seigneur de Santes, qui avoit la chose moult fort au cuer; et aussy avoient aulcuns des aultres. Nientmains, de prime face trouvèrent le duc de assés froide manière et responces. Car, entre les aultres choses, il estoit très fort indigné pour l'offense qui avoit esté faite et commise contre les archiers, plus que de toutes les aultres; et aussy les contes de Nevers et d'Estampes, qui avoient eus leurs gens mors et destroussés par ledit Jacotin de Béthune, comme dessus est dit. Dont plus avoient la besongne au cuer et leur en déplaisoit moult grandement, et non point sans cause. Toutefois, les dessusdiz seigneurs, par longue continuacion, en ce pourparlèrent tant sur les besongnes dessusdictes, qu'il se commença à condescendre de oyr yceulx et les offres qu'ils faisoient pour le dessusdit messire Jehan de Luxembourg. Et finablement, tant firent les dessusdis et tant furent pourmenées lesdictes besongnes et tant approchiés, qu'on prinst journée pour estre les deux parties ensamble en la cité de Cambray. Duquel lieu y furent de par ledit duc, l'évesque de Tournay, maistre Nicolas Raoulin, seigneur d'Anthon, son chancelier, messire Hue de Lannoy, le seigneur de Saveuses, et plusieurs aultres notables personnes.

Et pareillement furent messire Jehan de Luxembourg, accompaignié aussy de pluiseurs notables personnes, tant chevaliers et escuyers, comme gens de conseil. Et meismement y estoit le dessusdit Jacotin de Béthune. Et eulx venus ensamble, certains jours ensievans furent les matières ouvertes et mises avant sur tous les troubles qu'on disoit avoir esté fait contre le duc de Bourgongne et ceulx de ses pays par ycelui messire Jehan de Luxembourg et ceulx de sa partie. Auxquelles ouvertures ledit messire Jehan de Luxembourg fist respondre sur tout, en luy excusant de la plus grand partie, offrant du sourplus, tant pour luy comme pour ses gens, faire si avant qu'il appartendroit. Et après que tout eut esté pourparlé bien et au long en la manière dicte, on mist par escript les traictiés telz qu'il sambloit qui fussent raisonnables pour une partie et pour l'autre pour venir à paix. Si furent moustrés audit messire Jehan de Luxembourg, qui aulcunement y fist corrigier aulcuns poins, lesquelx n'estoient point à son plaisir. Et depuis furent rapportés devers le chancelier et aultres du conseil, qui de rechief y firent aulcunes corrections. Et pour tant, quand aultre fois on les rapporta audit de Luxembourg, quand il les eut veus et oys, ils ne lui furent point agréables. Si se troubla assés soubdainement et les deschira par despit, et dist tous hault que l'évesque de Tournay et le chancelier ne l'auroient point à leur plaisir. Et brief ensievant, par le moyen des seigneurs et gens du conseil, tant de l'un costé comme de l'autre, tout se rapaisa. Et en fin, de conclusion, furent assés bien d'accord, en retenant tant seulement sur ce le bon advis et plaisir dudit duc, auquel ils devoient rapporter par escript. Et entre les aultres choses ledit Jacotin de Béthune se debvoit aler rendre ès prisons dudit duc pour estre en sa merci. Mais les seigneurs luy promirent, c'est assavoir ceulx de la partie dudit duc estans audit lieu de Cambray, qu'ils se employeroient de tout leur povoir envers luy, adfin qu'il le receust en sa grace et miséricorde. Et ainsy toutes ces besongnes traictiées, furnies et accomplies par la manière dessusdicte, firent les dessusdiz seigneurs du conseil, tous ensamble, très joieuse chière l'un avec l'autre en l'ostel du dessusdit messire Jehan de Luxembourg. Pour lequel traictié et pacifiement, pluiseurs pays et contrées, avec les habitans d'yceulx, tant nobles comme gens d'église et aultres, en eurent très grand liesce, quand ils sceurent yceulx traictiés estre achevés. Et brief ensievant se départirent les deux parties de la dessusdicte cité de Cambray. Et retournèrent les gens du duc de Bourgongne devers luy, et moustrèrent ce qu'ilz avoient besongnié; dont il fut assés bien content, Et certain temps après, ledit Jacotin de Béthune ala devers lui en sa ville de Hesdin, et se rendi en sa merci, en lui requérant que s'il avoit aulcune indignacion à l'encontre de lui, il lui pleust le recepvoir en sa grâce. Lequel duc l'envoia prisonnier. Et peu de temps après, par les très humbles requestes et prières d'aulcuns seigneurs notables et de grande auctorité, et ceulx de son conseil, il le fist délivrer, sur certaines condicions, qui lors prestement lui furent déclarées.

CHAPITRE CCXLII.

Comment le roy Charles de France envoia dame Katherine, sa fille, devers le duc de Bourgongne, pour l'accomplissement de la promesse du mariage d'ycelle dame et du comte de Charroloix, filz audit duc.

En cest an XXXIX°, environ le mois juing, le roy Charles de France fist départir dame Katherine, sa fille, hors de son hostel, ycelle moult haultement et honnourablement acompaignié des archevesques de Rains et de Nerbonne, des contes de Vendosme, de Tonnoire et de Dunois, du josne fils du duc de Bourbon nommé le seigneur de Beaujeu, du seigneur Dampierre, et aultres pluiseurs grans et notables seigneurs, chevaliers et escuiers, acompaigniés de trois cens chevaulcheurs ou environ, pour le mener et conduire devers le duc de Bourgongne, auquel, comme dict est par ci-devant, il l'avoit promise pour son fils le conte de Charroloix avoir en mariage[1]. Avec laquelle dame estoient pour le conduire, la dame de Rochefort et pluiseurs aultres nobles dames et damoiselles, en très noble et bel estat. Et tant cheminèrent par pluiseurs journées qu'ilz vinrent en la cité Cambray, où ilz sousjournèrent par l'espace de trois jours. Et y furent grandement receus et festoyés de ceulx de ladicte ville, tant de gens d'église, comme des gouverneurs et habitans d'ycelle. Auquel lieu de Cambray [vinrent] de par le dessusdit duc de Bourgongne, pour recepvoir ladicte dame, les contes de Nevers et d'Estampes, le chancelier de Bourgongne, et aultres en moult grand nombre

---

[1]. C'était une des conséquences du traité d'Arras.

de grans et notables seigneurs, chevaliers et escuiers. Avec lesquelx estoient la contesse de Namur, la dame de Crièveceur, la dame de Haubourdin, et pluiseurs aultres femmes d'estat. Si firent ces seigneurs, en ycelle ville de Cambray, de moult grans honneurs et chières joieuses, avec grans récepcions l'un avec l'autre. Et portoit-on la dessusdicte josne dame, éagié de dix ans ou environ, sur une litière moult richement parée et apointié. Et à toutes bonnes villes où elle passoit, tant ès bonnes villes du royaume, comme dudit duc de Bourgongne, on lui faisoit très grand honneur et révérance. Et à l'entrée d'ycelles bonnes villes descendoient communément dix ou douze gentilz hommes, à l'entrée de la porte, qui tenoient la main à sadicte litière, tant qu'elle estoit descendue en son hostel. Et partant de Cambray alèrent par aulcuns jours en la ville de Saint-Omer, où ledit duc de Bourgongne estoit et tenoit son estat. Lequel, grandement acompaignié de chevaliers et escuyers, yssi hors d'ycelle ville et vint aux champs. Et, lui venu au devant de ladicte dame Katherine de France, le conjoy et festoia moult revéramment, et l'y fist grand honneur et joieuse recepcion, et tous ceulx qui estoient avec lui. Et les mena dedens ladicte ville de Saint-Omer, où le mariage fut parconfermé. Si y furent faites très grandes et mélodieuses festes et esbatemens par pluiseurs journées, tant en joustes comme aultrement, tous aux despens du duc de Bourgongne. Et estoit lors l'entrepreneur d'ycelles joustes, pour la partie d'ycelui duc, le seigneur de Créqui, contre les aultres deffendans. Si demourèrent les dessusdis seigneurs assés longuement au dessusdit lieu de Saint-Omer, pour estre à ung parlement qui se devoit faire d'entre les deux rois de France et d'Angleterre entre Gravelignes et Calais. Duquel assés tost je feray mencion.

CHAPITRE CCXLIII.

Comment le bastard de Bourbon prinst la ville de La Motte en Lohorainne.

En cest an, le bastard de Bourbon se parti de Gargeaux, à tout quatre cens combatans ou environ, lesquelx il conduisi et amena par pluiseurs journées jusques à La Motte, en Lohorainne, laquelle il prinst assés soubdainement d'emblée. Et tous les biens qui estoient dedens, c'est assavoir les biens portatifs, furent par ses gens prins et ravis. Et fut dedens ycelle environ ung mois. Durant lequel temps il couru et pilla le pays en pluiseurs et divers lieux. Et meismement couru sur la ville de Saint-Nicholay de Warengeville, qui de très long temps par avant n'avoit esté adommagié, ne courue par nulles gens de guerre, quelz qu'ilz fussent. Et adonc, les seigneurs et gouverneurs dudit pays de Lohorainne, voians la destruction totalle d'ycelui par le moyen d'ycelle garnison, traictèrent avec ycelui bastard de Bourbon, par condicion qu'il auroit certaine grande somme d'argent, et il leur renderoit ycelle ville de La Motte. Lesquelx traictiés conclus et du tout confermés, ledit bastard se départi d'yluecq, à tout ses gens, pour retourner dont il estoit venu. Mais ainsy qu'il passoit assés près de Langres, fut poursievi et rataint par messire Jehan de Vergi, Anthoine de Ghelet, Phelippot de Saingnis et aulcuns aultres, lesquelx

le ruèrent jus et le destroussèrent. Et si en demoura
mors sur la place bien six vins, ou mieulx. Et les aultres, en la plus grande partie, furent prisonniers. Et
par ainsy, ceulx qui furent desrobés furent d'yceulx
pillars aulcunement vengiés. Mais pour tant ne ra-
voient point leurs biens. Et au regard dudit bastard,
il n'y fu mors ne pris.

CHAPITRE CCXLIV.

Comment pluiseurs notables ambasadeurs se assemblèrent entre Gravelingues et Calaix sur le fait du parlement qui lors se debvoit tenir et
faire entre les rois de France et d'Angleterre, etc.

Item, en ce temps furent assamblés pluiseurs notables ambasadeurs entre Gravelignes et Calais, ou lieu
où l'an précédent avoient esté ordonnés, tant par les
rois de France et d'Angleterre, comme par le duc de
Bourgongne. Entre lesquelx y estoient de par le roy
de France, l'archevesque de Rains, grand chancelier,
l'archevesque de Nerbonne, et l'évesque de Châlons,
les contes de Vendosme et de Dunois, le seigneur de
Dampierre, messire Regnauld Gérard, capitaine de La
Rochelle, maistre Robert Mailliere et maistre Andrieu
le Bref. Et de la partie du duc de Bourgongne, la duchesse sa femme, l'évesque de Tournay, maistre Nicolas Raulin, chancelier dudit duc, le seigneur de Crièvecuer, le seigneur de Santes, maistre Pierre Bourdin,
maistre Phelippe de Nampterre et pluiseurs aultres.
Et du costé du roy d'Angleterre, le cardinal de Wincestre, l'évesque d'Yorch, l'évesque de Norwich, l'é-
vesque de Saint David, l'évesque de Liseux, le doyen

de Salberi, le duc de Northfort, le conte de Stafort et son frère le seigneur de Bresiere, le conte Donthonfort, messire Thomas Kiriel et pluiseurs aultres notables hommes. Lesquels tous ensemble assemblèrent en conseil par pluiseurs journées, pour sçavoir se ils pourroient aulcune chose besongnier sur la paix géneralle d'entre les deux royaumes, et aussy pour la délivrance du duc d'Orléans. Mais finablement ne peurent venir à aulcune conclusion qui fust de valeur. Car les Anglois, pour nulle riens ne vouloient condescendre à faire nul traictié avec le roy de France, si non que la duchée de Normendie, avec leurs aultres conquestes, leur demourassent franchement sans les tenir dudit roy de France. Si fu reprinse aultre jour au prouchain an ensievant, et se départirent d'yluecq sans aultre chose besongnier. Et quand est aux Anglois, ils y estoient venus en très-grand pompe et beubant, et moult richemant habilliés. Et par espécial, le dessusdit cardinal de Wincestre y avoit fait venir de moult riches tentes et pavillons, bien parés et adournés de tout ce qu'il y falloit, tant de vaisselle d'or et d'argent, comme d'aultres besongnes nécessaires et duisables. Et fist à ladicte duchesse, sa belle niepce, moult joieuse chière et recepcion, et le congoy et festoia très-honnourablement. Et après s'en retournèrent chescun d'eulx à lieux et places dont ils estoient venus, sans povoir aultre chose besongnier.

CHAPITRE CCXLV.

Comment les Anglois vinrent au pays de Santhers, où ils prinrent le chastel de Folleville, et y firent moult d'aultres maulx et cruaultés.

Item, en cest an, environ l'entrée de quaresme, le conte de Sombreseth, avec lui le seigneur de Thalebot et aulcuns aultres capitaines, assemblèrent jusques au nombre de deux mille combatans ou environ, tant de pied comme de cheval, sur les marches de Normendie vers Rouen. A tout lesquelx, et à tout charoy portant leurs habillemens de guerre, vivres et aultres besongnes nécessaires pour venir au pays de Santhers, passa l'eaue de Somme parmi la ville de Moreuil. Si s'en ala logier devant la forteresce de Folleville[1], qui pour lors estoit ou gouvernement du Bon de Saveuse à cause de la dame doagière qu'il avoit espousée. Et pour ce que ceulx qui estoient dedens ledit chastel saillirent dehors et occirent l'un des gens dudit conte de Sombreseth, lequel il amoit moult bien, il jura bien grand sairement que de là ne se partiroit jusques ad ce que il auroit conquis ycelui chastel et ceulx de dedens, à sa voulenté. Si fist prestement afuster une petite bombarde qu'il avoit admenée avec lui, laquelle estoit très-excellentement bonne et rade, avec aultres engiens. Lesquels engiens, bombarde et canons, à l'une des fois occirent le capitaine de layens, quand ilz furent jettés. Et depuis continuèrent tant, que tout le sourplus desdiz asségiés furent contens de

---

1. Folleville (Oise).

eulx rendre en délaissant ladicte forteresce et tous leurs biens, avec ce paiant une grand somme d'argent, en rachetant leurs vies envers les dessusdis Anglois. Si fist ledit conte réparer ledit chastel et y laissa garnison de ses gens, qui depuis y firent moult de maulx, d'oppressions et de dommages, à tous les pays à l'environ. Et lendemain de ladicte reddicion, se départirent d'ycelui lieu ledit conte et ses gens, et sievirent ledit seigneur de Thalebot, qui desjà s'estoit bouté bien avant audit pays de Santhers, et tous ensamble s'en alèrent logier à Lihons en Santhers, où ilz trouvèrent des biens très-largement et habondamment, et aussy par tout le pays. Car on ne se doubtoit point de leur venue, par quoy ceulx dudit lieu n'avoient point retrais leurs biens. Auquel lieu de Lihons avoit une petite forteresce et la grande église, où le peuple et les habitans d'ycelle ville s'estoient retrais hastivement, quand ils sceurent que c'estoient Anglois. Si fist ledit conte signifier à ceulx qui estoient en ladicte église qu'ilz se rendissent à sa voulenté, ou il les feroit assaillir. Ce que point faire ne volrent. Et pour ce, lendemain, fist faire ledit assault, très-cruel et merveilleus. Lequel fu tant continué, que, pour tant que les Anglois ne les povoient aultrement avoir, boutèrent le feu dedens, et fut l'église toute arsse et démolie, avec tous les biens d'ycelle et ceulx qui s'y estoient retrais. Si y furent mors et brulés très-piteusement bien trois cens personnes ou plus, tant hommes, femmes, comme enfans, et très-peu en eschapa de ceulx qui estoient en ladicte église. Pour lesquelles cruaultés, ceulx de la forteresce dessusdicte, véans la male aventure de leurs povres parens, voisins et amis, se composèrent audit conte de Sombreset ou à ses commis, pour racheter leurs vies, avec le feu pour les maisons d'ycelle ville, et en donnèrent une grand somme d'argent. Pour laquelle payer ils baillièrent et livrèrent pluiseurs hostaiges, tant hommes comme femmes, qui depuis furent long temps prisonniers à Rouen et ailleurs pour la finance dessusdicte. Desquelx hostaiges en fu l'un, ung gentil homme nommé Noiseux de Sailly, lequel moru en ladicte prison. Et yceulx Anglois estans audit lieu de Lihons, c'estassavoir yceulx Anglois, firent pluiseurs courses sur les pays à l'environ, desquelx ilz ramenèrent des biens très-largement à leurs logis. Et si prinrent la forteresce de Herbonnières[1] et le seigneur de dedens. Lequel, pour racheter lui, ses subjects et sadicte forteresce, de non estre désolée, se accorda et composa à mil salus d'or.

Et entretant que toutes ces besongnes se faisoient, le conte d'Estampes, qui estoit lors venu à Péronne, manda incontinent tous les seigneurs de Picardie, de Hainau et des marches à l'environ, qu'ils venissent hastivement devers luy, à tout le plus de gens de guerre qu'ils pourroient finer. Lesquelx y vinrent en très-grand nombre. C'estassavoir le seigneur de Croy, le seigneur de Humières, le seigneur de Saveuses et ses frères, Waleran de Moreul, Jehan de Brimeu, lors bailly d'Amiens, messire Jehan de Croy, bailly de Haynau, le seigneur de Habourdin, le seigneur de Barbenchon, messire Simon de Lalaing et pluiseurs aultres nobles des pays dessusdis, en très-grand nombre. Lesquelz venus audit lieu de Péronne et ès villes

---

1. Harbonnières (Somme).

au plus près, povoient bien estre en nombre de trois mille combatans, de bonne estoffe. Si tinrent yceulx seigneurs conseil sur ce qu'il estoit de faire. Et vouloient les aulcuns qu'on combatesist les Anglois, et aultres en y avoient de contraire oppinion, et disoient pluiseurs raisons pour quoy on ne les debvoit point combatre. Et en fin conclurent d'eulx mettre aux champs de nuit et eulx mettre en embusche auprès de Lihons, et il y auroit aulcuns capitaines ordonnés pour envayr leurs logis et bouter le feu en aulcunes maisons pour veoir leur gouvernement et conduicte, et sur ce faire ce que on verroit estre plus expédient. Après laquelle conclusion, fut ordonné que toutes gens fussent prestes pour monter à cheval tantost après mienuit. Et ainsi en fut fait. Et yssi ledit conte d'Estampes et tous les aultres hors de Péronne, pour faire ladicte entreprinse. Mais quand ilz eurent cheminé une demie lieue ou environ hors de ladicte ville de Péronne, il fist si très noir qu'à moult grand paine ne povoient tenir chemin. Et adonc se commencèrent à pourmener jusques ad ce qu'il fist ung peu plus cler jour, que toutes gens se retournèrent en leur ville. Et par ainsy fut ladicte entreprinse rompue. Et en ce meisme jour, vers l'eure de midi, vinrent certaines nouvelles au dessusdit conte d'Estampes et aux aultres seigneurs, que yceulx Anglois s'estoient deslogiés de ladicte ville de Lihons et s'en retournoient le chemin dont ilz estoient venus ou assés près, pour retourner en Normendie. Ce qui estoit véritable. Car après qu'ilz eurent esté en ladicte ville de Lihons bien l'espace de dix jours ou environ, et fait de bien grans dommages au pays, comme dit est desus, ilz se partirent de là et s'en alèrent en Normendie, sans ce qu'ilz eussent aulcuns empeschement ne destourbier, qui face à escripre. Et emmenèrent pluiseurs prisonniers et grand foison de biens avec les hostaiges dessusdiz. Et au rapasser audit lieu de Folleville, le renforcèrent et y laissièrent forte garnison de leurs gens. Et en tant qu'ilz furent en ycelui pays et audit logis de Lihons, les gens de messire Jehan de Luxembourg aloient et venoient de jour en jour paisiblement avec yceulx Anglois, et avoient grant communicacion ensamble. Dont ledit conte d'Estampes et pluiseurs aultres grans seigneurs qui estoient avec lui, n'estoient point bien contens. Mais pour lors on ne le povoit avoir aultre.

Après lequel département et deslogement desdiz Anglois qui ainsy s'en retournèrent, toutes les gens de guerre qui estoient venus au commandement du dessusdit conte d'Estampes, se commencèrent à retraire ès lieux dont ils estoient venus.

DE L'AN MCCCCXL.

[Du 27 mars 1440 au 16 avril 1441.]

CHAPITRE CCXLVI.

Comment le Daulfin, le duc de Bourgongne et pluiseurs aultres seigneurs se départirent du roy de France.

Au commencement de cest an, Charles, roy de France, fist grand assamblée de nobles hommes et aultres gens de guerre, pour aler au pays de Bourbonnois, destruire et subjuguier le duc de Bourbon et ses pays, lequel à sa grand desplaisance avoit séduit et emmené son filz le Daulfin, qui par avant estoit logié à Loches en Touraine, ou chastel. Et estoit pour ce temps ou gouvernement du conte de La Marche, qui estoit à ceste heure en la ville, et point ne se doubtoit que ledit Daulphin se volsit partir sans parler à lui. Nientmains, le bastard de Bourbon, Anthoine de Chabennes et aultres capitaines, à tout foison de gens d'armes, vindrent devers luy audit chastel de Loches, et de son consentement le menèrent ou pays du Bourbonnois, en la ville de Molins. Ouquel lieu se alièrent avec lui le dessusdit duc de Bourbon, le duc d'Alençon, le conte de Vendosme, les seigneurs de La Trémoille, de Caumont et de Prie, avec pluiseurs aultres nobles hommes et seigneurs. Si estoit leur intencion que le dessusdit Daulphin aroit seul le gouvernement et povoir du royaume de France, et que le roy Charles son père seroit mis comme en tutelle et gouverné par eulx. Et adfin de avoir ayde et faveur pour acomplir leur intencion, mandèrent en divers lieux les barons, grans seigneurs et gentilz hommes de pluiseurs pays, auxquelx ils déclarèrent leur intencion, en requérant qu'ils volsissent faire sairement audit Daulphin et le servir contre tous ceulx qui grever ou nuire le vouldroient. Entre lesquelx y vindrent les seigneurs d'Auvergne; lesquelx, ceste requestre oye, firent responce par la bouche du seigneur de Dampierre, que très voulentiers le serviroient en tous ses affaires, réservé contre le Roy son père. Disoit oultre, que ou cas que le Roy venroit à puissance ou pays et il leur requérist d'avoir leur ayde et aussy de entrer en leurs villes forteresces, ils ne luy oseroient ne vouldroient nullement refuser, et que yceulx requérans point ad ce ne se attendissent aultrement. Laquelle responce ne fu point bien agréable audit Daulphin, ne aux aultres seigneurs. Et se commencèrent très fort à doubter que de leur dicte entreprinse ne leur venist grand mal. Car avec ce estoient desjà advertis que ycelui Roy venoit contre eulx à moult grand puissance, comme dessus est dict. Laquelle chose estoit véritable. Car le Roy entra audit pays de Bourbonnois et commença à faire très forte guerre aux villes et forteresces du devantdit duc de Bourbon et de ceulx tenans de son parti. Si en mist pluiseurs en son obéyssance. Et entretant, ledit Daulphin et ceux de son conseil envoyèrent devers le duc de Bourgongne pour sçavoir se il voudroit en ses pays recepvoir luy et les siens, et luy baillier ayde en tous ses affaires. Lequel duc, après qu'il eut eu délibéracion de conseil sur ce, fist responce que tous ses pays, avec ses biens, estoient bien au commandement du Daulphin quand il luy plairoit à y venir, mais pour nulle riens ne lui donroit faveur ne ayde pour faire guerre au Roy son père, mais estoit prest, par toutes les manières qu'il pourroit, de luy aidier à rentrer et estre en sa grace. Disoit oultre qu'il lui consilloit que ainsy le feist, et que trop grand deshonneur et dommage en pourroit advenir ou royaume, se ceste guerre continuoit. Et pour y obvier et trouver manière et moyens, envoya, le duc de Bourgongne, ses ambassadeurs devers ycelui roy, qui s'entremirent entre ycelles parties. Si fu fait le traictié par condicion que ycelui Daulphin, le dessusdit duc de Bourbon et aultres qui avoient offensé, yroient par devers le Roy en grand humilité, requérir pardon desdictes offences. Toutefois, avant que ceste chose peust estre achevée, grand partie des pays dudit duc de Bourbon et de ses favourisans furent très fort destruis par les gens de guerre dudit roy de France, qui sur eulx estoient venus en très grand nombre.

En après, le XIXe jour de jullet, le Roy estant à Casset[1], vinrent devers luy le Daulphin et le duc de Bourbon, accompaigniés des seigneurs de la Trémoulle, de Caumont et de Prie. Mais quand ils furent à demie lieue près dudit lieu de Casset, ung messaige vint devers eulx, lequel dist aux trois seigneurs que le Roy ne les asseuroit point, et qu'il ne vouloit point qu'eulx venissent devers luy. Et lors, quand ledit Daulphin oy et entendi ce, il dist au duc de Bourbon : « Beau compère, vous ne nous aviés talent de dire comment la

---

1. Vérard écrit aussi *Casset*, mais il faut lire *Cusset* (Allier).

chose estoit faite, et que le Roy n'eust point pardonné à ceulx de mon ostel. » Et adonc jura ung grand sairement, qu'il s'en retourneroit et n'iroit point devers le roy son père. Et lors ledit duc de Bourbon lui dist : « Monseigneur, tout se fera bien, n'en soyés en quelque doubte. Vous ne povés retourner, car l'avant garde du Roy est en votre chemin. » Toutefois se n'eust esté le conte d'Eu et aulcuns aultres seigneurs qui estoient venus audevant de luy, lesquelx lui remoustrèrent qu'il feroit grand mal de s'en retourner, il s'en fust ralé. Si s'en ralèrent lesdiz trois seigneurs audit lieu de Molins. Et lesdiz Daulphin et duc de Bourbon entrèrent en la ville de Casset, et alèrent descendre à l'ostel du Roy. Et eulx venus en la chambre où il estoit, se agenouillèrent par trois fois avant qu'ilz venissent à luy, et à la tierce fois luy prièrent en grand humilité qu'il luy pleuyst à eulx pardonner son indignacion. A quoy le Roy respondit en adréçant ses parolles à son filz, disant : « Loys, vous soyés le bien venu. Vous avés longuement demouré. Alés vous huy mais reposer en vostre hostel, et demain nous parlerons à vous. » Et après parla au dessusdit duc de Bourbon assés longuement, saigement et prudentement, et lui dist : « Biau cousin, il nous desplait de la faulte que maintenant et aultres fois avés faite contre nostre majesté par cinq fois. » Et lui déclaira les propres lieux où ce avoit esté, disant : « Se ne fust pour l'onnour et amour d'aulcuns, lesquelx nous ne voulons point nommer, nous vous eussions moustré le desplaisir que vous nous avés fait. Si vous gardés d'ore en avant de plus y rencheoir. » Après lesquelles parolles et pluiseurs aultres, les dessusdiz Daulphin et duc de Bourbon se départirent de là quand ils eurent prins congié, et s'en alèrent à leurs ostels jusques à lendemain après la messe du Roy, qu'ilz retournèrent envers luy. Et de rechief, présans tous ceulx de son conseil, lui requirent très humblement qu'il luy pleuyst pardonner son maltalent aux dessusdiz trois seigneurs de La Trémoulle, de Caumont et de Prie. Et le Roy respondi qu'il n'en feroit riens. Mais il estoit assés bien content qu'ils retournassent chascun en leurs maisons. Et adonc dist le Daulphin au Roy. « Monseigneur, donc faut il que je m'en revoise; car ainsy leur ay promis. » Et lors le Roy, non content de ceste parolle, respondi à ce, et lui dist : « Loys, les portes sont ouvertes, et se elles ne sont assés grandes, je vous en feray abatre seize ou vint toises du mur pour passer ou mieulx vous samblera. Vous estes mon fils, et ne vous povés obligier à quelque personne sans mon congié. Mais s'il vous plaist en aler, si vous en alés, car au plaisir de Dieu nous trouverons aulcun de notre sang qui nous aideront mieulx à maintenir notre honneur et signourie que encore n'avés fait jusques à cy. » Après lesquelles parolles le Roy le laissa, et ala parler audit duc de Bourbon, qui prestement lui fist sairement de le servir et obéyr à tous jours mais. Et d'aultre part osta et destitua tous les officiers et gouverneurs dudit Daulphin, réservé son confesseur et son cuisenier.

Et au regard du traictié dudit duc de Bourbon, il promist de rendre en la main du Roy dedens briefz jours ensievans, Corbueil, le Bois de Vicennes, Sansoire[1], et le chastel de Loches. Lesquelles places il tenoit

---

1. Sancerre.

en sa main. Et ne veut point le Roy nullement consentir que ses gens d'armes se départissent du pays de Bourbonnois et d'Auvergne, jusques ad ce qu'il feust asseur d'avoir et posséder en sa main toutes les places dessusdictes.

Et pareillement pardonna le Roy audit duc d'Alençon, au conte de Vendosme et à pluiseurs aultres grans seigneurs qui avoient acompaignié le Daulphin ès besongnes dessusdictes. Et quant tout ce fut fait et acompli en la manière dessusdicte et que le Daulphin fu content de demourer avec le Roy son père, on cria la paix. Dont la teneur s'ensieut.

« On vous fait assavoir de par le Roy, que monseigneur le Daulphin et monseigneur le duc de Bourbon sont venus devers luy, en très grand humilité et obéyssance, et les a le Roy receus très amiablement en sa bonne grace, et tout pardonné. Et par ce voelt et ordonne que toutes guerres et voies de fait cessent, et qu'on ne prende nulz prisonniers, laboureurs et aultres gens quelconques, ne bestail, ne aultres biens, et que nulz ne face nulles extorcions l'un contre l'autre, soit en prenant places ou aultrement. Et que toutes gens puissent aler et venir seurement, faisans leurs besongnes, sans ce qu'on leur mesface aulcunement. Et aussy que nulles places ne soient abatues ne démolies ès pays de mondit seigneur de Bourbon, ne ailleurs. Donné à Casset[1], le xxiiiie jour de juillet, l'an mil iiii cens et xl. » Et estoit escript dessoubz : « De par le Roy et son grand conseil. Ainsi signé : Dingoon. »

---

1. Cusset.

En oultre, dedens assés briefz jours après ensievans, le Roy bailla à son dit fils le Daulphin le gouvernement du Daulphiné. Si fist assés tost après départir les gens d'armes des pays du duc de Bourbon, et leur donna congié de tirer devers Orliens et devers Paris.

CHAPITRE CCXLVII.

Comment les François coururent en la terre de Neelle appartenant à messire Jehan de Luxembourg.

Item, en ycelui meisme temps, environ le mois de jullet, messire Jehan de Luxembourg, conte de Ligney, estant à Neelle en Vermendois, vinrent les garnisons de Crespi en Valois, de Ver, et d'aultres lieux, passer l'eaue de la rivière d'Oise au Pont-Sainte-Maxence, jusques au nombre de cent combatans ou environ, soubz la conduicte de ung nommé Guillebert de la Roche et de Razille, son compaignon d'armes. Si se tirèrent en ladicte terre de Neelle appartenant audit conte de Ligney, et en ycelle prinrent et levèrent très grand nombre de paysans, chevaulx, bestail et aultres biens, à tout lesquelx, quand ilz eurent fait leurs dictes courses, ilz s'en retournèrent pour ent raler ès lieux dont ilz estoient venus. Si vinrent à la connoissance dudit conte ces nouvelles, dont il fu moult fort indigné contre eulx, pour ce que pluiseurs fois lui avoient fait de telles envayes. Si fist incontinent assambler de ses villes et forteresces jusques au nombre de cent combatans ou environ, lesquelx il envoia sans délay après les dessusdiz. Et estoient les principaulx, messire Daviot de Poix, gouverneur de Guise, Guiot de Béthune, Au-

thoine de La Beuvrière, gouverneur de Hem, Anthoine
de Belloy et aulcuns aultres gentilz hommes. Lesquelx chevaulchoient viguereusement après yceulx, et
tant qu'ilz les reconsievyrent et rataindirent au desoubz de Compiéngne contre Royaulieu, où desjà
avoient fait passer leurs proies et partie de leurs chevaulx oultre la rivière, par ung batel qu'ilz avoient
trouvé. Et desjà en y avoit bien vint entrés dedens le
batel pour passer oultre, quand ilz perceurent venir
leurs adversaires contre eulx, qui les envayrent, et
assaillirent baudement et vigueureusement ceulx qu'ilz
trouvèrent audit passaige. Et adonc ceulx dudit batel,
véans leurs compaignons assaillir comme dit est, cuidièrent retourner pour les aidier. Mais ce fut pour
nient. Car tantost qu'ilz approuchèrent près de la
terre, les aultres eulx voians ainsy souspris et envays,
saillirent ou dict batel, et en y entra tant qu'ilz l'effondrèrent et noyèrent pluiseurs de leurs gens, et les aultres sans délay furent tournés à desconfiture, et une
grande partie mis à mort. Entre lesquelx y furent
mors ledit Guillebert de la Roche. Et ycelui Razille
se sauva à grand paine, avec huit ou dix de ses gens
tant seulement. Après laquelle besongne, ceulx qui les
avoient rués jus passèrent l'eaue, et ralèrent querre les
proies dessusdictes. Et après, par aultre chemin, passèrent l'eaue et retournèrent franchement audit lieu
de Neelle devers le dessusdit de Luxembourg leur seigneur, qui fu très joieux de leur bonne fortune. Et si
avoient amené aussy cinq prisonniers, desquelx il fist
pendre la plus grand partie.

CHAPITRE CCXLVIII.

Comment le conte de Sombreset, à tout grand puissance d'Anglois, asségea la ville de Harfleur.

Item, environ l'issue d'avril de cest an, se mirent sus en la ville de Rouen et ou pays de là entour, jusques à six mille combatans Anglois, avec lesquelx, soubz la conduicte et gouvernement des contes de Sombreset, Dourset et de Fauquenberghe, estoient les seigneurs de Thalebot, messire François L'Arragonnois, Mathago, Jaquemin Vaquier, Thomas Hemton, le bailly de Rouen, et aulcuns aultres capitaines, qui tous ensamble alèrent mettre siége tout à l'environ de la ville de Harfleur, tant par terre comme par mer. Dedens laquelle ville estoit capitaine pour le roy de France, Jehan d'Estouteville, et avec lui Robinet, son frère, et aultres, jusques au nombre de quatre cens combatans ou environ, avec ceulx de la ville et de la marine, qui grandement et vaillamment se mirent à deffence contre leurs adversaires, et fortifièrent nuit et jour en grand diligence les gardes de ladicte ville. Et firent aulcunes saillies contre les asségans, auxquelx ilz prinrent et occirent aulcuns de leurs gens. Lesquelx asségans d'aultre partie se fortifièrent en leur dit siége de grans fossés tout autour de leur ost, et laissièrent en aulcuns lieux convenables, yssues et entrées, et avec ce firent sur lesdiz fossés fortes hayes, afin que de leurs ennemis ne peussent estre par nul costé envays ne souspris. En oultre assyrent contre la porte et muraille d'ycelle ville pluiseurs bonbardes, canons et grans engiens volans et aultres habillemens de guerre, desquelx ils travillèrent moult les asségiés. Si continuèrent par très longue espace en ceste œuvre, et tant que ceulx de dedens furent moult oppressés et travilliés, et par espécial avoient grand disette et necessité de vivres et aultres choses. Si envoyèrent pluiseurs mesages devers le roy Charles, lui requèrant qu'il leur volsist envoyer souscours. Ce qu'il promist de faire. Mais pour les grans affaires et occupacions qu'il avoit, ne le peut envoyer si brief qu'ilz avoient requis. Nientmains, au bout de quatre mois ou environ que ledit siége eut duré, et que la contesse de Sombreset et aultres dames et damoiselles d'Angleterre y furent venues, lesquelles y demourèrent jusques en la fin dudit siége, fut baillié la charge pour faire ledit souscours aux asségiés, au conte d'Eu, et avec luy le conte de Dunois, bastard d'Orliens, le bastard de Bourbon, le seigneur de Gaucourt, La Hire, messire Gille de Saint-Simon, le seigneur de Pennesacq, Pierre de Broussacq et aulcuns aultres chiefz de guerre, avec ceulx, quatre mille combatans, ou environ. Et dedens ladicte ville de Harfleur, avec ledit Jehan d'Estouteville, capitaine, y avoit environ quatre cens combatans, dont les chiefz estoient, messire Jehan de Bressay, messire Sacquet de Hincourt, Hector de Sol, Guillot de Las et Jehan Gentil. Si estoient yceulx, toutes gens d'armes à l'eslite. Lesquelx souscourans, des marches de Paris se tirèrent assés soubdainement jusques à Amiens et Corbie, où ilz passèrent la rivière de Somme. Et de là, parmi Ponthieu alèrent à Abbeville, où ilz firent leur assamblée et tinrent conseil pour prendre conclusion pour parsievyr leur entreprinse. Si se mirent avec eulx des marches de Picardie, à tout leurs gens, les seigneurs d'Auxi et de Humières, Jehan d'Ailly, seigneur d'Arainnes, Guillaume le josne, seigneur de Contay, et pluiseurs aultres gentilz hommes. Et après que tous ensamble eurent délibéré ce qu'ilz avoient à faire, ilz firent chargier pour mener avec eulx, trente charios d'artillerie ou environ, et des vivres et aultres engiens et habillemens de guerre. Et puis, eulx partans d'Abbeville en très belle et bonne ordonnance, alèrent à Eu. Et faisoient l'avant garde, le bastard de Bourbon et La Hire. De laquelle ville d'Eu alèrent logier en ung vilage nommé le Bourg de Dun la plus grand partie. Et ledit conte d'Eu se loga à Saint-Aubin en Caulx. Mais en ce meisme jour, sur le vespre, le seigneur de Gaucourt, qui estoit demouré derrière, fut prins de environ dix-huit Anglois qui sievoient leur trace[1]. Et depuis fut délivré en payant grand somme d'argent. Auquel lieu de Saint-Aubin ledit conte d'Eu oy nouvelles que ung nommé Jehan de La Motte avoit esté prins des Anglois, par lesquelx il envoia noncier à ceulx de Harfleur le souscours qui leur venoit. Car là meismement renvoyèrent les Anglois par ung de leurs poursievans, nouvelles et lettres qu'ilz venroient combatre les François devant ce qu'ilz venissaent à eulx, ce que point ne firent. Pour quoy les François se tirèrent tous ensamble à Fauculle en Caulx à deux lieues près de leurs adversaires. Et lendemain se départirent dès le point du jour et alèrent à Moustier-Vilers, qui estoit de leur obéyssance, et là eurent certaines nouvelles

---

[1]. Vérard ajoute : Lesquels l'emmenèrent prisonnier au Neuf-Chastel de Nicourt. Et depuis, etc.

que lesdiz Anglois ne s'estoient point partis de leur
siége. Et en ce jour ledit conte d'Eu les ala adviser, à
tout cent combatans, gens d'eslitte, montés sur fleurs
de chevaulx, et y eut entre ycelles parties très grandes
escarmuches. Et lui retourné, prinst conclusion avec
ceulx de sa compaignie, c'est assavoir les plus expers
et apers, de ce qu'il estoit de faire. Toutefois, tous généralment estoient très desplaisans de la prinse dudit
seigneur de Gaucourt, pour ce qu'il estoit moult saige
et bien exité en telles ou pareilles besongnes. Ouquel
conseil fut ordonné que ledit conte d'Eu monteroit sur
mer avec certain nombre de combatans, au chief de
Caulx, et le bastard d'Orliens, à tout une aultre partie
et les Picars, yroient de pied et porteroient les pons à
mettre par dessus les fossés que avoient fais les dessusdiz Anglois autour de leurs logis, et d'un commun accord assauldroient leurs dicts adversaires par divers
lieux; et La Hire et aultres capitaines et leurs gens,
demourroient à cheval pour donner souscours à ceulx
qui en auroient besoing. Après lesquelles ordonnances
ainsy faites, lendemain se préparèrent pour faire chascun d'eulx ce qui avoit esté ordonné et commandé.
Si fut commencié ledit assault par ceulx estans de pied
et du costé vers le logis de Thaleboth. Lequel assault
fut très dur et très aspre et bien merveilleux, et dura
par l'espace de demie heure ou plus. Mais lesdiz assaillans, jà soit il qu'ilz se portassent très vaillamment,
toutefois pour la très grande résistence d'yceulx Anglois leurs adversaires, et aussy pour ce que leurs pons
estoient trop cours, ne povoient venir à chief de leur
dicte entreprinse. Et d'aultre part yceulx Anglois estoient hault et advantageusement assis, par quoy leurs

archiers, dont ilz avoient moult grand nombre, tiroient moult mervilleusement et par grand vigueur sur yceulx assaillans, et tant qu'ilz en navrèrent et blécièrent très grand nombre. Entre lesquelx furent mors deux vaillans chevaliers qui là estoient, c'estassavoir messire Jehan de Chailly, seigneur de Chamblois, et messire Harpin de Richaumes, capitaine de Rue, avec aulcuns aultres. Auquel assault furent fais nouveaulx chevaliers de la partie des François Jehan d'Arly et Guillaume le Josne, et aultres. Durant lequel temps saillirent hors de leur logis environ cinq cens Anglois, pour courir sus yceulx François de pied. Mais ilz furent tantost reboutés par ceulx de cheval, et en y eut de quarante à cinquante mors. Et pareillement ceulx de la ville saillirent sur le guet qui estoit contre eulx, et en prinrent que occirent, environ trente. Et de l'aultre costé, sur la mer, se boutèrent avant, le conte d'Eu et ceulx de sa compaignie, qui estoient commis avec luy pour assaillir le siége de la marine. Mais ce fut paine perdue. Car yceulx Anglois se estoient garnis et fortifiés par telle manière qu'on ne leur povoit mal faire. Et pourtant, après qu'ilz eurent perdu aulcuns de leurs vaisseaulx, qui estoient demourés sur le gravier, ilz se retrayèrent à Moustiervilers. Et aussy firent ceulx de pied, véans que riens ne povoient besongnier qui leur fust prouffitable. Auquel lieu de Moustierviller ilz furent bien huit jours entiers, en très grand povreté de vivres pour eulx et leurs chevaulx, attendant se ilz pourroient riens faire de souscours auxdiz asségiés. Durant lequel temps y eut aulcunes escarmuches entre eulx. Et aussy le dessusdit conte d'Eu fist sçavoir au conte de Sombreset que se il le vouloit combatre puissance contre aultre, il les furniroit, ou cent contre cent, ou de sa personne contre luy. Mais rien ne lui fust accordé. Et la cause si fut que ledit conte de Sombreset et ceulx de sa partie sçavoient que ceulx de la ville estoient si fort abstrains que bonnement ne povoient longuement durer qu'ilz ne les eussent à leur plaisir. Et avoient regard au grand travail et aux grandes misères qu'ilz avoient eu moult longuement, et que chièrement avoit cousté à leur roy, qu'ilz ne vouloient point mettre à l'aventure sur la requeste de leurs adversaires. Et finablement les François dessusdiz, considérans la grand povreté où ilz estoient, et que lesdiz Anglois estoient en plus grand nombre que ilz n'estoient, pour quoy bonnement ne povoient souscourir leurs gens, si conclurent tous ensamble et d'un commun accord de retourner dont ilz estoient venus. Car force leur estoit, pour la nécessité des vivres dont ilz ne povoient finer. Mais avant leur département firent requerre ung sauf conduict auxdiz Anglois pour le seigneur de Rambures. Lequel saufconduit fut accordé. Si s'en ala ledit de Rambures devers eulx, traictier pour la reddicion de la ville. Et entretant, tous les François et Picars s'en retournèrent par aulcuns briefs jours ensievans à Abbeville. Si trouvèrent en leur chemin certains mesages envoyés de par le duc de Bourgongne, lesquelx leur signifièrent de par luy qu'ilz ne rentrassent point en son pays, pour les grans dommages qu'ilz y avoient fais au passer, disans que se ilz y entroient, il les feroit rebouter dehors à puissance de gens. Sy promirent de non y entrer. Nientmains les aulcuns faillirent de leur promesse. Si entrèrent ou pays de Ponthieu en tirant vers Amiens, faisans de moult grans dommaiges. Mais les contes d'Estampes et de Saint-Pol, qui s'estoient mis sus avec très grand nombre de gens d'armes, alèrent au devant d'yceulx pour les rebouter et combatre. Si y furent faites aulcunes entreprinses d'un costé et d'aultre. Et en fin, par certains moyens, promirent de eulx en raler. Et se tirèrent ou pays de Santhers, et de là vers les terres de messire Jehan de Luxembourg, qui moult fort le menaçoient de luy faire grand guerre et dommage. Mais il s'estoit très bien pourveu de gens de guerre pour résister contre eulx. Par quoy ilz furent tous joyeux de passer paisiblement auprès de ses signouries. Car avec ce ledit conte de Saint-Pol les poursievoit très radement et à grand puissance de gens d'armes pour estre en ayde et souscours de son oncle, se besoing luy en eust esté. Si se tirèrent ès campaignes faisans toujours de grans vilonies et dommages au povre peuple par tout ou qu'ilz povoient avoir sur eulx puissance.

Et au regard du seigneur de Rambures, il traicta avec ledit conte de Sombreset et avec les aultres capitaines Anglois, par si que la ville de Harfleur leur fu rendue, et se départirent ceulx de dedens chascun ung baston ou puing. Et pareillement leur fu rendue Moustierviler[1] qui par nécessité de vivres ne se povoient plus tenir.

1. Montivilliers (Seine-Inférieure).

CHAPITRE CCXLIX.

Comment ung très-grand seigneur de Bretaigne, nommé le seigneur de Raix, fut accusé de hérésie.

En l'an dessusdit, advint en la duchée de Bretaigne une très grande, diverse et mervilleuse adventure. Car le seigneur de Raix, qui pour lors estoit mareschal de France, et estoit noble homme et très grand terrien et yssu de très grande et très noble génération, fut accusé et convaincu de hérésie, laquelle il avoit par long temps maintenue. C'est assavoir par la sédicion[1] et enort principalment du déable d'enfer, et aussy d'aulcuns ses complices et serviteurs. Comme il confessa avoir fait mourir pluiseurs enfanz soubz eage, et femmes ençaintes, sur intencion de parvenir à aulcunes haulteurs et chevanches, et aussy honneurs désordonnées. Desquelx enfans et aultres créatures, après ce qu'il les avoit fait mourir violentement, faisoit prendre aulcune partie de leur sang, duquel on escripvoit livres où il y avoit conjuracions dyaboliques et aultres termes contre nostre foy catholique. Pour lequel cas dessusdit, après qu'il eust esté prins et diliganment examiné, et aussy qu'il eust congneu tout son fait d'en avoir fait mourir par ceste malvaise manière jusques au nombre de huit vins ou plus, il fut en la présence[2], par saiges et notables juges, condempné à estre pendu

---

1. *Lis.* : Séduction.
2. *Il fut en la présence*. Il faut suppléer ici : *Du duc de Bretagne*. Vérard met : Il fut en *sa* présence.... condempnée, etc. Ce qui est absurde.

et estranglé tant qu'il fust mort, et après tout son corps ars en ung feu. Si y estoient présens, avec ledit duc, très grand nombre de grans seigneurs et aultres nobles hommes, tant séculiers comme clercz. Si fu faite ceste condempnacion, et aussy l'exécucion, en la ville de Nantes en Bretaigne. Toutefois après ladicte exécucion première accomplie, et qu'il fu mis ou feu et en partie brulé, il y eut aulcunes dames et damoiselles de son linage et amitié, qui requirent au dessusdit duc de Bretaigne, de avoir le corps pour le mettre en terre saincte. Lequel duc leur accorda, et y fu mis. Et jà soit qu'il eust eu ceste faulse et perverse manière et inhumaine voulenté, nientmains si eut-il sa fin très belle et dévotte congnoissance et repentance, en requérant moult humblement à son créatour merci et miséricorde de ses grans péchiés et offences. Pour la mort duquel seigneur de Rais, grand partie des nobles dudit pays de Bretaigne et espécialement ceulx de son linage, en eurent au cuer très grand doleur et tristesce. Et aussy, avant que ceste adventure lui advenist, il estoit moult renommé d'estre très vaillant chevalier.

CHAPITRE CCL.

Comment Pierre Renauld, frère bastard de La Hire, ala fourer ès pays d'entour Abbeville.

En après, en ce meisme temps, Pierre Renauld, frère bastard de La Hire, qui lors se tenoit ou chastel de Milly[1] assés près de Beauvais, lequel paravant il

---

1. Milly Notre-Dame (Oise).

avoit réparé, se parti ung certain jour de là, à tout
huit vins combatans ou environ, tant de cheval comme
de pied, et vint pour fourer et coure le pays d'entour
Abbeville. Si prinst le chasteau d'Yaucourt[1], et le seigneur dedens. Lequel chastel il pilla tout nettement,
assavoir de tous les biens qui estoient portatifz. Si furent tantost les nouvelles espandues jusques en la ville
d'Abbeville, où lors estoient les seigneurs d'Auxy, Guillaume de Chiembronne, Phelippe de Vaucourt, Gui
Gourle, et pluiseurs aultres gentilz hommes. Lesquelx,
tantost après qu'ilz eurent oy les nouvelles, se armèrent
et mirent sus, tant de cheval comme de pied, et saillirent hors de leur ville bien trois cens ou plus, sur
intencion de rebouter les dessusdis et rescoure les
biens qu'ilz avoient prins oudit chastel. Laquelle assamblée vint à la congnoissance du dessusdit Renauld
et de ses gens, lesquelx envoyèrent devers le dessusdit
seigneur d'Auxi et ceulx de sa partie pour eulx excuser
aulcunement, disans qu'ilz ne vouloient que vivres.
Mais pour tant ne furent mie yceulx contens. Si s'esmurent entre ycelle parties très grand discord, tellem-
ment que ledit Pierre Renauld, véans que la plus grand
partie d'yceulz qui estoient saillis hors d'Abbeville
contre lui n'estoient que communes, se féri avec ses
gens tout au travers, et sans y trouver grand deffence
les tourna assés briefment à grand meschief, et en fin
à desconfiture. Si en furent mors [en] la place bien
vint ou trente, et si en y eut bien neuf noyés, qui se
cuidièrent sauver et passer la rivière de Somme. Entre
lesquelz fut l'un d'yceulx ledit Gui de Gourle. Et avec

1. Jaucourt (Somme).

ce en y eut de prisonniers bien soixante ou environ. Desquelx furent les principaulx messire Jehan de Fay, chevalier de Rodes, et le dessusdit Phelippe de Waucourt et Guillaume de Chiembronne. Après laquelle destrousse ledit Pierre Renauld et ses gens s'en retournèrent franchement, à tout leurs prisonniers et aultres proies et biens, prins oudit chastel de Milly. Lesquelx prisonniers dessusdiz ledit Pierre Renauld rançonna et mist à finance comme se ilz eussent esté Anglois. Et fist en oultre, pour cest an, pluiseurs entreprinses assés samblables en divers lieux et pays de l'obéyssance du duc de Bourgongne. Pour lesquelles ycelui duc n'estoit point bien content dudit Pierre Renauld, ne des aultres. Et pour ceste cause envoia devers le roy Charles, luy noncier et faire sçavoir comment de jour en jour ceulx qui tenoient son parti roboient et pilloient son pays, prenoient ses gens et subgectz et metoient à grosse finance et rançon ; faisoient en oultre pluiseurs aultres grans maux et excès, qui moult lui estoient desplaisans et durs à porter, attendu la paix qu'ilz avoient l'un avec l'autre. Desquelles entreprinses le Roy se excusa par moult de fois, en disant qu'il lui en déplaisoit moult grandement et qu'il y pouverroit en tout ce qu'il lui seroit possible. Et meisment qu'il estoit content, ou cas que ledit duc de Bourgongne pourroit attaindre par lui ou par ses gens ceulx qui en ses pays faisoient telles assamblées, besongnes et entreprinses, qu'on les ruast jus ou destrousast. Nientmains, ou grand préjudice desdiz pays et grand dommage du povre peuple, lesdictes courses et pilleries se continuèrent par long temps.

Ouquel temps, d'aultre partie, les gens de La Hire

qui se tenoient au chastel de La Bonne emprès Laon, commancèrent à courir en pluiseurs pays, c'est assavoir ou pays de Hainau, Cambresis et aultres lieux, ès terres du conte de Saint-Pol. Lequel, ou content de ce et pour y résister, mist grosse garnison en la ville de Marle. Laquelle garnison ala ung jour samblablement coure vers Rains, et pour avoir le passaige de l'eaue prinrent le Bac à Berry, qui n'estoit point de moult grand valeur. Lequel tenoient les gens La Hire. Si laissèrent dedens environ trente combatans pour le garder, et y demoura un capitaine d'yceulx. Mais dedens briefz jours ensievans vinrent devant les gens de La Hire dessusdit, et avec eulx aulcuns des garnisons de Valois, qui nagaires par avant avoient esté rués jus des gens messire Jehan de Luxembourg au plus près de la ville de Compiengne, comme en aultre lieu est plus à plain déclairié. Et povoient estre en tout environ le nombre de trois cens combatans. Lesquelx incontinent et de grand voulenté assaillirent le fort dessusdit. Lequel assés tost ensievant fu prins, et génerallement tous ceulx de dedens mis à l'épée et rués en la rivière. Après laquelle besongne yceulx François, de rechief, laissièrent de leurs gens dedens ycelui fort en garnison. Et environ huit jours après se mirent ensamble, les gens d'ycelui conte de Saint-Pol et de son oncle, messire Jehan de Luxembourg, conte de Ligney, pour aller rassaillir ycelle garnison dudit Bac à Berry. Mais ceulx de dedens, sachans celle assamblée s'en départirent, et habandonnèrent ladicte place devant la venue d'yceulx. Si fut ycelle place du tout démolie et abatue.

Ainsy et par ceste manière estoient les pays vers

Rains et Laonnois et pluiseurs aultres marches et pays à l'environ, fort traveilliés et oppressés par les dessusdictes coursses et assamblées d'ycelles deux parties. Et se faisoit tout ce, comme lors en estoit commune renommée et voie, à l'occasion de ce que le dessusdit messire Jehan de Luxembourg ne vouloit point faire sairement au roy Charles, et entretenoit tousjours garnisons de gens d'armes en ses places pour l'entretenement d'ycelles.

CHAPITRE CCLI.

Comment les ambassadeurs de France, d'Angleterre et de Bourgongne, vinrent à Calais pour traictier la paix.

En ces jours furent envoyés de par le roy Charles pluiseurs notables ambassadeurs à Saint-Omer, pour traictier de la paix avec les Anglois, qui lors debvoient venir en ycelle ville, comme promis l'avoient l'an précédent. Desquelx estoient les principaulx, les archevesques de Rains et de Nerbonne, le conte de Dunois, bastard d'Orliens. Lesquelx là venus furent notablement receus et festoyés par le duc de Bourgongne. Et brief ensievant oyrent nouvelles comment le duc d'Orliens estoit arrivé à Calais et que lesdiz Anglois les y avoient amenés. Si envoyèrent devers eulx pour sçavoir en quel lieu ilz vouldroient assambler pour tenir leur convencion. Lesquelx Anglois leur firent sçavoir qu'ilz ne se partiroient point de Calais à tout le duc d'Orliens, mais estoient prestz de la besongne se ilz y vouloient venir. Après laquelle responce oye, y alèrent par sauf conduict ledit archevesque de Rains.

le conte de Dunois et aulcuns aultres avec les ambassadeurs dudit duc de Bourgongne, c'est assavoir le seigneur de Crièveceur et aulcuns aultres. Lesquelx là venus, ledit conte de Dunois fut mené devers le duc d'Orliens, son frère, qui grandement fut joieux de le veoir et le reçupt très courtoisement et honnourablement, en lui remerciant de la bonne diligence qu'il avoit faite d'entretenir ses pays durant sa prison. Après laquelle récepcion ycelles parties convindrent ensamble par pluiseurs fois. Et de rechief furent faites aulcunes ouvertures sur la délivrance dudit duc d'Orliens, et aussi sur les traictiés aultrefois commenciés entre les deux royaumes. Toutefois encore ne povoient estre d'accord, mais reprinrent aultre journée pour rassambler, en dedens de laquelle chascun debvoit rapporter à sa partie les moyens qu'ilz avoient commenciés. Et ce fait s'en retournèrent les dessusdiz audit lieu de Saint-Omer. Et ledit duc d'Orliens fut tantost après remené en Angleterre.

CHAPITRE CCLII.

Comment les Barrois et Lohorains coururent en la contée de Vaudémont, où ils firent moult de maulx et de grans desrois.

En après, durant le temps dessusdit, se mirent sus à grand puissance les Barrois et les Lohorains, avec lesquelx estoient aulcuns François, qui trèstout ensamble se tirèrent en la contée de Vaudémont et ycelle par feu et par espée mirent à grand destruction, violèrent pluiseurs églises, et y firent maulx inestimables. Pour lesquelles contrevengier le conte de Vaudémont, pour ce qu'il n'avoit point assés puissance pour résister contre eulx, envoia hastivement devers le duc de Bourgongne, et aussi à son beau filz le seigneur de Croy, eulx requérir instamment qu'ilz lui volsissent envoyer souscours et ayde de gens de guerre. Laquelle requeste luy fut accordée. Et y furent envoyés en chief, messire Jehan de Croy, et avec lui messire Simon de Lalain, les seigneurs de Lannoy et de Maingoual, nepveus dudit seigneur de Croy, messire Jehan, bastard de Renty, messire Anthoine de Wissoch et aulcuns aultres nobles hommes, de mil combatans ou environ, bien en point. Et firent leur assamblée autour de Aubenton, et de là se tirèrent vers la duchée de Bar. Car desjà les dessusdiz Barrois s'estoient retrais hors de ladicte contée de Waudémont. Et tant chevaulchèrent que tous ensamble vinrent devant ladicte ville de Bar-le-Duc, où estoit le marquis du Pont, filz au roy de Sézille, duc de Bar, et aultres pluiseurs seigneurs du pays. Si se mirent en ordonnance de bataille devant ladicte ville de Bar, et envoyèrent sommer ledit marquis que se il vouloit venir dehors à tout sa puissance, ou prendre jour de les combatre, ilz estoient tous prestz de les recepvoir et furnir. A laquelle requeste leur fut faite responce par le conseil du dessusdit duc de Bar, que point ne les combateroit à leur requeste, ne à leur plaisir, mais avoit intencion de le faire en temps et en lieu, quand bon lui sambleroit. Laquelle responce oye, lesdiz Bourguignons se départirent de là et alèrent tous ensamble logier à ung groz village nommé Longueville. Et là vint contre eulx ledit conte de Vaudémont, à tout ce qu'il avoit peut assambler de gens de guerre. Et lendemain se tirèrent plus avant en marche, et commencèrent à bouter feux au travers de la duchée de Bar. Et de là se tirèrent en la duchée de Lohoraine, en destruisant tout ce qu'ilz povoient attaindre et trouver hors de forteresces. Et qui plus est, prinrent par force pluiseurs églises, ès quelles ilz firent moult de violences. Et pour vray le conte de Vaudémont estoit sy enclin et obstiné de tout détruire, que non obstant que les dessusdiz seigneurs qui estoient avec luy n'estoient point bien contens de faire si très cruel desroy et indicibles desrisions, nientmains ne l'en povoient garder, ne pareillement ses gens. Et après qu'ilz eurent continué en ycelles besongnes par l'espace de vint six jours ou environ, sans trouver aulcuns gens de guerre qui se apparussent contre eulx pour eulx combatre, s'en retournèrent par aultre chemin qu'ilz n'estoient alés. Toutefois, en faisant ycelui voiage, ilz souffrirent eulx, et eurent eulx et leurs gens de moult grans paines et travaulx, et moult grand défaulte de vivres. Ainsy et par ceste manière se faisoit la guerre entre ycelles parties, assavoir yceulx deux seigneurs et leurs segnouries, au préjudice, dommage et grand destruction du povre menu peuple.

CHAPITRE CCLIII.

Comment le duc d'Orliens fu délivré de la prison d'Angleterre par le moyen du duc de Bourgongne, et espousa la demoiselle de Clèves, nièpce audit duc de Bourgongne.

Vous avés ci-dessus bien et oy racompter comment par pluiseurs fois en diverses ambassades, tant par le Roy comme du duc de Bourgongne, avoient esté envoiées devers les gens du roy d'Angleterre, sur intencion de traictier de paix entre les deux royaumes, et aussy pour la délivrance de Charles, duc d'Orliens. Lesquelles ambassades y avoient assés peu besongnié. Car lesdiz Anglois ne bailloient responce, ne espérance de venir à aulcun traictié, se n'estoit que ce fust au grand dommage et préjudice du roy de France et de sa signourie. Et ne vouloient lesdiz Anglois venir ne condescendre à nul appointement, se les conquestes qu'ilz avoient faites en France, et en espécial les duchées de Guienne et de Normendie, ne leur demouroient franchement, sans les tenir du roy de France en quelque souverainté ou ressort. Et à ce s'estoient du tout fermés. Laquelle chose ycelui roy de France, ne ceulz de son conseil, n'eussent jamais accordée. Et au regard du duc d'Orliens, lesdiz Anglois n'estoient point trop désirans de le délivrer, pour ce que chascun an en avoient très grosse somme de pécune, pour largement payer ses despens. Et fut une des choses en partie pour quoy ilz le tinrent si longuement prisonnier, seloncq la relacion que en faisoient aulcuns Anglois qui bien sçavoient les secrès du roy d'Angleterre. Et pour vray, se le roy de France et ceulx qui avoient le gouvernement des besongnes touchans les signouries du dessusdit duc, eussent long temps par avant conclud de lui point envoyer lesdictes finances, il est à supposer que sa délivrance eust esté plus tost trouvée qu'elle ne fu. Nientmains je croy que tout ce qui s'en faisoit estoit en bonne intencion et pour tenir honneur.

Lesquelx traictiés durans et depuis, ledit duc de Bourgongne, qui avoit assés grand désir et voulenté de aidier à délivrer ledit duc d'Orliens, tant pour la prouchaineté de sang dont ilz atenoient l'un à l'autre, comme aussy que se il revenoit en France ilz peussent demourer bons, vrais et loyaulx amis l'un avec l'autre, et que toutes guerres et rigueurs qui avoient esté en temps passé à cause et par le moyen de leurs deux pères deffunctz, fussent mis en oubli et du tout adnullées sans jamais en riens relever, fist par pluiseurs et diverses fois parler et ouvrir ceste matère par aulcuns de ses gens audit duc d'Orliens et à ceulx qui avoient puissance de luy aidier à avoir sadicte délivrance envers le roy d'Angleterre et ceulx qui le gouvernoient, pour sentir comment, ne par quelle manière ceste besongne pourroit prendre fin. Et en oultre fist parler audit duc d'Orliens pour sçavoir se il voulroit prendre une sienne nièpce qu'il avoit, fille de sa seur duchesse de Clèves[1], laquelle estoit en son hostel. Et avec ce, ou cas qu'on pourroit traictier de sa délivrance, se il seroit content du tout luy alyer et accorder avec ledit duc de Bourgongne, sans jamais faire aulcune poursieute contre lui ne les siens par quelque manière que ce fust, pour les querelles du temps passé dessusdictes, sauf en tout le roy de France et son filz le Daulphin. Lequel duc d'Orliens, considérant la grand servitude où il avoit esté long temps et le grand dangier qu'il avoit eu et povoit encore avoir, s'enclina à y entendre. Et de fait promist en parolle de prince, que se ainsy estoit que ledit duc de Bourgongne le peuyst et volsist aidier à délivrer de ycelle servitude, il seroit content de prendre sadicte nièpce à espeuse, et avec ce, du

---

1. Marie de Bourgongne, fille de Jean Sans-Peur, et femme d'Adolphe, duc de Clèves.

sourplus, tant faire avec lui sur toutes ses requestes, que de raison il debveroit estre content. Après lesquelles promesses, on commença de rechief à traictier diligamment avec ledit roy d'Angleterre et ceulz de son conseil. Si fut en ce tant continué entre les deux parties que finablement furent d'accord, moyennant et par tel si, que le duc de Bourgongne bailla son scellé au roy d'Angleterre pour la somme qui entre eulx fu dicte et devisée.

Après ces traictiés fais et accordés par la manière ci dessus déclarée, le dessusdit duc d'Orliens fut du tout mis à plaine délivrance. Et après qu'il eust promis solempnelment de lui employer en tout ce qu'il lui seroit possible à la paix finalle d'entre les deux rois et leurs royaumes, et avec ce quand il eut prins congié au roy d'Angleterre et aux aultres seigneurs, se parti de Londres en Angleterre, et par aulcuns peu de jours vint en la ville de Calais, garni de bon sauf-conduict. Et de là fut amené à Gravelignes. Et estoient avec lui, pour le conduire, le seigneur de Cornouaille, messire Robert de Ros, et aulcuns aultres gentilz hommes d'Angleterre. Auquel lieu de Gravelignes ala devers lui la duchesse de Bourgongne[1], acompaignié de pluiseurs grans seigneurs et aultres gentilz hommes. Si s'entrefirent grand joie et moustrèrent samblant d'avoir toute léesce quand ilz se entrevirent ensamble, c'estassavoir ledit duc d'Orléans pour sa délivrance, et ladicte duchesse pour sa venue. Et peu de jours ensievans y ala ledit duc de Bourgongne pour le veoir et bienveigner. Et lors y fut, comme devant, très grand plaisir et joie

---

1. Isabelle de Portugal, troisième femme de Philippe le Bon.

à tous ceulx qui là estoient, pour ycelle assamblée, et pour la grand amour qu'ilz véoient ces deux princes avoir l'un à l'autre. Et est assavoir qu'ilz se entre acolèrent et embraçèrent par pluiseurs fois. Et pour la grand joie qu'ilz avoient de veoir l'un l'autre, furent moult grand espace qu'ilz ne dirent riens l'un à l'autre. Et premièrement le duc d'Orliens parla et dist : « Par ma foy ! beau frère et beau cousin, je vous doy amer par dessus tous les aultres princes de ce royaume et ma belle cousine vostre femme, car se vous et elle ne fussiés, je fusse demouré à tous jours mais ou dangier de mes adversaires, et n'ay trouvé nul milleur ami que vous. » A quoy le duc de Bourgongne respondi que moult lui pesoit que plus tost n'y avoit peu pourveoir, et que long temps par avant avoit eu grand désir de luy employer pour sa rédempcion. Telles et samblables parolles furent dictes par moult de fois entre yceulx deux princes. Pour lesquelles pluiseurs nobles hommes et aultres gens d'auctorité, qui là estoient des deux parties, estoient bien joyeux, et par espécial pour la revenue du duc d'Orliens dessusdit, lequel par si long temps avoit esté prisonnier ès mains desdiz Anglois. C'estassavoir depuis le vendredi prochain devant la Toussains de l'an de grace mil iiiie et xv[1], jusques au mois de novembre en l'an mil iiiie et xl. Si estoient là présens les ambassadeurs du roy de France, desquelx estoient les principaulx, l'archevesque de Rains, grand chancelier de France, et l'archevesque de Nerbonne, le conte de Dunois, bastard d'Orliens, et aulcuns aultres. Auxquelx, chascun à son

---

1. Le 25 octobre 1415. C'est la date de la bataille d'Azincourt.

tour, ledit duc d'Orliens fist joieuse récepcion, et par espécial à son frère. Et de là s'en vinrent à Saint-Omer par eaue, et se logèrent en l'abéye de Saint-Bertin, où les apparaulx[1] avoient esté fais, moult sollempnelz, pour recepvoir ledit duc d'Orliens. Et avec lui y vindrent les Anglois dessusdiz. Si fut là receu moult honnourablement dudit duc de Bourgongne et des seigneurs de son hostel. Et lui furent fais de par la ville moult grans présens. Et chascun jour venoient gens, tant des marches de France comme des pays de Picardie, pour le veoir, et entre les aultres, plus ceulx de ses pays que d'aultres lieux. Et estoient moult joyeux de son retour. En après aulcuns jours ensievans, fut ycelui duc d'Orliens requis de la partie du duc de Bourgongne, qu'il lui pleuyst jurer la paix d'Arras, et prendre en mariage la damoiselle de Clèves, nièpce audit duc de Bourgongne, ainsy et par la manière que par leurs gens ad ce commis avoit esté traictié. Lequel duc d'Orliens fist responce que tout ce qu'il avoit dit et accordé, lui estant prisonnier, il vouloit entretenir. Et adonc ces besongnes ainsi conclutes, se mirent les deux ducz et leurs gens dedens le cuer de l'église dudit Saint-Bertin. Ouquel lieu fut apporté ledit traictié par escript, en latin et en françois. Et là fut leu hault et entendiblement, premier en latin et puis en françois, par maistre Jehan Tronchon, archediaque de Bruxelles en Braibant, présens les deux ducz dessusdiz, les archevesques et évesques là assistans, avec moult grand nombre de chevaliers et escuyers, gens d'église, bourgois et aultres officiers des deux parties. En la fin du-

---

1. Préparatifs.

quel, ledit duc d'Orliens promist et jura sollempnelment sur le livre et représentacion de nostre Créateur,
que tenoit en ses mains ledit archevesque de Rains, de
bien et loyalment entretenir tout ycelui traictié en
tous ses poins généralment, sauf que l'article qui
parloit de la mort du duc Jehan de Bourgongne. Et
dist qu'il n'estoit point tenu de lui excuser d'ycelle
mort, et que, par son âme, il n'en avoit esté oncques
consentant, ne si n'en avoit riens sçeu, mais en avoit
esté desplaisant quand ycelle fu venue à sa congnoissance, véant et considérant que par le moyen de la
dicte mort le royaume de France estoit en plus grand
dangier que devant. Et ce fait, fut appellé le conte de
Dunois, bastard d'Orliens, pour faire le sairement
dessusdit. Lequel délaia ung petit. Mais incontinent,
par le commandement dudit duc d'Orliens, son frère,
il le fist. Et ce fait et acompli, le duc dessusdit promist
à espouser la dessusdicte damoiselle de Clèves. Et de
fait fiancèrent l'un l'autre en la main de l'archevesque
de Nerbonne. Sy commencèrent layens de toutes pars
à mener grand joie et faire moult grans festes et esbatemens. Et fut envoyé par les gens dudit duc en pluï-
seurs et divers lieux de ses pays, pour avoir provisions
à furnir la feste d'ycelles neupces. Et soustenoit ledit
duc de Bourgongne tous les despens dudit duc d'Orliens et de ses gens. Et en après le samedi devant la
saint Andrieu[1], espousa, le dessusdit duc d'Orliens,
ladicte damoiselle de Clèves. Et lendemain, qui estoit
diemenche, fut faite la feste très honnourable. Et estoit moult grand noblesce [veoir] les seigneurs et les

---

1. Le 26 novembre 1440.

dames aler à l'église. Et menoit, ledit duc de Bourgongne, sa nièpce, en le tenant par le senestre bras. Et au dextre costé estoit, sur le derrière, messire Jehan, bastard de Saint-Pol, seigneur de Habourdin, qui portoit la manche de ladicte duchesse d'Orliens. Et une dame portoit la robe par derrière; qui estoit moult riche. Et après, ung petit plus derrière, sievoit le duc d'Orliens, qui menoit la duchesse de Bourgongne, acompaigniés des plus grans seigneurs, comme les contes d'Eu, de Nevers, d'Estampes, de Saint-Pol, de Dunois. Et si y avoit très grand nombre de grans seigneurs, chevaliers et escuyers, dames et damoiselles, qui tous sievoient ledit archevesque de Nerbonne. Lequel chanta la messe pour ycelui jour. Et avec lui estoient grand cantité de gens d'église, qui firent la procession autour du cuer. Et quand est aux rois-d'armes, héraulx et poursievans, trompettes, ménestrelx et aultres juans de divers instrumens de musique, il y en avoit largement. Et estoient lesdiz officiers d'armes vestus de leurs cottes d'armes, où estoient les blasons des seigneurs à cuy ilz estoient. Entre lesquelx y estoit le roy-d'armes de la Jartière d'Angleterre. A toutes lesquelles honneurs estoient aussi lesdiz seigneurs de Cornouaille et messire Robert de Ros, avec eulx pluiseurs de leurs gens, auxquelx on faisoit et fist on durant ces besongnes très grans honneurs et joieuse récepcion, et par espécial ledit duc de Bourgongne à ycelui seigneur de Cornouaille. Et aloient par toute la ville à leur plaisir, sans ce qu'on leur baillast empeschement. Et la messe finée on ala disner. Et fut la duchesse d'Orliens assise en la grand salle ou milieu de la table, et au droit lez estoit ledit archevesque, qui avoit célébrée la messe, et de l'aultre costé, au lez senestre, estoit la duchesse de Bourgongne. Sy y estoient aussy les contesses d'Estampes et de Namur. Et aux aultres tables estoient assises les dames et damoiselles, chascune seloncq le degré de sa noblesce. Et quand aux deux ducz, et les deux seigneurs anglois, et les contes dessus nommés et aultre grande chevalerie, disnèrent l'un avec l'autre comme en brigade. Et furent, tant les ungz comme les aultres, servis très habondamment de pluiseurs riches et divers mès. Après lequel disner ilz alèrent veoir les joustes qui se faisoient sur le marchié. Et là estoient les dames aux fenestres, en très grand nombre. Desquelles joustes, pour ycelui jour, emporta le bruit, le seigneur de Waurin. Et de rechief furent faites aultres joustes après soupper, en la grand sale de Saint-Bertin, tout hault, sur petis chevaulx, de six heaumes tant seulement[1]. Et y eut grand foison de lances rompues. Si les faisoit moult bel veoir.

Et lendemain, quil fu le lundi, fu faite moult joieuse feste, tant en joustes comme aultres esbatemens. Desquelles joustes le conte de Saint-Pol emporta le pris des dames. Esquelx jours furent donnés moult grans dons à tous les officiers d'armes par les princes dessusdiz, pour lesquelz ils crièrent à haute voix et par pluiseurs foi : largesse ! en dénommant ceulx qui ces biens leur avoient fais.

Et le mardi ensievant, qui fu la nuit de Saint Andrieu, le duc de Bourgongne commença sa feste de la Toison d'or, et ala oyr messe ou cuer de l'église de

---

1. C'est-à-dire de six partenaires seulement.

Saint-Bertin, acompaignié de ses frères de l'ordre, vestus et habitués de leurs mantiaulx, chaperons et habillemens, aultre fois acoustumés de porter. Ouquel cuer estoient mis et atachiés par dessus lesdiz chevaliers, contre leur siège, ung tabliel[1] ouquel estoient paintes leurs armes. Et y en avoit grand partie qui point n'estoient présens, et si en faloit cinq, qui estoient mors depuis qu'on avoit estorée ladicte feste. Et lendemain, quil fu le jour Saint Andrieu[2], vinrent en l'église en moult noble appareil, où fut fait le service très sollempnellement. Et faisoit moult bel veoir les riches paremens, tant de l'autel comme du cuer. Et pour vray, les François et Anglois là estans, estoient tous esmervilliés de veoir le grand estat et les richesses dudit duc de Bourgongne. Après lequel service ledit duc se assist à table en la grand sale ou milieu desdiz chevaliers de l'ordre, lesquelz séoient tous d'un lez et par belle ordonnance, en la manière aultre fois acoustumée; et furent servis très richement. Et en alant et retournant aloient deux à deux, et les plus anciens derrière; c'estassavoir en chevalerie. Le joesdi[3] entrèrent en leur chapitre, où ilz furent très longuement pour eslire les chevaliers qui tenroient les lieux et les coliers de ceulx qui estoient trespassés. Ouquel chapitre se assentirent tout d'un commun accord de en présenter ung au duc d'Orliens. Et pour sçavoir se ce seroit son plaisir de le recepvoir, on envoia devers luy l'évesque de Tournay et maistre Nicolle

---

1. Un tableau.
2. Le 30 novembre
3. 1ᵉʳ décembre.

Raulin, chancelier de Bourgongne. Lesquelx lui déclairèrent la voulenté du duc de Bourgongne et des chevaliers de l'ordre. A quoy il fist responce que voulentiers le recepveroit pour l'onneur de son beau frère et cousin le duc de Bourgongne dessusdit. Et briefment après vint en la grand salle. Auquel lieu vinrent le dessusdit duc de Bourgongne et tous les chevaliers dudit ordre qui estoient layens, venans de leur chapitre, les officiers d'armes devant eulx. Et portoit le roy-d'armes de la Toison d'or ung mantel et chaperon de ladicte ordre sur son bras. Et eulx, approuchant ledit duc d'Orliens, messire Hue de Lannoy, qui de ce estoit chargié, porta la parolle et en adreçant à luy, dist : « Mon très exellent très puissant et très redoubté seigneur, monseigneur le duc d'Orliens, vées icy en vostre présence mon très redoubté seigneur, monseigneur le duc de Bourgongne, et messeigneurs ses frères de l'ordre de la Toison d'or, qui ont advisé et conclud tous ensamble en leur chapitre, que pour la très haulte renommée, vaillance et preudhommie qui est en vostre très haulte personne, ilz vous présentent ung colier de ladicte ordre, en vous priant très humblement qu'il vous plaise à le recepvoir et porter, adfin que la très fraternelle amour qui est entre vous et mondit très redoubté seigneur, se puist mieulx persévérer et entretenir. » Lequel duc respondi qu'il le feroit volentiers. Et adonc ledit duc de Bourgongne, qui avoit ung desdiz coliers tous prest, lui présenta, et mist au col dudit duc d'Orliens au nom du Père, du Filz et du Saint-Esperit, et puis le baisa. Et là présentement, ycelui duc d'Orliens requist aussy au duc de Bourgongne qu'il luy pleuyst à porter son ordre. Ce qu'il lui accorda. Et tantost ledit duc d'Orliens tira de sa manche ung des coliers de son ordre, et le mist autour du col dudit duc de Bourgongne. Et après ledit duc d'Orliens fu là affublé d'un mantel et chaperon de l'ordre. Et puis fu mené ou chapitre pour faire les sairemens acoustumés en ycelle, et pour aidier à eslire quatre chevaliers qui failloient encore, lesquelz ne furent point dénommés si hastivement. Et ne sçeut nul adonc, fors eulx meismes, à cuy ilz seroient donnés. Pour lesquelles ordres dessusdictes ainsy bailliés et reçeues par yceulx deux princes, la plus grande partie des nobles et d'aultres gens d'auctorité là estans, furent très joyeux de les veoir estre en si très grand amour et concorde l'un avec l'autre. Et certain temps après ensievant retournèrent en leur dict chapitre tous ensamble, et là se concordèrent de l'envoyer et présenter aux ducs de Bretaigne et d'Alençon, à chascun d'eulx ung des coliers dessusdiz. Pour lequel message faire, fut envoyé ledit roy de la Toison d'or. Et porta lettres desdiz ducs de Bourgongne et d'Orliens et des chevaliers de l'ordre. Si fist son message bien et à point. Et tant que yceulx deux seigneurs receurent bien agréablement les deux coliers dessusdiz, et lui donnèrent pour sa paine et traveil aulcuns riches dons. Desquelx il fut très content.

En oultre, les besongnes dessusdictes acomplies, et que le feste de le Saint-Andrieu fut passée, le seigneur de Cornouaille se parti de Saint-Omer, et par Calais s'en retourna en Angleterre, à tout ses Anglois, excepté la compaignie dudit messire Robert de Ros, qui demoura avec ledit duc d'Orliens, sur intencion d'aler avec luy devers le roy de France, où il estoit envoyé en ambassade de par le roy d'Angleterre.

Durant lequel temps, aulcuns notables hommes de la ville de Bruges vinrent audit lieu de Saint-Omer, pour ce qu'ilz désiroient moult que le duc de Bourgongne leur seigneur, duquel ilz n'estoient point encore bien en grâce, retournast en leur ville. Car, non obstant qu'ilz fussent réconciliés avec luy, si avoit-il dit que jamais n'y entreroit se plus grand seigneur de lui ne lui menoit. Si requirent lesdiz Brughelins très humblement audit duc d'Orliens, que de sa grâce il lui pleuyst faire cette requeste du duc de Bourgongne, et qu'il lui pleuyst de le y mener. Laquelle requeste il fist, et luy fut par ledit duc accordée. Si se préparèrent, et tous ensamble se partirent de Saint-Omer, et par aulcuns jours s'en alèrent à Bruges, ainsy qu'il avoit esté ordonné. Où ilz furent receus très joieusement. Et firent ceulx de Bruges de grans apparaulx pour honnourer et recepvoir yceulx deux ducz et les duchesses leurs femmes, avec toutes leurs gens, plus sans comparison qu'ilz n'avoient fait passé long temps par avant. Desquelz apparaulx et préparacions aulcunes seront yci déclarées en brief.

Premièrement. Quand les Brughelins sçeurent que lesdiz deux ducz approuchoient leur ville, tous ceulx de la loy généralment, avec tous leurs officiers et serviteurs, yssirent dehors, et pareillement les doyens par connestablies, en nombre compétent, seloncq ce qu'il leur avoit esté ordonné. Et povoient bien estre sur tout quatorze cens; qui alèrent au dehors de ladicte ville de Bruges, et jusques à ung hostel nommé les Trois Rois, et là se mirent en une grande place, attendant la venue de leur seigneur. Lesquelx le voiant venir et approuchier d'eulx au costé dudit duc d'Orliens, se mirent trestous en ordonnance, à nuds piés et sans chapperons et tous desçains[1], et en luy approuchant se mirent tous à genous, les mains jointes, et présent toute la signourie, qui y estoit en très grand nombre, et les duchesses d'Orliens et de Bourgongne lui supplièrent très humblement qu'il leur volsist pardonner leurs offences du temps passé, seloncq la teneur de la paix. Lequel duc délaya ung petit. Mais incontinent, par la prière du duc d'Orliens, leur octroia leur requeste. Et ce fait, ceulx de ladicte loy baillèrent audit duc de Bourgongne toutes les clefs des portes de la ville. Et adonc, tous les dessusdiz Brughelins se levèrent, et s'en alèrent chaucier et habillier. Et puis, partans de là, vinrent tantost toutes les processions des églises de ladicte ville, tant des quatre ordres mendians, comme des religieux et religieuses, et béguines et paroisses, à tout leurs reliques et meilleures chapes. Si estoient en très grand nombre. Et commencèrent tous à chanter *Te Deum laudamus* à haulte voix et clère, quand ilz oyrent que leur naturel seigneur estoit content d'eulx. Si le convoyèrent, la plus grand partie, jusques à son hostel. Et quand au regard des marcheans de toutes nacions qui lors se tenoient en ladicte ville de Bruges, ilz alèrent chascun d'eulx endroit soy, en moult belle ordonnance et très richement habilliés de divers habillemens, tous à cheval, au devant dudit duc de Bourgongne.

---

1. Sans ceinture, en signe de soumission. La ceinture marquait le chevalier et l'homme libre.

D'aultre part estoient fais en pluiseurs lieux par où le duc debvoit passer grans eschaffaus, sur lesquelx il y avoit personnages qui jouoient de moult de manières de jeux. Aussy estoient les rues à ung costé et à l'autre pourtendues de riches draps. Et quand aux trompettes d'argent, clarons, ménestrels et aultres instrumens de musique, il y en avoit par si grand nombre que tout en retentissoit par ladicte ville. Si y avoit en oultre en pluiseurs et divers lieux, manières d'instrumens, tant en samblance de personnages comme aultres, qui gettoient vin et aultres bruvages, et en prenoient tous ceulx qui en vouloient et advenir y povoient.

Finablement, il n'est point de mémoire que lesdiz Bruguelins feyssent oncques pour nulz de leurs seigneurs prédicesseurs dudit duc, tant de joieusetés et de riches paremens qu'ilz firent à ceste fois, comme dessus est dit. Et quand il fut descendu à son hostel, ceulx de la loy alèrent devers luy pour le bienvigner. Et après ce qu'il les eust receus assés joieusement, il leur fist, par le souverain de Flandres, rendre les clefz des portes qu'ilz luy avoient présentées et baillées au dehors de ladicte ville, disant qu'il avoit bonne fiance en eulx. Dont ilz furent moult joyeux et commencèrent tous à cryer Noë! Et aussy l'avoient desjà cryé en pluiseurs lieux par la ville, à sa venue. Et quand ce vint à la nuit, par toute la dessus dicte ville furent fais moult beaulx feux sur haulx eschaffaus, et tant que tout resplendissoit. Et lendemain furent faites unes joustes sur le marchié, auxquelles joustèrent pluiseurs nobles hommes et bourgois. Si emporta le pris, de ceulx de dehors, le seigneur de Waurin, et de ceulx de dedens, le seigneur de Clèves, lequel fut servi de lances par son oncle le duc de Bourgongne. Après lesquelles joustes et que le souper fut fait, on commença à dansser en grand triumphe. Et y furent mandées les damoiselles de ladicte ville de Bruges. Et le mardi ensievant furent faites encore unes joustes sur ledit marchié. Et soupèrent tous lesdiz seigneurs, dames et damoiselles, en la maison des eschevins, où ilz furent servis très habondamment aux despens de ladicte ville. Et le samedy vinrent, le conte de Charolois, filz du dessusdit duc de Bourgongne, et la contesse sa femme, fille du roy de France[1]. A l'encontre desquelx alèrent, le duc d'Orliens, et pluiseurs nobles hommes, et ceulx de la loy de ladicte ville, acompaigniés de grand nombre de notables bourgois. Et furent convoyés jusques à la court d'ycelui duc. Et le diemenche, en persévérant, furent faites joustes, dansses et pluiseurs aultres esbatemens, qui trop longz seroient à racompter chascun par luy. Mais pour vray, les Brughelins firent ès jours dessusdiz toutes les joieusetés qu'ilz povoient ymaginer, tant pour l'amour de leur dict seigneur et prince, comme pour complaire au duc d'Orliens et à ceulx qui estoient avec luy. Et aussy lui firent aulcuns présens. Desquelx il se tint assés content. Et le lundi ensievant se départi d'ycelle ville de Bruges, sa femme la duchesse, en sa compaignie. Auquel département y eut maintes larmes plourées, des dames et damoiselles de l'ostel dudit duc de Bourgongne, au prendre congié à ycelui duc, et par espécial pour la cause du département d'ycelle duchesse d'Orliens. Et s'en alèrent à

---

1. Catherine de France, fille de Charles VII.

Gand. Jusques auquel lieu les convoia le devant dit duc de Bourgongne; où ilz furent semblablement receus honnourablement. Duquel lieu de Gand, peu de jours ensievans, se départi le dessusdit duc d'Orliens, la duchesse sa femme avec luy, et les convoia le duc de Bourgongne jusques au dehors de la ville. Si prinrent congié l'un à l'autre et se entre offrirent de faire dore en avant ce que possible leur seroit l'un pour l'autre. Et de là s'en ala par aulcuns jours en la cité de Tournay, où on lui fist très honnourable et sollempnelle récepcion.

En oultre, depuis que ycelui duc fut retourné des pays d'Angleterre à Gravelignes, et de là venu à Saint-Omer et ès aultres lieux dessus nommés, jusques au partement de lui et du duc de Bourgongne vinrent devers luy, des marches de France, tant de ses signouries comme d'ailleurs, pluiseurs gens, pour le veoir et bienvignier et luy offrir leur service. Desquelz il en retint grand partie. Et d'aultre part, des pays meismes du dessusdit duc de Bourgongne, en y eut très grand nombre qui par divers moyens firent tant qu'ilz furent retenus à luy et de son hostel, tant gentilz hommes, comme damoiselles et aultres de divers estas. Aussy lui furent présentés par pluiseurs chevaliers et escuyers, bien huit ou dix de leurs enfans pour estre ses paiges. Et avec ce luy furent bailliés environ vint quatre compaignons des marches de Boulenois, bien en point, montés et habilliés, pour estre ses archiers et gardes de son corps. Lesquelx furent tous retenus de son hostel. Et tant se multiplièrent les serviteurs dessusdiz, que quand il vint audit lieu de Tournay, il avoit bien trois cens chevaulx de sa retenue. Et quand à son ordre, elle fut par lui octroiié à porter grand nombre de chevaliers et escuyers et aultres de moyen estat. Qui lui en requéroit pour l'avoir, il en faisoit peu ou nient de refus; et fut pour ce temps assés commune ès pays de Picardie. Si estoient moult de gens désirans de le servir et estre à luy, sur l'intencion et espérance qu'ilz avoient principalment que lui venus envers le Roy il auroit ung très grand gouvernement ou royaume de France, pour quoy par ses moyens ilz pourroient estre moult advanciés en diverses manières. Et lui meisme l'entendoit ainsy. Toutesfois y avoit aulcuns saiges qui doubtoient le contraire et qu'il n'en advenist ainsy qu'il fist. Et bien disoient en leur secret, que plus tost eussent consillié audit duc de aler devers le Roy plus hastivement et à plus privée maisnie qu'il ne fist. Et d'aultre part leur sambloit que ceulx qui gouvernoient le Roy et avoient gouverné long temps par avant durant le temps de ses adversités, ne soufferroient point tant qu'ilz peussent, que aultre d'eulx euyst le gouvernement, jà fust que ycelui duc lui fust plus prouchain que tous les aultres, et qu'il eust eu moult à souffrir pour la couronne de France. Nient mains il a esté veu de très long temps que entre si grans seigneurs a toujours eu de grans envies et discencions, et que les grans seigneurs ont souvent baillié l'un à l'autre des travers.

Et après, ledit duc d'Orliens, partant de Tournay, s'en ala à Valenciennes, et de Valenciennes au Quesnoy-le-Conte, veoir sa belle cousine la contesse Marguerite, douagière de Haynau, qui le festoia très joieusement. Et après qu'elle lui eust donné aulcuns dons, s'en vint en la cité de Cambray, où on luy fist pluiseurs présens. Et entre les aultres lui donnèrent ceulx de la ville, v^c escus d'or de France. Duquel lieu de Cambray il avoit intencion d'aler à Saint-Quentin. Mais aulcuns de ses gens luy donnèrent à entendre qu'il y avoit grand péril pour luy et sa compaignie d'aler ce chemin, pour ce qu'il falloit passer par aulcuns destrois près des forteresces messire Jehan de Luxembourg, qui encore n'avoit point fait le sairement de la paix d'Arras. Et pour ceste cause et pour aler plus seurement, manda aulcuns gentilz hommes de la marche de Cambresis et leurs gens, pour aidier à convoyer ses baghes. Duquel messire Jehan de Luxembourg, se ledit duc d'Orliens eust sceu les affaires, il n'en deust point estre en doubte pour deux raisons : la première si estoit qu'il estoit du tout réconcilié avec ledit duc de Bourgongne, et meismement avoit esté à Bruges en tant que ledit duc d'Orliens y estoit, et avoit eu avec lui assés grand communicacion et pluiseurs parlemens sur aulcuns de leurs affaires, tant de la signourie de Couci comme d'aultres besongnes qui leur touchoit. Et avec ce ledit messire Jehan de Luxembourg estoit par bonne amour parti de lui de la ville de Bruges, et lui avoit offert de le servir et lui faire plaisir en tout ce qui lui seroit possible. Par quoy estoit à supposer que jamais n'eust consenti de lui porter aulcun dommage ou contrariété. La seconde raison si estoit que en tant que ycelui duc d'Orliens estant à Cambray, le dessusdit messire Jehan de Luxembourg gisoit en son hostel de Guise, moult agrevé de maladie, de laquelle il ala de vie à trespas. Et furent apportées les nouvelles de sa mort au dessusdit duc d'Orliens en ladicte ville de Cambray. Pour lesquelles il demoura deux jours plus qu'il n'avoit intencion. Et fist requeste aux gouverneurs de ladicte ville qu'ilz le voulsissent eslire à gardien de leur dicte ville ou lieu dudit de Luxembourg qui par avant l'estoit, et il se feroit confermer de par le roy de France, si comme il estois acoustumé. De laquelle requeste ilz se excusèrent au mieulx qu'ilz peurent, disans qu'ilz ne le oseroient faire sans le consentement de leur évesque.

En après, ledit duc s'en ala de Cambray à Saint-Quentin et de là à Noyon, à Compiengne à Senlis, et puis à Paris, où il sousjourna par aulcuns jours. Et par tout où il passoit et sousjournoit, on lui faisoit aussi grand honneur et révérence comme on eust fait à la personne du roy de France ou à son filz le Daulphin. Et avoient les gens moult grand confidence et espérance que par son retour et desprisonnement venroit grant consolacion ou royaume de France. Et par espécial la plus grand partie du peuple y estoient moult affectés, et désiroient longtemps par avant à le veoir en sa franchise, comme lors le veoient. Si estoit l'intencion dudit duc d'aler devers le Roy au plus tost que faire se pourroit. Mais il oy nouvelles pour lesquelles il se délaia grand espace de temps, c'est assavoir bien ung an ou plus. Et la cause si fut pour ce que le Roy fut adverti de toutes les manières que ycelui duc avoit tenues depuis qu'il estoit retourné d'Angleterre, et des aliances et sairemens qu'il avoit fais avec le dessusdit duc de Bourgongne, et aussy de son ordre qu'il avoit prinse. Et meismement que desjà estoit acompaignié et avoit de son ostel grand nombre de gens des pays dudit duc de Bourgongne, qui aultrefois avoient mené guerre au roy de France et à ses pays. Et luy fut dit en oultre que ces aliances se faisoient contre luy et ceulz qui le gouvernoient, et que avec yceulx deux ducz estoient alyés pluiseurs grans seigneurs, comme les ducz de Bretaigne et d'Alençon, et aultres. Lesquelz avoient desjà proposé de lui baillier tout nouvel gouvernement, et que dore en avant son royaume seroit gouverné par eulx et aultres telz qu'ils y vouldroient commettre, et auroit tant seulement honnestement son estat, sans faire aulcune chose qui ne fust le consentement ou congié d'yceulx seigneurs. Lequel roy, qui tousjours estoit assés enclin de croire conseil, pour ce que durant son règne on lui avoit fait et machiné par pluiseurs fois de grans traverses et assés semblables, crey légièrement tout ce qu'on lui dist des besongnes dessusdictes, estre véritables. Et par espécial, quand il sceut que lesdiz deux ducz de Bretaigne et d'Alençon avoient receu l'ordre dudit duc de Bourgongne, il en fut en plus grand doubte que par avant. Et avec ce, de jour en jour, ceulx qui estoient avec luy lui disoient et raportoient que ainsy estoit comme on l'en disoit. Pour lesquelles nouvelles il estoit très mal content. Et pour ce, non obstant qu'il eust ordonné au duc d'Orliens venir devers luy, en disant à ses gens qui luy avoient apporté les nouvelles de son retour, que moult le désiroit à veoir, nientmains, pour les choses dessus dictes, ne fut point content qu'il y alast, si non à privée maisnie, sans y mener aulcuns dessusdiz de son service, c'est assavoir ceulx du dessusdit pays du duc de Bourgongne. Et pour tant, ledit duc d'Orliens, sachant les choses estre en l'estat dessusdit, se tira de Paris à Orliens, et puis à Blois et sur ses aultres signouries, où il fut, encore plus que ailleurs, très notablement receu de tous ses vassaulx et subgectz. Et luy furent fais pluiseurs notables dons et riches présens en sesdictes signouries.

Or convient retourner à parler ung peu de messire Jehan de Luxembourg, conte de Ligney, lequel, comme dict est par avant, trespassa dedens le chastel de Guise. Si fut son corps apporté sur ung chariot et acompaignié de ses gens très honnourablement, en l'église de Nostre-Dame de Cambray, où il fut mis sur deux hestaulx dedens le cuer. Et la première nuit on dist vigilles et commandasses. Et fut villié jusques à lendemain, qu'on dist la messe des mors, moult sollempnellement. Et y avoit très grand nombre de torsses alumées autour dudit corps, que tenoient ses gens. Et ycelle messe finée, fut mis en cuer, assés près de ung de ses prédicesseurs, nommé Waleran de Luxembourg, seigneur de Ligney et de Beaurevoir. Et comme en aultre lieu est plus à plain déclairié, ledit sire Jehan de Luxembourg ala de vie par trespas sans avoir fait devers le roy de France, ne aultres ses députés, le sairement de la paix d'Arras, jà soit que ad ce faire eust esté par pluiseurs fois incité. Et depuis l'an XXXV que ycelle paix avoit esté confermée, jusques environ la nuit des Rois l'an mil IIIIe et XL[1] qu'il trespassa, comme dict est, avoit entretenu ses villes, forteresces et pays sans ce que nulles des trois parties, c'estassavoir de France, d'Angleterre et de Bourgongne, y eussent fait aulcunes entreprinses, sinon assés peu. Car quant est auxdiz Anglois, ils estoient tous désirans de lui

---

1. Le 6 janvier 1441 (N. S.).

complaire et faire plaisir, pour ce qu'il n'estoit point encore deslyé d'eulx et n'avoit rendu son sairement, et avoient moult grand fiance d'avoir son ayde et assistance, se besoing leur en eust esté. Et pareillement il se tenoit tout seur d'avoir leur ayde contre tous ceulx qui l'eussent voulu nuire et grever. Et au regard des Bourguignons, peu en y avoit qui ne fussent enclins de lui faire plaisir en tous ses affaires. Et non obstant que le duc de Bourgongne fust pour ung temps aulcunement indigné contre luy par les rappors qu'on luy faisoit souvent, nientmains la besongne ne sorti point d'effect si avant que pour venir à l'œuvre de fait. Ains estoit du tout retourné en la grâce et bienveillance dudit duc de Bourgongne. Et d'aultre part, lesdiz François, et par espécial les capitaines qui menoient et qui entretenoient les gens de guerre, le doubtoient fort, pour ce qu'ilz le sentoient moult vaillant de sa personne, et que tousjours il estoit pourveu de gens de guerre pour résister contre eulx se ilz lui faisoient aulcun dommage, et sçavoient bien que, se il les trouvoit sur aulcunes de ses signouries à son advantage, il les feroit destruire sans en avoir aulcune miséricorde. Et pour ces raisons, quand ilz approuchoient ses dictes signouries, ilz estoient tous joyeulx de baillier leurs séellez prometans de luy non faire aulcun dommage, ne quelque grief ou desplaisir, à luy ne aux siens. Et ainsy le firent pluiseurs fois. Et aussi il estoit content de les laissier paisibles sur ycelles condicions. Toutefois, peu de temps devant sa mort, le roy de France avoit conclut avec son conseil de luy non plus baillier aulcuns jours de respit. Et avec ce estoit du tout délibéré de venir à grand puissance contre luy pour le subjuguer et mettre en son obéissance, ou au moins de le constraindre de lui faire faire le sairement d'Arras dessusdit. Mais le très puissant Dieu créateur de toutes choses y pourvey avant qu'on peuyst sçavoir à quelle fin ycelles besongnes pourroient venir. Ainsy et par ceste manière fina sa vie le dessusdit messire Jehan de Luxembourg, qui de sa meisme personne avoit esté très chevalereux et moult doubté en tous lieux où on avoit de lui congnoissance. Et en assés brief temps après son trespas, ung nommé Levrin de Moncy, à cuy il avoit baillié le chastel de Coucy en garde, le rendy ès mains du duc d'Orliens, moyennant certaine somme d'argent qu'il en receupt. Et ne fu point content de le mettre ès mains du conte de Saint-Pol, nepveu et successeur dudit de Luxembourg.

Et aussy, ceulx de Neelle et de Beaulieu en Vermendois, déboutèrent Lyonel de Vandome, qui estoit leur gouverneur, et tous les aultres qui estoient en ycelles places de par le dessusdit de Luxembourg, et mirent dedens les gens de monseigneur de Montgaiguier. Et toutes les aultres villes et forteresces furent mises et délivrées en l'obéyssance dudict conte de Saint-Pol par ceulx qui les tenoient et en avoient eu le gouvernement.

CHAPITRE CCLIV.

Comment le roy de France ala à Troyes en Champaigne, et comment pluiseurs villes et forteresces se mirent en son obéyssance. — Et aultres matères.

Durant le temps dessusdit, Charles, roy de France, fist moult grand assamblée de gens de guerre de pluiseurs ses pays, et avec ce remanda les capitaines des compaignies dont dessus est faite mencion[1], qu'ilz venissent devers lui, à tout leurs gens. Et quand tout fut assamblé vers la rivière de Loire, il se parti de Bourges en Berri, son fils le Daulfin en sa compaignie, le connestable de France, messire Charles d'Anjou et aultres en grand nombre, de grans seigneurs. A tout lesquelz il se tira à Troyes en Champaigne, et là sousjourna environ trois sepmaines. Et estoient ses gens logiés par les villages sur le plat pays. Dont cestuy pays estoit moult fort travillié. Et si en avoit grand partie ès contrées d'Aussoire et de Tonnoire, et sur les marches de Bourgongne.

Ouquel temps, pluiseurs villes et forteresces se mirent en son obéyssance, lesquelles par avant lui avoient fait forte guerre et à ses pays. Et aussi appaisa la guerre des Barrois et des Lohorains et du conte de Vaudémont. Et sy se pacifia avec lui le damoiseau de Commarcis et pluiseurs aultres seigneurs des marches de Bourgongne, qui par avant estoient en son indignacion. Et ces besougnes faites et accomplies, s'en

---

1. Les Écorcheurs.

vint ledit Roy eu la ville de Bar-sur-Aube. Auquel lieu vint devers lui le bastard de Bourbon, qui avoit soubz lui à son commandement une très grosse compaignie de gens d'armes, qu'il avoit longtemps entretenu sur leurs champs. Mais quand il fut venu audit lieu de Bar, il fut accusé d'aulcuns criesmes envers le Roy. Et après que sur yceulx eust esté diligamment examiné et son procès fait, fut condempné à estre rué en une rivière tant qu'il fut noyé. Et ainsy en fut fait. Et depuis qu'il fut mort, fut tiré dehors et mis en terre sainte. Si fut lors assés commun qu'on lui avoit ce fait pour ce que, durant la guerre d'entre le Roy et son fils le Daulphin, il estoit à grand puissance avec son frère le duc de Bourbon, et avoit esté cause principalment d'eslougnier ycelui Daulphin du Roy son père. Et d'aultre part, au retour du voiage de Harfleur, où il avoit esté avec le conte d'Eu, comme dict est ailleurs, il s'estoit tiré à Saint-Omer devers le duc de Bourgongne, auquel lieu il avoit promis de le servir se aulcuns affaires lui sourvenoient, en la faveur du dessusdit duc de Bourbon, beaufrère au duc de Bourgongne dessusdit. Pour laquelle exécucion ainsi faite sur ycelui bastard de Bourbon, aulcuns des aultres capitaines, qui par longtemps avoient tenu les champs soubz umbre des armées du Roy, furent en très grand doubte et crémeur que pareillement ilz ne feussent pugnis de leurs anciennes malvaises œuvres.

CHAPITRE CCLV.

Comment les Anglois qui se tenoient ou chastel de Folleville faisoient moult de maulx en Amiennois et ès pays d'environ, et desconfirent aulcuns seigneurs Picars et leurs gens, qui les assaillirent.

Item, en celui temps, les Anglois, qui se tenoient ou chastel de Foleville, firent moult de maulx ou pays d'Amiennois, de Corbie et de Santhers, et aussy à la ville de Mondidier et aux aultres lieux à l'environ. Et estoient en tout cent compaignons de guerre, qui firent moult de grans maulx. Et tellement contraindirent yceulx pays, que la plus grand partie des villes estoient toutes apaties à eulx et rançonnés à certaine somme d'argent et de fourment pour chascun mois. Dont le povre peuple estoit moult fort oppressé et travillié. Et meismement alèrent ung jour coure la ville de Dours sur la rivière de Somme. Si estoit dedens la forteresce d'ycelle ville le seigneur d'ycelle, lequel, pour ce qu'il n'estoit point assés puissant pour résister à l'encontre desdiz Anglois, monta hastivement à cheval et s'en alla en la ville d'Amiens pour avoir ayde et souscours. Sy trouva là le seigneur de Saveuses, capitaine de ladicte ville d'Amiens, et pluiseurs aultres gentilz hommes et aultres gens de guerre; lesquelx, avec aulcuns du commun, se mirent à voie, tant de cheval comme de pied, pour radement poursievyr yceulx Anglois. Lesquelx ils trouvèrent assés près dudit lieu de Foleville, où ilz se retraioient en moult belle ordonnance, menant avec eulx grand foison de bagages qu'ils avaient conquis. Si fut ordonné que le seigneur de Saveuses conduiroit ceulx de pied, et le seigneur de Dours dessus nommé, le seigneur de Contay, le seigneur de Tilloie, Guichard de Fiennes et aulcuns aultres gentilz hommes, menroient ceulx de cheval. Lesquelx approuchèrent et herrièrent yceulx Anglois pour les combattre tous ensemble, c'estassavoir ceulx de cheval et ceulx de pied. Laquelle ordonnance ne fut point bien tenue. Car les dessusdiz de cheval, qui estoient moult désirans d'assambler avec leurs adversaires, férirent dedens sans attendre yceulx de pied. Dont il leur mésavint grandement. Car les dessusdiz Anglois qui veyrent leurs adversaires eulx approuchier, et qui estoient en plus grand nombre les deux pars, se mirent en bonne ordonnance, leurs chevaulx derrière eulx, adfin qu'on ne les peust envoyer par derrière, et se deffendirent très vaillamment et tant, que grand partie de leurs adversaires y furent mors. Entre lesquelz le furent le seigneur de Dours, Guichard de Fiennes, Jehan de Beaulieu et aulcuns aultres. Et des prisonniers fut le principal, messire Marthel d'Antoch, seigneur de Tilloy. Et les aultres passèrent oultre par force de bons chevaux qu'ilz avoient. Desquelx les aulcuns furent moult fort navrés et bléciés, et les aultres eurent leurs chevaulx effondrés. Et ledit seigneur de Saveuses, véant la besongne estre ainsi mal tournée, entretint au mieulx qu'il peut ceulx de pied, lesquelx il avoit en son gouvernement, et avec ceulx de cheval qui estoient eschappés de la besongne dessus dicte, les reconduist audit lieu d'Amiens, moult tristes et desplaisans de ceste male adventure. Et depuis, par traictié fait avec yceulx Anglois, furent les mors raportés, tous desnués, pour enterrer chascun en leurs lieux. Si furent, aulcuns des amis et prouchains de ceulx qui y avoient esté mors, qui en volrent donner aucune charge à ycelui seigneur de Saveuses, disans qu'il ne s'estoit point advancié comme il deuyst pour aydier et souscourir ses gens quand besoing leur en estoit. A quoy, selon son povoir s'en excusoit, disant que bonnement ne se povoit plus fort haster, pour ce qu'il avoit en son gouvernement, comme dict est cy-dessus, les gens de pied, lesquelz luy avoient esté bailliés à conduire par le consentement de tous les nobles là estans.

CHAPITRE CCLVI.

Comment les gens du conte de Saint-Pol destroussèrent aulcuns des serviteurs du roy de France qui ramenoient des habillements de guerre, tant de la cité de Tournay comme de ailleurs, et l'amende que ledit conte de Saint-Pol en fist.

Item, entretant que le roy de France estoit, à tout son armée, ou pays de Champaigne, comme vous avez oy dessus, il avoit ordonné aulcuns de ses plus féaulx serviteurs pour aler en sa ville de Tournay et ès marches de Flandres, pour acheter certain nombre d'artillerie et aultres habillemens de guerre, pour mener en sa ville de Paris, adfin de lui en aidier quand il en auroit besoing. Lesquelx, c'est assavoir ceulx qui y estoient commis, en firent très bonne diligence, et tant que des besongnes dessusdictes chargèrent pluiseurs chars et charios et les conduirent seurement parmy les pays du duc de Bourgongne, depuis la cité de Tournay, sans trouver aulcun qui leur baillast ou feyst empeschement, jusques à tant qu'ilz vinrent à une ville nommée Rippemont, où ilz furent rencontrés des gens du conte de Saint-Pol, qui estoient en garnison en ycelle ville. Entre lesquelx estoient Jehan, seigneur de Thoraute, Guiot de Béthune, Oste de Noefville, et pluiseurs aultres, tant hommes d'armes comme archiers. Lesquelz destroussèrent du tout lesdictes gens et serviteurs du Roy, et prinrent et emmenèrent lesdiz harnois, et les boutèrent en ladicte ville de Ripemont, auquel lieu ilz en butinèrent et dissipèrent grand partie. Toutefois ce ne fut point du sceu ne du consentement, ne ordonnance du dessusdit conte de Saint-Pol. Ains en fut très courroucié et desplaisant. Laquelle destrousse venue à la congnoissance du Roy, en fut très indigné et mal content, et jura qu'il seroit amendé, et qu'il feroit guerre à ycelui conte de Saint-Pol, s'il n'en faisoit du tout restitucion et délivrance, et s'il ne lui faisoit hommage et féaulté des terres et signouries qu'il tenoit de luy en son royaume.

Et lors, lui estant en la ville de Bar-sur-Aube comme dict est dessus, venoient de jour en jour gens de guerre devers luy pour le servir. Et quand il eut yluecq sousjourné une espace, il s'en vint par Châlons et Rains, en la cité de Laon. Et par tout où il venoit, estoit receu par les bonnes villes à luy obéissans très honnourablement, ainsy et par la manière qu'il est accoustumé de faire à son roy et souverain seigneur. Duquel lieu de Laon et de la marche à l'environ, se départirent grand partie de ses capitaines, à tout leurs gens d'armes. C'estassavoir La Hire, Anthoine de Chabennes, Joachim Rouault et aulcuns aultres, pour venir et approuchier les villes et forteresces que tenoient les gens dudit conte de Saint-Pol et pour eulx faire guerre. Lequel conte de Saint-Pol, qui estoit assés adverti d'ycelle venue, les avoit fait garnir de ses gens du mieulx qu'il avoit peu. Et se tenoit de sa personne à Guise en Terrasse[1], pour souscourir ceulx qui en avoient besoing. Mais il advint que ceulx de ladicte garnison, et les dessus nommés qui se tenoient à Rippemont de par ledit conte de Saint-Pol comme dict est, quand ilz oyrent et sceurent que le Roy et sa puissance les approuchoit de si près, eurent si grand doubte et si grand paour, que avant que les François venissent, se départirent soubdainement en grand desroy, sans attendre l'un l'autre, et habandonnèrent la ville et le chasteau dudit Ripemont, en les laissant ou gouvernement du commun peuple. Lesquelx demourèrent moult désolez pour la départie des dessus-diz. Lesquelx se retrayrent vers leur maistre et seigneur ledit conte de Saint-Pol, audit lieu de Guise et en aultres villes et forteresces appartenans audit conte, qui d'eulx fut très mal content; et par espécial de ceulx qui en avoient eu le gouvernement et auxquelz il en avoit baillié la charge. Et ce mesme jour ou lendemain, vinrent devant ladicte ville de Rippemont les François, auxquelz, ou nom du Roy, fut baillié plaine obéyssance, et les mist-on dedens ladicte ville. Dedens laquelle ilz trouvèrent des biens très largment, et en partie en prinrent à leur plaisir. Et entre les aultres y entra comme chief ledit Joachin Rohault. Et briefz jours ensuivans, la plus grand partie de l'armée du Roy se tirèrent devant la ville de Marle, et le advi-

1. A Guise en Thiérarche.

ronnèrent et asségièrent à moult grand puissance. Dedens laquelle ville estoit, de par le conte de Saint-Pol, ung gentilhomme assés expert en fait de guerre, nommé George de Croix, qui avoit avec lui environ soixante combatans, avec ceulx de la ville. Si fut souffisamment sommé depar le Roy de rendre la ville. Mais il fist responce toutes les fois qu'il en fut requis, que sans le sceu et consentement de son seigneur et maistre, le conte de Saint-Pol, point ne le renderoit. Pour lequel refus, les dessusdiz asségans mandèrent en grand diligence les groz engiens et artilleries du Roy, et de fait les firent asseoir et affuster en très grand nombre devant les portes et murailles de la dessusdicte ville. Si commencèrent à jetter et adommagier ladicte muraille en aulcuns lieux. Et estoit leur intencion de le assaillir brief ensievant. Mais entretant que les besongnes dessusdictes se faisoient, ledit conte de Saint-Pol, considérant que au long aler ce lui estoit chose impossible de tenir sesdictes places contre le Roy et sa puissance, attendu que desjà avoit esté assés adverti que point ne auroit de souscours au duc de Bourgongne, se commença aulcunement à dissimuler. Car avec ce, les principaulx qui estoient avec lui, lui consilloient qu'il trouvast ses moyens d'avoir traictié et demourer paisible, lui et ses signouries. Lesquelz moyens, tant pour la contesse douagère, sa mère, qui par avant avoit esté devers le Roy et encore estoit à Laon, comme pour aultres ses bons amis, se commencèrent traictiés à ouvrir. Et finablement ledit conte de Saint-Pol ala à Laon devers le Roy. Duquel et du Daulphin il fut receu assés courtoisement, et aussy des aultres seigneurs qui là estoient. Et certains briefz jours ensievans impétra et obtint envers ledit Roy, que ceulx qui estoient devant sadicte ville de Marle et ses gens qui estoient dedens, ne feyssent point de guerre l'un à l'autre jusques à certain jour. Pendant lequel temps on traitoit du sourplus. Lesquelz traictiés finablement, après que sur ce le Roy avec son grand conseil eut tenu pluiseurs journées, et que le dessusdit conte de Saint-Pol eut esté oy sur ce qu'il vouloit dire et requerre, fut ordonné que ycelui conte de Saint-Pol demourroit en la bonne grâce du Roy, moyennant qu'il luy feroit hommage et sairement de fidélité des terres et signouries qu'il tenoit en son royaume, tant de par luy comme de par la contesse de Marle et de Soissons, sa femme, ainsy et par la manière que luy avoient fait et faisoient journelment ses aultres vassaulz. Et avec ce qu'il feroit mettre sa ville de Marle en l'obéyssance du Roy et de ses commis, et en vuidier ceulx qui dedens estoient. Et oultre plus qu'il bailleroit certaines lettres signées de sa main et séellées de son séel, contenans certains poins déclairiés en ycelle. Dont la copie sera cy-après mise et escripte.

Après lesquelz traictiés fais et accordés par ycelles parties, on envoia tantost, de par ledit Roy, audit lieu de Marle, certains commis pour prendre l'obéyssance de la ville, comme dit est. Lesquelz commis portèrent ung saufconduit du Roy au dessusdit George de Croix, pour luy et pour ses gens. A tout lequel il se parti de là et ala à la Fère sur Oise, par l'ordonnance dudit conte de Saint-Pol. Et tost après entrèrent yceulx commis dedens la dessusdicte ville de Marle, et firent ce qui leur estoit commandé et ordonné de par le Roy, en prenant ladicte obéyssance seloncq le dessusdit traictié. Mais brief ensievant ladicte ville fu remise et rendue par le consement du Roy et par son octroy, en la main dudit conte, comme devant avoit esté. Et adonc se deslogèrent de là toutes gens de guerre, et se tirèrent avant ès marches de Vermendois, de Haynau et de Cambrésis. Et partout où ilz aloient, faisoient de grandz oppressions au povre peuple. Lequel conte de Saint-Pol, depuis qu'il eut son traictié, commença à estre très bien en la grâce du Roy et de tous les aultres grans seigneurs, et par espécial du Daulfin, et lui promist de lui servir dore en avant contre les Anglois, se il leur plaisoit à le mander. Et fut en ladicte ville de Laon bonne espace de temps. Et avant son département, bailla les lettres dont dessus est faite mencion, contenant la fourme et manière que ci-après s'ensieut.

« Loys de Luxembourg, conte de Saint-Pol, de Ligney, de Conversen, de Briane, et de Guise, seigneur d'Enghien et de Beaurevoir, et chastelain de Lille, à tous ceulx que ces présentes lettres verront ou orront, salut. Savoir fay, que j'ay promis et par ces présentes promès, par foy et sairement de mon corps et soubz l'obligacion de tous mes biens, faire faire plaine et entière obéyssance au Roy nostresire et à ses officiers, tant en justice, comme aux fais et conservacions des drois royaulx de ses finances, aydes, greniers, tailles, baulx, passages et aultres touchant son demaine ou aultrement, de faire cesser gardes et apatis mises sus en ce qui est de ma puissance, depuis vint ans ençà. Et avec ce promès restituer au Roy, et partout où il appertendra, ce qu'il reste à restituer de l'artillerie du Roy et marchandises prinses par ceulx de Rippemont, et ce qui reste des chevaulx et chariotz du Roy prins par ceulx de Marle. Et avec ce, ay promis et promès de respondre en la court de parlement à tout ce que le Roy ou son procureur vouldra maintenir, requerre ou demander, touchant la succession de feu monseigneur le conte de Ligney, mon oncle, cui Dieu pardoinst, tant au regard des héritaiges, comme des biens meubles que tenoit et possédoit mondit feu oncle au jour de son trespas, pour tant que touchier m'en puet, et pour les contées de Ligney et de Guise, comme pour aultres terres et signouries venues de mondit feu oncle, et de tenir, obéyr et acomplir, en tant qu'en moy est, tout ce que par ladicte court me sera sur ce jugié et apointié. Pour quoy j'ay prins et accepté jour, et me suy tenu et tieng pour adjourné en ladicte court de parlement, pour respondre au procureur du Roy, au XV° jour de juillet prouchainement venant, pour y procéder ainsy qu'il appertendra. Et généralment promès faire envers le Roy, mon souverain seigneur, tout ce que bon, vray et loyal subgect doibt et est tenu de faire envers son roy, naturel et souverain seigneur. Ne ne soufferay ne tendray en nulles de mes places gens pour faire guerre, mal ne dommage, sur les pays et subgectz du Roy. Et avec ce, promès rendre et délivrer toutes les terres d'aultruy que j'ay en ma main à cause de la guerre. Et au regard de Montagu, faire mon plain povoir d'ycelle rendre. Toutes lesquelles choses je promès tenir de point en point, ainsy que dessus est dict, sans enfraindre. En tesmoing de ce, j'ay signées ces présentes de ma main, et séellées du séel de mes armes, le xx° jour d'avril l'an mil IIII° et XLI. »

CHAPITRE CCLVII.

Comment la duchesse de Bourgongne vint à Laon devers le Roy, pour faire aulcunes requestes. — Et aultres matières.

Ou temps dessusdit, la duchesse de Bourgongne, femme au duc Phelipe et fille au roy de Portingal[1], ala devers le roy Charles en la cité de Laon, très hounourablement accompaigniée, tant de chevaliers et escuyers, comme gens de conseil, et aussy dames et damoiselles. Et pour ce qu'elle n'estoit mie bien haitié[2], se faisoit porter sur une litière. Si vint au devant d'elle, bien une lieue, le connestable, qui avoit espousée la seur dudit duc de Bourgongne, comme dict est ailleurs[3]. Lequel conte le mena et conduisi jusques en ladicte ville, et aussy devers le Roy, qui le recupt[4] et bienvigna assés courtoisement. Et aussy fist son filz le Daulphin, et aultres pluiseurs nobles et grans seigneurs. Après laquelle récepcion elle se retraist en l'abbaye de Saint-Martin, où elle fu logié. Et depuis fu par plusieurs fois devers le Roy,

---

1. Isabelle, fille de Jean Ier, roi de Portugal, troisième femme du duc Philippe le Bon.

2. C'est-à-dire, à cause de son état de souffrance.

3. Artur de Bretagne, comte de Richemont, connétable de France, avait épousé, le 10 octobre 1423, Marguerite de Bourgogne, fille de Jean sans Peur, et veuve du dauphin Louis, fils de Charles VI.

4. *Qui* le *recupt*, pour : qui *la* reçut. Car il s'agit de la duchesse. Il faut se rappeler que notre texte emploie ordinairement le pronom masculin *le* au lieu de *la*, en parlant d'une femme ou d'une ville.

pour luy faire aulcunes requestes dont elle estoit chargié de par le duc de Bourgongne, son seigneur et mari, tant sur la paix génégralle d'entre les royaumes de France et d'Angleterre, comme pour le fait du duc d'Orliens. Et avec ce, pour la forteresce de Montagu, appartenant au seigneur de Commarcis, que tenoit encore Willemar de Haynau et aultres des gens de feu monseigneur Jehan de Luxembourg. Et se vantoient, ceulx qui le tenoient, de le non rendre à ceulx qui desjà leur en avoient requis de par le Roy, sans le congié et licence du duc de Bourgongne. Pour lequel refus y estoient alés grand compaignie des gens du Roy, sur intencion de y mettre le siège. Si fut aulcunement atargié de lui mettre, sur espérance qu'on trouveroit aulcun bon traictié devant le partement d'ycelle duchesse. Laquelle fist en oultre pluiseurs requestes au Roy. Mais peu luy en furent acordées. Nientmains elle fist ses pasques audit lieu de Laon, et y tint très bel et noble estat. Si fut assés souvent visitée des grans seigneurs et pluiseurs aultres notables gens de l'estat d'ycelui roy. Et pareillement, ala devers le Roy à Laon, Jehanne de Béthune, contesse de Ligney et viscontessse de Meaulx. Lequel Roy fut très content de sa venue et le reçupt très agréablement et joieusement. Et releva ycelle contesse, du Roy, toutes les signouries qu'elle tenoit de luy. Et avec ce fist certain traictié avec ses commis, pour et en tant que touchier ly pooit, des biens meubles que sondit feu mari ly avoit laissiés. Lesquelx on disoit estre confisquiés, pour ce qu'il estoit alé de vie par mort, adversaire du Roy; et en paya certaine somme d'argent. Et par ainsy, au regard de ce, demoura paisible, et en obtint lectres royaulx. Et ycelle sousjournant alors en ladicte ville de Laon, fut instamment requise de prendre à mari le conte d'Eu. Mais elle s'en excusa aulcunement. Et briefz jours ensievans, quand elle eut fait et accompli ce qu'elle peut et pourquoy elle y estoit alée, elle s'en retourna au chasteau de Beaurevoir, et de là à Cambray.

Durant lequel temps, venoient de jour en jour pluiseurs gens devers le Roy, pour luy faire hommage et le servir. Lesquelx il retenoit et leur prometoit à eulx faire du bien largement. Car il avoit voulenté de faire à l'esté ensievant une très grosse armée à l'encontre des Anglois, ses anciens adversaires.

Item, en cet an, fut accusé devers le duc d'Orliens, ung sien escuyer de l'escuirie, nommé Dunot, de le avoir voulu empoisonner, à la requeste et instance, comme on disoit, d'aulcuns grans seigneurs de l'ostel du roy de France. Si fut pour ceste cause très durement jehiné, questionné et examiné, et après noyé par nuit en l'eaue de Loire. Mais du surplus fut peu de nouvelle que la besongne venist à clarté contre ceulx qui en estoient souspeçonnés.

Durant aussy le temps dessusdit, se advancèrent environ huit vins sacquemans de l'ostel du roy Charles, et alèrent au pays de Haynau, coure à une ville nommée Haussy, en laquelle avoit ung viel chastel. Si se logèrent là et se y tinrent deux ou trois jours. Si composèrent pluiseurs villes et vilages, tant de Haynau comme de Cambrésis, à grand finance. Durant lequel temps, messire Jehan de Croy, bailli de Haynau, assembla aulcune puissance de gens d'armes au Kesnoy le Conte, et s'en vint pour les destrousser. Mais une partie se retrayrent oudit hostel. Auquel assault fut mort ung moult notable gentil homme assés ancien, nommé Lardenois d'Osteure. Et depuis fut fait traictié dudit bailly avec yceulx, par tel si qu'ilz se départiroient en délaissant ce qu'ils avoient prins, et avec ce luy donnèrent une somme d'argent adfin qu'il les laissast partir. Et en y avoit pluiseurs mors et destroussés, qui avoient esté trouvés en ladicte ville de Haussy. Si se partirent tous ensamble pour eulz tirer vers la ville de Laon. Mais ilz furent rencontrés des gens du conte de Saint-Pol vers le pont au Nouvion, et du tout destroussés. Et la plus grand partie y demourèrent mors en la place.

FIN DU TOME CINQUIÈME.

TABLE.

CHAPITRE CIX.
1431 (suite). Comment le jeune roy Henri d'Angleterre vint à Paris à grand compaignie pour être consacré à roy de France 1

CHAPITRE CX.
Comment ceulx que le duc de Bar avoit laissiés devant Vaudémont se départirent après la bataille desus dite.................... 7

CHAPITRE CXI.
Comment messire Jehan de Luxembourg assambla, et s'en ala en Champaigne contre les François, où il conquist plusieurs forteresces. — Et aultres matières............................ 8

CHAPITRE CXII.
Comment le duc d'Alençon prinst prisonnier le chancelier de Bretagne............... 11

CHAPITRE CXIII.
Comment les François cuidèrent prendre le chastel de Rouen..... 12

CHAPITRE CXIV.
Comment les François prinrent le chastel de Dommart en Ponthieu et emmenèrent le seigneur prisonnier..................... 16

CHAPITRE CXV.
Comment messire Thomas Kyriel, Anglois, fut nommé capitaine du chastel de Clermont en Beauvoisis 18

CHAPITRE CXVI.
Comment les habitans de Chauny sur Oise destruirent et désolèrent le chastel de leur ville.. 19

CHAPITRE CXVII.

Comment la cité de Chartres fut prinse par les gens du roy Charles. 21

CHAPITRE CXVIII.

Comment le cardinal de Sainte-Croix vint en France de par le Saint-Père, pour appaiser la guerre des parties dessusdictes.......... 26

CHAPITRE CXIX.

Comment le boulevert de Laigny sur Marne fut prins des Anglois.. 27

CHAPITRE CXX.

Comment Philebert de Vandre, gouverneur de Tonnoire, et le seigneur d'Omont alèrent servir le duc de Bethfort............. 30

CHAPITRE CXXI.

1432. — Comment le duc de Bethfort vint à grand puissance devant la ville de Laigni sur Marne, pour aidier et conforter les Anglois et Bourguignons qui l'avoient asségié; lesquelz enfin s'en partirent sans nul conquest................................. 31

CHAPITRE CXXII.

Comment les Gantois s'esmeurent contre aulcuns des gouverneurs de leur ville... 36

CHAPITRE CXXIII.

Comment messire Jehan, bastard de Saint-Pol, et le seigneur de Humières furent prins des François....................... 38

CHAPITRE CXXIV.

Comment plusieurs maléfices furent fais et perpétrés ès pays d'Amiennois, Santers et Vimeu................................. 38

CHAPITRE CXXV.

Comment le damoiseau de Commarci print la ville de Ligney en Barrois, appartenant à messire Jehan de Luxembourg......... 40

CHAPITRE CXXVI.

Comment la forteresce de la Boue vers Laon fut prinse des Bourguignons, lesquels se contrefirent Anglois. — Et aultres matières... 41

CHAPITRE CXXVII.

Comment frère Thomas Comette alla à Romme, où il fut ars...... 43

CHAPITRE CXXVIII.

Comment la duchesse de Bethfort morut...................... 44

CHAPITRE CXXIX.

Comment aulcuns capitaines François passèrent la rivière de Somme pour courir en Artois.................................. 45

CHAPITRE CXXX.

Comment ung moisne de l'ordre Saint-Benoist volt prendre le chastel de Saint-Angle à Romme............................. 47

CHAPITRE CXXXI.

Comment la paix fu traictié entre le duc de Bar et le conte de Waudémont.. 49

CHAPITRE CXXXII.

Comment la duchesse de Bourgongne s'accoucha d'un filz en la ville de Gand... 49

CHAPITRE CXXXIII.

Comment la paix fut traictié entre le duc de Bar d'une part, et les contes de Ligney et de Saint-Pol d'aultre part................ 50

CHAPITRE CXXXIV.

Comment la guerre s'esmeut entre mesire Jehan et mesire Antoine de Vergi d'une part, et le segneur de Chasteau-Vilain d'autre part... 52

CHAPITRE CXXXV.

Comment la paix fut traictié entre le duc de Bourgongne et les Liégeois... 54

CHAPITRE CXXXVI.

1433. — Comment le duc de Bethfort, qui se disoit régent de France, espousa la fille du conte de Saint-Pol................ 55

CHAPITRE CXXXVII.

Comment la ville de Saint-Waleri en Ponthieu fut prinse des François... 56

CHAPITRE CXXXVIII.

Comment les ducz de Bethfort et de Bourgongne vinrent à Saint-Omer... 57

CHAPITRE CXXXIX.

Comment en la cité de Tournay eut grand trouble et discencion pour l'évesque d'icelle, à cause de la mort de l'évesque dudict lieu, mestre Jehan de Toysi............................... 58

CHAPITRE CXL.

Comment les François firent pluiseurs conquestes sur les marches de Bourgogne.. 62

CHAPITRE CXLI.

Comment le duc de Bourgongne reconquist pluiseurs forteresces que les François avoient conquises en ses pays de Bourgongne...... 66

CHAPITRE CXLII.

Comment Gilles de Postelles fut accusé de trayson, dont il fut décapité.. 67

CHAPITRE CXLIII.

Comment les François eschiellèrent la ville de Crespi en Valois.— Et aultres matières.. 68

CHAPITRE CXLIV.

Comment le duc de Bourgongne tint la journée de Passy, et comment il fist asségier la forteresce d'Avalon......................... 69

CHAPITRE CXLV.

Comment Pierre de Luxembourg, conte de Saint-Pol, asséga la ville de Saint-Walery; onquel voiage il moru................. 70

CHAPITRE CXLVI.

Comment le seigneur de La Trémoulle fu prins en l'ostel du roy Charles, et rendi le visconté de Towars........................ 73

CHAPITRE CXLVII.

Comment Guillaume de Coroam rua jus Jehan de Biaurain, et comment la forteresce de Haplaincourt fu reconquise par messire Jehan de Luxembourg... 75

CHAPITRE CXLVIII.

Comment les contes de Saint-Pol et de Ligney tinrent la journée de Villers-le-Carbonnel, et depuis ruèrent jus les François de la garnison de Laon.. 76

CHAPITRE CXLIX.

Comment La Hire et pluiseurs aultres François coururent en Artois et en Cambrésis. Mais ce fu devant l'aventure dessusdicte...... 79

CHAPITRE CL.

Comment le duc de Bourgongne tint la feste de la Toison d'Or en la ville de Digon. Et comment il ala aux nopces du filz au duc de Savoie.. 81

CHAPITRE CLI.

Comment le concile de Basle fust cest an en grand estat.......... 83

CHAPITRE CLII.

Comment la ville et le chastel de Prouvins en Brie, que tenoient les François, furent prins des Anglois et Bourguignons. Et aussi comment la ville et forteresce de Saint-Waleri fu reprinse des François.. 84

CHAPITRE CLIII.

1434. — Comment le duc de Bourgongne retourna de ses pays de Bourgongne en Flandres et en Artois, et amena avec luy Jehan, filz du conte de Nevers. — Et aultres matières............... 86

CHAPITRE CLIV.

Comment ledit Jehan de Nevers fut ordonné à mettre le siège devant Moreul, et lui fut donnée la contée d'Estampes................ 87

CHAPITRE CLV.

Comment le pape Eugène fu en discord contre les Rommains, qui le voLrent tenir à Rome contre son gré....................... 88

CHAPITRE CLVI.

Comment le fort de Saint-Vincent emprès Laon fut démoli, et comment pluiseurs forteresces furent reconquises par les Bourguignons... 89

TABLE.

CHAPITRE CLVII.

Comment le seigneur de Talebot vint en France, où il conquist plusieurs villes et forteresces.................................... 91

CHAPITRE CLVIII.

Comment le conte d'Estampes reconquist la ville de Saint-Waleri.. 93

CHAPITRE CLIX.

Comment les François prinrent la ville de Hem sur Somme en Vermendois.. 95

CHAPITRE CLX.

Comment la ville et chastel de Chasteau-Vilain furent mises en l'obéissance du duc de Bourgongne........................ 96

CHAPITRE CLXI.

Comment, à l'occasion de la guerre, grandes tailles furent faites et cueillies sur les pays d'Artois et aultres à l'environ............ 97

CHAPITRE CLXII.

Comment les capitaines du duc de Bourgongne vinrent devant Villefranche où estoit le duc de Bourbon. Et comment après ilz asségièrent Belleville, laquelle se rendi...................... 98

CHAPITRE CLXIII.

Comment le seigneur de Willebi et Mathago, anglois, mirent siège devant Saint-Sellerin. Et comment premiers les François, et depuis yceulx Anglois, furent rués jus et desconfis................. 100

CHAPITRE CLXIV.

Comment La Hire prist malicieusement le seigneur d'Auffemont.... 103

CHAPITRE CLXV.

Comment les Communes de Normendie s'eslevèrent contre les Anglois et leurs garnisons...................................... 104

CHAPITRE CLXVI.

Comment La Hire prinst le fort de Breteul en Beauvoisis par force d'assault... 105

CHAPITRE CLXVII.

Comment les ducz de Bourgongne et de Nevers convindrent ensamble en la cité de Nevers sur traictié et convencion de paix... 106

CHAPITRE CLXVIII.

Comment Amé, duc de Savoie, se rendi hermite en ung manoir nommé Ripaille... 111

CHAPITRE CLXIX.

Comment les communes de Normandie se rassemblèrent en grand nombre et alèrent devant la ville de Kan (Caen).............. 113

CHAPITRE CLXX.

1435. — Comment le duc Phelippe de Bourgongne, avec la duchesse sa femme, retourna, des pays de Bourgongne, en Flandres et en Artois... 115

CHAPITRE CLXXI.

Comment les François prinrent la ville de Rue sur les Anglois.... 117

CHAPITRE CLXXII.

Comment La Hire, Pothon, Phelippe de la Tour et le seigneur de Fontaines, desconfirent le conte d'Arondel, anglois, devant le chastel de Gerberoy... 118

CHAPITRE CLXXIII.

Comment le duc de Bourgongne fut mal content et indigné sur ceulx de la ville d'Anvers.. 123

CHAPITRE CLXXIV.

Comment les François prinrent sur les Anglois la ville de Saint-Denis en France.. 125

CHAPITRE CLXXV.

Comment les François, après ce qu'ils eurent fait unes trêves aux Bourguignons sur les marches de Beauvoisis, alèrent coure le pays de Boulenois et autres................................ 127

CHAPITRE CLXXVI.

Comment les cardinaux de Sainte-Croix et de Cyppre vinrent à Arras pour estre au grand parlement........................... 129

CHAPITRE CLXXVII.

Comment Loys de Luxembourg, conte de Saint-Pol, espousa Jehenne de Bar, contesse de Marle et de Soissons.................. 130

CHAPITRE CLXXVIII.

Comment les François furent rués jus vers Rethaix (Rethel), du bastard de Humières......................... 131

CHAPITRE CLXXIX.

Comment les ambassadeurs du roy Henri d'Angleterre vinrent à Arras pour estre au grand parlement avec le duc de Bourgongne... 132

CHAPITRE CLXXX.

Comment les ambassadeurs de France vindrent en grand nombre en la ville d'Arras pour estre au parlement dessusdit.......... 134

CHAPITRE CLXXXI.

Comment messire Jehan de Merle, chevalier d'Espaigne, et le seigneur de Chargni, firent armes l'un contre l'autre..... 138

CHAPITRE CLXXXII.

Comment les François et les Bourguignons, estant dans la ville d'Arras, estoient cordialement ensamble l'un avec l'autre...... 143

CHAPITRE CLXXXIII.

Comment le cardinal de Wincestre vint à Arras pour estre à la convencion qui là estoit assamblée........................... 144

CHAPITRE CLXXXIV.

Comment, durant le temps du parlement d'Arras, La Hire et Pothon vinrent courir et fourrer le pays du duc de Bourgongne....... 146

CHAPITRE CLXXXV.

Comment les rois d'Arragon et de Navarre furent prins et desconfis devant Gaiette par l'armée du duc de Milan................. 148

CHAPITRE CLXXXVI.

Comment le cardinal de Wincestre et toute l'ambassade des Anglois se despartirent de la ville d'Arras, et comment aultres ambassadeurs de plusieurs lieux vinrent en ladicte ville............... 150

TABLE.

CHAPITRE CLXXXVII.

Comment la paix fut faicte et confermée entre le roy Charles de France et le duc de Bourgongne, en la ville d'Arras.......... 151

Teneur du traité de Paix d'Arras............................. 151

CHAPITRE CLXXXVIII.

Comment les Anglois asségèrent la ville de Saint-Denis, en France, laquelle en fin leur fu rendue............................... 184

CHAPITRE CLXXXIX.

Comment Ysabel, la royne de France, trespassa en la ville de Paris. 188

CHAPITRE CLXXXX.

Comment les cardinaulx et pluiseurs aultres ambassadeurs se départirent de la ville d'Arras. Et comment le duc de Bourgongne constitua ses officiers ès bonnes villes et fortcresces à lui données et accordées par le traitié dessusdit...................... 188

CHAPITRE CLXXXXI.

Comment, après la paix d'Arras, le duc de Bourgongne envoia aulcuns de ses officiers d'armes devers le roy d'Angleterre et son conseil, pour remoustrer les causes de la paix qu'il avoit faite au roy de France... 190

CHAPITRE CLXXXXII.

Comment le commun peuple de la cité d'Amiens s'esmut pour les imposicions qu'on vouloit remettre sus...................... 194

CHAPITRE CLXXXXIII.

Comment les François coururent et pillièrent les pays du duc de Bourgongne après la paix d'Aras. Et comment le mareschal du Rieu prinst villes et forteresces sur les Anglois en Normendie... 199

CHAPITRE CLXXXXIV.

Comment les Anglois se commencèrent à doubter des Bourguignons qui menoient guerre avec eulx contre le roy de France, et ne volrent plus converser en leur compaignie. — Et aultres matères en brief... 203

CHAPITRE CLXXXXV.

Comment le roy Henri d'Angleterre envoya lettres à ceulx du pays de Hollande pour les atraire de sa partie, et la copie desdictes lettres 206

CHAPITRE CLXXXXVI.

Comment après la paix d'Arras le duc de Bourgongne se conclud de faire et mener guerre aux Anglois 209

CHAPITRE CLXXXXVII.

Comment le duc de Bourgongne avec aulcuns de ses privés conseillers se conclut d'aller asségier et conquerre la ville de Calais.... 212

CHAPITRE CLXXXXVIII.

1436. — Comment la ville de Paris fut réduicte en l'obéyssance du roy Charles de France.. 217

CHAPITRE CXCIX.

Comment Artus, conte de Richemont, connestable de France, fist guerre au damoisiau de Commarcis........................ 222

CHAPITRE CC.

Comment l'évesque de Liége et ses Liégois destruisirent Boussennoc, et pluiseurs aultres forteresces qui les grievoient............. 225

CHAPITRE CCI.

Comment les ville et forteresce d'Orchimont furent destruites et démolies par le damoisel Evrard de La Marche............... 229

CHAPITRE CCII.

Comment les Anglois de Calais coururent vers Boulogne et Gravelines, et desconfirent les Flamens. — Et de La Hire qui gaigna Gisors, et tantost le reperdi 230

CHAPITRE CCIII.

Comment les Gantois et ceulx du pays de Flandres firent grand appareil de guerre pour aller devant la ville de Calais......... 232

CHAPITRE CCIV.

Comment messire Jehan de Croy, bailli de Haynau, à tout pluiseurs aultres capitaines, assailly les Anglois; dont il fut vaincu....... 235

CHAPITRE CCV.

Comment les Flamengs alèrent asségier la ville de Calais, et comment ils s'en partirent 233

CHAPITRE CCVI.

Comment messire Florimont de Brimeu, séneschal de Ponthieu, conquist la ville du Crotoy.................................. 260

CHAPITRE CCVII.

Comment Humfroi, duc de Clocestre, arriva à Calais, à tout grant nombre de gens d'armes, et entra en Flandres et en Artois et ès aultres pays du duc de Bourgongne, où il fist moult de dommages 263

CHAPITRE CCVIII.

Comment les Flamens se remirent en armes depuis qu'ils furent retournés de Calais en leurs villes 265

CHAPITRE CCIX.

Comment La Hire prinst la ville et forteresce de Soissons.—Et aultres matières 270

CHAPITRE CCX.

Comment la duchesse de Bethfort, seur au conte de Saint-Pol, se remaria de sa franche voulenté. Et comment le roy Charles de Sézille traita avec le duc de Bourgongne à cause de sa délivrance. Et comment les Anglois reprinrent la ville de Pontoise........ 272

CHAPITRE CCXI.

Comment le roy d'Escoce fu murdry par nuit en sa chambre, par le conte d'Athelles. — Et aultres matières................... 275

CHAPITRE CCXII.

Comment La Hire, Pothon et pluiseurs aultres capitaines du roy de France cuidèrent avoir la cité de Rouen, et comment ils furent assaillis et desconfis des Anglois, qui les sousprirent en leurs logis.. 281

CHAPITRE CCXIII.

1437.—Comment ceulx de Bruges s'esmurent contre leur prince et ses officiers, et y eut grand débat et grand occision 282

CHAPITRE CCXIV.

Comment Le Bourc de La Hire courut et fist moult de maulx ès marches de Péronne, Roie et Montdidier.................... 290

CHAPITRE CCXV.

Comment pluiseurs capitaines françois, au commandement du roy Charles de France, alèrent reconquester pluiseurs villes et forteresces que les Anglois tenoient. Et comment ledit roy, propre en sa personne, ala devers la ville de Monstroel-ou-Fault-Yonne, laquelle il reconquist.. 291

CHAPITRE CCXVI.

Comment ceulx de Bruges yssirent par pluiseurs fois hors de leur ville, et alèrent fouragier le plat pays..................... 295

CHAPITRE CCXVII.

Comment les Anglois reconquirent la ville de Fescamp, en Normendie.. 297

CHAPITRE CCXVIII.

Comment le seigneur d'Offemont prinst La Hire prisonnier, où il jouoit à la palme en la cité de Beauvais..................... 298

CHAPITRE CCXIX.

Comment Charles, roy de France, fist sa première entrée dans la cité de Paris depuis qu'elle fut réduicte en son obéyssance. Et les préparacions qu'on y fist.................................. 301

CHAPITRE CCXX.

Commet les Brughelins se commencèrent à amodérer, et envoyèrent leurs ambassadeurs devers le duc de Bourgongne, leur seigneur, pour avoir paix.. 307

CHAPITRE CCXXI.

Comment le seigneur d'Auxi et messire Florimont de Brimeu, séneschal de Ponthieu et d'Abeville, alèrent asségier le Crotoy.... 308

CHAPITRE CCXXII.

Comment pluiseurs capitaines françois, à tout grand nombre de gens de guerre qu'on appelle Escorcheurs, vinrent au pays de Haynau. 316

CHAPITRE CCXXIII.

Comment grans pestilences et famines furent en cest an 319

CHAPITRE CCXXIV.

Comment les Gantois firent nouvelle meutacion et se remirent en armes. Dont les fèvres furent les principaulx................ 320

CHAPITRE CCXXV.

Comment le traictié se fist entre le duc de Bourgongne et ceulx de la ville de Bruges....................................... 332

CHAPITRE CCXXVI.

Comment la guerre se resmeut entre la duchée de Bar et la contée de Waudémont...................................... 336

CHAPITRE CCXXVII.

1438. — Comment la famine, la guerre et la pestilence fu grande et merveilleuse en pluiseurs pays........................... 339

CHAPITRE CCXXVIII.

Comment le seigneur de Thalebot, messire Thomas Kiriel et aulcuns aultres capitaines anglois, conquirent Longueville et pluiseurs aultres forteresces sur les François....................... 340

CHAPITRE CCXXIX.

Comment le traictié de mariaige fu fait entre l'aisné filz du roy de Navarre et la damoiselle de Clèves, nièpce au duc de Bourgongne. 341

CHAPITRE CCXXX.

Comment les villes et chasteaulx de Montargis et Chevreuses furent mises en l'obéyssance du roy Charles de France 342

CHAPITRE CCXXXI.

Comment il avoit grand discord entre le pape Eugène et le concille de Basle. — Et aultres matères 343

CHAPITRE CCXXXII.

Comment le conte d'Eu, qui estoit prisonnier en Angleterre, retourna en France, et des armées qu'il fist........................ 346

CHAPITRE CCXXXIII.

Comment La Hire, Blanchefort et pluiseurs aultres capitaines du roy Charles coururent ès Alemaignes.................. 349

CHAPITRE CCXXXV.

Comment le conte d'Estampes reprinst la forteresce de Raoullet sur les gens du seigneur de Moy. — Et aultres matières.......... 350

CHAPITRE CCXXXVI.

Comment une assamblée se fist entre Calais et Gravelingnes, du cardinal d'Angleterre et de la duchesse de Bourgongne, pour trouver moyen d'avoir paix finalle entre les partis de France et d'Angleterre.. 352

CHAPITRE CCXXXVII.

Comment le roy de France constraindi Rodighes de Villandras, lequel gastoit et travilloit son pays, d'aler guerroyer sur les Anglois... 354

CHAPITRE CCXXXVIII.

1439. — Comment le pape Eugène envoia ses lettres en pluiseurs lieux de la chrestienté. Et la teneur d'ycelles................. 357

CHAPITRE CCXXXIX.

Comment messire Jehan de Luxembourg envoia ses lettres aux chevaliers de la Toison, à cause de ce qu'il se sentoit en l'indignacion du duc de Bourgongne................................ 376

CHAPITRE CCXL.

Comment le conte de Richemont, connestable de France, prist la ville de Meaulx en Brie, sur les Anglois...................... 387

CHAPITRE CCXLI.

Comment mesire Jehan de Luxembourg envoia ses lettres de excusacions devers le grant conseil du duc de Bourgogne, et la teneur d'ycelles... 391

CHAPITRE CCXLII.

Comment le roy Charles de France envoia dame Katherine sa fille, devers le duc de Bourgongne, pour l'accomplissement de la promesse du mariage d'ycelle dame et du conte de Charroloix, filz audit duc... 400

CHAPITRE CCXLIII.

Comment le bastard de Bourbon prinst la ville de La Motte en Loho-
raiune.. 402

CHAPITRE CCXLIV.

Comment pluiseurs notables ambassadeurs se assamblèrent entre
Gravelingnes et Calaix sur le fait du parlement qui lors se debvoit
tenir et faire entre les rois de France et d'Angleterre, etc....... 403

CHAPITRE CCXLV.

Comment les Anglois vinrent au pays de Santhers, où ils prinrent le
chastel de Folleville, et y firent moult d'aultres maulx et cruaultés. 405

CHAPITRE CCXLVI.

1440.—Comment le Daulfin, le duc de Bourgongne et pluiseurs
aultres seigneurs se départirent du roy de France............. 410

CHAPITRE CCXLVII.

Comment les François coururent en la terre de Neelle, appartenant
à messire Jehan de Luxembourg............................ 416

CHAPITRE CCXLVIII.

Comment le conte de Sombreset, à tout grand puissance d'Anglois,
asséga la ville de Harfleur................................ 418

CHAPITRE CCXLIX.

Comment un très grand seigneur de Bretaigne nommé le seigneur
de Raix, fut accusé de hérésie............................. 425

CHAPITRE CCL.

Comment Pierre Renauld, frère bastard de La Hire, ela fourer ès
pays d'entour Abbeville................................... 426

CHAPITRE CCLI.

Comment les ambassadeurs de France, d'Angleterre et de Bourgongne vinrent à Calaix pour traictier la paix................ 430

CHAPITRE CCLII.

Comment les Barrois et Lohorains coururent en la contée de Vaudémont, où ils firent moult de maulx et de grans desrois...... 431

CHAPITRE CCLIII.

Comment le duc d'Orliens fu délivré de la prison d'Angleterre par le moyen du duc de Bourgongne, et espousa la demoiselle de Clèves, niepce audit duc de Bourgongne.................. 433

CHAPITRE CCLIV.

Comment le roy de France ala à Troyes en Champaigne, et comment pluiseurs villes et forteresces se mirent en son obéyssance. Et auitres matères.. 457

CHAPITRE CCLV.

Comment les Anglois qui se tenoient ou chastel de Folleville faisoient moult de maulx en Amiennois et ès pays d'environ, et desconfirent aulcuns seigneurs Picards et leurs gens, qui les assaillirent... 459

CHAPITRE CCLVI.

Comment les gens du conte de Saint-Pol destroussèrent aulcuns des serviteurs du roy de France qui ramenoient des habillements de guerre, tant de la cité de Tournay comme de ailleurs, et l'amende que ledit conte de Saint-Pol en fist...................... 461

CHAPITRE CCLVII.

Comment la duchesse de Bourgongne vint à Laon devers le Roy pour faire aulcunes requestes. — Et aultres matères......... 468

FIN DE LA TABLE.

Paris. — Imprimerie de Ch. Lahure et Cie, rue de Fleurus, 9.